版本目録學研究

Bibliographical Studies of Traditional Chinese Texts

版本目録學研究

袁行霈題

Bibliographical Studies of Traditional Chinese Texts

第九輯

國家圖書館出版社

圖書在版編目（CIP）數據

版本目録學研究 . 第九輯 / 沈乃文主編 . —— 北京 : 國家圖書館出版社，2018.11
ISBN 978-7-5013-6579-1

Ⅰ . ①版…　Ⅱ . ①沈…　Ⅲ . ①版本目録學—中國—文集　Ⅳ . ① G256.22-53

中國版本圖書館 CIP 數據核字（2018）第 244830 號

書　　名	版本目録學研究（第九輯）	
著　　者	沈乃文　主編	
責任編輯	廖生訓	
助理編輯	潘肖薔　潘雲俠	

出　　版　國家圖書館出版社（100034　北京市西城區文津街 7 號）

　　　　　（原書目文獻出版社　北京圖書館出版社）

發　　行　010-66114536　66126153　66151313　66175620
　　　　　66121706（傳真）　66126156（門市部）

E - mail　nlcpress@nlc.cn（郵購）

Website　www.nlcpress.com →投稿中心

經　　銷　新華書店

印　　裝　河北弘翰印務有限公司

版　　次　2018 年 11 月第 1 版　2018 年 11 月第 1 次印刷

開　　本　787 × 1092（毫米）　1/16

印　　張　22

字　　數　376 千字

書　　號　ISBN 978-7-5013-6579-1

定　　價　110.00 圓

本書學術顧問宿白先生於 2018 年 2 月 1 日因病逝世，享年九十六歲。
杏壇依然，先生已去。永銘教誨，謹致深切哀悼！

關於變更出版社的通告

北京大學國學研究院主辦的《版本目録學研究》，

自第九輯（即本輯）始，轉由國家圖書館出版社出版。

特此敬告，幸希垂注。

《版本目録學研究》編輯部　2018 年 5 月

目録

校勘

人物

形制与装潢

典籍 版本目録學研究第九輯

朱筠跋宋葆淳舊藏小字本《説文解字》源流考述[*]

——兼論舊槧《説文解字》在乾隆中後期京城學者圈的流傳及影响

董婧宸

乾嘉之際的江南一帶，宋元舊本《説文解字》（以下簡稱《説文》）多有流傳，形成了以段玉裁、錢大昕、錢聽默、錢坫、黃丕烈、顧之逵、顧廣圻、鈕樹玉、袁廷檮等人爲核心的學者群體，他們相互傳録、校勘《説文》，並撰成《汲古閣説文訂》《説文答問》《説文斠詮》《説文解字注》《説文解字校録》《説文辨疑》等學術著述。其中，尤以段玉裁所作的《汲古閣説文訂》影響最大，段玉裁在采録王昶本、周錫瓚本、葉萬抄本及小徐抄本的基礎上，比勘衆本、考訂源流，指出了當時通行的毛氏汲古閣刊本《説文》的不足[①]。嘉慶二年（1797）《汲古

＊本文得到北京師範大學青年教師基金項目"《説文解字》與清代學術"（項目號310422118）的資助。論文寫作中，蒙人民文學出版社董岑仕老師幫助並查閲相關文獻，特此致謝。

①　東漢許慎撰《説文解字》十五卷。五代南唐時期，徐鍇依《説文》原本，附以注釋，作《説文解字繫傳》四十卷，前三十卷爲《説文解字通釋》，後爲《部叙》等十卷，世稱"小徐本"，亦稱《繫傳》或《通釋》。宋太宗雍熙三年（986），徐鉉等人奉詔校訂《説文》，整理爲《説文解字》三十卷，世稱"大徐本"。清代前期通行的《説文解字》，爲毛氏汲古閣刊大徐本，扉頁題"北宋本校刊／説文真本／汲古閣藏版"，清人稱爲"毛本""汲古閣本""汲古閣大字本"等。汲古閣本的刊刻底本，據刊刻者毛扆之跋："先君購得《説文》真本，係北宋板，嫌其字小，以大字開雕之。"而據段玉裁《汲古閣説文訂》考察，汲古閣刊本《説文解字》的行款與周錫瓚藏葉萬抄本多同，推測其以（轉下頁）

閣説文訂》甫一刊刻，"嘉慶三年時，此書流播都下，都下翕然稱之"[①]，極大地推動了當時《説文》研究和發展，故有"當乾嘉之時，海内通《説文》者，以江浙爲最盛"[②]之説。

乾嘉之時北方學者圈的《説文》研究，則鮮見討論。曾寓居京城的桂馥感慨道："北方學者，目不見書，又尟師承，是以無成功。"[③]事實果然如此？上溯至乾隆三十七年（1782）四庫館開館後，曾有一舊槧小字本《説文解字》，在朱筠、翁方綱等京城的學者圈中流傳，並見於桂馥《説文解字義證·附録》的記載中。這就是今藏臺灣"國家圖書館"、末附有朱筠手跋的宋元遞修小字本《説文解字》（以下簡稱"臺圖本"）[④]。關於該本的版本、刻工、缺頁等情況，嚴一萍《跋宋本説文解字》、阿部隆一《"中央圖書館"等藏宋金元版解題》及《"國家圖書館"善本書志初稿·經部》等篇已作了細緻而準確的考述[⑤]。但就此書的流傳始末及其在清代乾隆中後期《説文》研究的影響，則尚有待發之覆。本文嘗試結合印章、書札、批校等相關材料，勾勒該本《説文》在朱筠、翁方綱、張塤、桂馥、丁杰、沈心醇等在京學者中的流傳、借校情況，並由之管窺乾隆中後期京城學者圈的《説文》研究。

一

臺圖本《説文解字》爲宋元遞修本，與王昶舊藏而今藏静嘉堂的《説文解字》

（接上頁）大字本翻雕，又經過毛扆的多次校改。清代乾嘉時期通行的爲五次剜改本，下文引用汲古閣刊本《説文解字》時，如無特殊説明，用五次剜改本，涉及汲古閣刊本不同版本的情況時，參考段玉裁《汲古閣説文訂》對其剜改情況的考訂，見段玉裁《汲古閣説文訂》，五硯樓刻本，《續修四庫全書》204 册影印，上海古籍出版社，2002 年。

① 嚴可均：《説文訂訂序》，許氏古均閣刻許學叢刻本，《續修四庫全書》213 册影印，上海古籍出版社，2002 年，第 461 頁。

② 葉德輝撰，楊洪升點校：《郎園讀書志》，上海古籍出版社，2010 年，第 99 頁。

③ 桂馥：《周先生傳》，桂馥《晚學集》卷七，道光二十一年（1841）孔憲彝刻本。

④ 臺灣"國家圖書館"藏宋元遞修本《説文解字》，書號 00911，今僅存卷七至卷十五，共二册，乾嘉時期，該本當爲四册全。關於該書入藏臺圖源流，據鄭振鐸《文獻保存會第四號工作報告》（1940 年 8 月 24 日），1940 年 7 月由文獻保存會自費念慈處購得"宋刊本《説文解字》二册（殘存九—十五卷，矢竹君跋）"，時已爲二册殘本。參陳福康整理《鄭振鐸等人致舊中央圖書館的秘密報告（續）》，《出版史料》2004 年第 1 期。又案，《文獻保存會第四號工作報告》中録作"九—十五卷"，而今存臺圖的藏本存卷七至十五，可能是整理時"七""九"形近而誤。

⑤ 嚴一萍《跋宋本説文解字》，《大陸雜志》十九卷一期，1959 年。阿部隆一《"中央圖書館"等藏宋金元版解題》，收入《中國訪書志》，汲古書院，1976 年，第 44—46 頁。臺灣"國家圖書館"編印《"國家圖書館"善本書志初稿·經部》，1996 年 4 月初版，第 241—242 頁。

藏本同出一源，刷印時間較晚，版片殘斷、缺頁的情況較爲嚴重①。該本卷十五末牒文後，有朱筠乾隆四十四年（1779）手跋：

> 《説文解字》始一終亥者，自汲古閣摹宋本外，絶少他本，安邑宋君葆淳帥初舊得此書，乾隆己亥秋八月，持以見示，時余將爲閩粵之行，不及以毛氏本校正，輒書此後，以竢他日。是月卅日，大興朱筠竹君跋。

由此可知，臺圖所藏朱筠跋本，爲安邑宋葆淳舊藏。宋葆淳，亦作葆惇，字帥初，號芝山，兼擅書畫，與朱筠、翁方綱等人交善。乾隆四十四年（1779）己亥八月三十日，朱筠即將出任福建學政時，於書末作跋，並在跋後鈐有“朱竹君”方形印。

在該葉的左下方，另蓋有“瘦同”的長方朱文印章一枚，“長毋相忘”圓形朱文印章一枚，另在卷十二下天頭處有“長毋相忘之室”方形朱文印章一枚。根據以上三方印章來看，臺圖本《説文》曾爲張塤寓目。張塤字商言，號瘦同，亦作瘦銅，亦與宋葆淳、翁方綱交好。乾隆四十三年（1778），張塤在陝西巡撫畢沅幕下時，曾得“長毋相忘”的漢代瓦當，一時翁方綱、趙味辛、吳錫麟等友朋，紛紛賦詩酬唱②。張塤也極其珍愛此瓦當，並曾據瓦當紋樣，摹爲圓形篆章③。此本上的“長毋相忘”圓形印章，適與漢瓦形制相類，當是張塤的閒章之一。

桂馥《説文解字義證》（以下簡稱《義證》）中，亦曾明確提及宋葆淳藏小字本《説文》的情況：

> 安邑宋君葆淳得《説文解字》小字本，有毛晉印、季振宜印，是元明間坊間本。與毛氏刻本間有不同，如《水部》“洇”字從因，音“于真切”是也。昔陸佃、王子韶入資善堂修定《説文》，疑此即陸、王修定之本，李

---

①　王昶舊藏本《説文解字》，段玉裁作《汲古閣説文訂》時曾借閲，今藏日本静嘉堂文庫，影印本收入《續古逸叢書》《四部叢刊》，《儀顧堂題跋》《静嘉堂秘籍志》《日本國見在宋元版本志·經部》著録。據嚴一萍、阿部隆一的考察，王昶本與臺圖本均爲較晚印刷的宋元遞修本，版片一致，王昶本刷印稍早，然多經後人描補；臺圖本刷印時間較晚，缺頁、漫漶、殘斷情況較嚴重。

②　翁方綱《復初齋詩集》卷十七有《長毋相忘漢瓦後歌》，自序云“瘦同書來，乃知是其所得，且云獻之極妖此瓦”云云，知張塤在陝西得“長毋相忘”漢瓦，而錢坫先以拓本寄京城，翁方綱見而作《長毋相忘漢瓦歌》，後又爲張塤作《長毋相忘漢瓦後歌》。另外，當時馮敏昌、趙懷玉、吳錫麟等人，亦曾作同題詩賦。

③　古時印章一般用方形，桂馥《再續三十五舉》：“又見漢瓦頭如‘長生未央’‘長生無極’‘長樂未央’‘漢並天下’‘長毋相忘’，其文隨勢裹屈，可作圜印式。”知當時亦有據漢瓦入印之風。又翁方綱《復初齋外集》卷十五有《顏運生所藏厭勝錢三十六種拓本幀子欲求予詩以其中有秘戲一種以難之因屬張瘦銅舍人爲長歌來索和》之詩，中有“何如街南張秘檢，縮瓦作印毋相忘”一句，當指張塤據瓦樣作印章一事。

氏《五音韵譜》出於此本。（《説文解字義證·附説》卷五十）①

乾隆四十三年至四十六年（1778—1781），桂馥寓於京師，曾在翁方綱門下，與宋葆淳多有交流，故桂馥得以知曉宋葆淳所藏的小字本《説文》。桂馥舉出小字本《説文》"洇"下的篆文字形和反切②，説明該本文字與清代前期通行的毛氏汲古閣刊本《説文》小有差異，並談及該本有"毛晉、季振宜印"，認爲該本是"元明間坊本"。

與宋葆淳、朱筠、張塤、桂馥同爲金石之交的翁方綱，也曾在《書宋槧〈説文〉後》中提及過一本有汲古閣印章的小字本《説文解字》，見翁方綱《復初齋文集》卷十六：

> 宋槧《説文》小字本三十卷，按海虞毛氏扆記所刻《説文》後云："先君購得《説文》真本，係北宋板，嫌其字小，以大字開雕之。"此本有毛氏印，或疑即汲古閣刻本之所從出，然觀其三十卷中"漢太尉祭酒許慎"之名，改"許慎"爲"許氏"者凡八處，則其爲孝宗以後刻本無疑，非北宋板本矣。又其中與汲古閣刻本不同處，除一二筆畫之誤，是厥氏之失，不在所論，至於音訓反切之不同，則竟別是一本。蓋宋板亦非一本，而此板本極爲粗疏，訛誤之多，指不勝屈，則是宋時坊間麻沙板本，毛子晉豈肯據以登板？如果據以登板，又豈至於若是之參差不合耶？是必非毛氏刻本所從出者也。今姑略舉其大意，有資參考者數條，記於毛本耳。③

根據這篇跋文，則翁方綱所見的小字本《説文》，似與桂馥所説的宋葆淳本相同，皆有毛氏之印，那麼，宋葆淳本是否即翁方綱所跋之本？

翁方綱《書宋槧〈説文〉後》一文手稿存，見《復初齋文稿六》，文字基本相同，大約作於乾隆四十七年（1782）秋。在手稿之前，翁方綱以朱墨兩色筆記的方式，詳細記錄了該本宋槧《説文》的裝訂、印章、行款、各卷卷首的情況④。

---

① 桂馥：《説文解字義證》，連筠簃叢書本，《續修四庫全書》210 冊影印，上海古籍出版社，2002 年，第 718 頁。又桂馥《説文解字義證》，舊藏沈氏研易樓、今藏臺北"故宮博物院"的桂馥稿本，及國家圖書館兩種抄本（書號 A02094，李璋煜舊藏，王筠、許瀚等人曾校；書號 13495，馮志沂校），此段均同。臺北"故宮博物院"藏稿本，見《説文義證》，《四部叢刊廣編》（七）（八）（九），臺灣"商務印書館"2013 年影印，總第 1602 頁，其稿本情況，參許可《桂馥〈説文解字義證〉稿本考略》，《文獻》2016 年第 5 期。

② 洇，見臺圖本《説文解字》卷十一上頁四，與《説文解字義證·附説》中所舉的"洇"字情況符合。

③ 翁方綱《書宋槧〈説文〉後》，翁方綱《復初齋文集》卷十六，沈津《翁方綱年譜》繫入乾隆四十七年（1782），參沈津著《翁方綱年譜》，"中央研究院"中國文哲研究所，2002 年。

④ 翁方綱《復初齋文稿》，現藏臺灣"國家圖書館"，書號 13335，影印本收入翁方綱《復初齋文稿》，文海出版社，1974 年，第 1286—1291 頁。

如就裝訂、版式而言，翁方綱筆記云："宋槧小字説文本，凡一函六册"，而"每頁中縫末有刻者人名""中縫云／目／説一上／説一下／説十一上／説十一下"，指此本板心下方有刻工姓名，板心中有"目""説一上"等字。

就印章而言，翁方綱筆記記載，該本有"蘇公"（長方印，墨印）、"臣晉"（方印，臣字朱文，晉字白文）、"季振宜印""滄葦"（二方印皆紅文）、"敬思齋圖書記"（長方印，紅文）"延令戴大章"（白文）、"字堯聲一字南斈"（紅文）、"海虞毛表奏叔圖書記"（紅文）、"季因是珍藏印"（紅文長印）、"古秋堂"（紅文小長印）、"堯聲"（紅文葫蘆印）、"虞山毛氏汲古閣收藏"紅文方印、"觀壽"（紅文小方印）、"戴印大章"（紅文方印）、"大章""堯聲"（上紅下白連珠小印）、"中吳奏叔收藏書畫印"（紅文大篆長印）、"緑柳橋西戴大郎"（白文長印）、"延令戴大章別字南斈"（白文方印）、"御史季振宜"（白文小方印）這些印章，由此可知當時知該本曾經毛晉、毛表、季振宜、戴大章等人經眼或遞藏。

在避諱缺字情況方面，翁方綱記該本"殷缺筆""敬缺筆"，並云《標目》、二上、二下、三上、三下、四上、五上、五下、七上、八上、九上、十上、十下、十一上、十一下、十二上、十三上、十三下、十四上、十五上、十五下這些卷首作"漢太尉祭酒許慎記"，一下、四下、六上、六下、七下、八下、九下、十二下、十四下卷首作"漢太尉祭酒許氏記"，另外一卷上"許"字下空一字。這説明該本有部分"慎"字，因避宋孝宗諱而改爲"氏"①。

在文字方面，翁方綱將小字本《説文》與汲古閣刊本（翁記爲"毛本"）做了比較，並録其異文，如：

> 標目：在只前，而卷内又不然（墨筆）。即此已見其爲宋時麻沙本，坊賈所爲矣。然則此小字本之反切不同者，乃亦坊賈以原板模糊，遂檢字書而補之者耳（朱筆）。

這是説《説文解字標目》中，"冎"部在"只"部之前，但正文中則相反。翁方綱據此認爲其爲坊間麻沙本。另外，翁氏還録下了該本《標目》中犛、皕、莔、青、會、帀、辟等字及正文"瑋"字下文字的訛誤情況，並有"（皕）此則實是坊賈之謬矣""（青）亦可謂訛謬之極矣"的批語。

在稿本《書宋槧〈説文〉後》天頭，另有翁方綱筆記，《復初齋文集》刊本未收：

> 此前所記款記印章皆虛白本也。又有宋芝山家藏一本，是即從此本翻

刻者，尤爲疏訛，且又漫漶殘脱之至。及二册末有"緩齋"紅文二方印，上有墨筆書云："緩齋乃赤松外史之號，澤農在未齋，謂書之時己亥中秋日也。""時甲辰耑午日，澤農在客勝樓重書記，燈下也。"

綜合根據翁方綱手稿、版本的情況可知，翁方綱所見的小字宋本《説文》，其實當有兩種。

翁方綱所見的第一種小字本《説文解字》，亦即《復初齋文集》的《書宋槧〈説文〉後》所跋本，爲汲古閣舊藏，一函六册，翁方綱以爲是"宋時坊間麻沙本"。從印章、行款、册數、避諱來看，翁方綱筆記所録本，與今藏國家圖書館的海源閣舊藏本《説文解字》（以下簡稱"海源閣本"）若合符契。該本後於嘉慶年間歸額勒布，道光年間歸汪喜孫，後爲楊氏海源閣所得，民國年間歸陳澄中，今庋於國家圖書館①。翁方綱據避諱，認定該本刻於宋孝宗以後，並注意到其中的文字與汲古閣刊本多有差異，故詳録其異，並指出該本當非毛氏汲古閣刊大字本的底本。但須要特別指出的是，翁方綱跋文所説的"改許慎爲許氏者凡八處"，當爲翁方綱計數有誤。無論是根據翁方綱自己的筆記，還是海源閣本的實際情況看，該本"改許慎爲許氏者"實有九處②。

翁方綱所見的第二種小字本《説文解字》，亦即筆記中天頭所記的"宋芝山本"，爲宋葆淳舊藏，原先當有四册，翁方綱以爲該本是汲古閣舊藏宋槧（即海源閣本）的"翻刻本"。翁方綱當於乾隆四十三年（1778）前後即獲知此本，至乾隆四十六年（1781）時從宋葆淳處借閲參校，並告知桂馥③。或因此本"尤爲疏訛，且又漫漶殘脱之至"，翁方綱不曾爲該本專門作跋。參考翁方綱所録的行款、印章、跋文的情況看，宋葆淳本上當無桂馥所説的毛晉、季振宜印章，而在藏本第二册末，另有"緩齋"印章及兩段墨筆跋文。

事實上，桂馥所見的小字本《説文》，也至少有二本。除宋葆淳本外，他也

① 國家圖書館藏宋元遞修本《説文解字》，書號09588，《楹書隅録》《中國版刻圖録》等均曾介紹過該本的情況。影印本收入許慎撰《宋本説文解字》，國家圖書館出版社，2017年。此本未見翁方綱印章，故前人多不知其曾爲翁方綱寓目。翁方綱稿本所記的行款、版式，爲今人瞭解海源閣舊藏的這帙《説文》在乾隆年間的流傳提供了重要綫索。

② 高明《説文解字傳本考》中曾經對收入《復初齋文集》的翁方綱跋語所跋本爲何做出過推測，以爲："翁（方綱）氏所見，蓋即江都汪（喜孫）氏所藏本，上有'蘇齋'一印，即翁氏所鈐，非於汪氏宋本外，別有一南宋麻沙本也。"收入《高明小學論叢》，黎明文化事業股份有限公司，1980年，第36頁。雖然根據翁方綱手稿筆記來看，這一推測不誤，然而高明的推測係據楊紹和《楹書隅録》中誤釋爲"蘇齋"（實爲"蘇公"）的印章而來，這一推論的過程仍有瑕疵。

③ 參翁方綱《致桂馥（三）》，收入翁方綱撰，沈津輯《翁方綱題跋手札集録》，桂林：廣西師範大學出版社，2002年，第554頁。具體繫年及相關討論，詳見下文。

經眼過後來入藏海源閣的小字本《説文解字》①。據桂馥晚年所作的《札樸》"玉篇廣韵"條看，他極有可能將這兩本行款相近、同出一源的小字本《説文》混淆爲一本：

> (《廣韵》)"𣵠"下引《説文》"沛之也"，與明刻小字本（今在安邑宋葆淳家）及李燾《五音韵譜》同，毛晉刻本作"𣵠，沛也"，蓋《説文》傳本多異也。

在《義證》中桂馥以宋葆淳本爲"元明間坊本"，此處則言"明刻小字本"。但令人困惑的是，《札樸》所説的"𣵠"字，臺圖本（宋葆淳舊藏本）卷十一上頁七的版片殘缺，靠近版框最上的"𣵠"字説解，並不作"沛之也"，僅存"也"字，餘皆闕。桂馥《札樸》所記，與他言之鑿鑿的"今在安邑宋葆淳家"的版本文字情況存在矛盾。海源閣本"𣵠"字説解不殘，確作"沛之"，與毛氏汲古閣刊大徐本《説文解字》及小徐本《説文解字繫傳》作"𣵠，沛也"不同。根據現有的材料來看，《札樸》與《義證》爲桂馥晚年寫定，多據事後追憶，桂馥所載的宋葆淳小字本《説文》的部分情況，或許是桂馥晚年在"滇南無書，不能復有勘校，僅檢舊録籤條，排比付抄"②的情況下，將宋葆淳本與海源閣本這兩個比較相近的小字本《説文》弄混所致。另外，在遞藏源流上，桂馥《説文解字義證》所説的宋葆淳本有"毛晉""季振宜"印章一説，也當有誤③。

由於臺圖本的漫漶、裂版情況非常嚴重，對該本的印刷時代、版本性質，翁方綱曾據其漫漶殘脱情況，認爲宋葆淳本是從宋槧（即海源閣本）"翻刻者"，而桂馥更直接以爲宋葆淳本不過是"元明間坊本""明刻小字本"。但從刊本的

---

① 海源閣本有"桂馥之印"白文方印，見標目、三上、五上、八上、十一上、十三上首頁，即六册的各册之首。

② 桂馥《上阮中丞書》，載《説文解字義證》之撰述，云："馥所理《説文》，本擬七十後寫定，滇南無書，不能復有勘校，僅檢舊録籤條，排比付抄。"見桂馥《晚學集》卷六。案，阮元嘉慶五年（1800）正月到浙江巡撫任，此札稱阮元爲"中丞"，則當作於嘉慶五年後。又《札樸》有桂馥嘉慶七年（1802）八月序，云："嘉慶紀元之歲，由水程就官滇南，舟行無以遣日，追念舊聞，隨筆疏記。到官後，續以滇事，凡十卷。"臺北"故宮博物院"藏《説文解字義證》稿本卷四十八末，有桂馥手跋"嘉慶八年（1803）癸亥冬十月九日初校一過"，當爲初校後所作，見《四部叢刊廣編》（九），總第 1574 頁。

③ 關於桂馥將二本相混的具體時間，筆者有兩種不成熟的推測。其一，乾隆四十七年（1782）翁方綱作《書宋槧〈説文〉後》時，桂馥在山東，或爲翁氏寫信告知，而桂馥誤合二本爲一；其二，海源閣本上的桂馥印章，鈐印時間不詳。也有可能是乾隆六十年（1795）桂馥入都銓選時獲見，桂馥當時或許並不知此本即翁方綱所見之本，因海源閣本與宋葆淳本的版片大小一致，皆爲桂馥親眼所見，故在輯録材料時，桂馥或將宋葆淳本、海源閣本的情況一並載入"小字本《説文》"籤條材料中，致有後誤。

性質來説，兩本《説文》小字本的性質並非翁方綱、桂馥所推斷的"坊本"，而當如《中國版刻圖録》所述，爲出自南宋杭州國子監系統的宋元遞修本《説文解字》[①]。其中，海源閣本刷印較早，臺圖本是在早期版片漫漶後，再經過修版後的較晚刷印的印本，並非翁方綱所説的"翻刻本"。

二

　　宋葆淳舊藏的《説文解字》，今僅存卷七至卷十五，標目及卷一至卷六下落不明。根據清代抄本、批校本、書札的情況看，該本乾隆年間當爲四册全。今藏湖南圖書館的《説文繫傳考異》抄本和臺灣"國家圖書館"的翁方綱舊藏《説文解字繫傳》上，均有傳録、借校宋葆淳本的校語，翁方綱的書札中也提及從宋葆淳處借校《説文》，從中也可約略考見當時在京學人借舊槧《説文》進行小學校勘的吉光片羽。

　　《説文繫傳考異》（以下簡稱《考異》）爲朱文藻考訂《説文解字繫傳》（以下簡稱《繫傳》）的專著，乾隆三十八年（1773）由汪氏振綺堂進呈四庫館，署汪憲之名。該書京城學者多有傳抄，今湖南圖書館藏有該書抄本二册，上録有丁杰、陳熷等人批校，前有葉啓勛手跋：

> 《説文繫傳考異》舊抄本二十八篇，歸安丁錦鴻學博小疋、秀水陳梅軒明經熷手校。……辛酉冬月，得此於道州何蝯叟太史紹基家，挑燈漫記。書中尚有題"葆案"者，此不知何人，暇日當詳考之。[②]

知該本曾藏何紹基處，後歸葉啓勛[③]。抄本上的批校，丁杰校語除"錦鴻案"一條外，餘多徑以"案"字爲别，或另起直接接於"熷案""葆案"等人校語後，

<hr />

　　① 《中國版刻圖録》指出，宋刻宋元遞修本《説文解字》"迭經宋元兩朝補版，元時版送西湖書院，《西湖書院重整書目》中有《説文解字》一目，蓋即此本"，文物出版社，1961年，第12頁。又參阿部隆一《"中央圖書館"等藏宋金元版解題》的討論。

　　② 抄本前有葉啓勛手跋，與葉啓勛《拾經樓紬書録》文字基本相同，參葉啓勛、葉啓發撰，李軍整理：《二葉書録》，上海古籍出版社，2014年，第27頁。

　　③ 書中鈐有"葉氏雅好""東明楹書""拾經樓""葉氏啓勛讀過""葉啓發藏書記""南陽""定侯流覽所及"，均爲葉啓勛、葉啓發昆仲之藏書印。葉啓勛以爲校語乃丁杰、陳熷手校，但從天頭、行間批語的筆迹看，恐非出自一人，當爲過録本。案，《説文繫傳考異》曾以抄本流傳，丁小疋校本，陸心源《皕宋樓藏書志》卷十三另著録一帙，録有朱文藻前後跋文兩篇，並朱文藻與朱文游信札一封、丁小疋跋文兩篇，今藏静嘉堂文庫，又見和田羆撰，杜澤遜等點校：《静嘉堂秘籍志》卷十六，上海古籍出版社，2016年，第560頁，該本與湖南圖書館本當源出一流。

當即丁杰最後審定所作①。"熠案""陳云"等條係出自陳熠（字梅軒）。"心醇案""沈云""沈本"等案語則出自沈心醇（字抱曾，號匏尊）。至於葉啓勛未曾詳考的"葆案"，實即爲與沈心醇、丁小疋均有交往的宋葆淳。抄本上明確標明爲宋葆淳的校語，計得三條，分別如下：

1. 柋《考異》："木皃，今《説文》木根也。"葆案：《字典》引《説文》作"木根空也"。

2. （木）部末《考異》："文四百二十三，今部中少梫 橃榑柂橄驒梧萋棌桻栝槽梟桶櫡樂柎枹梌枳槷札檢檄棻槊柾楂极祛楅槮槁柳梱檩椯橋梁楥橃桿欚校枰柆槎梇橚析械桄梱楄楅枼櫔休楦械械杼桩梏櫙檞檻櫳柙棺櫬槽梼楬梟棐閑，共七十六字"。葆案：**宋板小字《木部》末無"閑"字**，蓋閑字已見《門部》，此重出。兼鼎臣亦無重出之注，是後人妄加。按：《説文》重出字，如《口部》"否"字、"右"字重見於《不部》《又部》，《放部》"敖"字重見於《出部》，鼎臣亦未注明，豈可概云後人妄加乎？

3. 鋌《考異》："銅鐵朴，今《説文》作'銅鐵樸'，當是'模'訛爲'樸'，樸寫爲朴。"葆案：**小字宋板及汲古閣本皆作"樸"者**，是也。謂銅鐵未煉者。鋌無模訓，作模者誤。

案，第一條爲宋葆淳據《康熙字典》所引《説文》校。第二條、第三條則明確據"小字宋板"校勘。其中，"閑"字的有無及其列篆次序，與大徐本、小徐本不同版本間的傳承關係非常密切。在當時的《繫傳》抄本中，朱文藻作《考異》時借得的郁陛宣抄本、朱文游抄本、徐堅抄本，及京師的四庫館、翁方綱抄本、朱筠抄本，及毛氏汲古閣舊藏《繫傳》抄本，《木部》均有脱頁，故以上幾種《繫傳》抄本《木部》下，均無"閑"等七十餘字。錢曾述古堂抄本、錢楚殷抄本則《木部》不缺，"閑"在"檻"篆之前②。毛扆刊行汲古閣大字本《説

---

① 丁杰，原名丁錦鴻，字升衢，別字小山，後改名作丁杰，字小疋。抄本"醅"字下，《考異》"盆口反，闕，未詳，今《説文》匹回切。"天頭："熠案，盆口切，與匹回切非有異也，口古圍字。"另起一行有"口雖古圍字，然通體之例，未用古字反切字，口是原本闕文，故作口。至匹回切與盆回切，似微有間，匹回則讀若坯，盆回則讀若陪，乃陰昜之殊也。又凡反切皆用同部，回圍則不同部，故口之非可切此字，乃斷然矣。"知爲丁杰據反切體例，辨明陳熠之誤。從校記的"錦鴻案"看，時丁杰尚未改名。

② 關於以上諸本《説文解字繫傳》的缺奪情況，郁陛宣本、朱文游本、徐堅本的情況，見朱文藻《説文解字考異》。朱筠藏抄本、翁方綱藏抄本、錢曾藏抄本，均藏臺灣"國家圖書館"。乾嘉之際，毛氏汲古閣藏舊抄本在顧之逵處，錢楚殷藏舊抄本在黃丕烈處，見顧廣圻撰、黃丕烈注《百宋一廛書録》。關於諸本的情況，另參張翠雲《説文繫傳板本源流考辨》，花木蘭文化出版社，2007年。

文解字》，在第五次剜改時，曾據小徐舊抄本，補"閑"篆於《木部》卷末"棐"後，作"閑，止也，从木从門，候覸切"[1]。故朱文藻的《考異》中，據通行的汲古閣刊《説文解字》，將"閑"殿於《木部》闕字的最後。宋元遞修小字本大徐《説文》中《木部》均無"閑"字。宋葆淳此條校語，據自藏小字本《説文》，認爲"閑"爲《木部》重出字，《繫傳》不當補。第三條《金部》的"鋌"字，見小字本卷十四下頁一第十八行末，宋葆淳由此論朱文藻考訂之誤。

另外，在批校中有一則未標校者姓名的校記，亦當出於宋葆淳本：

> 茵：《考異》"讀若俠，今《説文》讀若下闕一字，別本《説文》讀若埶。"
> 旁有批校："宋板《説文》作讀若陸。"

案，此條校語，朱文藻所説的"今《説文》讀若下闕一字"，説的是汲古閣刊本《説文》在第五次剜改後，"讀若"下空一字[2]。《繫傳》抄本作"讀若俠"，批校中的"宋板《説文》作讀若陸"，與其他小字本相合，亦當出宋葆淳本。

雖然卷一的《艸部》"茵"、卷六的《木部》，臺圖藏宋葆淳本今已殘缺，根據《考異》批校本看，説明當時宋葆淳本卷一、卷六有存。又據"閑"下又有丁杰批校，則知宋葆淳校語，當在丁杰校勘之前，大約亦在乾隆四十三年（1778）前後。批校、過録《説文繫傳考異》的這些人中，丁杰長於小學，"開四庫館，朱筠、戴震皆延之佐校""小學一門往往出其手"[3]，沈心醇亦"工詩，兼擅金石之學，久客京師，與名公卿往還，長於金石篆隸之學"[4]，而陳熷在校勘《説文繫傳考異》外，亦曾幫助桂馥校勘《集韵》[5]。

今藏臺灣"國家圖書館"的《説文解字繫傳》抄本[6]，爲翁方綱舊藏，上有翁方綱、桂馥、沈心醇等人在乾隆四十二年（1777）至乾隆四十六年（1781）前後的手校批語。其中有多條言及"古本《説文》"，反映出當時學者傳録《説

---

① 參段玉裁《汲古閣説文訂》："初印本'棐'後無'閑'"，第342頁。

② 參段玉裁《汲古閣説文訂》"《艸部》：'茵，讀若陸。'初印本如此，宋本、葉、趙本、《五音韵譜》皆同。今剜改'陸'字空白，蓋欲依小徐作'俠'而未刻也。"

③ 阮元《集傳録存》，《揅經室集》續二集卷二。

④ 朱文藻語，見阮元輯《兩浙輶軒録》卷三十七。

⑤ 桂馥《集韵跋》："余時有曹棟亭揚州刻本，文多謬誤，灪訛爲'沸南'，少昊訛爲'省天'，因屬陳君熷校讐，未及終卷，又屬程君敦與《説文》對勘，亦不完，及余官長山，乃得與《增韵》並了之，益信戴君言不誣也。"文載桂馥《晚學集》卷三。

⑥ 翁方綱舊藏《説文解字繫傳》，今藏臺灣"國家圖書館"，書號00922。"繫传"之"繫"，在校勘、手札等中，或作"系""係"等。

文解字》、校勘《説文解字繫傳》的情況①：

1.《卷一》祕：周禮有郊宗石室。△古本《説文》《韵會》皆同，唯《六書故》所引作"郊宫石室"，俟考《周禮》。（墨）

2.《卷一》菖：周禮書所説。△毛本無禮字，未詳孰是。（紫）△古本亦然。（墨）

3.《卷一》蘀：艸木以葉落墮地爲蘀。△古本《説文》蘀字注曰：艸木凡皮葉云云，毛本同。（墨）

4.《卷二》茵：讀若俠。△讀若俠，諸本皆同，唯古本《説文》作讀若陸。（墨）

5.《卷二》特：特牛也。△特，朴特，牛父也。古本、毛本皆同，應從。（墨）

6.《卷三》峙：“躇也”。△躇訛蹟，據古本、毛本改。

7.《卷三》建：疾也。从又。又，手也。从止。（朱筆改爲"从止，从又。又，手也。"△據古本、毛本乙之。（墨）

8.《卷三》建：機下足所履者，疾。△毛本無疾字，衍文。（紫）△古本同毛本。（墨）。

9.《卷四》迡：怒不進也，一曰驁也。△"一曰驁也"四字，毛本及古本皆無。（墨）

10.《卷四》延：通也。从爻，疋亦聲。（朱筆改爲"从爻，从疋，疋亦聲"）△從古本及毛本《説文》增。

11.《卷五》弄：玩也，從廾玉。（朱筆改爲廾玉）。△弄字注，毛本、古本俱作"以手持玉"。此脱持字。（墨）

12.《卷十二》郇：河東聞喜邑。△郇字注"聞喜邑"，古本及毛本皆作"聞喜聚"。（墨）

13.《卷十二》鄢：在邸，犍爲縣。（紫筆改"在"爲郁）。△鄢字注，毛本作"郁鄢，犍爲縣"。古本《説文》作"郁鄢"。郁之與郁，傳寫偶誤。鄢字則各本皆同，應改。（墨）○馥案：宋槧五音本作"郁鄢"，墨筆云古本《説文》作"郁鄢"，不知所據何本。（朱）

14.《卷十二》郭：郭地△今本郭下有海字，未知是否。（紫）△古本《説文》亦有海字（墨）。

15.《卷十三》稼：稼家也。△古本作稼，家事也。（墨）

16.《卷二十三》捄：盛也于柸中也。△也字應改土，從古本、毛本。（墨）

17.《卷七》鳩：一曰運目。○馥案：《説文》宋本、毛本並作運日。（朱）

---

① 小徐正文及諸家校語，僅錄與本文討論有關的部分。△代表校語在天頭，○代表校語爲籤條。

上述校語，大約是乾隆四十三年（1778）九月之前，沈心醇、桂馥等人先後幫助翁方綱校勘《繫傳》抄本時所作①。其中，墨筆引及"古本《說文》"的校語，均爲沈心醇所作②，朱筆籤條則是桂馥所作，有一條提及"《說文》宋本"③。這些《說文》校勘，集中在翁方綱藏抄本《繫傳》第一册、第三册中，對應的是《說文》大徐本卷一至卷六的部分。沈心醇校語中的"毛本""今本"均指汲古閣刊本《說文》，而根據第 4 條"芮"下的"唯古本《說文》作讀若陸"，並結合沈心醇、宋葆淳、翁方綱等人的交游來看，沈心醇用來校勘《說文繫傳》的"古本《說文》"，毫無疑問，當是借自宋葆淳處的小字本《說文》。墨筆所述的"古本《說文》"，除第 11 條及第 13 條外，也與王昶舊藏本等小字本《說文》情況符合④。

另一則與宋葆淳藏本《說文》有關的書札，爲翁方綱乾隆四十六年（1781）一月與桂馥的書信：

> 燈下才接懷祖手覆，云其"前頓"之訓"北末切"者，當從"市""分勿切"，與"跋"之"犮"相通，此與"頓"義亦合。然後知宋槧小字本、宋槧五音本、《篆韵譜》暨《繫傳》暨毛本無一不繆也，已據此改入發刻也。兄聞之當相視如莫逆耳。宋槧小字暫借留一看，俟芝山遄行時再繳，何如？（《致桂馥（三）》）⑤

---

① 從字迹順序看，紫筆最先，墨筆其次，桂馥的朱籤在後。據抄本前桂馥之札："《系傳》前四本先徵上，内有小籤，乃夏間初校時所加，嗣後另有增易，不在此本之内，尚有五六卷工夫，未及卒業，容明春校畢，再寫清本呈教。"下有翁方綱字："此戊戌九月廿六日未谷來札"，知此札乃乾隆四十三年（1778）九月桂馥校完抄本前四册後，還翁方綱時所作，則沈心醇、桂馥的校語，當均不晚於四十三年九月。

② 抄本第一册有沈心醇札："《係傳》已對過十分之九，尚有四卷未對，有與姪本異，及查出《韵會》注，謹用墨筆志之，祈大人酌定。今將《繫傳》《說文》《六書故》《韵會》共六函奉上。"明確用墨筆的爲沈心醇。從筆迹看，下文墨筆批校與此札筆迹相同，則墨筆爲沈心醇手校。

③ 該本朱筆的字迹，由桂馥、翁方綱等多人先後完成。桂馥的批校多以籤條，且以"馥案"別之；翁方綱的批校，據其書前文字，從乾隆四十四年六月至四十六年（1779—1781）均有，校語多在地脚處，從字迹上與桂馥批校較易區別。

④ 第 11 條，沈校云毛本、古本俱作"以手持玉"。實則毛本、小字本作"从丮持玉"，當爲抄録有誤；而第 13 條，小字本作"存鄢，犍爲縣"，《五音韵譜》作"郁鄢"，沈云古本作"郁鄢，犍爲縣"，恐是抄録《五音韵譜》本《說文》時致誤，桂馥已經指出。宋葆淳另藏有明刻《五音韵譜》，翁方綱有跋。

⑤ 翁方綱《致桂馥（三）》，見翁方綱撰，沈津輯《翁方綱題跋手札集録》，第 554 頁。原文引文標點有誤，此據《說文》稍作修改。此札沈津《翁方綱年譜》未繫年月，内容則與《致桂馥（四）》《致桂馥（五）》前後相貫。考《致桂馥書（五）》中言及"方綱先塋小碣，正要與伊謀之"，據翁方綱於乾隆四十六年（1781）一月重書《皇清旌表貞節翁母高孺人墓碣》，則當爲此年之事。第三札"西郊看地或在廿五六"，至第五札"西郊看地之行定於二月初旬"，知第三札必作於乾隆四十六年一月，時桂馥在京。

案，乾隆四十五年（1780）末，桂馥、宋葆淳、沈心醇皆擬出都，至次年一月，翁方綱在校勘《繫傳》，時桂馥、宋葆淳仍在都下，故札中有"俟芝山邇行時再繳"之言①。這封書信，除了提及翁方綱直接從宋葆淳處借得小字本《説文》外，還透露出翁方綱、王念孫（懷祖）、桂馥在校勘《説文》中的相互交流。翁方綱、桂馥、王念孫所討論者，爲"前頓也"之字的篆形。汲古閣刊本《説文》中，有"迊（𧺆），行皃。从辵市聲，蒲撥切"（二下頁二），又有"𧾷（𧺆），前頓也，从辵市聲。北末切"（二下頁五）。由於二字篆形無別，故三人札中，就此問題前後有所討論。王念孫的觀點是"前頓也"的篆字，當從"市"字，他結合"市"的遮蔽之義，並溝通市、跋的古音關係，運用因聲求義來推求篆形。翁方綱的觀點，則是參考《玉篇》列字順序，提出"'前頓'之訓，其爲'迣'字無疑。看《玉篇》下接'迦'字，與《説文》次序正同，亦其一證也"②。翁方綱、王念孫兩人之説，各有道理。桂馥《説文解字義證》中採納翁方綱之説，言"此文當作迣"。至於未曾見過翁方綱之説的段玉裁，在其《説文解字注》時，也據《玉篇》之序，將該字的篆形改作"迣"。段玉裁的改篆，與翁方綱、桂馥之説一致，誠謂閉門造車，出門合轍耳。

　　要之，根據以上這些批校、札記來看，清代乾隆年間，翁方綱、桂馥、丁杰等人在京時，或曾親自寓目，或曾過録過宋葆淳舊藏的小字本《説文解字》，並有相關的傳録、校勘活動。對於宋葆淳藏本的性質，宋葆淳曾在批校中徑稱該本爲"宋板《説文》"，而沈心醇則謹慎地稱之爲"古本《説文》"。從文字情況看，諸人校語，除言及今存的後二冊情況外，也多涉及到今已不存的卷一至卷六的校勘，説明乾嘉時宋葆淳本前六卷應大體皆全。就校勘活動的具體展開而言，翁方綱、桂馥、沈心醇等人在校勘《繫傳》時，除了以宋葆淳本《説文》、汲古閣刊本《説文》與《繫傳》進行比較外，也廣泛地搜集了《六書故》《韵會》《五音集韵》等他書引《説文》的材料來推進《説文》的校勘。

---

　　① 乾隆四十五年（1780）桂馥教習期滿擬出都，翁方綱作《品碑圖並引》（《復初齋外集》詩集卷十五），言"時未谷、芝山、匏尊皆將出都"。又據乾隆四十六年（1781）《跋張瘦銅漢印三十二例》（《復初齋外集》卷三），"未谷已出都，因屬予識其後，辛丑三月大興翁方綱"，知桂馥於四十六年三月時已出都。此札中的"發刻"，與翁方綱幫助汪啓淑刊刻《説文解字繫傳》有關，關於其刊刻經過，擬另作專文考述。

　　② 翁方綱《致桂馥（五）》，見翁方綱撰，沈津輯《翁方綱題跋手札集録》，廣西師範大學出版社，2002 年，第 554 頁。又翁方綱藏《繫傳》抄本的天頭處，用朱筆將該字篆形改爲"迣"字，當亦作於翁方綱此札前後。

三

　　從背景上説，宋葆淳藏本《説文解字》在京城的傳校，是乾隆三十七年（1772）詔開四庫館後，士人傳抄、借録、校刊相關文獻的縮影[①]。"同時嗜金石，翁宋張桂沈"[②]，翁方綱、宋葆淳、張塤、桂馥、沈心醇，以及朱筠、王念孫、丁杰、陳熷等人在京城相聚，逐漸形成了以朱筠椒華吟舫和翁方綱蘇齋爲核心的研討金石、交流《説文》的學者圈。

　　宋葆淳所持的小字本《説文解字》，是用以參校當時自四庫館抄出的《説文》相關文獻的版本之一。朱文藻所撰的《説文繫傳考異》，由汪氏振綺堂署當時已故的汪憲之名進呈，故得以抄入《四庫全書》中[③]。根據作者的署名可知，《考異》當時在京的抄本即源出兩支：沈心醇本得自翁方綱，署汪憲之名，當從四庫館抄出。丁杰抄本係得自何思鈞、汪元亮，乃是從吳門抄出，有朱文藻原跋。四庫館開館後的乾隆四十三年（1778）前後，朱文藻、丁杰、沈心醇、宋葆淳、陳熷等人同時在京，又相互借閲、借校，並參考宋葆淳所藏小字本《説文》，促使此書修訂而更臻完善[④]。徐鍇的《説文解字繫傳》，《四庫全書總目提要》載"《繫傳》在宋時已殘缺不完矣，今相傳僅有抄本"，在四庫館開館的契機下，與翁方綱交好的汪啓淑，在翁方綱的鼓勵下，決定刊刻《説文解字繫傳》[⑤]。新安汪氏本《説文解字繫傳》，在汪啓淑"合舊抄數本，校録付梓"的刊刻過程中，參考了翁方綱舊藏《説文解字繫傳》抄本中翁方綱、桂馥、沈心醇等人參校宋葆淳本的校勘成果。書後所附的《附録》，原係朱文藻編纂《考異》時所附，由

---

　　①　參楊洪升《四庫私家抄校書考略》，《文獻》2013 年第 1 期。

　　②　翁方綱《未谷裝漢安仙集字爲軸屬予録沈字韵詩並求瘦銅題句瘦銅曰覃谿不可無專咏也再用前題石田畫像韵》，翁方綱《復初齋外集》卷十五。

　　③　其前後始末，參朱文藻《説文繫傳考異跋》，光緒八年（1882）徐氏八杉齋刊本。

　　④　據抄本前録丁杰乾隆四十三年（1778）跋文云："七月十九日借沈匏尊校本互勘一過"，"去歲冬，錦鴻借靈石何庶常抄本影抄。同時海寧沈匏尊亦影抄一本，乃大興翁學士本也。翁本無篆文，惟何本有之，誤謬實多。今年春，朱君映辰至京師，囑其手自校正，並益附録數條。"知當時沈心醇、丁杰各有《説文解字考異》抄本，丁杰曾借得沈心醇本，並過録異同及沈本校語，並請朱文藻（映辰）校勘。時朱文藻館於王杰處。參見陳鴻森《朱文藻年譜》，《古典文獻研究》第十九輯下卷，2017 年。

　　⑤　參新安汪氏本《説文解字繫傳》，末有汪啓淑跋："淑慕想有年，幸逢聖朝文治光昭，館開四庫，淑得與諸賢士大夫游，獲見《繫傳》稿本，愛而欲廣其傳，因合舊抄數本，校録付梓。"又翁方綱《蘇齋筆記·説文》"歙人汪秀峰啓淑頗喜刊書，予因勸其出貲刻此書。刻成，汪君欲予附名於末，予笑而不應也。"收入翁方綱《復初齋文稿》，第 8427—8428 頁。

汪啓淑自四庫館抄出《考異》，刊於《繫傳》後①。儘管汪本《繫傳》因底本的奪漏而多爲詬病，但此本作爲清代第一個刊版的《説文解字繫傳》，極大地推動了小徐本的刊布和流傳。

　　當時的《説文》傳抄、校勘工作，又以朱筠、翁方綱爲中心，這與兩人在學術界的地位及其研究興趣不無關係。回溯至乾隆三十七年（1772），在安徽學使任上的朱筠，上書奏請采録《永樂大典》遺書，促成四庫館的設立。次年，仍在安徽的朱筠，延請王念孫等人，"先舉許君《説文解字》舊本重刊周布"，據汲古閣剜改本翻刻爲椒華吟舫本《説文解字》，推動了《説文》的流傳②。朱筠同時也提及，"惜未及以徐鍇《繫傳》及他書善本詳校"，至乾隆三十八年（1773），朱筠回都後在四庫館擔任纂修，其家藏的《繫傳》《考異》等抄本，當亦自四庫館抄出。乾隆四十四年（1779），宋葆淳以小字本《説文》示朱筠，朱筠跋文即有"不及以毛氏本校正，輒書此後，以竢他日"的願望。非常遺憾的是，在福建學使任滿回京的乾隆四十六年（1781），朱筠即因病去世，不及以小字本作校勘。但朱筠在開四庫館、刊刻椒華吟舫本等方面的貢獻，多爲當時士人所稱道。翁方綱在四庫館中的活動，據翁方綱《家事記略》回憶："校勘之次，考訂金石，架收拓本，亦日漸增。自朱竹君筠、錢辛楣大昕、張瘦同墱、陳竹廠以綱、孔撝約廣森後，又繼以桂未谷馥、黄秋盦易、趙晉齋魏、陳無軒焯、丁小疋杰、沈匏尊心醇董時相過從討論，如此者，前後約將十年。"翁方綱精於金石考訂，而《説文》正是小學研究的重要典籍，故而這些學人聚集在蘇齋之中，考訂金石、研治《説文》，亦是極其自然的。

四

　　曾經參校宋葆淳本、並爲多個重要《説文解字》校本做過跋語的翁方綱，

---

①　朱文藻《附録》爲抄録諸家與《説文解字繫傳》有關的文本。據朱文藻嘉慶十一年（1806）《説文繫傳考異跋》："錢塘汪户曹訒庵，從全書館録出《繫傳》，刻於京師，而以《附録》一卷附於後，其《考異》則不附焉。""《附録》一卷，檢原稿所無，藉汪刻補之。"由此可知，《考異》的《附録》底稿由振綺堂上呈四庫館，朱文藻未曾存有副本，至嘉慶十一年朱文藻在王昶幕下得見汪刻本《繫傳》，方據汪本《附録》重新補録。

②　椒華吟舫本封面題"乾隆癸巳開雕／説文解字／椒華吟舫藏板"，篇首有朱筠《重刻説文解字叙》，較汲古閣刊大字本而言，每卷卷首在"徐鉉"下增加"大興朱筠依宋本重付開雕""宛平徐瀚校字"字樣，其正文至卷末附録内容，基本依照汲古閣本翻刻，間有校改，如卷十四下13a"去"，汲古閣刊大字本作"《易》曰：'突如其來如。'不孝子突出，不容於内也。"椒華吟舫本兩"突"字皆作去。據朱筠乾隆四十年（1775）《送王懷祖》"我方叙《説文》，資子口存舌"（《笥河詩集》卷十二），椒華吟舫本序言的部分觀點，當出於王念孫。

在晚年所作的《蘇齋筆記・字學》中談及：

> 三十年前，吾齋時相遇從者，若曲阜桂未谷馥、高郵王懷祖念孫，皆精於校讎《說文》，懷祖於校勘《說文》所最心許者，金壇段懋堂玉裁也。①

嘉慶年間，《說文解字》的研究中心，已經轉移到段玉裁、顧廣圻、鈕樹玉等江浙學人。翁方綱的這段感慨，也隱隱道出從乾隆四十年到嘉慶十年（1775—1805）間，《說文》校勘的前後發展、風雲變化。在這三十年間，從王念孫、桂馥到段玉裁的《說文》研究，《說文》學的研究是如何深入發展的？梳理宋葆淳本的流傳源流，一方面有助於厘清王念孫《說文解字校勘記殘稿》、桂馥《說文解字義證》的部分情況，一方面也爲我們展現了三十年間在《說文》研究方面的發展和突破。

就王念孫早年的《說文》研究而言，乾隆三十七年（1772），王念孫在朱筠幕下時，曾幫助朱筠刊刻椒華吟舫本《說文解字》，乾隆四十年（1775），王念孫中進士後旋歸故里，朱筠在《送王懷祖》中曾提及“半載卒二卷”“書成曰《考異》”，知王念孫似在從事《說文》的考證工作②。回到揚州後，王念孫曾專注於《說文》，翁方綱亦曾通信求問③。至乾隆四十五年（1780），王念孫回都，後補散館，仍在從事《說文》的研究。不過，王念孫早年研究《說文》，後來轉治《廣雅》，並校勘群經諸子，其《說文》研讀成果生前並未刊刻，學者瞭解亦不多。據前舉的翁方綱與桂馥之札，知王念孫曾參與校勘《繫傳》，乾隆四十九年（1784）桂馥所錄、又由許瀚在道光二十八年（1848）謄出的王念孫《說文解字校勘記殘卷》④，其主要的內容，即爲王念孫當時在京師校勘《繫傳》抄本的札

---

① 翁方綱《蘇齋筆記・字學》，收入翁方綱《復初齋文稿》，第 8437 頁。

② 參劉盼遂《高郵王氏父子年譜》，收入《段王學五種》，藝文印書館，1970 年。

③ 翁方綱乾隆四十三年（1778）曾在《送吳亦山進士歸襄陵序》（《復初齋文集》卷十二）中提及，“予年來取與交游，精《說文》之學者，高郵王懷祖、嘉定錢獻之、襄陵吳亦山其尤也。”“曲阜桂未谷亦究心此書，每語予寄聲懷祖，索其近著篇目，至今未得見之。”知王念孫居家研習《說文》，桂馥、王念孫之交流，多通過翁方綱轉呈。

④ 王念孫撰《說文解字校勘記》卷首，錄有桂馥之語：“此是王懷祖所校《說文》，祇抄得數頁，惜未錄全本。曲阜桂馥記。”末有桂馥跋：“甲辰十二月分條錄入《說文》畢”，知桂馥於乾隆四十九年（1784）將札記分條錄入大徐本《說文》。又道光二十五年（1845）王筠與許瀚書，曾言及“所云桂抄本，桂校汪刻本，兄皆有之耶”，其中“桂抄本”當爲桂馥抄錄王念孫《說文解字校勘記》，而“桂校汪刻本”即王獻唐所見的桂馥校汪啓淑本《說文解字繫傳》，載王筠著，屈萬里、鄭時輯校《清詒堂文集》，齊魯書社，1987 年，149 頁。許瀚後於道光二十八年（1848）將桂馥所錄王念孫校《說文》的材料謄清。桂馥及許瀚跋文，見王念孫撰《說文解字校勘記》，遼寧省圖書館藏清種松書屋抄本，《續修四庫全書》212 冊影印，上海古籍出版社，2002 年，第 1—9 頁，又參晨風閣叢書本《說文解字校勘記殘稿》，《叢書集成續編》影印，新文豐公司，1991 年，第 495—506 頁。

記①。由於後人所見的抄本，爲桂馥將王念孫校語錄出在汲古閣刊本《説文》上，故一定程度上掩蓋了王念孫校語實爲《繫傳》校勘記的特點②。從錄出的王念孫《校勘記》看，王念孫主要關注的是大小徐篆形、次序的差異，並注重從中摘出《繫傳》中爲張次立所摻入的那些篆形。這與王念孫後來利用《説文》考證雅書群經諸子，研究側重點有所不同③。

桂馥"自諸生以至通籍四十年間，日取許氏《説文》與諸經之義相疏證，爲《説文義證》五十卷。"④《説文解字義證》一書的著作，前後綿延三四十年，前賢時彥探討桂馥在都期間的《説文》研究時，多關注《説文統系圖》題跋及其在《説文》學史上的象徵意義⑤，而據翁方綱《説文解字繫傳》抄本的情況看，桂馥在乾隆四十六年（1781）出都以前，曾錄出《説文解字繫傳》、小字本《説文解字》的異文，並做過較爲細緻而扎實的《説文》版本比勘、文字考校工作。翁方綱抄本《説文解字繫傳》第二册的封面上，有翁方綱筆記："未谷所記出諸書引《説文》小條，屬爲先覓友人查之。"由此知桂馥曾請翁方綱門下的其他友朋幫助核查他書引《説文》的材料；而翁方綱舊藏《繫傳》抄本中保留的桂馥籤條裏，除錄及小字本《説文解字》外，還顯示出桂馥當時比勘了毛氏汲古閣本、宋槧《五音韵譜》等書。至乾隆四十八年（1783），翁方綱將汪啓淑刻本《説文解字繫傳》寄與桂馥⑥，乾隆五十一年（1786）前後，桂馥遂據其錄副的《説文》

---

① 《説文解字校勘記》"趥"字條下："念孫按，此字當從《繫傳》改作'趣，从走叡聲。'"案，汲古閣本《説文》、汪啓淑本《繫傳》，篆形均作"趥"，"叡聲"，而翁方綱抄本、朱筠抄本等抄本《繫傳》從"叡"，則王念孫所據，必爲抄本。見王念孫撰《説文解字校勘記》，《續修四庫全書》第 8 頁。

② 桂馥錄王念孫《説文解字校勘記》抄本，字頭用"二篇第十二行"表示汲古閣本《説文》第二頁第十二行的"祥"字，正如抄本末許瀚跋所述："内云ム篇者，皆謂ム葉也，或單稱第幾行，蒙上葉數之，皆據汲古閣毛刻大徐本也"。桂馥將王氏校勘記對應到大徐本具體的頁碼、行數上，當是便於查找、閱讀。晨風閣叢書刊刻時，以抄本爲底本，未錄許瀚此段跋語，並以楷書錄出相應的部首、篆字字頭，原先抄本《説文解字校勘記》中對應汲古閣本《説文》的情況即湮滅不存。

③ 王念孫早年雖曾參與大小徐《説文》的校勘工作，但他之後的學術研究，則轉向了"就古音以求古義，引伸觸類，不限形體"（《廣雅疏證》自序）。在王氏的訓詁研究中，不乏利用《説文》訓釋、結合音義關係的精彩考證，却很少有專據《説文》體例而作的考證，從中亦可略見王念孫運用《説文》進行研究時反映出的學術旨趣。

④ 蔣祥墀《桂君未谷傳》，附載桂馥《晚學集》卷首。

⑤ 參孫雅芬《桂馥及其〈説文統系圖〉》，《歷史文獻研究》第 29 輯；吳欽根《文獻文化史視野下的清代〈説文〉著述研究》，南京大學 2015 年碩士論文。

⑥ 翁方綱《致桂馥（一）》："從前汪秀峰刻完《説文繫傳》時，弟即寄兄一部，以今言之，竟未接到，蓋小定未到曲阜耳。而秀峰所印實太少，今將弟未裝之一部寄上，其中錯誤知必多也。"收入翁方綱撰，沈津輯《翁方綱題跋手札集錄》，第 553 頁。繫年見陳鴻森《翁方綱年譜補正》，《中國文哲研究集刊》2004 年第 25 期。

材料，校勘汪啓淑刻本①。嘉慶元年（1796），桂馥遠赴雲南永平後，又得見段玉裁《汲古閣説文訂》②。在雲南期間，桂馥將“檢舊録籤條，排比付抄”，終於嘉慶八年（1803）冬初校畢《義證》的初稿。《説文解字義證》最終薈聚了桂馥在北京、山東、雲南等不同時期的《説文》研究成果，共録有《説文》“小字本”材料一百餘處，其中有不少當是採自早年所見的宋葆淳本《説文》③，而《義證》中的“宋本”“初刻本”“初印本”等説法，則多是取段玉裁《汲古閣説文訂》之説④。在“閑”“洇”等十餘條下，甚至出現了“宋本”“小字本”並言的情況，這是因爲經桂馥目驗的宋葆淳本、海源閣本等小字本，桂馥以爲是元明本，而段玉裁《汲古閣説文訂》則舉王昶本、周錫瓚本爲“宋本”，故桂馥遂録段玉裁

---

① 王獻唐《説文繫傳三家校語抉録》載桂馥手校汪啓淑刻本，云“一卷首頁有‘乾隆丙午桂馥校’一行，四卷末頁有‘五月二十日校畢’一行，皆用朱筆。各册書衣都經未谷手寫部目。封面鈐‘文淵閣校理翁方綱藏’朱文方印，‘印林’朱文方印。每卷褾籤有‘巾卷齋藏書印’白文方印。此書當時，似是桂爲他人所校，内有夾籤，屢書‘夫子所校抄本涂去’等語，又言‘夫子曰’‘夫子批注曰’云云。”見《山東省立圖書館季刊》1931 年第一集。今案，“巾卷齋”爲桂馥之齋號，據翁方綱《致桂馥（一）》，則知此本即翁方綱以翁氏所藏本徑寄桂馥者，而桂馥籤條中的“夫子”並非王獻唐推測的丁杰，而是翁方綱。其中“夫子所校抄本”的文字，筆者曾比較其中所舉出的舊抄本文字，與翁方綱抄本《繫傳》皆合。由此亦可知桂馥曾經將抄本的異文情況録副，作爲撰作《義證》的基礎。

② 國家圖書館藏有孟廣均跋、桂馥手校的汲古閣本《説文解字》，第三册有桂馥印章“巾卷齋藏書印”，並有“馥案”等案語的籤條。又浙江圖書館藏有思進齋抄本《説文籤注》，係孟廣均自桂馥籤條中録出，抄本後又録孟廣均咸豐元年（1851）致許瀚書札，言孟廣均於道光二十八年（1848 年）“得《説文解字》一部，浮頁有‘巾卷齋藏書印’字樣圖章，有未谷先生朱墨筆紙條四百一十九條，但俱無名氏，弟曾作小跋附後，外抄出一分，尊刻弟亟需一對爲幸。”孟廣均擬請正在主持《義證》刊刻工作的許瀚幫忙核對是否爲桂馥之稿。案，汲古閣本《説文解字》籤條筆迹爲桂馥手書，其中尥、旗、僢等條，皆明確引及段玉裁《汲古閣説文訂》之説，且其中版本内容、意義考證等，後多入《義證》，當即桂馥作《説文解字義證》的札記之一。

③ 案，筆者以《義證》卷七以下所言小字本情況與臺圖本比較，多有相合之處，亦有錦、覿、煩、漆等數條，桂馥之説乃溢出於段玉裁《汲古閣説文訂》，知當出於桂馥昔日所録籤條耳。

④ 關於《義證》中的“宋本”共三十餘處，如“髶”，《義證》“結也，宋本作髶”，説本《汲古閣説文訂》，桂馥舊藏汲古閣本《説文解字》有籤條：“宋本作髶，案本書訓詞中所有之字而篆文闕者，後人皆改之，此其一也。”《義證》中的“初印本”“初刻本”共三十餘處，如“俊”，《義證》“‘才過千人也’者，《集韵》引作‘才千人’也，本書初印本亦作‘才千人’，後加‘過’字。小字本、李燾本並作‘材’”，説本段玉裁《汲古閣説文訂》“初印本作‘才千人也’，宋本、葉本、趙本、《五音韵譜》《類篇》《集韵》皆作‘材千人’也，惟《類篇》《集韵》材作‘才’耳。今依小徐刻補‘過’字於‘千人’之上，非是。”桂馥有籤條：“初印本、宋本、李本並無‘過’字。”

校語時，有同一字既言"宋本"，又言"小字本"之例①。同時，又有二十餘條考證，採自桂馥早年輯録的王念孫説，而《義證》中明確標舉段玉裁説的僅兩條，係轉引自盧文弨《鍾山筆記》②。

就《説文》校勘的發展而言，乾隆中期以來，在京城地區的《説文》研究，與戴震的提倡之力不無關係③。具體到《説文》校勘方法，據桂馥《集韵跋》一文記述："曩在京師，與戴東原先生居相近，就談文字，先生每取《集韵》互訂，謂余曰：《集韵》《增韵》不背《説文》，差可依據。"④戴震主張取《集韵》《增修互注禮部韵略》等字書引《説文》，對《説文》等字書進行考訂、校勘工作。在此影響下，桂馥、沈心醇、王念孫等人的《説文》校勘，均廣泛參照《集韵》《韵會》等他書所引《説文》進行他校。同時，他們也進一步採用本校的方法，比勘汲古閣刊本《説文》、小字本舊槧《説文》及多種小徐《繫傳》抄本，初步關注到大小徐立説的差異。不過，稍嫌遺憾的是，限於所見的版本，在京學者對《説文》版本的複雜性認識是不夠充分的，朱筠據汲古閣刊本翻雕椒華吟舫本，誤信毛扆"北宋真本"説，於每卷前題"大興朱筠依宋本重付開雕"；而翁方綱跋汲古閣舊藏小字本，對於此宋元遞修舊槧，反以爲"板本極爲麁疎，訛誤之多，指不勝屈"；嘉慶元年（1796），桂馥在行將出都遠赴雲南永平縣任時，在給龔麗正的信中言"馥所見《説文》，不過元明間刻本"⑤，將他所見過的兩個宋元遞修監本《説文》，判斷爲元明間刻本。版本認識的不足，也在一定程度上限制了他們利用善本進行《説文》校勘。嘉慶二年（1797），段玉裁《汲古閣説文訂》，以吳門地區流傳的多個善本爲基礎，厘清了大徐本、小徐本的不同源流，指出汲古閣刊本《説文解字》前後屢經剜改；同時，段玉裁描寫了大字本、小

<hr />

① 如《木部》"閑，止也，從木從門。"桂馥《義證》："宋本、小字本、李燾本並無此文，本書《門部》有閑。"桂馥《義證》所言"小字本""宋本"的來源，前人多未能詳考。事實上，今存的綫索可知，海源閣本、王昶本、宋葆淳本實均爲宋元遞修本而海源閣本刷印時間早於王昶本、宋葆淳本。其中，王昶本、宋葆淳本的關係更爲密切。然桂氏在擇取段玉裁《汲古閣説文訂》中的版本考説收入《義證》時，則並未介紹源流，也未察自己過目並以爲是元明本的"小字本"與從《汲古閣説文訂》抄出的"宋本"實相近。

② 《義證》引王念孫説計 27 條，其中元、社、毒、莕、䔲、否、昏、趯諸條，見於《説文解字校勘記》；《義證》引段玉裁説，見謐、㢏下，又有引用盧文弨、邵晉涵、錢大昭、錢大昕、陳鱣、丁杰、翁樹培等其他同時期學者之説。

③ 參據李文藻乾隆三十九年己丑（1774）所作的《送馮魚山〈説文〉記》："國家以《説文》治經，惠半農侍讀最先出，其子棟繼之。近日，戴東原大闡其義，天下信從者漸多。"《南澗文集》卷上。這段文字，追述了惠士奇、惠棟父子在清初《説文》研究上的開創之功，也説明了戴震在乾隆中期學術界的典範作用。

④ 桂馥《集韵跋》，桂馥《晚學集》卷三。

⑤ 桂馥《與龔禮部麗正書》，桂馥《晚學集》卷六。

字本《説文解字》和其他版本中的複雜異文，提出"小徐、大徐二本，字句駁異，當並存以俟定論"①之説，主張要保留大徐本、小徐本各自的原本面貌。較諸朱筠、翁方綱、桂馥、沈心醇，段玉裁對《説文解字》版本性質的判斷更爲準確，《汲古閣説文訂》對《説文》不同異文及其背後的版本系統的揭示，也深刻地影響著同時及後來學者對《説文》的校勘研究②。

　　從《説文》學的研究視角看，乾隆中期以來的《説文》研究，以《説文》的文字比勘、《説文》與經典的相互映證、《説文》篆形與金石的相互比較爲主，如惠棟的《讀説文記》，摘取《説文》引經，比較文字異同、考證文字假借，間以推闡經義，並以抄本的形式流傳；翁方綱校勘《説文解字繫傳》抄本，於《説文》篆形的點畫尤爲關注，並以之作爲金石碑板上的文字形體考證依據。但就《説文》的内在規律、形音義系統的全面揭櫫，則是至乾嘉之際，由桂馥、段玉裁、陳鱣、錢大昭等人相繼展開的，其中尤以桂、段二人，在各自的《説文》校勘的基礎上，進一步對《説文》的研究有所開掘——正如王筠所評述的："桂氏書徵引雖富，脈絡貫通；前説未盡，則以後説補苴之；前説有誤，則以後説辨正之。凡所稱引，皆有次弟，取足達許説而止，故專臚古籍，不下己意也。""段氏書體大思精，所謂通例，又前人所未知。"③桂馥《説文解字義證》中，通過有條理、有層次的文獻徵引，挖掘《説文》本書體例，證實了《説文》本字本義在文獻中的運用；而段玉裁作《説文解字注》，"以經注序，以鄭注許，而尤要在以許注許"④，把握《説文》部首體例，以形音義互求的原則闡發許義，溝通《説文》本義與文獻引申義，有"蓋千七百年來無此作矣"之譽。桂、段二人，從不同的角度，將《説文》的研究進一步推向了深處。

董婧宸：北京師範大學文學院講師、歷史學院博士後

---

　　① 段玉裁《汲古閣説文訂序》，第329—330頁。

　　② 嚴可均《説文訂訂》、錢坫《説文斠詮》、鈕樹玉《説文解字校録》，均不同程度受段玉裁《汲古閣説文訂》之影響；而《汲古閣説文訂》的校勘成果，更多的則以批校過録的方式，爲當時及後來的學者所使用。如今藏國圖的桂馥簽注《説文解字》、陳鱣校跋《説文解字繫傳》（書號07317）、王筠校跋汲古閣本《説文解字》（書號11491）中，均過録有《汲古閣説文訂》之説，足見《汲古閣説文訂》之影響。

　　③ 王筠《説文釋例序》，收入王筠著，屈萬里、鄭時輯校《清詒堂文集》，齊魯書社，第58頁。

　　④ 段玉裁《與劉端臨第二十三書》，收入段玉裁撰，劉盼遂輯校《經韵樓文集補編》，載段玉裁撰，鍾敬華點校《經韵樓集》，上海古籍出版社，2008年，第409頁。

《永樂大典》纂修人續考——以方志資料爲中心

劉　波

　　《永樂大典》纂修人，此前已有多位學者做過考證。郭伯恭《〈永樂大典〉考》之第三章《纂修諸人考略》，列出 194 人，其中《明實録》所載總裁、副總裁之外者有 166 人①。王重民《〈永樂大典〉纂修人考》考出 246 人（内 1 人重出）②，基本囊括了郭伯恭所得（郭文考得者王文僅 4 人未涵蓋）。朱鴻林《〈永樂大典〉纂修人考補》又增補 41 人③，另 8 人王文已考出。張金梁《〈永樂大典〉纂修人研究》再補充 27 人，其中 2 人王文已考出④。除去重複者不計，總計已得 315 人。此外，虞萬里亦輯得三四十人⑤，但未見刊布。

　　前人考證所用資料主要爲明人文集與地方志。如王重民"閲明本地方志幾四百種"，又"於所見明人傳記及明人文集，凡有關於此者，亦隨加摘録"⑥，方有如此豐富的收穫。又如朱鴻林所據，主要爲王褒《養静文集》。筆者數年前因

---

　　①　郭伯恭：《〈永樂大典〉考》，商務印書館，1938 年，第 16—85 頁。朱鴻林修正其統計數字爲列出 193 人，《明實録》以外者 165 人（見朱鴻林《〈永樂大典〉纂修人考補》）。
　　②　王重民：《〈永樂大典〉纂修人考》，《文史》第四輯，1965 年，第 171—212 頁；收入王重民：《冷廬文藪》，上海古籍出版社，1992 年，第 278—364 頁。
　　③　朱鴻林：《〈永樂大典〉纂修人考補》，《故宫學術季刊》，第五卷第二期（1987 年冬季號）；收入朱鴻林《明人著作與生平發微》，廣西師範大學出版社，2005 年，第 86—104 頁。
　　④　張金梁：《〈永樂大典〉纂修人研究》，《文獻》2009 年第 1 期，第 128—138 頁。
　　⑤　虞萬里：《有關〈永樂大典〉幾個問題的辨證》，《史林》2005 年第 6 期，第 33 頁注①。
　　⑥　王重民：《〈永樂大典〉纂修人考》，《文史》第四輯，第 171 頁。

編纂哈佛燕京圖書館善本方志書志的機緣，翻閱了一些明清方志，偶見前述著作未錄的《永樂大典》纂修人史料，爰爲抄出。復借助國家圖書館"數字方志"等數據庫提供的綫索，按圖索驥，並旁及其他資料，數年間所獲漸多。於是排比梳理，略作考辨，得 98 人（內前人已考出但誤錄人名者 4 人，人名前以 * 標出），冀爲討論《大典》纂修問題提供些許資料。人名以音序排列，以便檢尋。

一、纂修

1.* 陳莆

朱文謄録項下有"陳福"，字履中，推測爲侯官人[①]。張文已指出其人名應作"陳莆"，長樂人[②]，惟證據羅列尚不够周詳，玆再舉證如下。

《［乾隆］福建通志》卷四十《選舉·明薦辟·長樂縣》有傳："陳莆，宣州知州，選舉，預修《永樂大典》。"《［乾隆］長樂縣志》卷七《選舉志·薦辟》宣德八年（1433）有陳莆小傳："嶺南人，選舉，預修成祖《大典》，任淳安簿，宣州知州。"嶺南爲長樂縣村莊名。據《長樂陳氏鄉情》第十七輯《潭頭篇》，陳莆字履中[③]。

2. 陳士瞻

《［乾隆］泰和縣志》卷十三《科目》有傳："陳士瞻，柳溪人。興寧縣簿。罷歸，以《易》學教鄉人子弟。永樂間兩典衡文，徵修《大典》。"據該志，陳士瞻爲洪武五年（1372）舉人。

3. 陳彧

《［嘉靖］龍溪縣志》卷七《選舉》有傳："陳彧，應天府中。補太學生，與修《永樂大典》，授刑部主事，升員外郎。"據該志，陳彧爲永樂三年（1405）乙酉科舉人。何喬遠《閩書》卷一百十八以陳彧附其叔陳孟貞傳後，稱其"歷刑部員外郎，莅任公勤，持法明恕"。

4. 德完

《［康熙］錢塘縣志》卷三十二《經籍》著録有《德完集》，著者爲僧人德完，"字敬修，南沙人，住上天竺，召修《永樂大典》"。

5. 杜琮

《［弘治］八閩通志》卷六十六《人物》有傳："杜琮，字孟清，號蒙齋。

---

① 朱鴻林：《〈永樂大典〉纂修人考補》，載朱鴻林《明人著作與生平發微》，廣西師範大學出版社，2005 年，第 97—98 頁。

② 張金梁：《〈永樂大典〉纂修人研究》，《文獻》2009 年第 1 期，第 136 頁。

③ 陳茂興主編：《長樂陳氏鄉情》，長樂陳氏鄉情編輯部，2004 年，第 316 頁。

甌寧人。永樂初應詔預修《大典》。領應天府辛卯鄉薦。歷上高、全椒二學教諭，用選拜監察御史，升山東布政司左參議，皆克舉其職。卒於官。所著有《適興》《錦江》二集，藏於家。"何喬遠《閩書》卷九十四《英舊志》亦有杜琮傳，另載："歷上高、全椒二學教諭，秩滿之京，吏部尚書王直聞其名，延之教子。其子稍失禮，拂袖歸。直聞，益重之。"其人風骨可見。《［康熙］甌寧縣志》卷八《人物·風節》亦有傳。

6. 方嵩

《［弘治］八閩通志》卷三十九《秩官·名宦·邵武府》有傳："方嵩，咸寧人。永樂初以進士教授郡學，條約嚴明，頑鈍者畏威改行，得人為多，時稱郡博之最。嘗兩司江西文衡，及預修《永樂大典》。"何喬遠《閩書》《［嘉靖］邵武府志》亦有傳。

《［同治］咸寧縣志》卷七《人物·鄉科》亦有傳："方嵩，字中山。金城鄉人。受學於前元解元胡可仕，邃《春秋》之學。中明洪武庚午科鄉試第三名舉人。任松江上海縣教諭，轉成都、石泉教諭，邵武府學教授。丙戌主考浙江，得楊復；甲午主考江西，得陳循，皆置第一，人服其藻鑒。秩滿改除江津教諭，益以師道自重，嚴立教條，學優德厚，為時所稱，年七十致政於家。"此傳載其為舉人，較《八閩通志》等可信。

7. 方瑛

《［乾隆］博羅縣志》卷十二《人物志》有傳："方瑛，字玉卿。永樂三年舉人，卒業北雍。瑛美豐姿，性聰敏。時駕祀北郊，選髦士贊祼，瑛奉璋攸宜。又同武周文等從姚少師、解學士較書文淵閣，四歷寒暑，書成賜名《永樂大典》。乞假歸，有詔武周文等俱銓翰林。瑛捧檄，以違限授宜山知縣。宜山民夷雜處，素稱難治。瑛至，立要束，布恩信，給牛種，民懷夷服。九載秩滿，民赴闕乞留。增秩梧州同知，仍治邑事。尋同總兵山雲征柳慶諸蠻有功，升廣西蒼梧道兵備僉事，檄至而卒，上下惜之。"

8. 高同

《［弘治］八閩通志》卷四十八《選舉·科第·福州府》有傳："高同，梓之弟，預修《大典》。以子旭恩贈兵科給事中。"據該志，高同為永樂三年（1405）舉人。另據《［民國］閩侯縣志》卷三十九《選舉》，高同為福州府侯官縣人。

9. 葛啓

《［光緒］上虞縣志》卷八《列傳·人物》："葛啓，字蒙吉，號東軒。貞之子。生而骨相不凡，四明袁珙善呂負之術，見即奇之曰：此利用器也。稍長，補邑弟子員，事親待弟，克盡孝友。永樂戊子徵修《大典》。書成，拜陝西道監察御史，上疏言事，帝嘉納之。復命督沿江葦薪，密擒偽御史陳善等犯。宣德間以言事忤中貴，出知萍鄉縣，有驅虎異政。"戊子即永樂六年（1408）。

10. 何恭

《〔康熙〕富陽縣志》卷九《人物》有傳："何恭，字致安。坊郭人。永樂乙酉鄉薦入太學，與修《永樂大典》。授山東益都縣丞，奉法循理。秩滿擢吏科給事中，出入風議，屢有建明。丁內艱，未闋，以薦奪情，補貴州右參議。會洞苗剽掠邊鄙，恭下令開陳禍福，相率歸命，事聞錫賚進秩，升廣東右參政。請告歸。"乙酉即永樂三年（1405）。

11. 懷瑾

《〔萬曆〕嘉定縣志》卷十三《人物考·仙釋》有傳："懷瑾，任副都綱。預修《永樂大典》。"據該志，懷瑾爲保寧寺僧人。

12. 李安

《〔康熙〕平陽縣志》卷九《選舉志·貢士》永樂項下有傳："李安，南陽通判。預修《永樂大典》。居坡南。"《〔隆慶〕平陽縣志·選舉·歲貢》載有李安之名及仕官，但未提及與修《大典》事。

13. 李仲才

《〔乾隆〕黃岡縣志》卷六《選舉志》薦辟項有李仲才，載其"以籍修《永樂大典》舉萬縣知縣"。《〔弘治〕黃州府志》卷五《薦辟》有李仲才，謂其"由纂修書籍舉任四川夔州府萬縣知縣"，而未具載所修爲《大典》。

14. 連智

《〔萬曆〕閩書》卷九十三《英舊志》有傳："連智，字景賢，篤學謹行，選翰林庶吉士，除修撰，預修《永樂大典》及五經四書。"據《閩書》，連智爲建寧府建安縣人，永樂三年（1405）舉人，十三年（1415）進士。

15. 劉昶

《〔道光〕續修桐城縣志》卷十六《人物志·文苑》有傳："劉昶，字文昭。國子監生。徵入京都，與修《永樂大典》。書成籲恩於朝，宗譜得錫寶璽。著家規十三條以訓其族人，子孫世守弗替。"此傳未記載劉昶活動年代，但此志劉昶前一人章綱爲永樂時人，後一人伍金爲景泰時人，從編排順序看，劉昶生活年代亦當在永樂、景泰間。

16. 劉履

《〔光緒〕吉水縣志》卷二十七《選舉志·薦辟》有傳："劉履，字惟德。由儒士薦授新會教諭，累官刑部主事。與修《永樂大典》。尋改禮部。卒。"

17.* 龍源

王重民文已考出，但人名作"龍原"①。王文所據爲《〔萬曆〕合肥縣志》，

---

① 王重民：《〈永樂大典〉纂修人考》，《文史》第四輯，1965年，第205頁。

查核該志下卷《宦達傳》，其人名作“龍源”，此後康熙、雍正、嘉慶三朝所修《合肥縣志》均同。王文作“龍原”，顯係手民之誤。

18. 盧勛

《［民國］淮陽縣志》卷六《人物》有傳：“盧勛，字汝績。博學邃經書。洪武初辟舉，任本州訓導，以身率教。考滿擢伴讀，遷秦府紀善。以直諫忤，械送京師。高祖釋之。改江西訓導，典福建文衡，與修《永樂大典》。”

19. 曠日庵

《［萬曆］嘉定縣志》卷十三《人物考·仙釋》有傳：“曠日庵，有才名，預修《永樂大典》。所著有詩集行世。”據該志，曠日庵爲保寧寺僧人。

20. 羅時寬

《［同治］新喻縣志》卷十《文苑》有傳：“羅時寬，字得衆。麻坵人。珦二十五世孫。永樂丙戌歲貢。擢宜都學教諭，與修《永樂大典》。將遷秩，以母喪去任。……著有《梅雪軒詩集》傳於世。”

21. 毛獻忠

《［崇禎］開化縣志》卷九《藝文志》《［乾隆］開化縣志》卷十《藝文》均載江秉心《送耕讀先生起復》：“若耕讀先生者，姓戴字彥則，世居華川。常慕董生爲人，朝耕夜讀，因以自號。……洪武間太守張公聘爲郡庠師，依胡瑗之法，循循善誘，若巡按陸公德輝、工主汪公克敏、常博孔公則夫、纂修《大典》毛公獻忠，皆出其門，垂聲邁烈，先生造就功居多。”可知毛獻忠爲衢州府人士，但不見於《［天啓］衢州府志》，生平不詳。

22. 歐陽安

《［嘉靖］徐州志》卷二《職官表》載：“歐陽安，訓導，江西廬陵人，預修《大典》。”任職時間爲成化五年（1469）。《［乾隆］徐州府志》卷十七《名宦》有傳：“歐陽安，廬陵人。永樂初以商水教諭徵修《大典》。上章忤旨，謫蕭縣訓導，日進諸生論文講道，由是蕭人始知向學。宣德中卒官，年九十六。諸生追思倡明文學之功，請祀名宦，子孫遂家於蕭。”查《［乾隆］廬陵縣志》未載其人，或因子孫定居蕭縣，遠離故鄉之故。

23. 潘錫

《［萬曆］杭州府志》卷五十七《選舉·舉人》載潘錫爲於潛人，“仕至刑部郎中”。《［嘉慶］於潛縣志》卷十四《人物志》有傳：“潘錫，號潛溪。永樂乙酉鄉薦。預修《大典》。授登州別駕，遷刑部主事，奉差清理南直軍匠。時軍方桀驁，錫至，以廉威著，不期年而班伍整肅。進本部郎中。請老，優詔遣歸。壽八十。”《［光緒］重修於潛縣志》卷十二《人物志·宦業》潘錫傳則謂其爲“永樂乙酉舉人，預修《永樂大典》”，記事更詳明。

24. 潘禋

《［嘉靖］寧波府志》卷三十二《傳·忠節》有傳："潘禋，字誠夫。鄞人。永樂中徵修《永樂大典》。授後軍都督府都事。宣德元年從安遠侯柳升、成山侯王通征交阯。升恃勝，有驕色，禋諫，不聽。會賊再至，升出戰，忽橋斷軍分而敗。升欲降，禋曰：不可，唯死戰而已。帥所部皆死之。"《［康熙］鄞縣志》《［雍正］寧波府志》《［雍正］浙江通志》均同。

25. 裴俊

《［嘉慶］丹徒縣志》卷二十《名臣》有傳："裴俊，字永英。以諸生召赴文淵閣，修《永樂大典》。擢御史，遷湖廣按察司僉事。風裁清冽，抗志有爲。洪熙改元，按治四川，葺完棧道，行者便之。在蜀二年，居外臺七年，一如貧士，歸有以白金賂者，堅却之。"《［光緒］丹徒縣志》卷二十六《人物·名賢》亦載此傳，標注資料來源爲"康熙志"。《［萬曆］丹徒縣志》卷三《人物》亦有裴俊傳，但未提及與修《大典》事。

26. 沈餘慶

《［嘉靖］昆山縣志》卷七《鄉貢》有傳："沈餘慶，字孝祥。預修《永樂大典》，授禮部主事，歷升湖廣參政。"《［正德］姑蘇志》卷六《科第表》將沈餘慶列爲正統年間貢，載其"與修《永樂大典》，授禮部主事，歷升湖廣參政"。

27. 孫廣

《［康熙］太平府志》卷二十七《人物》有傳："孫廣，字仲宏。其先淮南人，曾祖富十，元末從明祖渡江，署行軍斷事。廣生而岐嶷，與從弟瑜、敏俱爲學宮弟子。廣、瑜與修《永樂大典》。卒業成均。廣除工部主事，轉郎中，調刑部，擢知開封府，未行而沒。……廣尤光明俊偉，不喜齷齪，讀書過目成誦，服官政輒有能聲，其在法曹最久，每爲人求生道不得，則竟日不食，卒以勤悴成疾。瑜忠厚和易，善因事成功，人多愛敬之。"《［康熙］當塗縣志》《［乾隆］當塗縣志》等志書亦載此傳，可知其爲當塗人。

28. 孫瑜

《［康熙］太平府志》卷二十七《人物》以孫瑜附於其從兄孫廣傳："孫廣……與從弟瑜、敏俱爲學宮弟子。廣、瑜與修《永樂大典》。卒業成均。……瑜除戶部主事，轉郎中，改永州同知，致仕，卒。……瑜忠厚和易，善因事成功，人多愛敬之。"《［康熙］當塗縣志》《［乾隆］當塗縣志》等志書亦載此傳，可知其爲當塗人。

29. 孫子方

《［光緒］吉水縣志》卷五《山川》青湖洲下錄明熊直《青湖游集序》云："永樂己丑春，宣城孫君子方以才薦，預修《永樂大典》。書成，用監吉水商稅。君至吉，會計之暇，輒自吟咏揮灑，以舒放其所游之迹，以消遣其所遇之懷。"已丑即永樂七年（1409）。

30.* 唐子彰

《［康熙］歙縣志》卷九《人物》有傳："唐子彰，名文魁，以字行。槐塘人。仲實季子。幼聰穎，發憤下帷，足十年不窺戶外。尤善鍾王書法，聞於朝。詔以束帛徵至闕。上喜，命待詔文淵閣，纂修《永樂大典》。每奏一篇，上輒嘆曰：良史才。屢以親老乞歸，授以官，不拜。所著有《拙庵集》。"

王重民文列有唐文楷，字子彰①，即此人。王文所據爲《［弘治］徽州府志》。按《［康熙］徽州府志》與弘治志同，亦作"文楷"；但康熙以來歙縣志均作"文魁"，《［康熙］江南通志》則作"文奎"，奎、魁音同。府志多據州縣志書纂集，故縣志所載多直接史料，或更少錯誤。又，彰、魁均有"大、盛"義，從名字相應角度看，似作"文魁"可能性更大。

31. 王復皋

《［乾隆］嵊縣志》卷十一《人物志・鄉賢》有傳："王復皋，字原古。永樂間貢，入胄監，與修《永樂大典》。越七年書成，授工部營繕司主事，改虞衡司，居官廉介，以能名。卒於德州官舍。"

32. 王可貞

《［乾隆］鎮江府志》卷二十六《師儒》溧陽縣明訓導下有傳："王可貞，本縣人。洪武初以明經任。升魯府紀善。宣德間徵修《永樂大典》。升長史。號正固先生。"謂宣德間修《大典》，當爲誤記。同書卷三十六《名臣》其兄王可宗傳附載："弟可貞，洪武中辟爲本縣訓導，後徵修《永樂大典》，升魯府紀善，晉長史，賜號正固先生。"記其仕履與本傳不同。《［萬曆］應天府志》卷七《歷官表》載王可貞洪武間任溧陽訓導，卷十二《薦舉表》載其爲"明經，長史"，但均未提及與修《永樂大典》事。

33. 王允中

《［嘉慶］宣城縣志》卷十三《選舉・薦辟》有傳："王允中，由生員入監，授中書舍人，直文淵閣，預修《永樂大典》。"

34. 文瀚

《［萬曆］仙居縣志》卷十一《釋氏列傳》載："文瀚，臨海人。研究經旨，永樂間應詔預校《永樂大典》。後還陽峰，與僧德貴講《圓覺經》，至四大各離處，恬然而逝。"

35. 吳允傳

《［萬曆］括蒼彙紀》卷十二《往哲紀・麗水縣》："吳允傳，永樂六年以修

---

① 王重民：《〈永樂大典〉纂修人考》，《文史》第四輯，1965 年版，第 192 頁。

書被召，預修《永樂大典》。授順天府涿縣主簿。致政歸，自號梧山遺老。有《涿陰吟稿》。"

36. 吳致文

《［隆慶］平陽縣志·人物·宦業》有傳："吳致文，號恕庵，宋太常蘊古裔孫。少穎異，善書。性至孝，幼時母病，醫勿療，刲股肉以進，遂瘥，郡縣旌表。永樂丙戌進士，授翰林院庶吉士，纂修《永樂大典》。升建昌知府，改九江知府，凡六載，一清如水，致政歸，書命其子鬻產充路費。士民感其德，捐助贖資，建生祠於郡側。歸林著書，有詩集行世。"《［康熙］平陽縣志》卷十《人物志·宦業》同。

37. 伍成章

《［乾隆］榮縣志》卷三《士宦志·薦舉》有傳："明伍成章，洪武初以明經舉襄陽府教授，徵修《永樂大典》。"

38. 武周文

《［乾隆］博羅縣志》卷十二《人物志》方瑛傳謂："方瑛……又同武周文等從姚少師、解學士較書文淵閣，四歷寒暑，書成賜名《永樂大典》。乞假歸，有詔武周文等俱銓翰林。"據《［康熙］宛平縣志》卷五《人才》："武周文，宛平人。洪武中舉明經，官至翰林院侍講學士。以篤學惇德，操履端方，爲上所眷。永樂四年致仕，陛辭日賜酒餚楮幣，給驛傳歸里。"則武周文僅在《永樂大典》纂修初期參與其事。

又據《［康熙］大興縣志》卷五《人物·人才考》："武周文，大興人。明初以儒士明經侍燕王。永樂間，上嘗謂學士胡廣曰：朕守藩時，喜親《易》，時王府官僚亦有知者，然未若武周文之切實也。又曰：爲學不可不知《易》，只內君子外小人一語，人君用之功效不少。周文入謝，賜冠帶織金羅衣，特命爲侍講學士。"可知其人精於《易》，由此深獲明成祖賞識。

39. 行恢

《［康熙］鄞縣志》卷二十二《方外考·佛庵》有傳："行恢，字復宗，慈溪楊氏子。生而穎異，隆頂修鼻。居壽昌，行高學博。永樂四年應召，陛對稱旨，賜宴賚命入文淵閣，同修《文獻大成》。馳驛南還。十六年復應召命較大藏經典於海印寺，恩錫甚渥。既而又召，預修《永樂大典》。踰年告竣，宴勞有加，賜衣與座，命職左覺義，堅辭不受，仍給驛歸。其舟夜泊，偶觸貴者舟，辱之。恢語侍僧：慎勿以吾名聞。貴者廉知，將請罪，恢遽解維去。歸而建昭恩閣於壽昌，以炳上賜。……示寂，建菩薩塔於南郊甬水橋畔之歸津庵內，著作尾於祖龍不傳。"

40. 徐聰

《［嘉靖］山東通志》卷三十五《孝義》有傳："徐聰，字亮聞，平度州人。

預修《永樂大典》。入太學卒業，選監察御史。母卒，廬墓三年，時人稱其孝行。"

41. 徐簡

《［崇禎］開化縣志》卷四《選舉志》有傳："徐簡，選入文淵閣，纂修《永樂大典》。卒後欽賜歸葬。"據該志，徐簡爲永樂六年（1408）舉人。

42. 徐孟撝

《［康熙］樂平縣志》卷九《博雅列傳》載："徐孟撝，字思讓。永豐鄉人。舉明經，授工科給事中。越五月，以檢校奏啓登文華殿，下而觸右臂，賜醫藥，不瘳，致仕歸。永樂初，三聘司文衡。丙戌夏，復召入內閣，纂修《永樂大典》。尋以疾復作，詔賜楮幣歸。孟撝於祭酒孟昭爲從兄弟，故有詩文集名曰《聯芳集》。"丙戌即永樂四年（1406）。

43. 葉貞

《［天啓］衢州府志》卷九《人物志·事功》有傳："葉貞（字惟正，永樂進士，庶吉士，御史，副史，都御史，祀鄉賢），翰林庶吉士，預修《大典》。拜監察，彈劾不避權貴。副憲江右，寧藩怙勢多不法，公力繩之，被誣逮治。文皇帝燭其非辜，超拜副都御史，益勵風裁。尋遘疾，解公縉等省之，公曰：君恩不能補報，寧府禍有誅日。言訖拱手而歿。"據該志卷十《人物志·甲科》，葉貞爲衢州府西安縣人，洪武癸未（即永樂元年）舉人，永樂二年（1404）進士。

44. 磧簡庵

《［萬曆］錢塘縣志·外紀》有傳："磧簡庵，梵僧應身也。得法時厓後。徵修《大典》，校讎法藏及乘傳，索古彝器，賜賚甚厚。歸莅南屏，鼎新像設。"據該志，磧簡庵爲净慈寺僧，與《大典》釋教副總裁道聯同寺。道聯已見王重民文[①]。

45. 張徹

《［同治］峽江縣志》卷八《人物志·宦業》有傳："張徹，字玉瑩。城二人。永樂甲申進士。授翰林庶吉士。與修《永樂大典》。改吏部主事，升考功郎中。性剛介，不阿權貴，時稱爲鐵板張。年踰五旬，連疏乞休。杜門二十年。著有《退軒集》十六卷。"《［康熙］峽江縣志》卷八《人物》亦有張徹傳，但未言及與修《大典》事。

46. 張灝

《［康熙］平和縣志》卷八《選舉志·貢生》："明。永樂。張灝，清寧旦人。三年選赴京師修《永樂大典》。應十六年貢，授浙江寧海縣知縣。奉使山東曲阜縣，提督農事。升上林苑監，嘉蔬署正。"

---

① 王重民：《〈永樂大典〉纂修人考》，《文史》第四輯，1965 年，第 182 頁。

47. 張繻

《［萬曆］丹徒縣志》卷三《恩貢》載："張繻，字子紳，以修《大典》入監，任刑科給事中。"

48. 張九功

《［光緒］上虞縣志》卷四《選舉表》有傳："張氏家傳：九功名叙，以經明行修，辟爲臨海訓導，調昆山，升宜春教諭，所至多所造就。永樂乙酉科典河南鄉試，有聲，被薦入文淵閣，修《永樂大典》。自號樗庵，有《樗庵集》。"據該志，張九功於洪武二十三年（1390）舉經明行修。

49. 張理

《［康熙］南城縣志》卷十《選舉·薦辟·永樂》有傳："張理，字履道。修《永樂大典》。官孝感丞。"

50. 張羽

《［萬曆］黃巖縣志》卷六《人物·隱逸》有傳："張羽，字孝翊，號羽南。思濟子。永樂初應召預修《大典》。書成將授官，以母老乞歸養。所著有《掬清稿》。從祀鄉賢祠。"《［光緒］黃巖縣志》卷二十《人物·遺逸》亦有傳，記事更詳："張羽，字孝翊，鼓山人，所居在羽山之南，遂號羽南。元名輔，字廷翼，號冲陽子，以月窟名其室，宋景濂爲之□。元浙東道元帥府都事思濟子也。少從父在四明，師無爲吳志淳。行中書省員外郎燕敬奇其才，妻以女。長從黃觀成受經，學問該洽。事母至孝。洪武時以親老不受辟。永樂初，詔徵天下文士以參修《大典》，羽預焉。書成將授官，仍以母老辭歸。幅巾藜杖，逍遥泉石間。卒年八十有五。著有《掬清軒稿》。從祀鄉賢祠。"

51. 鄭炳

《［民國］長樂縣志》卷十四《選舉·薦辟》洪武十八年（1385）載："鄭炳，福湖人，字叔晦。以明經預修《大典》。薦峨眉知縣。"《［乾隆］長樂縣志》卷七《選舉志·薦辟》作"鄭丙"，且未載與修《大典》事。

52. 智淳

《［嘉靖］仁和縣志》卷十《人物·釋道》："智淳，不知何許人。嘗住持菩提寺。永樂初召纂修《永樂大典》。正統七年召傳戒法，一時坐化。"該志卷十一《寺觀》載："菩提寺，洪武初徙建城內宋太學街東，倪學士謙撰記。永樂初召寺僧智淳纂修《永樂大典》，正統七年傳戒法時，則坐化西歸。"

53. 周本原

《［康熙］長寧縣志》卷二《藝文》載《周洪謨撰其祖始峰先生墓誌》："吾祖始峰先生卒四十有三年矣。……公諱本原，字克讓，號始峰。……公性坦易而行謹飭，年十餘歲能講五經大義，於諸子百家無不讀。洪武二十九年以經明行修薦爲縣學訓導。……二十八年以秩滿調陝西西安府學，永樂四年又以秩滿調池州府，十三年又以秩滿調河間府，二十二年始致仕歸，前後爲學官幾四十年，所致以孝友恭儉率多士而循循善誘，近歲三郡之庠生猶有仕兩京者，皆稱慕之。公嘗召入內閣，同修《永樂大典》。平生居官必勤，待物必惠，喜不至謔，怒云至詈。"

54. 周公冕

《［嘉靖］昆山縣志》卷八《薦舉》有傳："周公冕，預修《永樂大典》，饒州府照磨。"此志未指明其生活時代，但其前爲永樂間人，其後爲正統間人，則周公冕參與纂修的爲《永樂大典》正本無疑。又，《［乾隆］昆山新陽合志》卷十七《選舉表·薦辟》謂周公冕"精數學，荐授詹事府通事舍人"。

55. 朱望

《［民國］台州府志》卷一百十七《人物傳》載："朱望，字廷覲，天台人（正德縣志）。洪武二十九年舉人（弘治志），授清流教諭（正德志），講明濂洛學（康熙志），有成迹（正德志引汀州寓賢錄）。宣德四年徵天下儒臣有重望通史學者纂修《永樂大典》於秘書閣，望預其選。書成賜宴，升國子學錄，轉助教，自祭烟司業以下皆重之。晚取用拙存吾道之意，自號拙存。著有《心性至言》及《拙存齋稿》，夏原吉爲之序（康熙志）。"《［民國］台州府志》卷九十五《古迹略》有"拙存齋"條，錄廬陵吳子恭所撰記，首述緣起曰："天台朱君廷覲名其讀書之所曰拙存齋，以纂修《大典》同處秘閣，因屬記焉。"吳子恭已見王重民文 [1]。

56. 卓民奇

《［光緒］奉化縣志》卷三十七《古迹》有"愛日堂，松隩鄉貢卓民奇築以奉母"條，載廬陵周述所撰記："聖天子即位之四年，大開秘閣，纂修《大典》，一時四方文學之士召至者千數。四明卓民奇以鄉貢進士來京，亦被命焉，余獲識之禁林。每校讎暇則慨然以不得事其親爲恨，一語及即於邑出涕。"落款爲"永樂八年二月之吉"。周述已見王重民文 [2]。

又，《［嘉靖］寧波府志》卷三《選舉表》載卓民奇爲永樂六年（1408）舉人，官知縣。《［光緒］奉化縣志》卷二十《選舉表》載其官職爲懷安知縣。

二、謄錄

纂修《永樂大典》，徵用謄錄人員多達 1300 多人。張金梁認爲，文獻記載

---

① 王重民：《〈永樂大典〉纂修人考》，《文史》第四輯，第 186 頁。
② 王重民：《〈永樂大典〉纂修人考》，《文史》第四輯，第 189 頁。

中以善書應徵者應爲謄録人員，言之成理，可從^①。兹將所見此類人士羅列如下：

57. 曹習古

《〔光緒〕奉化縣志》卷二十四《人物傳》載："曹習古，名樸，以字行。由楷書貢入寫《永樂大典》。未幾拜監察御史，立朝正色敢言。山東妖婦作亂，持節討平之。復命差蘇松等府，清理軍政，辨明誣枉一千七百餘人，所行條例足爲世法。後巡按福建，劾奏不職七十餘人。是年典選舉，所收多名士。擢山西按察使，爲怨家所搆，謫戍遼陽而卒。（康熙志）"據同書卷二十《選舉表》，曹習古爲永樂四年（1406）貢生。又據《〔成化〕山西通志》卷八《名宦》，曹習古"正統七年以監察御史升按察使"。

58. 曹忠

《〔萬曆〕望江縣志》卷六《人物·選舉·徵辟》有傳："曹忠，永樂間由楷書授山西太原府同知。"《〔乾隆〕望江縣志》卷七《人物志·才能》載其字守貞，"永樂間由楷書纂修《永樂大典》，官山西太原府同知"。

59. 陳觀

《〔康熙〕鄞縣志》卷十四《品行考·列傳》載："陳觀，字孟顒，號我生。豐儀俊爽，胸次灑落，儼然神仙中人。遺棄榮利，惟讀書好古以見於世。嘗游歷江湖，人識與不識，皆以古君子目之。郡大夫屢辟不起。永樂間召寫五經四書性理大全。書成，敕銓用，乃引年乞歸，與名卿碩儒賦詩講道，暇則徜徉竹木花塢之間，彈琴弈棋以自娛。"《〔嘉靖〕寧波府志》卷三十八《隱逸》亦有陳觀傳，文字與之相近。

另據《〔雍正〕寧波府志》卷十七《選舉·薦辟》，陳觀"能書，召書《大典》"。按，與陳觀同時"召書《大典》"的寧波人臧性，張金梁文已考證所書爲《永樂大典》^②，則陳觀與書的"大典"，也應是《永樂大典》無疑。據此，陳觀參與書寫的，有《五經四書大全》《性理大全書》《永樂大典》三書。

60. 陳轓

《〔光緒〕浦江縣志》卷九《人物志·文苑》周旼傳附陳轓傳："同邑陳轓，字子同，才學與旼齊名。同召修《大典》，未授官卒。"按，張金梁文已考出周旼，其人"以文辭知名，尤工真行書"，修《永樂大典》時職務爲謄録^③。該志謂陳轓"才學與旼齊名"，蓋亦善書，其職務當亦爲謄録。

61. 陳友貢

《〔康熙〕松溪縣志》卷八《選舉志·薦辟》有傳："陳友貢，永樂十六年

---

① 張金梁：《〈永樂大典〉纂修人研究》，《文獻》2009 年第 1 期，第 132 頁。

② 張金梁：《〈永樂大典〉纂修人研究》，《文獻》2009 年第 1 期，第 130—131 頁。

③ 張金梁：《〈永樂大典〉纂修人研究》，《文獻》2009 年第 1 期，第 131 頁。

舉楷書，與修《大典》。"同書卷九《人物志·方伎》："陳友貢，永樂十六年舉楷書，預修《大典》，辭疾歸里。"

《［康熙］松溪縣志》卷八《選舉志·薦辟》另載葉固"永樂六年舉楷書，與修《大典》，後以疾告"（葉固見下文）。其經歷與陳友貢相同，唯時間記錄不一，疑該志陳友貢傳"永樂十六年"爲"永樂六年"之誤。

62. 陳耘

《［道光］江陰縣志》卷十八《人物·藝術傳》載："陳耘，字德籽，工詩善書。永樂中以楷書舉，與修《大典》。擢山東道御史，遷浙江按察司僉事。著有《清約集》。"《［嘉靖］江陰縣志》卷十四《選舉表》有陳耘姓名、仕官，但無小傳。

63. 丁鎡

《［嘉慶］南陵縣志》卷八《人物志·名臣》有傳："明丁鎡，字永時。永樂中以書法徵入國子監，預修《永樂大典》。除戶部主事，調吏部，再調禮部祠祭司。二十一年扈從北征。宣德中丁父憂，服闋，改戶部。正統初升刑部郎中，出爲浙江都轉運使，以廉能治行選天下第一。嘗出使徐州，仿汲黯事，便宜發倉賑饑，上賜衣幣宴，禮部旌異之。擢河南布政使司右布政，治益有聲。"《［光緒］重修安徽通志》卷三百四十三《藝文志》載有丁鎡著《東江集》。

64. 范安

《［嘉慶］南陵縣志》卷七《選舉·辟召》永樂項下有傳："范安，字永康，寫《永樂大典》，賜《孝善書》十册，又奉命查後湖黃册。以上舉楷書。"《［嘉慶］寧國府志》記述與此相同。

65. 葛至澄

《［萬曆］常州府志》卷十一《徵辟表》永樂朝武進縣列有："吳潤（江西布政，有傳）、蔣昂、盛孟瓛、黃敬、葛至澄、于岳、朱璿、閔旭、朱守仁（俱舉楷書，皆以修《永樂大典》舉）。"《［康熙］常州府志》卷十六《選舉·徵辟》同。吳潤以下八人，均舉楷書修《大典》，職務當爲謄錄。

王重民文已考出吳潤，依據爲《［萬曆］武進縣志》與《正史韵姓》[1]。《［萬曆］武進縣志》卷五《辟舉》載："吳潤（有傳。以下舉楷書）、蔣昂、盛孟瓛、葛至澄、黃敬、于岳、朱璿、朱守仁、閔旭。"但未載明與修《大典》事，記錄反不如府志詳備。

66.* 郭宙

王重民文考出纂修"郭雷"[2]。按，此人姓名實爲"郭宙"。《［乾隆］晉江

---

①　王重民：《〈永樂大典〉纂修人考》，《文史》第四輯，第 185 頁。
②　王重民：《〈永樂大典〉纂修人考》，《文史》第四輯，第 196 頁。

縣志》卷十二《文苑》郭居賢傳附郭宙傳："弟宙，亦有文名，精楷書，貢春官，與修《永樂大典》，欽賜翰林庶吉士。"《［道光］晉江縣志》同。《［乾隆］泉州府志》卷五十四《文苑》郭居賢傳後附郭宙傳，並記載"字惟永"。

王重民文所據爲《［同治］泉州府志》，即《［乾隆］泉州府志》之同治九年（1870）刻本。查該本卷五十四郭居賢傳後謂："弟宙，字惟永。"則王文作"郭雷"，純係手民之誤。

67. 黃敬
江蘇武進人。舉楷書。見"葛至澄"條。

68. 黃溥
《［弘治］八閩通志》卷五十七《選舉·薦辟·建寧府》載："林原禮（郎中）、黃勝（知府）、黃溥（終員外郎）、吳節（給事中），上四人以楷書辟修《永樂大典》。"另據《［康熙］甌寧縣志》卷六《選舉·薦辟》載："黃溥，以楷書薦任戶部員外郎。"可知黃溥爲甌寧縣人。

69. 黃勝
《［弘治］八閩通志》卷五十七《選舉·薦辟·建寧府》載黃勝"以楷書辟修《永樂大典》"，官"知府"，已見"黃溥"條。《［康熙］甌寧縣志》卷六《選舉·薦辟》載："黃勝，以楷書薦任衢州知府。"

《［天啓］衢州府志》卷四《職官志·名宦列傳》有傳："黃勝，福建建陽縣人，善楷書，任□部郎中，宣德中升任。已祀名宦。有守有爲，禁豪軍，治强梗，民心翕服，去任多垂涕者。"《［康熙］衢州府志》卷三十《循吏》亦有傳。

《衢州府志》記黃勝籍貫爲建陽，當爲誤記。建陽與甌寧毗鄰，均爲建寧府屬縣，偶有混淆，亦在情理之中。但其人曾以善書與修《永樂大典》，則是確定無疑的。

70. 黃訓
《［同治］新喻縣志》卷九《宦業》有傳："黃訓，字典常，號清叟，鵠山人。永樂甲午貢。博通經史，善楷書，奉詔與修《大典》。事竣授刑部主事，改除福建都司斷事。歷官清慎，成祖褒之。卒年八十有二。"

71. 慧心
《［永樂］樂清縣志》卷八《仙釋》有傳："慧心，號鑑空，樂清方氏子。初受業於白鶴寺僧尹郁，戒行精嚴，通儒釋二典。善晉書，尤臻其妙，遠近求書者衆。先住紹興青蓮，後住瑞安仙巖。永樂八年應高僧召入文淵閣，與修《永樂大典》。既竣事，上賜敕諭遣還山。十六年九月二十八日忽沐浴更衣，辭衆曰：吾往矣。遂趺坐而逝，荼毗得五色堅固子，宗門咸景慕焉。"《［嘉靖］瑞安縣志》卷十《仙釋》亦有傳，內容相近。

72. 蔣昂

江蘇武進人。舉楷書。見"葛至澄"條。

73. 林龍

《［乾隆］僊游縣志》卷四十三《人物·列女》有其妻傳："黃氏，莆田御史建孫女，邑諸生林龍妻。永樂間，龍以楷書應修《大典》，再赴銓曹，卒。黃年二十七，家貧無子，或諷以他適，黃泣對曰：吾夫儒生，豈可以失節累吾夫。矢志益堅。年七十五終。"《［乾隆］福建通志》卷五十五亦有黃氏傳，文字與之相近。

74. 林原禮

《［弘治］八閩通志》卷五十七《選舉·薦辟·建寧府》載林原禮"以楷書辟修《永樂大典》"，官"郎中"，已見"黃溥"條。《［乾隆］福建通志》卷四十《選舉·明貢生》載林原禮爲建安縣人，"以楷書薦"。建安後與甌寧合並爲建甌縣，故《［民國］建甌縣志》卷十《薦辟》亦載林原禮"以楷書薦，工部主事"。《［萬曆］常州府志》卷九《職官》載林原禮洪武間任常州府檢校。綜合以上資料，可概見林原禮仕履。

75. 劉昭

《［崇禎］義烏縣志》卷十《人物表·選舉·辟薦》有傳："劉昭，家在城□。精書，充邑庠生。永樂四年有司薦修《永樂大典》。除壽州同知，善治得民。改順天府推官，轉廣東布政使司理問，決獄公平。"《［嘉慶］義烏縣志》卷十《選舉·薦舉》亦有傳："劉昭，應龜元孫。家廟巷。庠生。善楷書，永樂四年薦修《永樂大典》。十五年除壽州同知，爲治有體，改順天府推官。宣德五年轉廣東布政使司理問，決獄公平。"

76. 樓恂

《［康熙］鄞縣志》卷二十《特藝考·技術·書》有傳："樓恂，以郡諸生入太學。工楷，與書《永樂大典》。授濟南新城縣丞。"《［嘉靖］寧波府志》卷三《選舉表》載樓恂爲永樂四年（1406）鄞縣歲貢。

77. 閔旭

江蘇武進人。舉楷書。見"葛至澄"條。

78. 潘謙

《［弘治］上海志》卷八《人品志·規用》有傳："潘謙，由楷書任中書舍人"《［正德］松江府志》卷二十六《科貢·薦舉·楷書》下有潘謙，官中書舍人，爲上海人。另據《［民國］上海縣續志》卷十九《人物補遺》，潘謙傳附於其父之後："潘德賢，漕河涇人。工詩文。元代鼎革，隱居鄉里。子謙，字克溫。永樂初應纂修《大典》之召，拜中書舍人。繼修《實錄》，進徵仕郎。"

79. 沈洧

《［康熙］常熟縣志》卷十九《循吏》有傳："沈洧，希皋處士之仲子。……洧肆志力學，由鄉貢入胄監，預修《永樂大典》。擢唐縣令，調芮城，又調南海，皆有美績。"《［雍正］昭文縣志》卷七《列傳》沈洧條文字與之相近。

《［嘉靖］常熟縣志》卷三《選舉志・薦舉》："沈洧，字叔津。以楷書薦，授唐縣知縣，調芮城，改南海、海寧。"據《［康熙］常熟縣志》卷十一《選舉表》，沈洧爲永樂九年貢生，"楷書貢，與修《實録》，三爲縣令，丁艱，補海寧，致仕"。可知其人擅長楷書。

按，嘉靖年間重録《永樂大典》，寫書官主簿亦有沈洧，在現存各冊附頁題名中出現六次[1]，當爲另一人。

80. 沈應宣

《［天啓］慈谿縣志》卷六《選舉》載沈應宣爲永樂六年（1408）選貢。《［光緒］慈谿縣志》《選舉・辟薦》"沈英宣"條下有考辨："按舊志選貢表，沈應宣以永樂六年與桂宗蕃同以善楷書選修《永樂大典》，宗蕃既列選貢，復列辟薦，此亦疑一人兩見，而英、應聲近，傳寫或誤也。"桂宗蕃已見王重民文[2]。

81. 盛孟璸

江蘇武進人。舉楷書。見"葛至澄"條。

82. 孫茂

《［嘉慶］宣城縣志》卷十三《選舉・薦辟》有傳："孫茂，以善楷書名，修《永樂大典》。授會州衛經歷，扈駕北征。宣德間擢錦衣衛經歷。"

83. 王碻

《［正德］姑蘇志》卷六《科貢表》載永樂年間蘇州府學歲貢："陳祚（進士）、朱諒（禮科給事中）、王碻（工部主事）、趙倫（工部主事），以上四人四年纂修《大典》選取楷書。廩膳。"其中陳祚已見張金梁文[3]。

王碻爲蘇州府長洲縣人。《［隆慶］長洲縣志》卷六《科第・國朝徵聘・永樂》有傳："王碻，字處常。四年纂修《大典》，選取楷書廩增，碻與焉。後授工部主事。"

84. 王蘊齊

《［嘉靖］婺源縣志》卷五《選舉世編・薦辟》有傳："王蘊齊，在城人。永樂中以善書與修《大典》，授工科給事中，調長蘆運鹽使司經歷，卒於官。"《［弘治］徽州府志》卷六《選舉・薦辟》亦有傳："王蘊齊，婺源在城人。永

---

① 李紅英、汪桂海：《〈永樂大典〉録副諸人考略》，《文獻》2008 年第 3 期，第 113 頁。
② 王重民：《〈永樂大典〉纂修人考》，《文史》第四輯，第 193 頁。
③ 張金梁：《〈永樂大典〉纂修人研究》，《文獻》2009 年第 1 期，第 130 頁。

樂二年以善書舉考中試，與修《大典》。書完，授工科給事中，復除河間府長蘆都轉運鹽使司經歷。卒於官。"

其人名各志記載不一。《［康熙］徽州府志》卷十《選舉志‧薦辟》《［嘉靖］徽州府志》卷十二《選舉志‧薦辟》均作"王蘊濟"。《［康熙］婺源縣志》卷四《選舉‧薦辟》《［乾隆］江南通志》卷一百三十五《選舉志‧薦辟》等作"王蘊齋"。茲從嘉靖縣志。

85. 吳節

《［弘治］八閩通志》卷五十七《選舉‧薦辟‧建寧府》載吳節"以楷書辟修《永樂大典》"，官"給事中"，已見"黃溥"條。《［乾隆］福建通志》卷四十《選舉‧明貢生》載吳節爲浦城縣人，"以楷書舉"。《［順治］浦城縣志》卷七《選考‧薦辟》則載吳節"洪武中以楷書薦，授户科給事中"。

86. 吳注

《［萬曆］福安縣志》第五卷《選舉志‧薦辟‧儒士科》有傳："永樂年。吳注，初名仕，字能信。城南人。舉楷書，入翰林，修《永樂大典》。授交趾縣丞。"

87. 向侃

《［道光］巢縣志》卷十二《人物‧忠勛》有傳："向侃，字希顏。由楷書薦修《永樂大典》。中甲午鄉榜。宣德間授靜寧州撫民通判，未幾罷天下撫民官，巡撫特奏留之，父老德侃，皆稱爲慈父。正統丙辰官南京監察御史。升雲南澂江府知府。"《［崇禎］嘉興縣志》卷十四《人物志‧僑居》亦有傳，記事與之略同，但僅言"由楷書，中甲午應天鄉試"，未提及修《大典》事。

《［雍正］巢縣志》卷十八《藝文》載張符《孝義向希顏公傳》，謂："向希顏諱侃者，蓋天姿醇謹者哉，而何肫肫篤於道也。按公初游鄉校，獲雋，當餼縣官廩，而有同試生頹首乞憐，稱貧困，稱犬馬齒長，欲先公，公竟遜無難色，白之於督學，督學大奇之。已而永樂間修《大典》，公由楷書預焉。因之奉命任嘉興閘辨鹽課，往不一年，逋負悉完，當道服其能。無何以春秋經領應天甲午鄉薦，厄禮闈者久之。謁選，授陝西靜寧州判官。……"可略見其人風操。《［嘉慶］廬州府志》卷五十三《文籍志》載向侃著有《竹窗吟稿》。

88. 謝升

《［康熙］鄞縣志》卷二十《特藝考‧技術‧書》有傳："謝升，工楷書，舉寫《永樂大典》，中選。後登永樂七年進士。官監察御史。"

89. 徐維超

《［光緒］奉化縣志》卷二十四《人物傳》載："徐維超，字士奇，號柳軒（禽孝北街人）。少負奇氣，穎悟過人。永樂四年以能書徵入文淵閣，繕寫《大典》。書成，命入國學九年，領鄉薦，明年分教姑熟，秩滿升鍾吾教諭。"後歷任工科給事中及開州、崇慶、歸德州判官，致仕，著有《姑溪集》《柳軒集》。《［嘉靖］歸德志》卷五《官師志》載其正統十三年（1448）任歸德州判官，"學問優長，尤有德政"。

90. 葉固

何喬遠《閩書》卷一百二十八《韋布志》有傳："葉固，字廷堅，唐建州刺史顥之後。性樸，嗜學。永樂中舉楷書，赴京預修《永樂大典》。與祭酒胡儼爲文字交。"葉固爲建寧府松溪縣人，《［康熙］松溪縣志》卷九《人物志·文苑》亦有傳。

91. 于岳

江蘇武進人。舉楷書。見"葛至澄"條。

92. 俞受

《［嘉靖］池州府志》卷七《人物篇·歲薦》："俞受，預修《大典》。"據該志，俞受爲建德縣人，係"永樂五年恩例以楷書貢"。

93. 張勗

《［崇禎］吳縣志》卷三十七《選舉·貢生》將張勗與陳祚、朱諒、趙倫等四人列入"永樂四年纂修大典取楷書廩膳增廣生員"。同書卷四十六《人物》有傳："張勗，字勉夫。父庸，字以常，永樂元年鄉舉，明年成進士，授遂平知縣，改灤州學正。勗侍學於灤。永樂丁酉中順天鄉試，授江都縣學訓導，秩滿用薦上國觀光賦，擢監察御史。勗以身許國，知無不言，嘗出按山西，體察民隱，俄上奏激切而忌者媒以他事，必欲陷勗死，賴宣宗明聖，卒宥之。升廣西右參政。丁母憂歸，未幾卒，年止四十有九。"《［同治］蘇州府志》卷六十二《選舉·明貢生》亦載張勗永樂"四年選取，纂修《大典》"。

94. 趙倫

《［正德］姑蘇志》卷六《科貢表》載趙倫爲永樂年間蘇州府學歲貢，"四年纂修《大典》選取楷書"。見"王確"條。

趙倫爲吳縣人。《［崇禎］吳縣志》卷三十七《選舉·貢生》將其列入"永樂四年纂修大典取楷書廩膳增廣生員"項下，有小傳："字常禮。府學。歷官工部主事。"

95. 鄭力久

《［弘治］八閩通志》卷五十七《選舉》有傳："鄭力久，彥成次子，少有文才，爲諸生時與林環並稱。以善書選修《永樂大典》，卒於京。有文集。"鄭力久爲莆田縣人，《［乾隆］莆田縣志》卷十四《選舉·歲貢》亦載："鄭力久，彥成子，預修《永樂大典》。"

96. 朱諒

《［正德］姑蘇志》卷六《科貢表》載朱諒爲永樂年間蘇州府學歲貢，"四年纂修《大典》選取楷書"。見"王確"條。

朱諒爲吳縣人。《［崇禎］吳縣志》卷三十七《選舉·貢生》將其列入“永樂四年纂修大典取楷書廩膳增廣生員”項下，有小傳：“更名亮，字伯貞。府學。歷官禮科給事中。”

97. 朱守仁

江蘇武進人。舉楷書。見“葛至澄”條。

98. 朱璿

江蘇武進人。舉楷書。見“葛至澄”條。

三、餘論

以上所舉合前人所考出者，已有 409 人。與預修《大典》人員總數 2100 餘人相比，已接近五分之一。比較重要的纂修人員，應已基本囊括在內。就這些人員的來歷、修書職責及去向等進行分析，可看到當年纂修過程的一些細節問題；因修書機緣形成的文人交往網絡，作爲明初文壇的一種現象，也值得進一步探討。

劉波：國家圖書館古籍館副研究館員

引用書目

（清）吳坤修等修，何紹基、楊沂孫纂《［光緒］重修安徽通志》，清光緒四年（1878）刻本。

（明）陳道修，黃仲昭纂《［弘治］八閩通志》，明弘治刻本。

（清）陳裔虞纂修《［乾隆］博羅縣志》，清乾隆二十八（1763）刻本。

（清）宗讓修，宋肆樟纂《［康熙］長寧縣志》，清康熙二十五年（1686）刻本。

（清）賀世駿修，沈成國、陳九鼎等纂《［乾隆］長樂縣志》，清乾隆二十八年（1763）刻本。

（民國）孟昭涵修，李駒等纂《［民國］長樂縣志》，民國六年（1917）鉛印本。

（明）張德夫修，皇甫汸纂《［隆慶］長洲縣志》，明隆慶五年（1571）刻本。

（清）李光祚修，顧詒祿等纂《［乾隆］長洲縣志》，清乾隆十八年（1753）刻本。

（明）馮汝弼修，鄧韍等纂《［嘉靖］常熟縣志》，明嘉靖十八年（1539）刻本。

（清）高士鸒、楊振藻修，錢陸燦等纂《［康熙］常熟縣志》，清康熙二十六年（1687）刻本。

（明）劉廣生修，唐鶴徵等纂《［萬曆］重修常州府志》，明萬曆四十六年（1618）刻本。

（清）于琨修，陳玉璂纂《［康熙］常州府志》，清康熙三十四年（1695）刻本。

（清）舒夢齡纂修《［道光］巢縣志》，清道光八年（1828）刻本。

（清）鄒瑆纂修《［雍正］巢縣志》，清雍正八年（1730）刻本。

（明）王崇纂修《［嘉靖］池州府志》，明嘉靖二十四年（1545）刻本。

（明）李逢申修，姚宗文等纂《［天啓］慈谿縣志》，明天啓四年（1624）刻本。

（清）楊泰亨、馮可鏞纂《［光緒］慈谿縣志》，清光緒二十五年（1899）德潤書院刻本。

（清）張茂節修，李開泰等纂《［康熙］大興縣志》，清康熙二十四年（1685）刻本。

（明）何世學纂修《［萬曆］丹徒縣志》，明萬曆初年刻本。

（清）貴中孚、萬承紀修，蔣宗海、張崟纂《［嘉慶］丹徒縣志》，清嘉慶十年（1805）刻本。

（清）何紹章、馮壽鏡修，吕耀斗等纂《［光緒］丹徒縣志》，清光緒五年（1879）刻本。

（清）王斗樞修，張畢宿纂《［康熙］當塗縣志》，清代抄本。

（清）張海等修，萬橚等纂《［乾隆］當塗縣志》，清乾隆十五年（1750）刻本。

（清）李寅清、夏琮鼎修，嚴升偉等纂《［同治］分宜縣志》，清同治十年（1871）刻本。

（清）李前泮修，張美翊等纂《［光緒］奉化縣志》，清光緒三十四年（1908）刻本。

（明）陸以載等纂修《［萬曆］福安縣志》，明萬曆二十五年（1597）刻本。

（清）郝玉麟、盧焯等修，謝道承、劉敬與纂《［乾隆］福建通志》，清乾隆二年（1737）刻本。

（清）錢晉錫纂修《［康熙］富陽縣志》，清康熙二十二年（1683）刻本。

（明）王鏊等纂《［正德］姑蘇志》，明正德元年（1506）刻本。

（明）李嵩纂修《［嘉靖］歸德志》，明嘉靖末年刻本。

（明）劉伯縉修，陳善等纂《［萬曆］杭州府志》，明萬曆七年（1579）刻本。

（明）胡時化修，魏豫之等纂《［萬曆］合肥縣志》，明萬曆元年（1573）刻本。

（清）左輔纂修《［嘉慶］合肥縣志》，清嘉慶九年（1804）刻本。

（民國）鄭康侯修，朱撰卿纂《［民國］淮陽縣志》，民國二十三年（1934）鉛印本。

（清）王鳳儀修，胡紹鼎、杜乘時纂、王正常續修《［乾隆］黃岡縣志》，清乾隆五十四年（1789）刻本。

（明）袁應祺修，牟汝忠等纂《［萬曆］黃巖縣志》，明萬曆七年（1579）刻本。

（清）陳寶善、孫熹修，王棻纂，陳鍾英、鄭錫澤續修，王咏霓續纂《［光緒］黃巖縣志》，清光緒三年（1877）刻本。

（明）盧希哲纂修《［弘治］黃州府志》，明弘治十三年（1500）刻本。

（明）彭澤修，汪舜民纂《［弘治］徽州府志》，明弘治十五年（1502）刻本。

（明）何東序修，汪尚寧等纂《［嘉靖］徽州府志》，明嘉靖四十五年（1566）刻本。

（清）丁廷楗修，趙吉士纂《［康熙］徽州府志》，清康熙三十八年（1699）刻本。

（清）彭際盛等修，胡宗元等纂《［光緒］吉水縣志》，清光緒元年（1875）刻本。

（明）韓浚修，張應武纂《［萬曆］嘉定縣志》，明萬曆三十三年（1605）刻本。

（明）羅炌修，黃承昊等纂《［崇禎］嘉興縣志》，明崇禎十年（1637）刻本。

（民國）詹宣猷修，蔡振堅等纂《［民國］建甌縣志》，民國十八年（1929）鉛印本。

（清）于成龍等修，張九徵陳焯纂《［康熙］江南通志》，清康熙二十三年（1684）江南通志局刻本。

（清）尹繼善、趙國麟修，黃之雋、章士鳳纂《［乾隆］江南通志》，清乾隆元年（1736）刻本。

（明）林庭㭿修，周廣纂《［嘉靖］江西通志》，明嘉靖四年（1525）刻本。

（明）趙錦修，張袞纂《［嘉靖］江陰縣志》，明嘉靖二十六年（1547）刻本。

（清）陳延恩修，李兆洛、周仲簡纂《［道光］江陰縣志》，清道光二十年（1840）刻本。

（清）盧思誠、馮壽鏡修，季念詒、夏煒如纂《［光緒］江陰縣志》，清光緒四年（1878）刻本。

（清）方鼎修，朱升元纂《［乾隆］晉江縣志》，清乾隆三十年（1765）刻本。

（清）胡之鋘修，周學曾、尤遜恭等纂《［道光］晉江縣志》，清代抄本。

（明）朱朝藩修，汪慶百纂《［崇禎］開化縣志》，明崇禎四年（1631）刻本。

（清）范玉衡修，吳淦等纂《［乾隆］開化縣志》，清乾隆六十年（1795）刻本。

（明）楊逢春修，方鵬纂《［嘉靖］昆山縣志》，明嘉靖十七年（1538）刻本。

（清）張予介等修，顧登等纂《［乾隆］昆山新陽合志》，清乾隆十六年（1751）刻本。

（明）熊子臣修，何鏜纂《［萬曆］括蒼彙紀》，明萬曆七年（1579）刻本。

（清）宋良翰修，楊光祚等纂《［康熙］樂平縣志》，清康熙二十年（1681）刻本。

（明）劉天授修，林魁、李愷等纂《［嘉靖］龍溪縣志》，明嘉靖十四年（1535）刻本。

（清）平觀瀾修，錢時雍、黃有恒纂《［乾隆］廬陵縣志》，清乾隆四十六年（1781）刻本。

（清）張祥雲修，孫星衍等纂《［嘉慶］廬州府志》，清嘉慶八年（1803）刻本。

（明）何喬遠纂《［萬曆］閩書》，明崇禎二年（1629）刻本。

（清）曹養恒纂修，羅秉義增修，陶成、張江增纂《［康熙］南城縣志》，清康熙五十五年增（1716）刻本。

（清）徐心田纂修《［嘉慶］南陵縣志》，清嘉慶十三年（1808）刻本。

（明）周希哲、曾鎰修，張時徹等纂《［嘉靖］寧波府志》，明嘉靖三十九年（1560）刻本。

（清）曹秉仁等纂，萬經等纂《［雍正］寧波府志》，清雍正十一年（1733）刻本。

（清）魯銓、鍾英修，洪亮吉、施晉纂《［嘉慶］寧國府志》，清嘉慶二十年（1815）刻本。

（清）鄧其文纂修《［康熙］甌寧縣志》，清康熙三十二年（1693）刻本。

（清）王相修，昌天錦、藍三祝、游宗亨等纂《［康熙］平和縣志》，清康熙五十八年（1719）刻本。

（明）朱東光修，侯一元等纂《［隆慶］平陽縣志》，明萬曆四十二年（1614）萬民華修補刻本。

（清）金以埈修，呂弘誥等纂《［康熙］平陽縣志》，清康熙三十三年（1694）刻本。

（清）汪大經、王恒等修，廖必琦、林黌纂《［乾隆］莆田縣志》，清乾隆二十三年（1758）刻本。

（清）李葆貞修，龔五韺、梅眉季纂《［順治］浦城縣志》，清順治五年（1648）刻本。

（清）善廣修，張景青纂《［光緒］浦江縣志》，清光緒三十一年（1905）金國錫木活字增補本。

（清）周溶修，汪韵珊纂《［同治］祁門縣志》，清同治十二年（1874）刻本。

（明）聶心湯纂修《［萬曆］錢塘縣志》，清光緒刻武林掌故叢編本。

（清）魏峴修，裘璉等纂《［康熙］錢塘縣志》，清康熙五十七年（1718）刻本。

（明）林應翔修，葉秉敬等纂《［天啓］衢州府志》，明天啓三年（1623）刻本。

（清）楊廷望纂修《［康熙］衢州府志》，清光緒八年（1882）劉國光刻本。

（清）懷蔭布修，黃任、郭賡武纂《［乾隆］泉州府志》，清同治九年（1870）章倬標刻本。

（明）沈朝宣纂修《［嘉靖］仁和縣志》，清光緒刻武林掌故叢編本。

（清）黃大本纂修《［乾隆］榮縣志》，清乾隆二十一年（1756）刻本。

（明）劉畿修，朱綽等纂《［嘉靖］瑞安縣志》，明嘉靖三十四年（1555）刻本。

（清）陳永清修，章昱、吳慶雲纂《［乾隆］瑞安縣志》，清乾隆十四年（1749）刻本。

（明）陸釴等纂修《［嘉靖］山東通志》，明嘉靖十二年（1533）刻本。

（明）李侃修，胡謐纂《［成化］山西通志》，明成化十一年（1475）刻本。

（明）郭經修，唐錦纂《［弘治］上海志》，明弘治十七年（1504）刻本。

（民國）吳馨、洪錫范修，姚文枬等纂《［民國］上海縣續志》，民國七年（1918）鉛印本。

（清）唐煦春修，朱士黻纂《［光緒］上虞縣志》，清光緒十七年（1891）刻本。

（明）邢址修，陳讓纂《［嘉靖］邵武府志》，明嘉靖二十二年（1543）刻本。

（清）靳治荆修，吳苑、程濬纂《［康熙］歙縣志》，清康熙二十九年（1690）刻本。

（清）勞逢源修，沈伯棠等纂《［道光］歙縣志》，清道光八年（1828）刻本。

（清）李以琰修，田實秬等纂《［乾隆］嵊縣志》，清乾隆七年（1742）刻本。

（清）嚴思忠、陳仲麟修，蔡以瑺等纂《［同治］嵊縣志》，清同治九年（1870）刻本。

（明）陳威、喻時修，顧清纂《［正德］松江府志》，明正德七年（1512）刻本。

（清）宋如林修，孫星衍、莫晉纂《［嘉慶］松江府志》，清嘉慶二十三年（1818）松江府學刻本。

（清）潘拱辰纂修，黃鑒補遺《［康熙］松溪縣志》，清康熙三十九年（1700）刻本。

（清）李銘皖、譚鈞培修，馮桂芬纂《［同治］蘇州府志》，清光緒八年（1882）江蘇書局刻本。

（民國）喻長霖、柯華威等纂修《［民國］台州府志》，民國二十五年（1936）鉛印本。

（清）黃桂修，宋驤、郝煌纂《［康熙］太平府志》，清康熙十二年（1673）刻本。

（清）冉棠修，沈瀾纂《［乾隆］泰和縣志》，清乾隆十八年（1753）刻本。

（清）廖大聞等修，金鼎壽纂《［道光］續修桐城縣志》，清道光十四年（1834）刻本。

（清）王養濂修，李開泰、張采纂《［康熙］宛平縣志》，清康熙二十四年（1685）刻本。

（明）羅希益修，龍子甲纂《［萬曆］望江縣志》，明萬曆二十二年（1594）刻本。

（清）鄭文泰等修，曹京等纂《［乾隆］望江縣志》，清乾隆三十三年（1768）刻本。

（明）佚名纂修《［永樂］溫州府樂清縣志》，明永樂間刻本。

（明）牛若麟修，焕如纂《［崇禎］吳縣志》，明崇禎十五年（1642）刻本。

（明）馮炫纂修《［嘉靖］婺源縣志》，明嘉靖刻本。

（清）蔣燦纂修《［康熙］婺源縣志》，清康熙三十三年（1694）刻本。

（清）佟國才修，邊繼登、謝錫蕃等纂《［康熙］峽江縣志》，清康熙八年（1669）刻本。

（清）暴大儒修，廖其觀纂《［同治］峽江縣志》，清同治十年（1871）刻本。

（明）顧震宇等纂修《［萬曆］仙居縣志》，清道光十八年（1838）王魏勝活字本。

（清）胡啓植、王椿修，葉和侃等纂《［乾隆］僊游縣志》，清同治十二年（1873）吳森刻本。

（清）陳怡修，雷以誠纂《［同治］咸寧縣志》，清同治五年（1866）淦川書院刻本。

（清）潘鎔修，沈學淵、顧翰纂《［嘉慶］蕭縣志》，清嘉慶二十年（1815）刻本。

（清）文聚奎、祥安修，吳增逵纂《［同治］新喻縣志》，清同治十二年（1873）瀛洲書院刻本。

（明）梅守德修，任子龍纂《［嘉靖］徐州志》，明嘉靖間刻本。

（清）石傑修，王峻纂《［乾隆］徐州府志》，清乾隆七年（1742）刻本。

（清）陳受培修，張燾纂《［嘉慶］宣城縣志》，清嘉慶十三年（1808）刻本。

（明）熊人霖纂修《［崇禎］義烏縣志》，明崇禎十三年（1640）刻本。

（清）諸自毅修，程瑜、李錫齡纂《［嘉慶］義烏縣志》，清嘉慶七年（1802）刻本。

（清）汪源澤修，聞性道纂《［康熙］鄞縣志》，清康熙二十五年（1686）刻本。

（明）程嗣功修，王一化纂《［萬曆］應天府志》，明萬曆二十年（1592）補刻本。

（清）蔣光弼修，張燮纂《［嘉慶］於潛縣志》，清嘉慶十七年（1812）活字本。

（清）程兼善纂修《［光緒］於潛縣志》，民國二年（1913）石印本。

（明）嚴嵩纂修《［正德］袁州府志》，明正德九年（1514）刻本。

（清）勞必達修，陳祖範等纂《［雍正］昭文縣志》，清雍正九年（1731）刻本。

（清）李衛、嵇曾筠等修，沈翼機、傅王露等纂《［雍正］浙江通志》，清乾隆元年（1736）刻本。

（清）高龍光修，朱霖纂《［乾隆］鎮江府志》，清乾隆十五年（1750）增刻本。

陳茂興主編《長樂陳氏鄉情》，長樂：長樂陳氏鄉情編輯部，2004 年。

通志堂刻本《讀史方輿紀要》跋

郭　晶

2017 年，在回審《國家珍貴古籍名録》工作中，發現第二批《國家珍貴古籍名録》收録了一部史部地理類古籍《讀史方輿紀要》（簡稱《紀要》），版本爲清康熙通志堂刊本，名録編號 07954。該書藏於武漢大學圖書館，現存第十四卷，屬陝西卷。該書版心下方鎸“通志堂”，魚尾、版式、行款等整體風貌近似於《通志堂經解》，但又不同。武漢大學申報時特别説明：“《增訂四庫簡明目録標注》著録（該書）有通志堂本，似未完而刻甚精，僅見陝西一省，殆即指此本。全書逐頁有佚名朱筆批校，除校正訛誤外，其語似出自通志堂校對者之手。各卷有眉批、改錯浮簽、校勘錯誤、補充墨丁缺字，更多是對刻工的要求，可見爲通志堂試印樣本。查《中國古籍善本書目》中無通志堂版本，遍查日本、美國多家圖書館，亦無，故此本當爲海内外孤本。”故將該書申報爲清康熙通志堂試印刻本。

關於該書版本，上世紀學者給予充分關注。顧廷龍先生在主持編纂《中國古籍善本書目》時，得知《增訂四庫簡明目録標注》提及的通志堂本《紀要》藏於武漢大學，甚是激動，請時任湖北省圖書館副館長的陽海清先生親自前往查閲，陽先生將核書細節寫信告知，内容節選如下：

版式：九行十九字，小字雙行同，黑口，左右兩邊，有刻工，版心上鎸書名，下刻“通志堂”三字，總體觀之，刻印精良；書中天頭，行間有大量朱墨筆批校，如“用刀勿傷筆劃”“此刻手最不濟”“細字不佳”等，卷末批有"四月廿二日印",凡書中有墨釘者,亦均一一在天頭或行間填上應補刻之字;《陝西紀要》中第四十二頁爲空白,粘有夾籤云:"一頁所失,今補其大概,上西海,下接武關……"指出了所漏刻之起訖。[1]

顧先生後得見縮微膠片,與上海館稿本比對,認爲"大致以稿本所改者入梓,但尚留有墨釘,蓋亦尚未竣工之樣本也。此可證徐氏曾負剞劂之責。"[2] 最終顧先生將"此本定爲(通志堂)首次樣本,校字後尚未修改補刻"[3],並認爲《紀要》乃徐乾學所刻,而冠以通志堂名,刻書原因是因徐乾學敬重顧祖禹學養。

通志堂,納蘭成德室名。清康熙十九年,徐乾學與納蘭成德共同集刻一百三十八種經學著作,曰《通志堂經解》,故知曉通志堂刻過經學著作,而外界對通志堂是否還刻過經學之外的書籍,瞭解甚少,因此顧先生關於該書版本之談,學界一直未能有更多舉證。今借《國家珍貴古籍名録》回審工作之機,得見此本,經審理研究,現對顧先生結論做些舉證。

一、顧祖禹與《讀史方輿紀要》

《讀史方輿紀要》,清顧祖禹撰。顧祖禹(1631—1692)字復初,號景範,又號宛溪先生,江蘇無錫人,顧柔謙之子。高祖顧大棟曾撰《九邊圖説》傳世,曾祖顧文耀、父親顧柔謙皆曉輿地。祖禹受家學影響,自幼背誦經史如水。稍長,好地理之學,但因家貧,常借書於人以抄之,後久漸通達。祖禹生逢明清鼎革之時,十四歲隨父隱居,棄舉子業,又奉先祖遺命,故終身不仕。後游歷四方,閉門潛心著述,撰《歷代州域形勢》《南北直隸十三省》等,共一百三十卷,彙成《讀史方輿紀要》。

祖禹始創《紀要》,實乃"無負先人提命之意"[4]。其父柔謙以爲明代官修地理志書《明一統志》"於古今戰守攻取之要,類皆不詳,於山川條列,又復割裂失倫,源流不備。夫以一代之全力,聚諸名臣爲之討論,而所存僅僅若此,何怪今之學者,語以封疆形勢,惘惘莫如,一旦出而從政,舉關河天險委而去之,曾不若藩籬之限、門庭之阻哉。"[5] 明王朝正是因不明邊腹重輕之勢、疆域之盤錯、山澤之藪匿而兵敗國亡。故而其父遺命云:"園陵宮闕,城郭山河,儼然在

---

① 王大象:《顧廷龍談錢穆與〈讀史方輿紀要〉稿本》,《學術月刊》,1995 年第 7 期。
② 顧廷龍:《讀史方輿紀要稿本序》,清顧祖禹撰《讀史方輿紀要》,上海古籍出版社,1993 年,第 4 頁。
③ 王大象:《顧廷龍談錢穆與〈讀史方輿紀要〉稿本》,《學術月刊》,1995 年第 7 期。
④ (清)顧祖禹:《讀史方輿紀要》總叙一,清緯草堂抄本。
⑤ (清)顧祖禹:《讀史方輿紀要》總叙一,清緯草堂抄本。

望，而十五國之幅員，三百年之圖籍，泯焉淪没，文獻莫徵，能無悼嘆乎！余死，汝其志之矣。"①

受父臨終之重託，顧氏云："小子雖不敏，敢放棄今日之所聞？"② 故謹遵遺命，不敢懈怠，嘔心瀝血創《紀要》，云："以一代之方輿，發四千餘年之形勢，治亂興亡，於此判焉。其間大經大猷，創守之規，再造之績，孰合孰分，誰强誰弱，帝王卿相之謨謀，奸雄權術之擬議，以迄師儒韋布之所論列，無不備載。或決於幾先，或斷於當局，或戒於事後，皆可以拓心胸、益神智。《書》曰：'與治同道罔不興，與亂同事罔不亡。'俯仰古今，亦可以深長思矣。"③ 足見顧祖禹創書用意之深刻，撰書站位之高遠，亦可見該書是帶有軍事戰略性質的輿地巨著。

清順治十六年（1659），祖禹始撰《紀要》，時年二十有九。自云："集百代之成言，考諸家之緒論，窮年累月，矻矻不休。至於舟車所經，亦必覽城郭，按山川，稽里道，問關津，以及商旅之子，征戍之夫，或與從容談論，考核異同。"④ 康熙五年（1666）《紀要》初稿成，共七十二卷。時任無錫知縣的吳興祚⑤ 出資，華商原⑥ 校印出版，此乃該書首刊本，又名康熙丙午本，扉頁題"華府藏板"，版心題"職思居"。其後，顧氏頻遭病侵事擾，七十二卷手稿多散佚於考察途中，撰書事宜屢屢受創。八年（1669），祖禹病癒，續《紀要》，自述："又三年疾愈，不揣愚陋，思欲遠追《禹貢》《職方》之紀，近考《春秋》歷代之文，旁及稗官野乘之説，參訂百年之志，續成昭代之書，垂之後世，俾覽者有所考鏡。"⑦ 十二年（1673）館無錫華商原家，與華氏共閱輿圖、檢翻史料，再續《紀要》。《［光緒］無錫金匱縣志》卷二十二載："華長發，嘗偕顧祖禹同纂《方輿紀要》。"⑧ 十八年（1679）彭士望⑨ 序云："祖禹之創爲是書，年二十九……游歷所至，惟有借書，隨即鈔纂，睹記所及，更獲新勝，即改竄增益之，雖十易草而不憚。經二十年，始成是書。"⑩ 由此推知，顧氏在考察途中有新的收穫，故

---

① （清）顧祖禹：《讀史方輿紀要》總叙一，清緯草堂抄本。
② （清）顧祖禹：《讀史方輿紀要》總叙一，清緯草堂抄本。
③ （清）顧祖禹：《讀史方輿紀要》凡例，清緯草堂抄本。
④ （清）顧祖禹：《讀史方輿紀要》總叙二，清緯草堂抄本。
⑤ 吳興祚（1632—1698），字伯成，號留村，紹興人。歷任無錫知縣、兩廣總督等。
⑥ 華長發（1629—1731），字商原，號滄江，無錫人。工詩詞，善書法。
⑦ （清）顧祖禹：《讀史方輿紀要》總叙一，清緯草堂抄本。
⑧ （清）裴大中、倪咸生修，（清）秦緗業等纂：《［光緒］無錫金匱縣志》卷二十二，清光緒七年刻本。
⑨ 彭士望（1610—1683），字達生，號躬庵，又號樹盧，江西南昌人。
⑩ （清）彭士望：《讀史方輿紀要叙》，清緯草堂抄本。

而十餘次草纂《紀要》，以期完善。四十歲時，二稿成。十九年（1680）坐館昆山徐乾學家，參修《大清一統志》。二十八年（1689）《紀要》終稿成於徐家，共五百餘卷。三十一年（1692）顧祖禹卒於家，年六十一。《紀要》手稿後存於祖禹之孫根猶處，經數年輾轉，後藏於上海圖書館。從上述三十年的編纂經歷看，顧祖禹撰寫《紀要》可謂殫精竭慮，夙興夜寐，終於完成了乃父遺願。

《清史列傳》"顧柔謙"云："寧都魏禧見之，嘆曰'此數千百年絕無僅有之書也！'世以其書（《紀要》）與梅文鼎《曆算全書》、李清《南北史合抄》稱三大奇書。"① 顧廷龍稱："明末清初兩大奇書，一爲顧炎武之《天下郡國之利病書》，一爲顧祖禹之《讀史方輿紀要》，兩書都是我國早期歷史地理學的重要文獻。"② 該書自問世以來，備受推崇，因其體量龐大，多以抄本流傳，顧氏手稿一直由其子孫保留，因家貧無力刊刻，又謹遵"誓不將書過戶，限示人"③ 之遺訓，故清早期鮮有刻本傳世，如王應奎《柳南隨筆》所云："《方輿紀要》一書世無刊本，見者頗少。"④ 僅知兩種清早期刻本：一爲該書的首刊本——清康熙丙午本，又名《二十一史方輿紀要》，後因牽扯文字獄，故未有刊行，僅從文獻得知。另爲《增訂四庫簡明目錄標注》著錄之通志堂本，未刻完但刻印精、僅爲陝西一省，現藏於武漢大學的清康熙通志堂本。

二、徐乾學與顧祖禹

武漢大學藏本《讀史方輿紀要》與通志堂的淵源應該從顧祖禹和徐乾學的關係談起。

徐乾學（1631—1694），字原一、幼慧，號健庵、玉峰先生，江蘇昆山人。藏書家，與其弟徐元文、徐秉義合稱"昆山三徐"。康熙九年（1670）探花，授內弘文院編修；歷任翰林院侍講、內閣學士、左都御史、會試主考官，官至刑部尚書。後辭官返鄉，設局修書。三十三年（1694）卒於鄉，年六十三。參修或主持編纂《明史》《大清會典》《大清一統志》等書。徐乾學家富藏書，其傳是樓乃清初江南最大的私家藏書樓。徐氏一生著述宏富，有《通志堂經解》《資治通鑒後編》《憺園文集》等。

代表作《通志堂經解》是康熙年間大型的儒家經義類編，乾隆皇帝嘗曰："是

---

① 《清史列傳》列傳二百八十八《顧柔謙傳》，中華書局。

② 顧廷龍：《讀史方輿紀要稿本序》，（清）顧祖禹撰《讀史方輿紀要》，上海古籍出版社1993年，第1頁。

③ （明）王鎬等修，（清）華希閔等纂：《［乾隆］無錫縣志》卷三，清乾隆十六年（1751）刻本。

④ （清）王應奎：《柳南隨筆》卷四，清抄本。

書薈萃諸家，典贍賅博，實足以表彰六經。"① 康熙十二年（1673）徐氏開雕《通志堂經解》，因未完，故未名。其間"門人納蘭容若尤慫恿是舉，捐金倡始，同志群相助成，次第開雕。"②"後（徐乾學）應成德之請，或諂附明珠，遂以板讓之，而續由成德完成是刻，終以成德之室號《通志堂》冠《經解》名上，故曰《通志堂經解》。"③ 歷時七年，《通志堂經解》於康熙十九年（1680）蔵工。

徐乾學與成德集刻《通志堂經解》期間，還奉旨負責纂修史書。清代纂修史書多以幕府聚集學者以分纂各部的方式進行，其中徐乾學幕府最為特殊，它是以學者型官員為幕主，以知名學者為幕賓，從事官方修書的清代重要幕府之一。徐乾學喜交賢能之士，又延攬賓客至家，《劉獻廷傳》中云："昆山徐尚書善下士，又多藏書，大江南北宿老爭赴之"，其幕賓"趨之如水之赴壑"④。臺灣學者陳惠美統計，徐氏交友多達二百餘人，而顧祖禹就是徐氏幕府重要的幕賓之一，參修過重要史書。

康熙十八年（1679）詔修《明史》，徐乾學參與纂修，負責地理志。楊椿《再上明鑑綱目館總裁書》云："於是湯文正公為《太祖本紀》，徐公嘉炎為《惠帝本紀》，朱君彝尊為《成祖本紀》，徐公乾學為地理志。"⑤ 二十年（1681）陸隴其《三魚堂日記》云："辛酉七月初二，至常熟，會黃子鴻，言無錫顧祖禹字景範，有《方輿錄》最精詳，今館徐健庵家。"⑥

徐氏知祖禹善輿地之學，故延請至家，助其纂修《明史》地理志。二十五年（1686）《康熙實錄》二十五年三月載："命修《一統志》，以內閣學士徐乾學……為副總裁官。"二十六年（1687）全祖望《鮚埼亭集》卷二十八云："萬隱君季野於書無所不讀，乃最心折于繼莊，引參明史館，顧隱君景範、黃隱君子鴻長於輿地，亦引繼莊參《一統志》事。"⑦ 可證顧祖禹參與纂修了《明史》和《清一統志》。二十九年（1690）徐乾學辭官回籍，開一統志局於東洞庭山（今位於江蘇蘇州），延請顧祖禹、胡渭、閻若璩、黃儀等人赴局分纂。閻若璩《尚書古文疏證》云："己巳，與顧景範同客京師，時顧年已五十九。翌年庚午，徐氏歸里設局洞庭，祖禹仍為分纂，其子士興亦在志局，既父子同硯席，又得恣意博覽四方圖冊，復與胡渭、閻若璩、黃子鴻諸人士下其議論。越三年

① （清）納蘭成德、徐乾學編：《通志堂經解》高宗序，清同治十二年（1873）通志堂鍾謙鈞重刻本。
② （清）徐乾學：《通志堂經解序》卷首，清康熙十九年（1680）通志堂經解本。
③ 黃志祥：《通志堂經解輯刻者述辯》，《孔孟月刊》第 30 卷第 7 期，1992 年。
④ 鄧之誠：《清詩紀事初編》，上海古籍出版社，1984 年，
⑤ 《明史案例》卷七，民國 4 年（1915），吳興劉氏嘉業堂刻本。
⑥ （清）陸隴其：《三魚堂日記》，民國 29 年（1940）2 月版，商務印書館。第 54 頁。
⑦ （清）全祖望：《鮚埼亭集》卷二十八，清同治十一年（1872）刻本。

癸酉，卒。"①

　　祖禹自幼家奇貧，自云："遁迹草野，家鮮有藏書，見聞寡昧。"②故嘗坐館友人家借閱書籍。而"乾學傳是樓藏書，甲於當代"③，其藏書並非秘不示人，而是供人抄錄、借人校讎刊刻，只不過好書不出戶庭。正如錢泰吉所言："昆山徐氏，斷不肯借與人書。欲觀者，至其家觀之；欲抄者，至其家抄之。"④因此顧祖禹選擇坐館徐府長達九年，一則乃發揮其善輿地之長，助徐氏修史以完成敕命；更重要的是利用徐氏宏富的藏書資源以及徐氏奉敕修史"多見宋、元以來郡縣舊志"⑤的豐富經驗，續寫《紀要》。二十八年，顧氏《紀要》終稿成於徐家，這一事實足證徐乾學及其藏書對顧氏後期撰寫《紀要》起到了至關重要的作用。如《（光緒）無錫金匱縣志》所言："昆山徐乾學奉敕修《一統志》，延致祖禹、太原閻若璩、常熟黃儀等四人於家，四人之學尤精地理，又得傳是樓藏書參稽窮討，各有撰著。"⑥

三、通志堂刊本《讀史方輿紀要》的版本舉證

　　前文曾言，顧廷龍先生認爲通志堂本《紀要》大多以稿本所改者入梓，應爲正式刊刻前的清樣本。

　　《紀要》之通志堂本與稿本相比，從版式來説，二者基本一致，每葉九行，行十八或十九字不等。上下單邊，單魚尾。從內容來説，通志堂本吸收了稿本的批注內容，如：稿本《紀要》"陝西卷一"云："《禹貢》曰：'黑水西河惟雍州（小字注解）□冀州而言，故□西河'，此葉天頭批注：'按黑水在雍州西北，西河在州東北'。"通志堂本將批注內容作爲對小字注解的補充，刻成："按黑水在雍州西北，西河在州東北。此主冀州而言，故曰西河"。另外，通志堂本校正了稿本中部分異體字，如：稿本及衆抄本中的"靣"在通志堂本中均改爲"面"。通志堂本天頭及字裏行間有大量的朱墨筆批注，諸如："此刻手最不濟""細字不佳""用刀勿傷筆劃""小字畫太細"等等，均爲顧廷龍先生判定此本是清樣本的依據。

　　顧氏稿本《紀要》成於清康熙二十八年（1689），而納蘭成德卒於康熙

---

　　①（清）閻若璩：《尚書古文疏證》卷六，清刻本。

　　②（清）顧祖禹：《讀史方輿紀要》凡例，清緯草堂抄本。

　　③《四庫全書總目》卷二十，經部二十《读礼通考》。

　　④（清）錢泰吉：《曝書雜記》卷中《湯文正家書》，清同治七年（1868）嘉興錢氏刻本。

　　⑤《四庫全書總目》卷四十七，史部三《資治通鑑後編》。

　　⑥（清）裴大中，倪咸生修，（清）秦緗業等纂：《［光緒］無錫金匱縣志》卷二十一，清光緒七年（1881）刻本。

二十四年（1685），因知通志堂本《紀要》應當是徐乾學以通志堂名義在蘇州東洞庭山刻的，刻年當在康熙二十八年（1689）以後，距納蘭成德英年早逝僅四年。這時納蘭助資以通志堂名義鎸刻經解，可能尚有餘資。據嚴元照《何義門勘正通志堂經解》記載："侍衛畀尚書四十萬金"①。事實上，成德出資刊刻《通志堂經解》應遠不止"四十萬金"，估計這筆費用截至《通志堂經解》竣工仍未用盡，故徐氏利用餘下經費刊刻《紀要》，從而名正言順地冠《紀要》以"通志堂"之名。

究徐乾學刻《紀要》之故，顧廷龍先生歸結爲徐乾學器重顧祖禹的學行。這種推崇之情從《顧處士祖禹傳略》中得見："尚書徐乾學修《一統志》，開局包山，知祖禹精地理學，固延之，三聘乃往。書成，將列其名上之，祖禹不可，至於投死階石始已。"②《清史列傳》亦云："徐乾學奉敕修《一統志》，延致祖禹，將薦起之，力亂罷。"③

事实上，徐乾學刻顧氏《紀要》，一方面確爲顧廷龍先生所說的器重之情，另一方面徐氏一直有資助友人刻書之善舉，因爲所刻書目爲數不多，又未得以流傳，所以這些書並不被人所悉知。在徐氏廣泛的交友及幕賓中，徐氏資助或刊刻過重要友朋之作，其中最有名的就是納蘭成德的《通志堂集》。除此之外，徐乾學還刻過其他作品，具體如下：

（一）毛奇齡的《西昆酬唱集》，後因刻印不精，而不了了之。馮武《重刻西昆酬唱集序》云："昔年西河毛季子，從吳門拾得抄白舊本，狂喜而告於徐司寇健庵先生，健庵遂以付梓，汲汲乎恐其又亡也。刻成而以剞劂未精，秘不示人。"④《四庫全書總目》亦云："其書自明代以來世罕流布，毛奇齡初得舊本於江寧，徐乾學爲之刻板，以剞劂未工，不甚摹印。"⑤

（二）錢澄之的《田間文集》，張舜徽《清人文集別録》云："其文集在康熙中，昆山徐氏曾爲刊版。"⑥

（三）吳兆騫的《秋笳集》，《四庫全書總目》別集類存目："兆騫字漢槎，吳江人……此集前四卷爲徐乾學所刊，後四卷爲其子振所刊。"⑦

（四）朱彝尊的《日下舊聞》，徐乾學《憺園文集》卷二十《日下舊聞考》

---

① （清）嚴元照：《蕙櫋雜記》，清勞權抄本。
② （清）姚椿：《通藝閣文集》卷五《顧處士祖禹傳略》，清道光刻本。
③ 《清史列傳》列傳二百八十八《顧柔謙傳》，中華書局。
④ （宋）楊億：《西昆酬唱集》卷前，粵雅堂叢書本。
⑤ 《四庫全書總目》卷三十七·集部·總集類。
⑥ 張舜徽：《清人文集別録》卷一，明文書局股份有限公司，1982年，第18頁。
⑦ 《四庫全書總目》卷一百八十二·集部二十五《秋笳集》

中云："踰年書成曰《日下舊聞》。余輟光禄饌金，助剖劂費。"①

　　出於相同緣由，徐乾學也資助了康熙丙午本《紀要》的刊刻。顧祖禹友人魏禧，又名魏叔子，曾爲《紀要》作序云："祖禹沉敏有大略……與寧都魏禧爲兄弟交"②。康熙十九年（1680），魏禧謝世，二十二年（1683）魏禧弟魏季子得丙午本《紀要》，在《與徐健庵學士書》中云："得顧子景範書，又知惠金爲災木資，是禮一見而辱閣下三施之厚"③。《顧祖禹年譜》中記："徐乾學告知先生贈魏季子刻書費"④。可見徐乾學支付過刊刻丙午本《紀要》的費用，並將此事告知了顧祖禹，足證徐乾學出資助刻過《紀要》。

　　徐乾學傳是樓曾借過一部抄本《紀要》。《紀要》有很多種抄本傳世，國家圖書館存藏了一部非常特殊的抄本，共七十册。這部抄本曾得到了張元濟先生關注，張先生和顧廷龍先生在書信中云："東方提出所謂善本最後一批中有《讀史方輿紀要》抄本七十册，卷端粘有黃儀與□□先生一箋，定非尋常抄者。"⑤多年前，經國家圖書館古籍館劉應梅老師核實，此書卷端黃儀箋云："大著《讀史方輿紀要》稿本七十册，已由傳是樓發還，兹特奉上，祈檢收，此上，退一居主人著席。弟黃儀頓首即刻。"⑥此黃箋本抄寫整齊，錯訛較少，並且校訂修正了稿本的校改之處，從而説明黃箋本的抄寫時間應晚於稿本。

　　黃儀，生卒年未知，江蘇常熟人，精輿地，曾與顧祖禹等人一同入洞庭東山助徐乾學編修《一統志》⑦。從落款知，黃箋應出自黃儀之手，書信主要内容是徐乾學傳是樓借閱過七十册《紀要》，現通過黃儀歸還，但其中"退一居主人"是誰未知。徐乾學藏書重要的來源之一就是借抄，"徐乾學所藏之書，大部分是花錢購買的，實在買不到，他就借抄"⑧徐氏亦自云："從人借抄寫，瓶甒日不給"⑨以充實藏書。

　　徐氏資助刊刻了康熙丙午本《紀要》，顧廷龍先生曾判斷武漢大學藏本《紀要》中的朱批應出自晚年的顧祖禹。又結合《通知堂經解》刊刻目錄看，一大

　　①　（清）徐乾學：《憺園文集》卷十九，《中華再造善本續編·清代編》，國家圖書館出版社，2015年。

　　②　（清）顧祖禹：《讀史方輿紀要》魏禧序，清緯草堂抄本。

　　③　（清）林時益：《甯都三魏全集》中，清道光二十五年（1845）甯都谢庭綏綏园书塾刻本。

　　④　夏定域、夏錫元：《顧祖禹年譜》下，《文獻》1989年1期。

　　⑤　（清）顧祖禹：《讀史方輿紀要》，清抄本。

　　⑥　（清）顧祖禹：《讀史方輿紀要》，清抄本。

　　⑦　（清）裴大中，倪咸生修，（清）秦緗業等纂：《［光緒］無錫金匱縣志》卷二十一，清光緒七年（1881）刻本。

　　⑧　鄭偉章、李萬健：《中國著名藏書家傳略》，書目文獻出版社，1986年，第87—90頁。

　　⑨　（清）徐乾學：《憺園文集》卷七，《中華再造善本續編·清代編》，國家圖書館出版社，2015年。

部分經學書目均爲徐氏舊藏，當徐氏知曉成德有搜集經學著作盡付剞劂之志後，便 "盡出其藏本"①，並告知此乃 "三十多年心力所擇取而校定者"②。李春光《通志堂經解解題》亦云："所據主要爲徐乾學傳是樓藏本"③。由此推斷徐氏借抄《紀要》的目的應爲校刻，以康熙丙午本和七十册抄本《紀要》爲互校底本，欲重新雕版刊刻，即爲清康熙通志堂本。然天不遂人願，書未成，斯人已逝！康熙三十三年（1694）徐乾學謝世，《紀要》却未蕆工，之後的刊刻事宜便不了了之。《紀要》之刊刻或許恰行進一半，止於《陝西卷》，又或許《陝西卷》體量適中，徐氏先刊行該卷以爲試製品，但不論何種情况，在後來流傳中，僅《陝西卷》留存於世。

至此，本文大致勾勒出徐乾學刊刻該書的基本脈絡，也確證該書版本爲清康熙通志堂刻本，是試刻時的校樣，難得一見，但談不上爲孤本。隨著全國古籍普查登記工作的日益深入，更多關於通志堂的不爲人知的謎題，也許會隨之逐漸浮出水面。

郭晶：國家圖書館館員

---

① （清）納蘭成德：《通志堂總序》卷首，清康熙十九年（1680）通志堂經解本。
② 同上。
③ 李春光：《古籍叢書述論》，遼瀋書社，1991年，第305頁。

《金石萃編》成書考

趙成傑

　　《金石萃編》的出現，離不開當時金石學繁榮的歷史背景，一方面在乾嘉學術勃興的大背景下，金石文獻進入到學者視野中來。金石碑刻不但比簡帛紙張更易保存，而且金石文字的記錄往往更接近歷史原貌，正如錢大昕所言："蓋以竹帛之文，久而易壞，手鈔板刻，展轉失真；獨金石銘勒，出於千百載以前，猶見古人真面目，其文其事，信而有徵，故可寶也。"[①] 另一方面，這也是金石學自身發展使然。金石學經歷了宋之繁盛，元明之衰落，到清代不但整體水平達到一定高度，而且學術的不斷發展，迫切需要一部金石學的集大成著作，尤其清初諸學者已有編纂此類著作的端倪。《金石萃編》的出現，可以說順應了當時學術發展之潮流。

一、《金石萃編》協助編纂考論

　　除王昶外，《金石萃編》的主要編纂者還有朱文藻、錢侗、史善長、彭兆蓀、陶樑、陳興宗、郭麐等人。他們各司其職，除幫助王昶完成《金石萃編》的編纂之外，還協助王昶完成了《湖海詩傳》《春融堂集》《天下書院志》等著作的編纂，功不可没。

　　據嚴榮《述庵先生年譜》，嘉慶七年（1802），王昶："目疾愈甚，以生平所

---

① （清）錢大昕：《嘉定錢大昕全集》第九册，江蘇古籍出版社，1997年，第396頁。

撰《金石萃編》、詩文兩集及《湖海詩傳》《續詞綜》《天下書院志》諸書卷帙浩繁，尚待編排校勘，不能審視，因延請朱映㳽文藻、彭甘亭上舍兆蓀及門人陳烈承秀才興宗、錢同人秀才侗、陶鳧香秀才樑各分任之，校其舛誤，及去取之未當者，刻日排纂。"① 按《年譜》所載，參與王昶著作編纂的有朱文藻、彭兆蓀、陳興宗、錢侗、陶樑等人，但與其他人的記載有所出入。如陶樑《紅豆樹館詞》云："述庵先生有《金石萃編》《湖海詩傳》《續詞綜》之刻，招同仁和朱朗齋文藻、吳江史赤崖善長、鎮洋彭甘亭兆蓀、嘉定錢同人侗暨余分司其事，集萬松山館，集一時友朋，談讌之樂，剪燭題詩，挑燈話雨，宵分每至忘寢。"② 較《述庵先生年譜》多史善長，而少陳興宗、陶樑。金武祥《粟香隨筆三筆》："當日偕彭甘亭兆蓀、史赤厓、錢同人侗、郭頻迦麐諸人在司寇處分纂《金石萃編》《湖海詩文傳》等書。"③ 又多出郭麐。上述幾則材料雖記載有所出入，但不外乎朱文藻、錢侗、王濤、史善長④、彭兆蓀⑤、陶樑、陳興宗⑥、郭麐⑦八人，主要參與者只有朱文藻與錢侗。

---

① （清）王昶著，陳明潔、朱惠國、裴風順點校：《春融堂集》，上海文化出版社，2013年，第944頁。

② （清）陶樑：《紅豆樹館詞》卷五，道光二十三年（1843）刻本，南京大學圖書館藏。

③ （清）金武祥：《粟香隨筆》，光緒七年（1881）刻本，南京大學圖書館藏。

④ 史善長（1750—1804），字誦芬，號赤崖，江蘇吳江人。諸生。鑑裔孫，少好爲詩，從其父客游秦隴。嘗與金石學家畢沅交游，足迹遍及陝西、山東、江西、湖南、湖北等地，經歷湖廣苗民起義，有《弇山畢公年譜》《味根山房詩鈔》《翡翠巢詞》等著作。史善長曾為王昶輯《青溪書院志》。王昶於嘉慶五年（1800）擔任青溪書院主講，並於嘉慶六年（1801）開始編訂《天下書院總志》，《自序》云："浙江巡撫阮君請主敷文書院，課士之暇，隨發前此彙錄者，囑同志參校考訂，勒成，共若干卷。"見王昶《天下書院總志序》，《［光緒］青浦縣志》卷二十八《藝文》。

⑤ 彭兆蓀（1769—1821），字湘涵，號甘亭，江蘇鎮洋（今太倉）人。有《小謨觴館全集》《潘瀾筆記》《懺摩錄》《南北朝文鈔》等。《彭湘涵先生年譜》（嘉慶七年）："冬，赴青浦客王述庵司寇三泖漁莊，校刊《湖海詩傳》《續詞綜》及《陳黃門全集》……與嘉定錢同人孝廉侗交。"見繆荃孫《彭湘涵先生年譜》，《北京圖書館藏珍本年譜叢刊》130册，北京圖書館出版社，1999年，第629頁。

⑥ 陳興宗（生卒年不詳），字烈承，諸生，青浦人。王昶弟子，潛心考據之學，曾爲《珠里小志》作序，與王肇和、曹組成相友善。王昶所輯書，皆經陳氏校勘，《松江府續志》卷二十五《古今人傳》："凡昶所輯諸書，興宗實校讎之。晚歲與張禮、楊宗濂並以詩文名。禮字竹塘，宗濂字蓮塘，皆諸生。"見博潤、姚光發等纂《松江府續志》，《中國地方志叢書》，成文出版社，1967年，第2545頁。

⑦ 郭麐（1767—1831），字祥伯，號頻迦，亦號白眉生，江蘇吳江人，附監生。能詩善詞，生平最服膺桐城派古文家姚鼐，亦好金石之學，曾被陳鴻壽邀至幕中，曼生壺銘多由其主刻，有《金石例補》《樗園消夏錄》《江行日記》《詞品》《靈芬館集》等著作。《思益堂日札》卷九《王司寇幕客》："王蘭泉司寇昶官浙時，修《湖海詩文傳》《續詞綜》諸書，延禮臧在東、顧千里、彭甘亭、郭頻迦、吳同人諸名流館之萬松書院。"見周壽昌撰，許逸民點校《思益堂日札》，中華書局，1987年，第177頁。

（一）朱文藻及其協助編纂

朱文藻（1735—1806），字映漵，號朗齋，又號碧溪居士，浙江仁和（今浙江杭州）人。諸生，少嗜學，精六書，尤好《説文》及金石之學，著有《説文繫傳考異》《濟寧金石志》《東軒隨録》《碧溪文集》《校訂隸釋存疑》等，著作多未刊行。王杰曾延請文藻至京師，助校《續西清古鑒》；後與阮元商訂金石，成《山左金石志》；又受王昶之聘，纂《金石萃編》，"屬以蒐采題跋，商榷考證。其後書成，又與錢同人共任校寫，蓋始終其事也。"① 《金石學録》亦謂其"少爲述庵司寇所賞識，屬其採録金石諸説，以資考證。"②

由《兩浙輶軒續録》可知，朱文藻一生都在爲他人校勘書籍，"《梁同書傳略》：朗齋館振綺堂汪氏，任校讎之役③……游山左，時阮督學元、兵備星衍同任一方，篤嗜金石，與之商訂，拓本甚富，成《山左金石志》。又分編《兩浙輶軒録》，分纂《嘉興府志》。王少司寇昶復招君於三泖魚莊，纂輯《金石萃編》《大藏聖教解題》，各若干卷。"④ 朱文藻先協助同鄉汪憲編纂《説文繫傳考異》，後與孫星衍入阮元幕府編纂《山左金石志》，繼而編《兩浙輶軒録》《嘉興府志》，最後受王昶之聘纂《西湖志》《金石萃編》《大藏聖教解題》等著作。⑤

朱文藻在《金石萃編跋》中，較爲詳細説明了《金石萃編》的編纂情況。據跋文可知，王昶爲編纂《金石萃編》蒐集了大量資料，編成草稿，時主講敷文書院，將稿本交予朱文藻與錢侗諸人，歷經五載，刪汰繁雜，編訂成書。王昶在準備此書初稿的過程中，早就朱文藻協助搜集各類文獻中的金石題跋，其時王昶在陝西、雲南等地爲官，而朱文藻時在杭州，交友中多藏書家，有訪書用書之便。

朱文藻文集未見傳世，《金石萃編》引用了朱文藻的《校訂隸釋存疑》（6次）《碧溪文集》（4次）《蘇碑考序》（1次）等資料，所引材料不見著録，僅《校訂存疑》有抄本行世，《金石萃編》保存的《碧溪文集》及《蘇碑考序》可供輯補朱文藻佚文。朱文藻《校訂隸釋存疑》被《金石萃編》引用六次，分別爲卷八《敦

① （清）徐世昌等編：《清儒學案》第四册，中華書局，2008年，第3181頁。

② （清）李遇孫：《金石學録》，《石刻史料新編》第二輯第17册，臺北新文豐出版公司，1979年，第12420頁。

③ 徐雁平考訂朱文藻在乾隆三十年（1765）就開始在振綺堂參與鈔書、校書工作，見徐著《清代世家與文學傳承》，三聯書店，2012年，第193頁。

④ （清）潘衍桐編：《兩浙輶軒續録》，《續修四庫全書》1685册，上海古籍出版社，1996年，第384—385頁。

⑤ 戴環宇在《朱文藻〈説文繫傳考異〉研究》中詳細列舉了朱文藻的著作，雖然朱文藻著作大都未刊行，但多數都有稿本傳世，見氏著，寧夏大學碩士學位論文，2013年。

煌長史武斑碑》、卷十二《衛尉卿衡方碑》、卷十三《孝廉柳敏碑》、卷十四《博陵太守孔彪碑》、卷十五《司隸校尉魯峻碑》、卷十九《仙人唐公房碑》等。① 《校訂存疑》文字都很簡練，通過對比發現，除了卷十二與卷十九文字節選長短不一外，其他各處相同。卷十二處補："又洪氏説後注云：淡爲痰。按：此乃指碑文中淡界繆動之淡字也。然玩文義，不應有痰字，恐注有訛。"② 卷十九處補："文云'是時在西成，去家七百餘里'，據《集古録》作'是時府君去家七百餘里'，又西成即西城，似當增注於此碑洪氏説之末，與《楊君石門》同例。"③

《金石萃編》對《碧溪文集》的引用，分別出現在卷八十五《李秀殘碑》、卷九十一《縉雲縣城隍廟記》、卷九十四《三墳記》及卷一百四十八《高宗御書石經》。如《李秀殘碑》記載朱文藻與好友的金石往來："戊戌（1778）之冬，吾友陳萬青遠山、萬全梅垞昆弟寓京師，二君子皆吳公鄉里後進，好古之懷，先後同揆，得此拓本，裝池成軸，出以示余，因緒論之如此。"陳萬青、陳萬全兄弟皆爲乾隆進士，工詩畫，好金石，陳氏兄弟將所拓殘碑出示朱氏欣賞，朱氏遂撰文考證石刻。《金石萃編》所引《碧溪文集》篇幅較《校訂隸釋存疑》長許多，考證亦精細，由於《碧溪文集》已散佚，這幾段跋文可視爲朱文藻遺文，加以研究。《金石萃編》並未説明哪部分資料出於朱文藻之手，故無從考察，但《金石萃編未刊稿》稿本《至順二年加封啓聖王等敕書》後附有"文藻校"三字，知《未刊稿》亦出於朱文藻之手，④ 據此推測，《金石萃編》及《未刊稿》稿本均經朱文藻手校一過。

（二）錢侗及其協助編纂

錢侗（1778—1815），初名東野，字同人，號趙堂，嘉定人。大昭子，嘉慶五十年（1810）舉人，長於小學，尤邃於《説文》之學，有《説文音韵表》《説文重文小篆》《趙堂日記》《方言義證》等著作，《清儒學案》卷八十四："治説文，通曆算，竹汀撰《宋遼金元四史朔閏表考》未竟，先生證以群書及金石文字……王侍郎昶撰《金石萃編》，所論地理、官制，多採先生説。"⑤ 爲了完成錢大昕未竟的《宋遼金元四史朔閏表考》一書，錢侗日夕檢閱推算，幾忘寢食，增輯一千三百餘條，卒因是感疾而歿，可以説是生死以之。

---

① 《金石萃編》還引用了朱文藻《蘇碑考序》，此文亦不見傳本。
② （清）朱文藻：《校訂存疑》第四冊《隸釋》卷八，第九葉，南京圖書館藏乾隆抄本。
③ （清）朱文藻：《校訂存疑》第四冊《隸釋》卷三，第五葉，南京圖書館藏乾隆抄本。
④ 朱文藻還有未刊稿《金石補編》上下卷，全著録元碑，與《金石萃編未刊稿》內容相同。見《近代著名圖書館館刊薈萃續編》第17冊，北京圖書館出版社，2005年，第22—67、351—388頁。
⑤ （清）徐世昌等編：《清儒學案》第四冊，中華書局，2008年，第3334頁。

錢侗在天文、曆算、金石等領域均有很高的成就，王昶亦稱讚其才。姚椿《錢同人墓誌銘》："於青浦王侍郎家，君方爲侍郎纂《金石萃編》，侍郎稱其才，予每過侍郎家未嘗不與君傾倒極論也。"① 錢侗繼承家學，以文字訓詁之學名家，《釋聲自序》："余幼習家業，兼舉義方，得稍知小學源流。"② 所著《丁丑丙寅日記》四卷，未見刊行，記友朋講學之詞，考證金石經籍之事。錢侗的金石考證文章流傳不多，多是未刊之作，例如《金石錄》四十卷、《歷代錢幣圖考》二十卷等，蔣光煦《東湖叢記》卷六《錢同人釋鐘鼎銘識》記有錢侗釋讀金石的佚文。

王昶《金石萃編》"欲仿洪文惠公《隸釋》《隸續》之例，寫録全文，綴以前任論議，一一訓釋而證明之"，大概在1801年春，此書開始編纂，到1805年冬，編纂完成，錢侗與朱文藻負責稿本的具體內容。王昶之所以請錢侗協助，一是因為地緣關係，錢侗是嘉定人，與青浦相近，錢侗叔父錢大昕又與王昶有同里、同學之誼；二是因為學緣關係，王昶與錢大昕興趣愛好相同，收藏金石拓本亦相當，而錢侗深受錢大昕影響，於金石之學頗有根柢。

《金石萃編》收録錢侗跋文四條。卷三十三《朱曇思等造塔記》、卷五十七《碧落碑》、卷六十一《姜原神泉詩碑》以及卷一百十三《馬恒郝氏二夫人墓誌》。王昶《湖海文傳》收録錢侗《建元類聚考跋》。《朱曇思等造塔記》由黃易訪得，跋文多從文字學角度進行校勘，尤重《説文》字形。《碧落碑》結合古文、篆文、籀文等對字形詳細考辨，《姜原神泉詩碑》將碑文字形與《説文》小篆互證，從六書角度辨析篆文訛變；《馬恒郝氏二夫人墓誌》主要是墓文義例的考辨。總體來説，錢侗的考釋主要集中在文字字形的考釋，反映了錢氏在《説文》學上的成就。

（三）王濤及其協助編纂

王濤（生卒年不詳），字定山，嘉定人。工書，能小詩，有《上谷詩鈔》等著作。協助王昶搜集整理金石材料，《珠里小志》："王侍郎昶丁憂里居，招致之，後又隨之滇、陝。昶好金石文字，購置二千餘通，編排繕録，濤一人任之。內行淳篤，不事文飾。幼從同里陳鎔受業，鎔著《四書就正録》十九卷，無力付梓，

---

①　姚椿《錢同人墓誌銘》："於青浦王侍郎家，君方爲侍郎纂《金石萃編》，侍郎稱其才，予每過侍郎家未嘗不與君傾倒極論也。"陳金林、齊德生、郭曼曼著《清代碑傳全集》，上海古籍出版社，1987年，第1494頁。

②　（清）江藩纂，漆永祥箋釋：《漢學師承記》，上海古籍出版社，2013年，第899頁。

既殁，濤懼遺稿散佚，手寫數過，乞當世名公序之。"①《珠里小志》與朱文藻《碑錄序》記載完全吻合，《碑錄序》云："其時，嘉定王濤定山在幕中，專司編排碑拓之事。"在朱文藻入幕之前，王定山一直跟隨王昶，王昶收藏的金石碑刻，皆請王濤整理。又據朱文藻《碑錄序》知嘉慶七年（1802）至嘉慶八年（1803），王定山仍在王昶幕中，協助編校《金石萃編》。

王濤與王昶、孫魯、錢大昭、錢大昕均有往來，大抵因其師陳宏猷《四書就正錄》由其編纂，並請王昶、錢大昭等人作序。《［嘉慶］直隸太倉州志》卷五十四收錄王昶《四書就正錄序》云："太倉陳君宏猷吾之未識也。近與其弟子王定山交，乃得見《就正錄》一書……陳君殁久矣，家貧不獲刻。其遺書定山日夜繕寫，至五六稿不懈。觀定山之誠，則君之所以教與其所以感者，可知矣。顧布衣終老，不得爲取士者所識拔，此吾所以嘆也。定山名濤，嘉定布衣。"②錢大昭《序》云："先生臨没以手稿授門人弟子王定山，俾善藏之。今定山且老，懼先師德業日湮，欲以遺書盡付剞劂。"③陳宏猷遺著《四書就正錄》因弟子王濤的整理，才不至湮没無聞。

王昶《湖海文傳》卷三十九記孫魯詩，有"足迹遍寰宇，碑版暢幽恉"句，並云"嘐城王定山以其師陳宏猷先生所著《四書就正錄》暨故友殷元爽先生詩稿見眎，並將壽之梨棗，此古誼也。作此以贈"④，詩中可見王濤金石搜羅的勤奮，由錢大昕的題詩，更可證明王濤在金石上的努力。《題王定山所藏秦漢瓦當拓本》："王君今名儒，好事薛翟侶。頻年游三秦，古物遍摩撫。一一拓其文，裝池甲乙序。如扪列星垣，如启群玉府。銅雀並香姜，俯視等爾汝。珍重什襲儲，勿使六丁取。"⑤宋代洪适（洪适爲江西鄱陽人）《隸釋》《隸續》開始著錄磚文僅四五則，當時還未見瓦當文字。隨著瓦當文字不斷出現，金石家們也逐漸關注，趙魏、俞竹居、錢坫（獻之）好其學，時王定山等人入王昶幕府，從事金石搜集。

錢大昕《潛研堂金石文跋尾》還記載若干造像記，是爲王定山所得，云"右

① （清）周郁濱纂，戴揚本整理：《珠里小志》，上海社會科學院出版社，2005年，第160頁。《青浦縣志》卷二十二：王濤，字定山，嘉定人。工書，能小詩，又善形家言。王昶丁憂里居，招致之，隨之滇、陝。昶好金石文字，購置二千餘通，編排繕錄，濤一人任之。濤少受業同里陳鎔之門，鎔著《四書就正錄》十九卷，濤抱遺書，手寫數過後，得附存於《四庫全書》目中，濤之力也。《光緒青浦縣志》，《中國地方志集成》，中國書店、巴蜀書社、江蘇古籍出版社，2010年，第389頁。

② （清）王昶等纂修：《［嘉慶］直隸太倉州志》卷五十四《藝文》三，《續修四庫全書》史部697册，上海古籍出版社，1996年。

③ （清）王昶輯：《湖海文傳》，上海古籍出版社，2013年，第209—210頁。

④ （清）王昶輯：《湖海詩傳》，上海古籍出版社，2013年，第506頁。

⑤ （清）錢大昕：《嘉定錢大昕全集》第十册，江蘇古籍出版社，1997年，第88頁。

造像記，同邑王定山濤游涇陽，得周、隋造像石刻數種遺予，皆畢尚書《關中金石記》未采入者，此其一也。”① 由這首題詩可知，錢大昕與王濤亦有交游，其《潛研堂金石文字目錄》采輯不少王氏所藏拓本。

（四）陶樑及其協助編纂

陶樑（1772—1857），字寧求，號鳧鄉，江蘇長洲（今蘇州）人。嘉慶十三年（1808）進士，清代著名詞人，有《紅豆樹館詞》等。王昶《蒲褐山房詩話》評價爲“鳧鄉風流儒雅，爲近日吳閶文士之冠，尤擅倚聲，吳谷人、倪米樓諸君斂手推之。予撰《續詞綜》，搜採編排，多其所助。”② 陶樑早年就與吳中前輩詩酒酬唱，《［光緒］順天府志》：“時東南壇坫千里相望，王昶、孫星衍、趙翼、吳錫麟各以所著傾動一時，樑與爲師友，詩名播遠近。”③《清史稿》卷四二二：“陶樑早有文名，曾從侍郎王昶，助其纂述。歷官所至，提倡文雅。”陶樑以詞學名家，他幫助編纂《金石萃編》大概只是提供資料參考。

陶樑與王昶的交游主要是文學方面，見其《紅豆樹館詞》，如《掃花游題述庵先生九日紀游冊》《高陽臺題述庵先生柳波雲舫》《探春慢》等，《探春慢》誇耀王昶之《金石萃編》：“金石新編，苔岑續集，文字千秋同訂。”王昶在《春融堂集》中對陶樑亦有褒獎，《陶鳧鄉紅豆樹館詞序》：“陶子鳧鄉居吳門、婁齊之間，家亦樹此，結實累累下垂，殊可愛。玩憩其蔭者，每流連往復，若不能去。鳧鄉嫻雅歌，通詩文，性情風格似魏晉人，而尤以詞擅名於時。所作以石帚、玉田、碧山、蛻巖諸公爲師，近則以竹垞、樊榭爲規範。其幽潔妍靚，如昔人所云：‘水仙數萼、冰梅半樹’，可想見其娟妙。”④ 至於協助編纂《金石萃編》，陶樑《紅豆樹館詞》卷五《探春慢序》：“述庵先生有《金石萃編》《湖海詩傳》《續詞綜》之刻，招同仁和朱朗齋（文藻）、吳江史赤厓（善長）、鎮陽彭甘亭（兆蓀）、嘉定錢同人（侗）暨余分司其事，集萬松山館，極一時友朋談宴之樂。”⑤ 徐世昌《晚晴簃詩彙》：“王述庵少寇《湖海詩傳》《金石萃編》之刻，鳧鄉先生實與搜羅校勘。先生愛才恤士，又復留心文獻，故鄉邦斯文系屬漁莊，而後咸推鳧

---

① （清）錢大昕：《嘉定錢大昕全集》第十冊，江蘇古籍出版社，1997年，第80頁。

② （清）王昶、周維德輯校：《蒲褐山房詩話新編》，齊魯書社，1988年，第177頁。

③ （清）周家楣、繆荃孫等編纂：《［光緒］順天府志》卷一百三，北京古籍出版社，1987年，第4933頁。

④ （清）王昶著，陳明潔、朱惠國、裴風順點校：《春融堂集》，上海文化出版社，2013年，第739頁。

⑤ （清）陶樑撰：《紅豆樹館詞》卷五，道光二十三年（1843）刻本，南京大學圖書館藏。

鄉，大年碩望，亦如驂之靳。"① 而陶樑和王昶有交集的時間主要集中在 1800 年至 1801 年間，《憶江南小序》："述庵先生居青浦之朱街角，即今所謂三泖漁莊，庚申、辛酉之間余以從游。"② 期間陶樑協助王昶編纂《湖海詩傳》《續詞綜》等書，嘉慶六年（1801）四月，陶樑還隨王昶由三泖漁莊赴白香山祠，見《惜余春慢小序》。

時王定山、朱文藻、錢侗、史善長、彭兆蓀、陶樑、陳興宗、郭麐等人均在青浦三泖漁莊，朱文藻、錢侗主要負責《金石萃編》編纂，史善長主要負責《天下書院志》中《青溪書院志》部分內容，陶樑、彭兆蓀、陳興宗、郭麐等人以文學見長，負責編校《湖海詩傳》《湖海文傳》《春融堂集》《續詞綜》等著作，至於各家記載出入，是未區分各家專長所致。文學部分的編纂，各家是有交叉的，如陶樑參與編纂的有《湖海詩傳》《湖海文傳》，彭兆蓀亦參與《湖海詩傳》的工作。

二、《金石萃編》的編纂特點

《金石萃編》主要由朱文藻、錢侗編纂，此書綜合目錄、存文、集釋與按語彙為一編，是金石學史上劃時代的著作。我們主要分目錄、存文、集釋、按語四個部分分析特點。③

（一）目錄及其特點

自宋代鄭樵《通志·金石略》將金石單獨分類開始，金石便成為史志目錄中的重要一類。金石目錄一般分兩種形式，一是錄名式，在《金石萃編》以前主要有：曹溶《古林金石表》一卷，列碑帖 800 餘種；錢大昕《潛研堂金石文字目錄》八卷，列金石文字 2213 通；孫星衍、邢澍《寰宇訪碑錄》收錄 7706 種；比王昶稍後的吳式芬有《攈古錄》二十卷，收碑刻 15230 種。一是跋尾式，主要有朱彝尊《曝書亭金石文字跋尾》六卷、錢大昕《潛研堂金石文跋尾》二十卷、武億《授堂金石文跋》二十四卷等。

---

① （清）徐世昌輯：《晚晴簃詩彙》，中國書店，1988 年。
② （清）陶樑：《紅豆樹館詞》卷六，道光二十三年（1843）刻本，南京大學圖書館藏。
③ 有關《金石萃編》的編纂體例亦可參看宋凱《金石萃編研究》第四章部分內容，他指出《金石萃編》體例三個特點：1. 存目、摹錄、錄文、跋尾四種體例通纂而成；2. 所錄金石資料形制交代明確；3. 對同類性質的金石資料作集群性考察。本文分目錄、存文、集釋、按語四部分，基本涵蓋了宋氏提出的特點。當然，宋文亦用很大篇幅介紹了金石著作體例情況，這部分內容基本借鑒了朱劍心《金石學》。

從收錄數量上説，比《金石萃編》稍早的孫星衍，有《寰宇訪碑録》，在當時影響巨大。吳式芬《金石彙目分編序》："竊見記録金石之書，自酈元、歐、趙，代不乏其人。而國朝著作尤爲繁富。其間薈萃諸家總爲目録者，惟孫伯淵《寰宇訪碑録》一書，最爲大備。"① 《寰宇訪碑録》成書於 1802 年，對後代的金石目録編制影響很大。《金石萃編》收金石文字 1500 餘種，雖不及孫氏五分之一，却比孫氏體例完善許多。

從目録體制上説，在《金石萃編》成書以前，尤其是清代金石學著作裏對《金石萃編》影響比較大的當屬錢大昕《潛研堂金石文跋尾》。胡子彝《潛研堂金石文跋尾跋》："嘉定錢竹汀先生，蒐羅金石二千餘種，經跋尾者，八百六十。顧當日每得跋尾二百餘通，門人弟子輒為刊布，續成四集，追題爲元、亨、利、貞四編，凡二十五卷……仿孫氏星衍《古刻叢鈔》之例，各篇標題增元、亨、利、貞字白文於上，以存其舊。"② 《潛研堂金石文字目録》八卷著録碑刻 2213 通，乾隆四十七年（1782）刊行，此書收録碑刻，名目下著録作者、書體、時代、地點等情況，有考證的則收入《潛研堂金石文跋尾》。《金石萃編》引《潛研堂金石文跋尾》276 次，大部分是全文摘録，可以説《潛研堂金石文跋尾》的刊行對《金石萃編》影響最大。《金石萃編》正文每一目下著録石刻形制、書體、刊立時間、地點、撰者等信息，《金石學録》："凡題額、碑陰、兩側亦必詳載。碑制之長短寬博，取建初尺度其分寸，並志其行字之數。"③ 《金石萃編》較之前進步之處乃是石碑形制，每碑必載其碑制長短、行款、字數，爲後世金石著録提供了可靠參考。

《金石萃編》繼承了前人的目録學體制，又向前發展了一大步。《金石萃編》中的金石材料按照時代劃分十七個階段：夏（殷）、周、秦、漢、魏、晋、梁、北魏、東魏、北齊、北周、隋、唐、五代、宋、遼、金等，所列金石嚴格按照時間先後，精確到日，如卷三十《中岳嵩陽寺碑》（天平二年［535］四月八日）、《比邱洪寶造像銘》（天平二年四月十一日）。一般排列先排有具體時間的，再排時間不詳的，同一時間刊刻的金石先排列已知地域的，再排列地域不詳的，如卷五十一《張允碑》《李靖碑》《王居士磚塔銘》均爲顯慶三年（658）刻，前兩方碑地點明確，同在醴泉縣昭陵，最後一方碑地點不詳；同一時間刊刻碑刻、地點相同的再按照碑主官職排序，張允爲唐代禮部尚書，李靖爲唐代尚書右僕

① （清）吳式芬：《金石彙目分編》，《石刻史料新編》第一輯第 27 册，臺北新文豐出版公司，1982 年，第 20653 頁。

② （清）錢大昕：《嘉定錢大昕全集》第六册，江蘇古籍出版社，1997 年，第 557 頁。

③ （清）李遇孫：《金石學録》，《石刻史料新編》第二輯第 17 册，臺北新文豐出版公司，1979 年，第 12415 頁。

射。所列金石又按照人物排列，如同一時代碑刻有的按照撰書人排列，有的按照墓主身份等級排序，《金石萃編》對金石材料的排序更加科學、系統。

（二）存文及其特點

存文是將碑刻全文影寫在紙上，有兩種形式。一種是類似褚峻《金石經眼錄》、馮雲鵬《金石索》等將碑刻全圖影寫，亦稱翻刻法，即按照原拓本重刻。這樣的好處是保存了拓本原貌，缺點是占用紙張空間，有些碑刻僅存數行，却要將整葉全部附上，既占用空間，又不美觀，而且不方便刻工排印，於是產生了另一種摹寫法。

第二種則是以雙鈎法將全文重新摹寫，顧炎武《求古錄》、陳奕禧《金石遺文錄》、吳玉搢《金石存》等皆是此類。《金石萃編》採用了這種方式摹寫，但《金石萃編》的摹寫和《金石存》一類有所不同，爲了避免原拓失真，《金石萃編》採用原字體摹寫模式，如《散氏銅盤銘》按金文字形摹寫、《嶧山刻石》按小篆字形摹寫、《泰山都尉孔宙碑》按隸書字形摹寫、《始興忠武王碑》按楷書字形摹寫，如遇不識之字或闕文以"囗"代之，凡文散見多處者，採用旁注以記其全，篆隸及古文別體字，都摹其點畫，加以訓詁，題於額陰兩側。《金石萃編》以原字體摹寫，很好地避免了原拓失真，並且節省空間、方便編排。

雖然清初學者如王澍、吳玉搢、金農等人已使用雙鈎法摹寫，但並未普及，雙鈎摹碑法一般認爲在清中葉開始流行，以翁方綱、黃易等人爲中心。翁方綱曾摹寫過數本《化度寺碑》，相關題跋已輯入《翁方綱題跋手札集錄》。[①] 王昶《湖海詩傳》："覃溪書法初學顏平原，繼學歐陽率更。隸法史晨、韓敕諸碑，雙鈎摹勒舊帖數十本，北方求書碑版者畢歸之。"[②] 王昶與翁氏比鄰而居，他多半見過翁氏摹本。此外，黃易《小蓬萊閣金石文字》亦採用此法摹寫碑文。[③]《金石萃編》採用雙鈎摹寫，亦是當時雙鈎摹碑流行的鮮明寫照，如《淳于長夏承碑》《李翕西狹頌》《博陵太守孔彪碑》等均是用此法勾摹，直到晚清石印術傳入中國用此法勾摹碑刻方才絕迹。

當然，《金石萃編》亦有不少摹寫錯誤，這在羅振玉《金石萃編校字記》中多有校補，如《郎中鄭固碑》"吏諸曹掾史"當作"更諸曹掾史"；《倉頡廟碑》"老名永久"當作"垂名永久"，而出現這種錯誤原因不外乎原拓本字迹不清或知識水平所限。

---

① （清）翁方綱撰，沈津輯：《翁方綱題跋手札集錄》，廣西師範大學出版社，2002年。
② （清）王昶輯：《湖海詩傳》卷十五，上海古籍出版社，2013年，第155頁。
③ 程渤：《清代雙鈎寫法研究》，《美術學報》，2014年第5期。

（三）集釋及其引書

集釋是將各家觀點輯録起來，或全部摘録，或節録部分文字。較早的專門輯録金石文獻的著作當屬都穆《金薤琳琅》，而清以來輯録金石著作最大宗的當屬李光暎的《觀妙齋金石文考略》①，該書凡十六卷，著録金石碑刻 609 通，引録各類資料 120 餘種，採集金石家之書 40 種，文集、地志、説部之書又 60種②，題跋 20 餘種，按語以"光暎識"結尾。

金石著作除引宋人著作如歐陽修《集古録》、趙明誠《金石録》、洪邁《容齋隨筆》、洪适《隸釋》、董逌《廣川書跋》、趙彦衛《雲麓漫鈔》、宋犖《筠廊偶筆》外，引書以明人居多，趙崡《石墨鐫華》、李東陽《懷麓堂集》、歸有光《震川集》、解縉《春雨集》、楊士奇《東里集》《東里續集》、都穆《金薤琳琅》、安世鳳《墨林快事》、孫鑛《金石評考》、楊慎《升庵外集》、宋濂《潛溪集》、盛時泰《蒼潤軒帖跋》、曹昭《格古要論》、朱彝尊《曝書亭集》、孫承澤《庚子銷夏記》、王世貞《弇州山人稿》、王士禎《帶經堂集》《居易録》等都是引用次數比較多的，清初著作以顧炎武《金石文字記》、潘耒《金石文字記補遺》爲主，但亦有《金石萃編》不引之書，如晁補之《雞肋集》、袁桷《清容居士集》、顧南原《隸辨碑考》、米海岳《志林雜記》、蔡佑《雜記》、于奕正《天下金石志》、葛立方《韵語陽秋》、孔毓圻《幸魯盛典》、任兆麟《心齋筆記》、方孝孺《遜志齋集》、葉井叔《嵩山石刻記》等，單篇題跋引用不多，主要有：邢子願跋、何士英跋、王典在跋、楊可師跋等。

《金石萃編》編纂的最大特色即是輯録各種資料，據統計，《金石萃編》引録各類文獻凡 354 種，其中著作類 255 種，單篇文章 12 篇，題跋類 87 種，是《觀妙齋金石文考略》引書的三倍，不同之處是一個以節録爲主，一個以全文摘録爲主，二書都是按時代順序引録各家觀點。③

（四）考證及其貢獻

金石學著作大都附有按語考證，前引李光暎《觀妙齋金石文考略》等著作，都在集釋各家觀點後，以按語結束。按語一般是作者本人的考證，主要對碑文刊刻年代、撰者身份、所涉官制、碑文史實方面的考證。這方面的考證，主要針對《金石萃編》中無前人考訂，僅有王昶按語的 374 則而言。④ 如卷四十四

---

① （清）李光暎：《觀妙齋金石文考略》，雍正七年（1729）刻本，復旦大學圖書館藏。

② （清）翁方綱纂、吳格整理：《翁方綱纂四庫提要稿》，上海科學技術文獻出版社，2005 年。

③ 趙成傑：《〈金石萃編〉引書考》，《經學文獻研究集刊》第十七輯，上海書店出版社，2017 年，第 226 頁。

④ 《金石萃編》中僅有王昶按語的石刻材料一般以佛塔銘和造像記爲主，這部分資料占到三分之一强。

《裴鏡民碑》，按語先以《唐書》《晉書》考訂碑主裴氏之姓氏分支及來源，而後考訂碑主及親屬官職情況兼碑文泐字，最後考訂碑主卒年及石碑撰者及其年代。考訂精細，且與史暗合。

《金石萃編》的按語主要分以下幾種類型：

一是對金石文字的訂正校勘，如卷二校勘《峋嶁碑》，王昶用衆本校之，按語曰："是書姑依時代編次，其釋文以楊慎本爲正。沈楊郞三家各有所長，參注於下，又近日錢唐（塘）姜氏家藏無名氏刻本。按《李藩碑記》知石刻在濟南長山，後列釋文當即楊時喬所釋之，本與諸家異者五十餘字，則不能逐一分注，附著楊釋之後，以廣異聞。"《峋嶁碑》主要有沈鑑、楊廷相、郞瑛三家摹本，王昶依三家並新見錢塘無名氏本校勘，附於釋文之下。再如卷十《郞中鄭固碑》："按碑云以'疾錮''辭錮'即'固'字，謂'久固之疾'也。"又引《文選》證"錮"與"固"通，用此例辨古今字之別。

二是考碑文之源，《金石萃編》所輯錄《石刻十二經跋》全爲王昶題跋，考證了石經的基本情況，並考釋石經文字，考證詳細，可與顧炎武《石經考》相媲美。按語云："案《字樣》中所引《易》《書》《詩》等，以證文義之異，實不止於九經，即張參文字，號稱五經，而引證各書亦十二經並見，則所謂五經九經者，亦括大旨而言，況參《自序》謂經典之文六十餘萬。"此段跋文辨別張參《五經文字》、玄度《九經字樣》所刻不止標目所舉，實際上亦爲十二經之數，繼而考訂石經卷數、作者、版本等信息，篇幅最大的是對石經文字的校勘，參考了鄭玄注、王弼注等古注，又引《說文》《玉篇》等字書證之。

再如《全真教祖碑》按語云："按道家全真教至元始有此名，以王重陽為之祖。此碑蓋述重陽之道行也。撰者題云'前金皇權密國公金源璹'，碑刻於元世祖時，故稱璹爲前金。"《金石萃編》結合史料考察了王重陽創立全真教的相關情況，並考訂碑文文字。

三是補史志之闕、糾史志之誤，如卷九十四《王訓墓誌》，按語云："按碑稱訓爲琅琊人，而表不載訓之本支，則不與表所列琅琊者同系。"此碑可補《兩唐書》之闕。又如卷一百四十七《朱濟道呈妙空禪師詩》按語云："按朱濟道，不詳其何許人。如公妙空禪師者，妙空是賜號名，净如住持靈巖者也。末小字注二行十九字，亦篆書記。法定禪師事，《長清縣志》云'法定禪師，梵僧也。"《金石萃編》以此碑補《長清縣志》之闕。

糾史志之誤，如卷二十四《廬江太守范式碑》，按語云："《後漢書·獨行傳》'式少游太學，爲諸生，與張劭爲友，二人並告歸里。式謂元伯曰：後二年當還，拜尊親見孺子焉，乃共刻期。至日，巨卿果到升堂拜飲，盡歡而別。'據此，則劭家汝南，而式往見，並非劭至式家，況傳稱元伯卒後，巨卿夢元伯與語。"此處可糾《後漢書》記載之誤。又如《太一宮記》按語云："按此碑題曰：華山陳摶撰，鄉貢進士宋復書，鄉貢進士陳義撰額。文多誇誕，事無可徵，似非希夷手筆，恐亦道流所托也。宋復、陳義名不見於《書譜》。"《金石萃編》以《陝西通志》《禮記樂志》《史記封禪書》等資料，證《通志》記載不實，又以新舊《五代史》《宋書》等證《通志》存在的問題，考證諸史書與碑文不符，認定此碑乃後人偽託。

四是駁他書之說，如卷七十七《道安禪師碑銘》按語云："《傳燈錄》：'如來以正法付迦葉，傳至達磨，來此為初祖，暨五祖二弟子。慧能住嶺南，神秀住〔嶺〕北，得法雖一，而開導發悟漸不同，故曰南頓、北漸。'此南北二宗之旨也。……《金石補錄》豈能別有所據耶？碑云：道安俗姓李，生于開皇泊夫大業。又云：'景龍二年二月三日中夜合門，又云：弟子慧遠□襲明承□演末裕'云云。並非追叙緣起之語，又不似別一道安疑不能明也。"這段按語結合道安法師的生平經歷與碑文及其他史料對勘，駁斥《金石錄補》的疏失。

五是補文集之無，校文集之文，如卷一百四十七《宋京太清閣詩刻》按語云："按《宋史》無傳，《宋詩紀事》云'京，成都人，崇寧進士'不詳其歷官，引《成都文類》載其琴臺、武擔二詩，而不及此石刻。"再如卷一百七《皇甫湜浯溪詩刻》云："此刻與《全唐詩》不同者二字'溪口啼素瀨，徙倚如有賴'《全唐詩》'啼'作'揚'，'賴'作'待'，當是傳本有別也。"卷一百三十五《蘇文忠獨游南山詩》可與《蘇軾詩集》相互校勘，按語云："此首在續補遺卷中，題云《壬寅重九不預會獨游普門寺僧閣有懷子由》，此題則云《壬寅重九以不與府會故獨游至此有懷舍弟子由》，彼此互有詳略……詩中與集本不同者，'花開酒美曷不醉'，《集》作'花開酒美盍不歸'，此顯然是《集》誤。"以碑文校勘蘇詩，可以窺見詩歌的原貌。

六是考訂碑刻真偽，如卷一百二十三《慶唐宮延生觀勅》按語云："按此碑語多鄙猥，無論其他。即唐太宗初諡文武聖皇帝，後增諡文武大聖大廣孝皇帝。……又云'節准該部請旨以違御筆欽此。遵聖旨著禮部重刊榜文欽此欽遵'等語頗不類宋初人製作，疑是後世村庸道流所偽託，姑錄存備考。"《金石萃編》以碑文語言風格不合宋初人習慣，判定作疑後人偽託。

綜上，《金石萃編》綜合"目錄、存文、集釋、考證"四位一體，兼具存目、錄文、摹寫、跋尾之長，又能辨別各家之說並下按語，體例完備，堪稱金石學集大成之作。

趙成傑：雲南大學歷史與檔案學院助理研究員

目　録　版本目録學研究第九輯

勢：從古典書目的視域考察性理學

向　輝

　　性理學即宋明理學或新儒學。在思想史上，先秦子學、兩漢經學、魏晉玄學、隋唐佛學、宋明理學、清代樸學，幾乎成爲人所公知的常識[1]。無論從政治影響、社會思想、哲學觀念還是教育實踐來看，性理學都極具時代特色，而性理學書籍除了宋明儒者的作品集之外，還包括了各種性理著述，如何將這些書籍加以條理，不僅關乎宋明以來性理學研究的深入，也關乎書籍史的進一步深入。

　　性理學自成體系。它浸潤古代"社會生活、政治生活的各個方面，戎爲具有權威性的支配力量"[2]，"是在經學、佛學、道教結合的基礎上孕育發展起來的。以儒家思想的内容爲主，同時也吸收了佛學和道教的思想，這是它的特點。理學實起於北宋，經南宋而進一步發展，至元代而朱陸合流，到明朝更有新的發揮，沿及清代前期漸趨衰落。但是其影響至今仍然存在。"[3] 性理學經過宋元學

---

　　① 參見：侯外廬等主編：《宋明理學史（上）》，人民出版社，2005 年，第 2 頁；郭齊勇撰：《諸子學的歷史命運》，《社會科學戰綫》，1997 年，第 170—177 頁；尹繼佐、周山撰：《中國學術思潮總序 . 中國學術思想史 1・子學思潮》，上海社會科學院出版社，2006 年，第 19—20 頁；張立文主編：《中國學術通史》，人民出版社，2004 年，第 7 頁；張豈之主編：《中國思想學説史》，廣西師範大學出版社，2007 年。

　　② 侯外廬等主編：《宋明理學史（上）》，人民出版社，2005 年，第 2 頁。

　　③ 侯外廬等主編：《宋明理學史（上）》，人民出版社，2005 年，第 9 頁。

者的闡發，至明代時已經具有相當的規模，著述繁多，形成了專門的類別，在書籍史、學術史上有其獨特地位。總之，性理之學是儒學在新的歷史時期，經過數代學者努力而呈現的一種新的學術樣態，對於當時的政治與經濟、社會與個人、思想與人生等等現代問題均有深刻地反思。性理學的發展有其内在之理與外在之勢。

研究學術，要從目録入手，這是中國傳統。[①]從目録入手首先需要觀書目（目録）之"勢"。可以説，"勢"的思考是學術史的重要側面。即除了對於書籍樣態和文本内容本身的關注之外，學術研究還需要對其所揭示的時代精神、時代思潮及其變遷加以重點關注。梁啓超《清代學術概論》開篇爲《論時代思潮》："今之恒言，曰'時代思潮'。此其語最妙於形容。凡文化發展之國，其國民於一時期中，因環境之變遷，與夫心理之感召，不期而思想之進路，同趨於一方向，於是相與呼應洶湧，如潮然。"[②]對於時代思潮的研究離不開書籍，因爲書籍是最能反映時代風貌的物證，書目則是對社會思潮的歸類記録。在一定程度上，古典書目反映了某一時代思潮，並且是在這種時代思潮影響下所進行的知識分類和整合。古典書目作爲一種特殊的書籍，對其展開研究則更能從中找出一些令人不易覺察的時代思潮的變遷。

1. 勢：基於古典書目的反思

藏書目録内容的變化是時代風氣變化的温度計。[③]藏書目録是古典書目中最爲關鍵的一種。本文所謂的古典書目是傳統分類學體系下所産生的各類書目，也包括現代以傳統分類學爲基礎所編纂的古籍書目。

對古典書目的研究一般屬於目録學的範疇，王重民先生認爲："目録是著録、揭露和評論圖書的工具，是宣傳圖書和考察圖書的工具。目録和目録學都是以著録和研究圖書爲對象。"[④]這一定義是現代目録學家對於目録及目録學的經典界定。由此，我們可以認爲目録學是對圖書的著録和研究爲基本訴求的學科，這是現代學科意義上的目録學。王重民先生又以《七略》爲例，説明古典目録實際上已經建立起一套"完整的嚴密的編制目録的方法和體式，不但能够系統地著録、揭露並評論古代的重要文化典籍，還反映了當時的學術思想體系和流派。"[⑤]實際上，從古典書目中發現學術思想體系和流派的演進，是現代學術的基本訴求。

---

① 李零：《蘭臺萬卷：讀〈漢書·藝文志〉》，生活·讀書·新知三聯書店，2011 年，第 2 頁。
② 梁啓超撰，朱維錚導讀：《清代學術概論》，上海古籍出版社，2011 年，第 1 頁。
③ 王汎森：《權力的毛細管作用》，北京大學，2016 年，第 400 頁。
④ 王重民：《中國目録學史論叢》，中華書局，1984 年，第 3 頁。
⑤ 王重民：《中國目録學史論叢》，中華書局，1984 年，第 28 頁。

本文不用古典目録學的概念，是因爲西漢以來書目編撰成型後，學者編制了各類圖書目録，這些目録足可謂之古典書目，特別是本文所論及的明清以來的若干書目。然而這些書目本身並不足以構成一門古典書目之學。

在現代的目録學意義上，古典目録學有其獨特的價值。按照來新夏先生的理解，概言之其主要功能和意義有六：第一，掌握古籍總的基本情況；第二，瞭解圖書的本身狀況；第三，粗知學術源流；第四，考辨古籍的依據；第五，指示門徑和輔導讀書；第六，歷代學者對目録學的重視。① 總之，在學術研究中，目録學的價值在於它能夠爲學者提供一定的依據和便利，同時也能提供重要的導引。這種目録學的功能判斷與上世紀目録學家的認識是一致的，即是姚名達（1905—1942，字達人，別號顯微）所定義的目録學是"將群書部次甲乙，條別異同，推闡大義，疏通倫類，將以辨章學術，考鏡源流，欲人即類求書，因書究學"。② 這大概是目録學家們的共識，如余嘉錫（1884—1955）在上世紀二十至四十年代曾在輔仁大學、北京大學講授目録學、經學等課程，並印發講義，其後 1963 年中華書局以《目録學發微》名義出版。

從考古的意義上來説，古人利用目録學曾經在六個方向次第展開："一曰，以目録著録之有無，斷書之真僞；二曰，用目録書考古書篇目之分合；三曰，以目録書著録之部次，定古書之性質；四曰，因目録訪求闕佚；五曰，以目録考亡佚之書；六曰，以目録書所載姓名卷數，考古書之真僞。"③ 余氏所論目録學的這六個方向基本上都在文獻本身的範圍以內而不及古典書目的現代學術意涵。余氏又説："夫部類之分合，隨宜而定。書之多寡及性質既變，則部類亦隨之而變。七略之易爲四部，亦勢使然也。四部之法行之既久，人以爲便。其間雖有李淑、鄭樵之徒，紛紛改作，取四部之書離析之爲若干類。然一家之言，人所不用。經史子集之名，遂相沿至今不廢。"④《目録學發微》正式出版之後，四部分類法逐漸退出了歷史舞臺，僅僅成爲針對古籍的分類法。古典書目的功能，也溢出了余氏所示六個方向。

但是，正如劉咸炘（1896—1932）、張舜徽（1911—1992）所持的意見，目録實際上就是古代的校讎，目録學或者被理解爲校讎學，我們在對古典書目的研究時，若不以校讎爲目的，則需要避免名義上的混同。

劉咸炘説："所謂目録學者，古稱校讎學，以部次書籍爲職，而書本真僞及其名目、篇卷亦歸考定。古之爲此者，意在辨章學術、考鏡源流，與西方所謂

---

① 來新夏：《目録學讀本》，上海交通大學出版社，2014 年，第 8—13 頁。
② 姚名達：《中國目録學史》，商務印書館，2014 年，第 10 頁。
③ 余嘉錫：《目録學發微》，商務印書館，2011 年，第 17—21 頁。
④ 余嘉錫：《目録學發微》，商務印書館，2011 年，第 157 頁。

批評學者相當，中具原理。至於校勘異本，是正文字，雖亦相連，而爲末務。其後任著錄者，不能具批評之能，並部次之法亦漸失傳。至宋鄭樵、近世章學誠乃明專家之說。而版本之重始於明末，校勘之精盛於乾嘉。於是，目錄之中有專重版本之一支焉。要之，目錄學者，所以明書之體性與其歷史也。”[①] 書籍之體性與書籍之歷史，實際上就是現代書籍史研究所注重的面向之一，所謂體性是指從分類學意義上來説，某一類書籍的歸屬問題，以及從文本校勘的意義判定某一書籍內容的準確與否的問題；所謂歷史，則是對於書籍所反應的時代思潮的一種考察，即是對勢的認知。劉氏之説值得我們注意的是，他特別强調了書籍史研究中，需要明了目錄原本所具有的批評和部次的功能，也就是説，目錄的原始功能或者價值，在於它提供了學術批評和學術分類的最佳方法和工具，在這一意義上而言，古典書目的研究即是要通過學術批評和學術分類的重新反思，重建關於學術發展的“勢”的時代精神之圖景，使人在歷史的考察中獲得現實的教化智慧。

有古典書目並不一定意味着有此古典目錄學。張舜徽説：“（劉）向校讎時，留心文字訛誤之是正，蓋即後世校勘之權輿。由此論之，目錄、版本、校勘，皆校讎家事也。但舉校讎，自足該之。語其大用，固在辨章學術，考鏡源流。後世爲流略之學者，多不識校讎而好言目錄，此大謬也。稽之古初，因校書而叙目錄。自劉《略》、荀《簿》、王《志》、阮《錄》；靡皆不然。蓋舉其學斯爲校讎，論其書則曰目錄，二者相因猶訓詁之與傳注。訓詁者，其學也；傳注者，其書也。目錄而可自立爲學，將傳注、箋解、義疏之流，亦可別自爲學乎？”[②] 即所謂古典目錄，在現代學術語境下，其史料價值遠大於狹義的目錄學價值。

目錄學或者説古典目錄學的名義本身在學者的認知中並不一致。張舜徽認爲：“夫目錄既由校讎而來，則稱舉大名，自足統其小號。自向、歆父子而後，惟鄭樵、章學誠深通斯旨，故鄭氏爲書以明群籍類例，章氏爲書以辨學術流別。但以校讎標目而不取目錄立名，最爲能見其大。”[③] 總之，建立在現代學科分立思想基礎上的目錄學，與古典書目之間存在密切關係。但古典書目本身並不代表古典目錄學，毫無疑問，“類例”的考察和“流別”的分析是古典目錄之學的重點任務，而我們所要反思的是如何在現代學術語境下見其大的問題？

---

① 劉咸炘著，黃曙輝編校：《劉咸炘學術論集·校讎學編》，廣西師範大學出版社，2010 年，第 263 頁。

② 張舜徽：《廣校讎略》卷一，華中師範大學出版社，2004 年，第 8 頁。

③ 張舜徽：《廣校讎略》卷一，華中師範大學出版社，2004 年，第 9 頁。

對於非目錄學研究者來說，誠如余氏所述，"勢使之然"之"勢"更值得令人們有興致。本文以爲，其"勢"之一是分類學思想的變遷。

古典書目的成立基於分類學。倘若不對書籍進行學術性分類，則容易將複雜性混同和簡化，導致學術源流及其内容的模糊。按照宋儒鄭樵①的觀點，古典學術與古典書目的關係密切相關，"學術之苟且，由源流之不分；書籍之散亡，由編次之無紀。《易》雖一書，而有十六種學，有傳學，有注學，有章句學，有圖學，有數學，有讖緯學，安得總言《易》類乎？"②如果不能在書目上對不同的學術加以揭示，則爲學術上的苟且，學術上的苟且也就意味着没有學術的創造性和延續性，也就是不學無術。但學術往往是一種專門之學，"學之不專者，爲書之不明也；書之不明者，爲類例之不分也。有專門治書，則有專門之學；有專門之學，則有世守之能。人守其學，學守其書，書守其類。人有存没而學不息，世有變故而書不亡。以今之書校古之書，百無一存，其故何哉？士卒之亡者，由部伍之法不明也；書籍之亡者，由類例之法不分也。類例分則百家九流各有條理，雖亡而不能亡也。巫醫之學，亦經存没而學不息；釋老之書，亦經變故而書常存。觀漢之《易》書甚多，今不傳，爲卜筮之易傳。法家之書亦多今不傳，惟釋老之書傳。彼異端之學能全其書者，專之謂也。"③也就是說，古典書目必須重視編次的類例，所謂編次的類例就是我們所謂的分類學思想。

因此，古典書目的編纂實際上按照某種科學的分類學方法進行的。所謂科學的分類，就是要根據現實學術的發展情形對書籍發展史進行條理化，"類書猶持軍也，若有條理，雖多而治；若無條理，雖寡而紛。類例不患其多也，患處多之無術也。"④由此，則書目必能對學術有所反映，並能促進學術的發展，"類例既分，學術自明，以其先後本末具在。觀圖譜者可以知圖譜之所始，觀名數者可以知名數之相承。……觀其書可以知其學之源流。或舊無其書而有其學者，是爲新出之學，非古道也。"⑤把握了分類的原則，也就能夠透過類的演進情形瞭解學術重點和社會思想的變化。

分類不僅關乎書目編制的嚴謹與否，也關乎一個時代的思想狀況。正如日

① 鄭樵（宋徽宗崇寧三年至高宗紹興三十二年，1104—1162）字漁仲，學者稱夾漈先生，福建莆田人。

② （宋）鄭樵撰，王樹民點校：《通志二十略》，中華書局，1987年，第8頁。

③ （宋）鄭樵撰，王樹民點校：《通志二十略·校讎略》，中華書局，1987年，第1804頁。

④ （宋）鄭樵撰，王樹民點校：《通志二十略·校讎略》，中華書局，1987年，第1805—1806頁。

⑤ （宋）鄭樵撰，王樹民點校：《通志二十略·校讎略》，中華書局，1987年，第1805頁。

本學者井上進所説："中國在兩千年前系統地對圖書目録加以分類，堅持目録編撰工作，並形成了中國自己獨特的一門學問——目録學。該學問的理念就在於通過記述圖書目録以描述學術的整個變遷過程。"[1] 傳統的目録書籍，一般而言，可以分爲著述目録和藏書目録。著述目録重在記録一代之學術，而藏書目録在著録一家之藏書，舉凡皇室以至於學者，凡有藏書之室，莫不以一目爲榮。這些目録類書籍，所記録的多數著作今天已經不可得見，但從中窺得某一時期的學風與士風，則是可以期待的。通過對這些目録類書籍的分類學思想及其著録的圖書信息，我們可以看到一些與當下學術界的常識相抵牾的歷史知識，這種歷史知識對於我們理解學術的發展和演進，無疑具有積極意義。

我們的問題是，古典書目是如何適應學術發展的？分類的變化意味着什麼？

《漢書·藝文志》確立了易、書、詩、禮、樂、春秋的六藝經典地位，並認爲儒家之流是"游文於六經之中，留意於仁義之際，祖述堯舜，憲章文武，宗師仲尼，以重其言，于道最高"[2] 者。也就是説，經典的典範地位不可動搖，由此"尊經貶子，尊儒子貶諸子，尊文學貶方術。"[3] 這種學術意識形態在後世被有條件地加以繼承，在古典書目中，自《隋書·經籍志》將易、詩、書、禮、春秋、孝經、論語、小學確定爲經部類目。其後的書目多承繼之。性理學家，自然是儒家，他們以經典的傳承和儒者之道的傳承弘揚爲己任，著書立説，留下大量作品，不僅具有現實的影響，也有歷史的影響。首先，性理學典籍的大量出現，給書目分類帶來了時代的課題。無論是藏書之家還是目録編纂者，都不得不考慮這一類書籍的排列次序。因此，對宋元以來古典書目分類學思想的考察，就是觀性理學之勢。

2 起勢：宋元儒者的專門之學

從源頭來看，性理學始於宋儒。南宋時期，性理之學作爲專門之學已經爲學者所稱道，故學者認爲"南宋淳熙年間（1174—1189），理學即已興盛。當時，朱熹、張栻、吕祖謙、陸九淵等理學家聚徒講學，廣傳其説。"[4] "比歲以來，不

---

① （日）井上進著，李俄憲譯：《中國出版文化史》，華中師範大學出版社，2015年，第4頁。

② 李零：《蘭臺萬卷：讀〈漢書·藝文志〉》，生活·讀書·新知三聯書店，2011年，第83頁。

③ 李零：《蘭臺萬卷：讀〈漢書·藝文志〉》，生活·讀書·新知三聯書店，2011年，第5頁。

④ 侯外廬等編：《宋明理學史（上）》，人民出版社，2005年，第607頁。

惟諸儒之祠布滿郡國，而諸儒之書家藏人誦。"[1] 南宋儒者方大琮[2]（淳熙十年至淳祐七年，1183—1247）《本朝諸儒之學》云：

> 問學有師承而聖門之教立。聖人之道，散見於諸儒答問言語之間。傳得其宗者，孟軻氏而止耳，韓愈氏而止耳。荀與楊則大醇而小疵者也。國朝道統一正，師儒輩出，視昔爲盛。粵自柳仲塗以先秦之文唱天下，尹公繼之，歐文忠公又繼之，而古作大振。陳圖南以先天之學授種明逸，一傳而穆伯長，再傳而李挺之，又再傳而邵康節，數學始有源。穆伯長又以太極圖授周濂溪，二程師之，楊、謝、尹、游輩其流也。性理之學廣矣。……夷而考之，自大道既隱，扶持羽翼之功，齊驅並駕，誠未易窺涯涘。然傳道者必著書，或形於己見之自陳，或寓於門人之紀錄，其詳可得聞歟。……考諸儒之格言，質胸中之定見，願相與折衷之，抑以觀諸君淵源之學。[3]（《鐵庵集卷三十·本朝諸儒之學》）

在方大琮看來，宋代學者繼承了孔孟宗旨，其關鍵點即爲性理之學。性理之學是以師承爲紐帶，以聖人之道爲旨歸的學術，因此性理之學就是孔孟之道的直接體現。

不過，在宋儒鄭樵所處的南北宋之交的時期，性理學尚未成爲一種專門之學，所以鄭氏《通志·藝文略》中將有關書籍列入"諸子類"的"儒術"目，一共收錄 204 部，1613 卷，370 篇，包括《晏子春秋》《曾子》《子思子》《孟子》《荀子》等書，也收錄了《四部言心》《理道要訣》《致理書》《司馬溫公家範》《先賢戒子書》等。

依筆者所見，此時尚未有書目將理學作爲專門之學。也就是説，所謂宋明理學實際上是後世的追認。這樣的追溯，是對當時學術思潮的一種反思，也可以説是一種造勢之舉。身處其時的學者，未必就能很清晰地看到後世的景觀。至少，我們從現存的宋代書目中沒有直接證據加以佐證。現存三部南宋時期的私人藏書家書目《郡齋讀書志》[4]《直齋書錄解題》[5]《遂初堂書目》[6]已經收錄了宋

① （宋）魏了翁：《鶴山大全文集卷四十八·長寧軍六先生祠堂記》，轉引自：侯外廬等編：《宋明理學史（上）》，人民出版社，2005 年，第 618 頁。

② 方大琮（淳熙十年至淳祐七年，1183—1247）字德潤，號鐵庵，又號壺山，謚忠惠，莆田（今屬福建）人。開禧元年（1205）進士，曾知隆興府。

③ （宋）方大琮：《鐵庵集》卷二十七.景印文淵閣四庫全書第 1178 册，臺灣商務印書館，1986 年，第 285—286 頁。

④ （宋）晁公武撰，孫猛校正：《郡齋讀書志》，上海古籍出版社，2005 年。

⑤ （宋）陳振孫撰，徐小蠻等點校：《直齋書錄解題》，上海古籍出版社，1987 年。

⑥ （宋）尤袤：《遂初堂書目》，商務印書館，1935 年。

儒關於性理方面的著述，但尚未單列一目。如《郡齋讀書志》收録的宋儒著述一般按照内容整齊到各個類别之中。《直齋書録解題》卷九將《周子通書》《經學理窟》《通書西銘》《近思録》《元城語録》《龜山語録》等書全數列入"儒家類"。《遂初堂書目》亦是如此，其中"儒家類"收録了《周子通書》《周子太極圖》《南軒太極圖解》《朱氏通書太極圖解》《正蒙書》《伊川經解》《横渠語録》《横渠理窟》《上蔡語録》《劉元城語録》《司馬温公家範》《修學門庭》等等。

宋儒趙希弁[①] 在《讀書志附志》中"經類"之後的"經解類"首先收録朱熹《經説》並云：

> 《經説》三十卷。右晦庵先生朱文公熹仲晦之説也。《易説啓蒙》三卷，《大易問答》兩卷，《尚書問答》三卷，《毛詩問答》一卷，《禮記問答》一卷，《中庸問答》二卷，《大學問答》二卷，《周禮春秋問答》一卷，《論語問答並拾遺》八卷，《孟子問答並拾遺並孝經刊誤》四卷，附《太極解義、太極問答、西銘解義問答》三卷。通爲三十卷。邵武黄大昌鄱陽王迂編次。凡六經之要旨，論孟之奥義，悉可以類而求之。延平廖德明爲之序。[②]

其下又收録了宋儒的其他有關經學的解説書籍。宋儒其他有關性理學的書籍，則以排列在集部"别集類"之後新設立的"語録類"予以收録，包括：《河南程氏遺書》《横渠先生語録》《横渠先生經學理窟》《元城先生語録》《龜山先生語録》《上蔡先生語録》《延平先生答問》《晦庵先生語録》《晦庵先生語續録》《朱子語略》《師誨》《近思録》《續近思録》《五峰先生知言》《無垢先生傳心録》《横浦日新》《南軒先生問答》《張子太極解》《二十先生西銘解義》《無極太極辨》《復禮齋語録》《群經新説》《傳道精語》《勉齋先生講義》等。

很顯然，宋儒特别是以道自任的性理學家們一致認爲他們的學説就是集中代表孔孟思想的六經四子的直接傳承者，因此，他們的論説也是經解，而非一般儒家者説。被廣爲接受隨後這種學術自覺。至元代，學者開始使用"性理學"指稱宋儒學術，如元儒郝經[③]（金宣宗元光二年至元世祖至元十二年，1223—

---

① 趙希弁（生卒年不詳）字君賜，袁州（今屬江西）人，宋宗室。曾爲江西漕貢進士，任秘書省校勘。他根據其家藏書籍及所見，仿照晁公武《郡齋讀書志》體例撰寫了《附志》，收録前者未曾收録書籍469種，詳細著録書名、卷數、篇目及其他相關資訊。（詳見：孫猛撰：《郡齋讀書志校正前言》，（宋）晁公武撰，孫猛校正：《郡齋讀書志》，上海古籍出版社，2005年。）

② （宋）趙希弁：《郡齋讀書志附志》，（宋）晁公武撰，孫猛校正：《郡齋讀書志》，上海古籍出版社，2005年，第1088頁。

③ 郝經（金宣宗元光二年至元世祖至元十二年，1223—1275）字伯常，謚文忠，澤州（今屬山西）人。元世祖時任翰林侍讀，出使南宋被拘押十六年。

1275）《陵川文集》中有性理學的説法，郝氏《故中書令江淮京湖南北等路宣撫大使楊公神道碑銘》云：

> 公諱惟中，字彥誠，洪州人。……公以孤童子事太宗，自知讀書，有膽略，太宗器之。弱冠銜命，使西域三十余國，宣暢威靈，敷布條要，俾皆籍户屬吏。數年而歸，乃有大用意。廓出太子伐宋，命公於軍前行中書省，克宋棗陽、光化等軍，光、隋、郢、復等州，及襄陽、德安府，得名士數十人，收集伊洛諸書，載送燕都。立周子廟，建太極書院，俾師儒趙復等講授，公遂知性理學，慨然欲以道濟天下。①（郝經《陵川文集卷三十五·故中書令江淮京湖南北等路宣撫大使楊公神道碑銘》）

郝氏此文明確地將性理學與宋儒聯繫在一起，即性理學就是宋儒周敦頤、二程等儒者的學説。一般認爲，趙復、楊惟中與姚樞等人在程朱學説的傳播過程中起著至關重要的作用。《元史列傳》"儒學"即以趙復爲首。"趙復字仁甫，德安人也。……先是，南北道絶，載籍不相通；至是，復以所記程朱所著諸經傳注，盡録以付（姚）樞。……（楊）惟中聞覆議論，始嗜其學，乃與樞謀建太極書院，立周子祠，以二程、張、楊、游、朱六君子配食，選取遺書八千餘卷，請復教授其中。……北方知程朱之學，自復始。"②在元代，所謂性理學就是以師儒所傳承的北宋諸儒的專門學術。郝氏還有一文亦提及性理學，郝氏爲其父郝思温所作的行狀云：

> 先父諱思温，字和之。……先父生平，喜爲歌詩，徜徉跌宕以自樂，而多散逸，得遺稿一百二十篇。晚年尤邃性理學，手書《西銘》，罕經曰："是入德之幾，造道之階也。"教人以小學爲本，以爲灑掃應對進退，即性與天道之端；致身行道，樹立事業，性與天道之功用；充實而大，大而能化，性與天道之成終者。人之始生，其醇未醨，其樸未散，其見睍未出，其物欲未雜。先入者而爲之主，終身由之而不能去。……一之以敬，而不使之惰。少長則爲解説義理、綴緝章句，簡直切律，力少而功倍之。成童則以性理經學爲本，決科詩文爲末，而寖致之大學。③（郝經《陵川文集卷三十六·先父行狀》）

---

① （元）郝經撰，邱居里、趙文友點校：《郝文忠公陵川文集》卷三十五，北京大學儒藏編纂與研究中心，《儒藏精華編 245 册》，北京大學出版社，2016 年，第 639—640 頁。

② （明）宋濂等：《元史》，中華書局，2013 年，第 4314 頁。

③ （元）郝經撰，邱居里、趙文友點校：《郝文忠公陵川文集》卷三十六，北京大學儒藏編纂與研究中心·儒藏精華編 245 册，北京大學出版社，2016 年，第 653—654 頁。

在此文中，郝氏將性理學與世俗的科舉學相對比，認爲性理學是一種事關士子身心的性命之學。它也是一種專門的學術，從教化的角度來看，不僅僅關涉到個人，也關係到社會。

從上述兩條關於性理學的記載來看，我們可以略窺元代儒者對於性理學的理解，即均指代北宋諸儒學説，特別是以周敦頤、張載、二程等理學諸儒的著述爲代表的學説。在郝氏看來，性理學是當時學術的正統，元儒之所以繼承正統，最爲關鍵的就在於當時朝廷在内治方面“維繫綱紀，誅鋤凶渠，愛養黎獻，整領衣冠，收藏典籍。斯民得以迸續遺命，吾道賴以不亡，天下復見中國之治。”① 而對於一般學者而言，則是將性理學的主張貫徹於生活之中，即“其爲學廣壯高厚，質而不華，敦本業，務實學，重内輕外。”之所以如此，是北方儒者繼承了北宋諸儒的遺澤，“宋儒程顥嘗令晉城，以經旨授諸士子，故澤州之晉城、陵川、高平往往以經學名家，雖事科舉，而六經傳注皆能成誦，耕夫販婦亦恥謡諑而道文理，遂與齊魯共爲禮義之俗而加厚焉。”②

元代儒者的這種理解，被明代學者所繼承，明儒宋濂等所修《元史》中多有類似的記録。如《元史》卷一百七十一“劉因”本傳載：“劉因字夢吉，保定容城人。世爲儒家。……秉善生述。述，因之父也。歲壬辰，述始北歸，刻意問學，遂性理之説。……（因）初爲經學，究訓詁注釋之説，輒嘆曰：聖人精義，殆不止此。及得周、程、張、邵、朱、吕之書，一見能發其微，曰：我固謂當有是也。”③ 可見在明儒那裏，經學除了注疏之學之外，還有宋儒的性理之説。而且他們認爲，性理之説爲經學的精義。

又，《元史》卷一百五十八“竇默”本傳記載：“竇默字子聲，廣平肥鄉人。幼知讀書，毅然有立志。……孝感令謝憲子以伊洛性理之書授之，默自以爲昔未嘗學，而學自此始。適中書楊惟中奉旨招集儒道釋之士，默乃北歸，隱於大名，與姚樞、許衡朝暮講習，至忘寢食。繼還肥鄉，以經術教授，由是知名。”④ 這裏，性理之書就明確表明了是二程、張載等北宋儒者的相關書籍。

據現存元代書籍史料看，郝氏的這種思想並非特例，在書籍史的考察中也能找到與之相呼應的證據。事實上，將性理書籍單列一類，在元代已見記載，

① （元）郝經撰，邱居里、趙文友點校：《郝文忠公陵川文集》卷三十五，北京大學儒藏編纂與研究中心，儒藏精華編 245 册，北京大學出版社，2016 年，第 639 頁。
② （元）郝經撰，邱居里、趙文友點校：《郝文忠公陵川文集》卷三十六，北京大學儒藏編纂與研究中心，儒藏精華編 245 册，北京大學出版社，2016 年，第 44 頁。
③ （明）宋濂等編：《元史》，中華書局，2013 年，第 4007—4008 頁。
④ （明）宋濂等編：《元史》，中華書局，2013 年，第 3730 頁。

如，元儒陳繹曾①於至順三年（1332）所著《文筌》卷一《古文譜》首列養氣法，分別是澄神、養氣、立本、清識和定志等五項。其中"立本第三"是書籍分類之法。陳氏説：

> 經書、子書、性理書、禮書、樂書、政術書、兵書、法律書、天文書、地理書、姓氏書、小學書、名物書、圖譜書、史書、道書、傳記書、草木蟲魚書、醫書、卜筮書、陰陽書、古緯書、器物書、百工書、雜藝書、異端百家書、小説雜書、總集、別集。
>
> ……
>
> 右諸書前五件當專精，次十二件當博習，又次七件當旁通，又次三件當泛覽，末二件當鈎玄。盡心曰專精，考索曰博習，摘要曰旁通，涉獵曰泛覽，遴選曰鈎玄。②（陳繹曾《文筌》卷一）

陳繹曾的這一立本之説至爲重要。至少在元代中晚期，作爲專門類別的性理書籍已經成型，並且與經書、子書和禮樂書一樣成爲儒者必須仔細研究的文本。

在古代，學者的天職就是讀書，如何讀書，讀什麼書，也就成爲學者所關切的基本問題。宋元以來，學者面臨的問題一方面是如何延續經典時期的學術精神，一方面是如何使之成爲立身安命的根基。因此，一方面需要對經典著述熟讀精思，一方面又需要對歷代學者著述有所把握。故朱子説："道之在天下。……其大倫大法所在，固有不依文字而立者。然古之聖人，欲明是道於天下而垂之萬世，則其精微曲折之際，非託於文字而不能以自傳也。故伏羲以降列聖繼作，至於孔子然後所有垂世立教之具，粲然大備。"③又説："熹十六七時下功夫讀書，彼時四畔皆無津涯，只是恁地著力去做。至今雖不足道，且當時也喫了多少辛苦，讀了多少書。今日猝乍便要讀到某這田地，也是難。要須積累著力方可。某今老而將死，所願望者，諸友勉力學問而已。"④唐宋以來，印刷術的成熟，爲學者提供了充分展示的條件，也爲學術的專門化提供了有力的支援。在此情形下，學者著述日漸增多，特別是宋元以來，闡述聖人之道的著作極多，形成了性理的專門之學。

---

① 陳繹曾（1286—1354）字伯敷，處州人。《元史》稱其"口吃而精敏異常。諸經注疏多能成誦，文辭汪洋浩博，其氣燁如也。官至國子助教。論者謂二人（陳繹曾、程文）皆與旅（陳旅）相伯仲云。"（宋濂等，《元史》卷一百九十，中華書局，1977年，第9438頁。）
② （元）陳繹曾：《文筌》，四庫全書存目叢書編纂委員會，《四庫全書存目叢書·集部第416冊》，齊魯書社，1997年，第82頁。
③ （宋）張洪等編，馮先思點校：《朱子讀書法》卷一，浙江人民美術出版社，2017年，第8頁。
④ （宋）張洪等編，馮先思點校：《朱子讀書法》卷一，浙江人民美術出版社，2017年，第58頁。

性理學之勢在元代已逐漸形成，但此時的書目尚未有所反映。如何將這種專門之學的專門之書在書目中反應出來呢？此則有待明人的創造。

3 勝勢：明代性理學的繁盛

性理學之書，在明人看來，實際上就是經學。明初儒者葉儀，被清代史館列入《明史·儒林》之首，葉氏曾說："聖賢言行，盡於六經四書，其微詞奧義，則近代先儒之說備矣。由其言以求盡其心，涵泳從容，久自得之。"[1] 可見，在明初儒者的思想世界中，宋元以來性理學家們的著述，即是對傳統經學之書的微言大義的闡釋，因此就是經學。

和後世將經學局限在六經四書不同，明代儒者的經學觀念更加具有包容性，即如今所謂的文化自信。如明儒薛瑄《讀書錄》對於性理類書籍的增多，有這樣的反思：

> 性理之書日益多，亦理之自然也。蓋理無窮盡，故聖賢之書亦無窮盡。雖先聖賢發揮此理極其詳盡，及後聖賢有作，亦必有繼往開來，垂世立教之書焉，是皆理之自然，不能已也。天地不以萬物已生而不生，聖賢不以往哲已言而不言。聖賢之書所以然者，密也。（薛瑄《讀書錄》卷六）

在薛瑄看來，性理之書實際上就是後世儒者"繼往開來、垂世立教"的書籍，這些書籍是後世聖賢對於孔孟等先聖先賢之道的繼續闡發。從性理學的視域來看，每個時代的精英們都會有對現實的反思，並且行諸文字以傳於後世。至少在明儒看來，宋代性理學者如二程、朱子等賢哲所著之書的價值不下於孔孟之書。

這種理解在學者中一直延續，如明嘉靖三年（1524），余祐爲廣西提學副使李中所刊刻的《河南程氏遺書》作序稱："孔孟之功賢于堯舜湯武，豈不信乎？自是能繼其學與道者，漢唐迄宋，惟二程夫子足以當之，而亦不獲行道于時，推其所學以爲教者，即孔孟家法也。伯子年逾五十而卒，未及大有述作，叔子則有《易》《春秋》二傳通行于世，學者誦習。而伯叔子各有門人傳錄遺言、文集之類。先儒編集，舊名《全書》，六經四書之後，同爲布帛菽粟，以資民生日用。在二夫子者，猶其在孔孟也。今讀其書而私淑以修其身，窮固未嘗不可爲教，達則兼政與教，行之斯世斯民，實亦蒙被二夫子之澤，而豈徒曰書云乎哉。"[2] 毫無疑問，在明人的眼中，二程及其後學的著述，就是孔孟之學的精義闡發。因此，讀宋儒性理學書，即是求得民生日用的常道。

---

① （清）張廷玉等編：《明史》卷二百八十二，中華書局，2011 年，第 7224 頁。

② 臺北"中央圖書館"：《"國立中央圖書館"善本序跋集錄·子部》，臺北"中央圖書館"，1993 年，第 55 頁。

嘉靖四年（1525）王陽明作《稽山書院尊經閣記》，開篇即説："經，常道也。其在天謂之命，其賦於人謂之性，其主於身謂之心。心也，性也，命也，一也。通人物，達四海，塞天地，亘古今，無有乎弗具，無有乎弗同，無有乎或變者。"[①]六經四書是常道的記録，後世性理學者關於常道的思考同樣如此。這種觀念在古典書目中同樣有其回響。比如，祁承㸁《澹生堂書目》即將性理之書列入經部。

在現代目録學史上，明儒祁承㸁[②]爲學者推崇。其《澹生堂藏書目》（有澹生堂稿本，今藏南京圖書館）在目録學史上有其獨特的意義。汪辟疆《目録學研究》説："祁承㸁字爾光，山陰人。萬曆甲辰進士。歷江西右參政。其所抄書，多人所未見。校勘精核，紙墨潔净，藏書之庫曰澹生堂。著有《牧津集》《澹生堂集》。又撰《澹生堂藏書約》，刻入《知不足齋叢書》。"[③]姚名達《中國目録學史》認爲："統觀有明一代，對於《隋志》之修正，分類之研究，比較肯用心思，有所發明者，允推祁承㸁爲冠軍。其所撰《澹生堂藏書目録》，既增减類名，復詳分細目。名詞之確當，大勝於上文諸録。"[④]張舜徽《中國文獻學》説："明代得書甚易，又過宋元，私家簿録乃盛。而以朱睦㮮的《萬卷堂書目》，黃虞稷的《千頃堂書目》，祁承㸁的《澹生堂書目》爲代表作。"[⑤]王國强《明代目録學研究》專辟一節介紹"祁承㸁的目録學思想"，並强調祁氏關於書目類例的思想是極具人文色彩和個性特徵的，也具有其現實的意義，因爲"在現當代，文獻分類法是既定的，又具有某種非遵守不可的准法律效力；文獻編目規則也同樣如此。編目者面對既定的文獻分類法和文獻編目準則，他必須遵守，否則是不允許的。任何人只要瞭解分類法和編目法，就可以操作。文獻分類和編目淪落爲純技術的操作，思想不僅成爲多餘，而且成爲罪過，所謂的個性化特徵完全被淹没了。……個性化特徵的泯滅，最終必然導致目録學的異化，這是深可憂慮的。而古代目録學家却能充分地張揚個性，這種個性又能受到普遍的尊重。"[⑥]所以，祁氏在現代目録學意義上，具有重要的地位。

除了編寫書目之外，祁承㸁之所以被學者重視的原因在於他在《澹生堂讀

① （明）王陽明撰，吳光等編校：《王陽明全集（新編本）》卷七，浙江古籍出版社，2010 年，第 270 頁。

② 祁承㸁（嘉靖四十二年至崇禎元年，1563—1628）字爾光，號夷度，浙江山陰（今屬紹興）人。萬曆三十二年（1604）進士，曾任安徽寧國縣令、長州知縣、南京刑部主事、吉安知府、宿州知州、河南按察僉事、江西右參政。（嚴倚帆撰：《祁承㸁及澹生堂藏書研究》，花木蘭文化工作坊，2005 年。）

③ 汪辟疆：《目録學研究》，華東師範大學出版社，2000 年，第 63 頁。

④ 姚名達：《中國目録學史》，商務印書館，2014 年，110 頁。

⑤ 張舜徽：《中國文獻學》，上海古籍出版社，2011 年，第 130 頁。

⑥ 王國强：《明代目録學研究》，中州古籍出版社，2000 年，第 305—306 頁。

書記》等著述中明確提出了比較系統的圖書分類原則和具有現代意義的圖書管理思想。其中,《庚申整書略例》一文系統地闡述了他的書籍整理和分類學思想,祁氏認爲圖書分類學可歸結於"因、益、通、互"四字準則:

> "因者,因四部之定例也。部有類,類有目,若絲之引緒,若網之就綱,井然有條,雜而不紊。"
>
> "益者,非益四部之所本無也。而似經似子之間,亦史亦玄之語,類無可入,則不得不設一目以彙收。而書有獨裁,又不可不列一端以備考。"
>
> "通者,流通於四部之內也,事有繁於古而簡於今,書有備於前而略於後。"
>
> "互者,互見於四部之中也。作者既非一途,立言亦多旁及。有以一時之著述而倏爾談經,倏而論政;有以一人之成書,而或以摭古,或以征今,將安所取衷乎? 故同一書也,而於此類則爲本類,於彼亦爲應收;同一類也,收其半於前,有不得不歸其半於後。"①

在姚名達看來,承爍"實有古人未發者兩端:其所謂通,即後來章學誠所謂別裁;其所謂互,即學誠所謂互注。欲使分類恰當,非善用此兩法""承爍雖自承爲因四部之定例,而實際兼具反四部之精神。其所增添約史、理學、詔制、叢書、餘集五類,除理學仿自《文淵》《江東》之理性,詔制仿自陳錄之詔令,餘悉新創。尤以叢書之獨立,於分類學之功勛最巨。……歷觀古今四部目錄,未有能超錄此《澹生堂書目》者也。"②

我們所關注的性理學,在祁氏論著中有較爲清晰地論斷,祁承爍《庚申整書例略四則》説:

> 《性理》一書,奉欽纂于文皇。雖近錄宋儒之詮述,然而言乎天地之間,則備矣。他如《伊洛淵源》《近思錄》及真文忠公之《讀書記》,黄東發之《日抄》與湛文簡公之《聖學格物通》,王文成公之《則言》《傳習錄》及前後諸儒論學之語,或援經釋傳,或據古證今。此皆六經之注腳,理學之白眉,豈可與諸子並論哉。故于"經解"之後,益以"理學"者二。③

在祁氏看來,性理學書籍在兩個方面值得重視,其一是援經釋傳,即是對於經學的詮釋;其一是據古證今,即是通過經學義理來對現實世界加以詮釋。因此,

---

① (明)祁承爍撰,鄭誠整理:《澹生堂藏書目》,上海古籍出版社,2015年,第42—45頁;姚名達:《中國目錄學史》,商務印書館,2014年,第112—113頁。

② 姚名達:《中國目錄學史》,商務印書館,2014年,第116頁。

③ (明)祁承爍撰,鄭誠整理:《澹生堂藏書目》,上海古籍出版社,2015年,第43頁。

性理學著述，就是六經的注腳，這些書籍和諸子的思想不同，諸子並不需要以儒學經典爲依據，也不以解釋和闡發六經爲務。因此，除了明確的經解類書籍之外，性理學之書可以明確地歸入經部。

祁氏的觀點實際上是對明代性理學勝勢的一種標榜。明人吳氏說："《性理》一書，涵洋浩大。天地鬼神之奧，道德性命之微，修齊治平之本，繼往開來之緒，古今興亡之迹，靡不悉備。誠日用之飲食葛裘，不可闕焉者。"（莘墟吳氏編《性理纂要標題四卷·刻引》）[1] 實際上，有明一代，性理之學最爲鼎盛，"有明文章事功，皆不及前代，獨于理學，前代之所不及也。"[2] 顧炎武說："理學之傳，自是君家弓冶。然愚獨以爲理學之名，自宋人始有之。古之所謂理學，經學也，非數十年不能通也，故曰：君子之于《春秋》，没身而已矣。今之所謂理學，禪學也，不取之五經而但資之語録，校諸帖括之文而尤易也。又曰：《論語》，聖人之語録也，舍聖人之語録而從事於後儒，此之謂不知本矣。"[3] 在顧氏看來，雖然宋明儒者多有語録之書傳世，後世學者也多以之爲學術階梯，但孔孟著述尚在，若以宋明儒者語録爲本則難免令人生疑，即是捨本逐末。

祁氏所謂理學"豈可與諸子並論"實際上是明人的共識。事實是，通過宋明儒者數百年的努力，大量有關理學的書籍在書籍市場流通，讓讀書人和藏書家倍感炫目，也很自覺地將這些著述與經學相提並論。從明代的官刻書目來看，即有此種思想。正統六年（1441）楊士奇等奉敕編《文淵閣書目》，以千字文排序，即"天地玄黄，宇宙洪荒。日月盈仄，辰宿列張。寒來暑往"共二十字五十櫥，收録書籍 7292 種，達 43000 册。其中天字型大小五櫥爲御制書，"御制書"的分類學影響深遠。[4] 地字型大小四櫥爲易、詩、禮、周禮、春秋、儀禮、禮記；玄字型大小爲一櫥禮書、樂書、諸經總類；黄字三櫥收四書、性理、經濟類書籍。可見，明初時學者已將性理書籍歸於經部之末。

該書目所收"性理"類書籍有：《先聖大訓》《孔子家語》《顔子》《曾子》《子思子》《周子通書》《程氏經説》《程子粹言》《伊洛淵源》《張子西銘》《張子正蒙》《張子語録》《晦庵語類》《魯齋語録》《諸路課會講義》等先秦儒家諸子及宋以來諸儒語録、文集及選編、注釋類書籍。姚名達《中國目録學史》稱："其分類

① 臺北"中央圖書館"：《"國立中央圖書館"善本序跋集録·子部》，臺北"中央圖書館"，1993 年，第 174 頁。

② （清）黄宗羲撰，沈芝盈點校：《明儒學案（修訂本）》，中華書局，2013 年，第 14 頁。

③ （清）顧炎武：《顧炎武全集第 21 册·亭林詩文集·亭林文集卷之三·與施愚山書》，上海古籍出版社，2012 年，第 109 頁。

④ 向輝：《明代御製書〈歷代名臣奏議〉版本考述》，《國學季刊》第四期，2016 年，第 179—198 頁。

法雖陋，然能不守四部之成規，實開有明一代之風氣。……首曰國朝，……次曰易、書、詩、春秋、周禮、儀禮、禮記、禮書、樂書、諸經總類、四書、性理、經濟，並無經部總名，其善一。'禮書''樂書'皆後世之作，不雜入'禮經'，不冒充'樂經'，其善二。特辟'性理''經濟'二類，其善三。""有明一代，除高儒、朱睦㮮、胡應麟、焦竑、徐𤊹、祁承㸁六家仍沿四部之稱而大增其類目外，私家藏書，多援《文淵目》爲護符，任意新創部類，不復恪守四部成規。此在分類史中實爲一大解放，而摧鋒陷陣之功要不能不歸《文淵目》也。"①

《文淵閣書目》的編纂體例和分類思想一直延續到明末。萬曆三十三年（1605），張萱、孫能傳等纂《新訂内閣藏書目録》，分十八類，仍以御製書居首，次經史子集，次類書、金石、圖經、樂律、字學、理學、奏疏等。《顔子》《曾子》等均歸於子部。理學部則收録自宋元明性理學家著述，包括《邵子皇極經世書》《觀物外篇》《漁樵問對》《太極通書》《周子太極圖》《朱子三書》《程氏遺書》《張子正蒙》《經學理窟》《晦庵語録》《近思録》《南軒語録》《象山語録》《陽明則言》《龍溪王先生語録》《性理指要》《天臺先生語録》等等。該目録相較於明初的官藏目録，將"性理"的名稱更換爲"理學"，並明確將理學書籍定位自宋儒邵雍直至本朝性理學家著述，而宋以前諸儒非關性理者則仍列於子部儒家類。

明代的私家藏書目録也在很大程度上沿襲了官方的書目分類，同時也如祁承㸁一樣有所創新。如《粤雅堂叢書》所刊葉盛《菉竹堂書目》三卷，其卷一"性理"類收録《先聖大訓》《孔子家語》《顔子》《曾子》《子思》《周子通書》《周子太極通書》《二程語録》《伊洛淵源録》《孔子圖譜》《宋道學名臣言行録》等性理學著述共計133種，多爲宋元儒者整理編輯或者撰述。②

正德三年（1508），陸深著《江東藏書目》亦有性理類，陸氏説："夫書莫尚於經。經，聖人之書也。後有作焉，凡切於經，咸得附矣，故録經第一。性理之書，倡于宋而盛之，然經旨流亞也，故録性理第二。《語》曰：經載道史載事，故録史第三。書作于經史之間，而非經史可附者，概曰古書，故録古書第四。聖轍既逝，諸子競馳，故録諸子第五。"③

嘉靖三十年，孫樓撰《博雅堂藏書目録》，全書共分十八類：經、史、諸子、文集、詩集、類書、理學書、國朝雜記、小説家、志書、學書、醫書、刑家、兵家、

---

① 姚名達：《中國目錄學史》，商務印書館，2014年，第98頁。

② 葉盛：《菉竹堂書目》，馮惠民等選編：《明代書目題跋叢刊》，書目文獻出版社，1993年，第900—902頁。按：姚名達認爲此《菉竹堂書目》全仿《文淵閣書目》分類名次。據王重民考證，此《粤雅堂叢書》本《菉竹堂書目》三卷是僞本，陸心源以爲是書賈抄撮《文淵閣書目》，改頭換面，並假葉盛名號。四庫館臣曾見之本非《粤雅堂叢書》本。

③ 轉引自姚名達：《中國目錄學史》，商務印書館，2014年，第98頁。

方技、禪學（附道書）、詞林書、制書（附試録、墨卷）。①

嘉靖時期，晁瑮及其子晁東吳的藏書目録——《晁氏寶文堂書目》三卷，首列“御制”。上卷分爲：諸經總録、五經、四書、性理、史、子、文集、詩詞等十二目；中卷爲：類書、子雜、樂府、四六、經濟、舉業等六目；下卷爲：韵書、政書、兵書、刑書、陰陽、醫術、農譜、藝圃、演算法、圖志、年譜、姓氏、佛藏、道藏、法帖等十五目。其中“性理”目著録之書有:《真西山讀書記》《太極通書》《朱子晚年定論》《道一編》《理學類編》《居業録》《性理文錦》《傳習録》《聖賢精義》《近思録》《性理大全》《伊洛淵源》《性理纂要》《經學理窟》《性理群書補注》《張子語録》《理數起鑰》《鳴冤録》《上蔡語録》《圖書質疑》《晦庵語録》《傳道四子書》《西山讀書記》《二程全書》《程伯子書》《朱子語類大全》《定性書》《傳習録（閩新刻）》《道學仰止》《性理五書補注》《正蒙謬解》《心學纂言》《讀諸儒講義》《白沙緒言》《性理三解》等等。②性理書籍著録共計109部，包括宋明性理學家周敦頤、張載、二程、朱熹、陸九淵、王陽明等人著述及後人整理編纂的相關書籍，也有部分不知名學者的撰述，其中讀書録、語録體裁的著述所占比重較大。

高儒③所著《百川書志》同樣將理學書籍列入經部。該書經部三卷，分爲正經（易、書、詩、禮、春秋、大學、中庸、論語、孟子、孝經）、總經、儀注、小學、道學、樂、蒙求等目。其中將《性理大全書》歸於“總經”目，並注:“大明永樂十三年九月翰林學士胡廣，右庶子楊榮，右諭德金幼孜等四十二人奉敕纂修。書成御制序，略曰：先儒成書及其議論格言，輔翼五經四書，有裨於斯道。”④道學即理學，收録書籍宋元明儒者所輯録的理學著述四十餘種，如《曾子》《子思子》《孟子》《近思録》《傳習録》等等。在這些性理著作中，較多的是語録類撰述。

學者之所以重視明人書目，除了其書反映當時的學術風氣之外，還有一個重要的原因是，其中有些書目在書籍史上具有創新性的意義。其中，祁氏著有《藏書訓略》專門討論了書籍史上的分類問題，他説:

> 總而言之，書有定例而見不盡同，且亦有無取於同者。如王伯厚以聖文冠經籍，陸文裕仿之，而焦氏亦首列制書。餘以《國史》一代典章，自

---

① 姚名達：《中國目録學史》，商務印書館，2014年，第99頁。

② （明）晁瑮：《晁氏寶文堂書目》，上海古籍出版社，2005年，第14—18頁。

③ 高儒（卒於嘉靖三十二年，？—1553）字子醇，號百川子，河北涿州人。羅旭舟撰：《高儒生平家世與百川書志》，《中國典籍與文化》，2014年第3期，第96—104頁；錢亞新撰：《試論百川書志在我國目録學史上的價值》，《廣東圖書館學刊》，1985年第1期，第1—14頁。

④ （明）高儒：《百川書志》，上海古籍出版社，2005年，第23頁。

宜尊王；而家籍一人之私藏，不妨服聖。仍以六經冠之群書，而特以文由聖翰，事關昭代者，每列於各類之首，則既不失四部之體，而亦足表尊周之心，是亦一見也。宋儒理學之言，概收於子，似矣。然皆半解經語也。漢之訓詁，何以列於經而獨宋儒之子乎？如《正蒙》《皇極》及程朱《語錄》《近思》《傳習》之類。余欲仿小學，而別類以理學，是又一見也。[1]（祁承㸁《藏書訓略》）

祁氏認爲，理學實際上就是宋明時期的經學，因爲有關理學家的書籍，包括理學家自著及編纂、彙輯前賢著述，均有經學有著密切關係。如果以經史子集四部來看，歸於子部最爲簡捷，但很容易忽略了當時的社會思想實際，並造成一種宋明時代經學匱乏的論點。實際上，"經學即理學"或者"理學即經學"的思想在晚明士人看來並非怪異之說，毋寧說此爲當時學術思想之大勢所趨者。正是在這樣的圖書分類思想的指導下，祁承㸁詳細著錄所搜羅的宋明理學書籍，並將其歸入經部（凡易、書、詩、春秋、禮、孝經、論語、孟子、經總解、理學、小學等十一目），而理學類分爲：性理、集錄、遺書、語錄、論著、圖說等六目。這一圖書分類顯示出宋明理學思想在宋明特別是晚明時期的主導地位，它在士人的思想世界中已經從傳統的子部儒家類進入到經部，並獨立成其爲一類。在"性理"一類中，祁氏羅列《性理大全》七十卷、《性理指歸》二十八卷、《性理彝訓》三卷等十九種著述，其次爲"集錄"：

> 《楊慈湖先聖大訓》十卷，楊簡，又載《慈湖遺書》；《伊洛淵源正續》，《前錄》十四卷，《續錄》六卷，共四冊；《近思錄》十四卷，三冊，新板，呂祖謙輯；……《皇明三儒言行錄》十四卷，六冊，薛文清公五卷、陳白沙四卷、王文成公五卷；……《聖學要旨》一卷，一冊；《道一編》五卷，一冊，何棟如；《儒宗考輯略》二卷，一冊，劉元卿。[2]（祁承㸁《澹生堂藏書目·經部》）

祁氏謂理學典籍"皆六經之注脚"，故歸經部。這種思想即是明儒編纂《元史》時所闡述的，舊有的經學多爲訓詁注釋之說，而程朱以來的宋儒著述則是性理之學，毫無疑問是經學，這種經學較之於之前的學說更能吸引學者，因爲它不僅能體現聖賢精義，更能令學者感受到此種學問乃學者之固有。當然，這種學說風行數百年之後，與訓詁注釋之說的命運一樣，同樣被後世的學者所摒棄。當然，後來的這種變遷與政治的學術風向有關。

---

① （明）祁承㸁：《澹生堂藏書目》，鄭誠整理，上海古籍出版社，2015 年，第 23—24 頁。
② （明）祁承㸁：《澹生堂藏書目》，鄭誠整理，上海古籍出版社，2015 年，第 289—290 頁。

4 頹勢：性理學在清代的退場

學者們注意到，圖書的分類是瞭解古代思想的重要視窗。如漢學家艾爾曼認爲"乾嘉時代的圖書分類法既是一種'辨章學術'的方法，又是瞭解構成儒學的衆多新學科的綫索，因而是觀察當時學術分類及其特點、框架的視窗。我們從當時的圖書主題分類中即可以看出清代學術特有的文化觀。此外，18 世紀清代的知識分類原則構成了考據話語，對如何理解新的研究方法有一定影響。"[①]在一定程度上，清代的分類學建立在對於明代分類學的摒棄和批判之上。比如，從明末清初學者黃虞稷[②]《千頃堂書目》開始，性理就不再成爲一專門類目。高路明《千頃堂書目與明代目錄學》一文亦曾指出黃氏書目乃是"勢使之然"："《千頃堂書目》所採用的體例也是大勢所趨，有其歷史原因，符合明代學術發展的需要。《千頃堂書目》在目錄體例上能夠體現明代學術文化的特點，是明代目錄的代表與總結。主要著錄明人著述，也以收錄明人文集豐富而著稱。"[③]從今本《千頃堂書目》來看，其中經部的類目分爲：易類、書類、詩類、三禮類、禮樂類、春秋類、孝經類、論語類、孟子類、經解類、四書類、小學類（附算學）。[④]

經部没有收錄性理學類目，其他子部、集部亦無。事實上，黃氏將明儒性理學著述大多收入了子部儒家類。包括《性理大全》七十卷、朱右《性理本原》三卷、朱廉《理學纂言》、張九韶《理學類編》八卷、詹鳳翔《理學括要》六卷、傅淳《性理叢説》、吳彬《性理答問》、王守仁《傳習錄》、羅欽順《困知記》等等。究竟是性理學在明代已經成爲儒者之學的衡量準則，抑或是黃氏認爲明儒之學即是性理學呢？鑒於資料有限，尚不清楚黃氏何以將明儒有關性理著述悉數列入子部儒家類，不過很顯然，在該書子部儒家類中所收錄的明儒著述基本上全部爲有關性理之學者。

爲了進一步擴大四書和道學的影響，明皇室下令編纂《四書五經大全》《性理大全書》，當時儒者在編纂時，盡可能地搜集了宋元以來性理學關於性理學的幾乎所有重要學者的闡釋，編纂完成后又以中央政府的名義頒發與各級學校，成爲官刻考試的標準教材，在很長一段時間内影響甚巨。故而，明人視爲最可

[①] （美）艾爾曼著，趙剛譯：《從理學到樸學：中華帝國晚期思想與社會變化面面觀》，江蘇人民出版社，2012 年，第 129 頁。

[②] 黃虞稷（明崇禎二年至清康熙三十年，1629—1691）字俞邰，泉州晉江（今屬福建）人。曾與入翰林院預修《明史》，所著《千頃堂書目》一般認爲是《明史·藝文志》的主要參考依據，即所謂的藍本。

[③] 高路明：《千頃堂書目與明代目錄學》，《版本目錄學研究（第三輯）》，2012 年，第 168 頁。

[④] （清）黃虞稷撰，瞿鳳起、潘景鄭整理：《千頃堂書目》，上海古籍出版社，2001 年。

寶貴的《大全》，要麼被明儒列入制書類，冠於書目卷首位置，要被學者視爲重要的經學著述。即便對明代學術失望透頂的明代遺民學者王夫之 ① 還寫了部大著作《讀四書大全説》，即以讀書札記的形式對該書進行闡發。這樣，所謂的儒者，在明代基本上需要對性理之學有一定的瞭解和闡發，否則無以成爲儒者之學。

但勢之變遷，使得曾經的盛典被棄如敝履，新的經典在新的時代重新建構。明儒以性理之學爲根本爲宗旨的理解，在四庫館臣看來，其實不值一提，甚至一文不值，故《性理大全書》列入"子部儒家類"存其名即可。四庫館臣説：

> 是書（《性理大全書》）與《五經四書大全》同以永樂十三年九月告成奏進，故成祖御制序文稱二百二十九卷，統七部而計之也。考自漢以來，弟子錄其師説者，始于《鄭記》《鄭志》，是即後世之語錄。其裒諸儒之言以成一書者，則古無是例，《近思錄》其權輿矣。宋景定、端平間，周、程、張、朱諸儒皆蒙褒贈，真德秀亦以講學有名，得參大政。天下趨朝廷風尚，纂述日多。王孝友作《性理彝訓》三卷，熊節作《性理群書句解》二十三卷，於是性理之名大著於世。廣等所采宋儒之説凡一百二十家……。大抵龐雜冗蔓，皆割裂襞積以成文，非能於道學淵源真有鑒別。聖祖仁皇帝特命儒臣，刪其支離，存其綱要，欽定爲《性理精義》一書。菁華既擷，所存者僅其糟粕矣。以後來刻性理者汗牛充棟，其源皆出於是書。將舉其末，必有其本。姑錄存之，著所自起云爾。② （《四庫全書總目卷九十三·子部儒家類三》）

顯然，無論祁承爍還是四庫館臣，均一致承認《性理大全書》在性理書籍的編纂上具有獨特地位。但四庫館臣堅持，當朝所編《性理精義》已全面超越了明人所纂輯的内容龐雜之書，故而僅存其目即可。而且，《性理大全書》有三大缺陷：第一是，内容龐雜，篇幅冗長；第二是，文本被割裂，失去了原本的真面目；第三是，不能全盤地反應道學的發展歷史及其真義。但即便如此，四庫館臣也不得不承認，此書收集了一百二十余位宋元儒者的論著，其所擇取的範圍極爲廣泛，後世性理學書籍多以此書爲範本。

四庫館臣對於前朝著述的駁斥隨處可見，如《四庫全書總目卷九十四·子部儒家類四》"《御纂性理精義》二十卷"條載：

---

① 王夫之（明萬曆四十七年至清康熙三十一年，1619—1692）字而農，號船山，湖南衡州人。
② （清）永瑢等纂：《四庫全書總目》，中華書局，2003年，第790頁。

初，朱子門人陳淳撰《性理字義》，熊剛大又撰《性理群書》，性理之名由是而起。明永樂中，遂命胡廣等雜抄宋儒之語，湊泊成編，名曰《性理大全書》，與《五經四書大全》同頒於天下，列在學官。然廣等以門筭下才，濫廁編録，所纂《五經四書大全》，並剽竊坊刻講章，改竄姓名，苟充卷帙。其《性理大全書》尤龐雜割裂，徒以多爲貴，無復體裁。……胡廣等所編，徒博講學之名，不過循聲之舉，支離冗碎，貽誤後來。[1]（《四庫全書總目》卷九十四）

四庫館臣不僅從人品上對明儒加以針砭，也從内容上對其著述加以指責，最爲不堪的則是指出其書爲剿襲舊説舊著。如此看來，永樂年間所編《性理大全書》不堪入目，且貽害學林。不過，同爲四庫館臣所作之《四庫全書薈要提要》中，批判的態度似乎有所緩和：

嘗考性理名書，始於宋代陳淳《性理字義》二卷，粗明指要。至金熊節有《性理群書》，元陳剛有《性理會元》。卷帙既多，采輯漸廣。明永樂中，敕修《性理大全》，至七十卷，頒之學宮，與經書、《通鑑》並重。自後讀者率有節本，而擇焉不精，莫能傳遠。[2]（《四庫全書薈要總目提要·子部儒家類·御纂性理精義》）

無論如何，身處清乾隆盛世的學士文人，一方面要對前朝進行客觀的解釋，一方面又要宣稱本朝全面超越了前朝，無論是政治還是學術。這樣，明代性理之書被頒之於學宮並與五經四書及《通鑑》並重是無可置疑的事實。

事實上，性理書籍由政府頒賜學宮，但對於一般讀者來説，似乎這類書籍亦並非易得之書，極有可能是"終日大全而不知大全"，只知《大全》之名，未曾體會其意，唯有薛瑄之類儒者能手抄《性理大全》，辰夜玩讀而終成一代名儒："差監湖廣鹽場，手録《性理大全》，通宵不寐，遇有所得，即便札記"。[3]像王夫之那樣對《大全》進行全面深入閱讀的學者更是不多。四庫館臣等對於明代所推崇的性理之書加以貶斥，顯然加速了性理之書的閱讀興趣下降，同時也導致了此類書籍出版的大大縮水。

新的時代，需有新的經典。當《四庫全書總目》成爲新的經典時，其中的分類原則也成爲後世學者思考的準繩。在這部書中，没有性理學的位置。即便四庫

---

① （清）永瑢等纂：《四庫全書總目》，中華書局，2003年，第797頁。

② 江慶柏等整理：《四庫全書薈要總目提要》，人民文學出版社，2009年，第293頁。

③ （清）黄宗羲著，沈芝盈點校：《明儒學案（修訂本）》，中華書局，2013（2008）年，第110頁。

館臣認爲"經者非他，即天下之公理而已"①，這樣的看法與宋明學者"經，常道也"的說法具有内在的一致性，但尊崇漢學的四庫館臣，不在將性理學視爲學術的主潮，《四庫全書總目》分類中也容不下性理之學。所以，他們將經部分爲易、書、詩、禮、春秋、孝經、五經總義、四書、樂、小學等十個類目。性理之書，要麼像《近思録》等書一樣被歸入子部儒家類，要麼像《聖學宗傳》被歸入史部傳記類，要麼像《龜山集》等歸入集部别集類。其中大部分如《諸儒語要》《讀書録》也僅僅列入存目，以示館臣的客觀公正。這在一定程度上意味着性理學在書籍史的地位的衰落，以及性理學作爲一種專門之學的範式地位的消解。這就表明，性理學已經跟不上時代的形勢，在新的時代背景下，失去了它的勢。

權力更替後，前朝著述的意義需重新評估或重加整理，以新的面貌應對新的世界。然而，歷史總是在重演。乾隆時期的學者們所稱道的《御纂精義》之類，在清末時期也同樣被束之高閣。如在清末儒臣張之洞（道光十七年至宣統元年，1837—1909；字孝達、號香濤、謚文襄）等人看來，書院講習不需要專門開設性理課程，因爲漢學宋學爭論不休，學校不必以此爲務，且"漢學師法，止於實事求是；宋學準繩，止於嚴辨義利，無深談也。"②而性理之學，讀《學案》之類書籍即可。有感於"今日四部之書，汗牛充棟，老死不能遍觀而盡識"的現實情況，張之洞特作《勸學篇》，舉要開出學校切用之書，其中《守約》大綱目云："經學，通大義；史學，考治亂典志，諸子，知取捨；理學，看學案；詞章，讀有實事者；政治書，讀近今者；地理，考今日有用者；算學，各隨所習之事學之；小學，但通大旨大例。"總之，讀書以應用切實爲宗旨，所以對於理學書籍，雖然在《書目答問》中列舉了《性理精義》《近思録集注》《宋元學案》《明儒學案》《學蔀通辨》《東莞學案》《國朝學案小識》《正誼堂全書》等儒家類理學之屬彙集書，但他主張"讀學案可以兼考學行，甄宗流派。……通此（《明儒學案》《宋元學案》）兩書，其餘理學家專書可緩矣。"③

在《書目答問》中，張之洞所列舉的"儒家類理學之屬彙集書"的標準是"舉其博通不腐陋者"，包括《性理精義》《近思録集注》《重修宋元學案》《增補宋元學案》《明儒學案》《學蔀通辨》《東莞學案》《國朝學案小識》《正誼堂全書》

---

① （清）永瑢等纂:《四庫全書總目》，中華書局，2003 年，第 1 頁。
② （清）張之洞編撰，范希曾補正，孫文泱增訂:《增訂書目答問補正》，中華書局，2011 年，第 683 頁。
③ （清）張之洞編撰，范希曾補正，孫文泱增訂:《增訂書目答問補正》，中華書局，2011 年，第 677 頁。

等九種①。在張之洞等人看來，瞭解宋明學術，以黃氏書爲主即可，《性理大全書》不見蹤影，而是用康熙五十六年敕編之《性理精義》二十卷取而代之。

當然，張之洞同時代的學者也有不同的看法，如清人朱一新（道光二十六年至光緒二十年，1846—1890；字蓉生，號鼎甫；浙江義烏人；曾任陝西道監察御史、廣州廣雅書院山長）認爲"梨洲《明儒學案》，雖主張王學，然於龍溪心齋之徒，亦未嘗有恕辭。惟河東、敬齋諸流派采摭未備，是則門戶之見耳。"②他認爲讀經典書籍需要有所選擇，特別是要防止被不客觀的意見左右，他說：

> 讀宋儒書而不求之經義，亦無此讀書之法也。……宋學書甚多，先擇其要者讀之。《近思録》爲四子書之階梯，《朱子語類》《文集》精博無匹，學者最宜致力。《性理大全》近人束諸高閣，不知宋五子書，布帛菽粟之文也。性理中如《太極圖説》《通書》《西銘》《正蒙》，探性道之原，抉陰陽之秘，淺人自不解，乃以空虛斥之。《大全》博采宋元儒説，發明其義，研窮杪忽，足以羽翼六經。諸儒之言，精實淵深，豈容一毫粗心浮氣於其間耶。③（朱一新《無邪堂答問》卷四）

事實上，張之洞的看法占據了時代思潮的主流，是爲大勢所趨。其後，梁啓超也持同樣的看法，他説："中國有完善的學術史，自梨洲之著學案始。《明儒學案》六十二卷，梨洲一手著成。……著學術史有四個必要的條件：第一，叙一個時代的學術，須把那個時代重要各個學派全數網羅，不可以愛憎爲去取。第二，叙某家學説，須將其特點提挈出來，令學者得很明晰的觀念。……"④梁氏看重的是學術的客觀公正和觀念的條理整齊，這種學術的主張在當代仍有回響。近代以來，對儒學的研究和理解，注重思想的邏輯脈絡和哲學史的考察，黃氏《明儒學案》一書就理所當然地成爲理學名著。現代學者亦不例外，如劉述先認爲："無論如何，王學是《明儒學案》的中心關注所在，而研究明代儒學者莫不由此書入門，我自己也不例外。由此可見，梨洲對於陽明思想的闡釋有多麼大的影響力。"⑤雖然梁啓超和劉述先等與張之洞對於《明儒學案》的解讀有較大的差異，前者僅僅從學術史角度來認知其作用，而後者則試圖以之爲學

---

①（清）張之洞編撰，范希曾補正，孫文泱增訂：《增訂書目答問補正》，中華書局，2011年，第330—333頁。

②（清）朱一新著，呂鴻儒、張長法點校：《無邪堂答問》，中華書局，2000年，第150頁。

③（清）朱一新著，呂鴻儒、張長法點校：《無邪堂答問》，中華書局，2000年，第149頁。

④ 梁啓超：《中國近三百年學術史》，東方出版社，1996年，第55頁。

⑤ 劉述先：《黃宗羲的心學定位·論王陽明的最後定見》，浙江古籍出版社，2006年，第148—149頁。

的典範，但已經失去了文化自信。由此可見，在清末，隨著西方政治、軍事和文化的多重衝擊之下，時人對於理學僅將其作爲一種歷史的常識，這與此前理學鼎盛時期士人的心態有著巨大的反差。

所謂性理之學即是宋明諸子的義理之説。曾國藩説：“當乾隆中葉，海内魁儒畸士，崇尚鴻博，繁稱旁證。考核一字，累數千言不能休，別立幟志，名曰漢學，深擯有宋諸子義理之説，以爲不足復存，其爲文尤蕪雜寡要。姚先生（姚鼐）獨排衆議，以爲義理、考據、詞章三者不可偏廢，必以義理爲質，而後文有所附，考據有所歸，一編之内，惟此尤兢兢。當時孤立無助，傳之五六十年，近世學子稍稍通其文，承用其説。道之興廢，亦各有時，其命也歟哉。”（《曾文正公文集》卷一《歐陽生文集序》）在曾氏看來，學術之道的興盛與衰落，是一種時勢，也是命運所至。顯然，歷史的事實本身較爲複雜，特別是當我們進入書籍史的世界之中時，往往會發現一些著作者所描述或解釋的事實與豐富的歷史之間存在著較大差異。這種差異一方面是時代思潮本身所造成的，另一方面也提醒我們在使用後世史料或評價時需要保持學術頭腦的清醒。

從姚名達先生的目錄學著作中，我們知道，目錄學不僅僅是對登記帳目的審查，更應該從“辨章學術，考鏡源流”“即類求書，因書究學”的意義上反思目錄學的價值。從這一點來看，陽明學作爲性理學中異軍突起的學術，其時性理學正處於勝勢之時，如何將性理學與新的時代相縮和，如何在性理學的主潮中挺立自我的學術生命，就成爲一個至爲關鍵的課題。而古典書目作爲一種學術思潮的著錄，在一定程度上對學術之勢有所反映，特別是其中的分類學特征直接表明了學術發展的勢態，於此可見學術本身的複雜性和多樣性。這也是目錄學的意義所在。

向輝：國家圖書館國家古籍保護中心副研究館員

《内閣書目》考論

——以《原國立北平圖書館甲庫善本叢書》所收本爲中心

劉　仁

　　《原國立北平圖書館甲庫善本叢書》收有明抄本《内閣書目》一種。半葉十行，行字不等，上下雙邊，單魚尾。此書目見於王重民《中國善本書提要補編》曰：

> 明抄本，……《四庫存目》卷八十七有錢溥《秘閣書目》，則只有册數，而無卷數。此本不記卷數，疑既錢溥所編殘本。經、史、子三部略備，集部全闕，末附《古今書目補》兩葉，則記撰人與卷數。卷内有"大明貴池鎦氏藏書""鎦城鑒藏""小謨觴仙館""□□于氏藏書印"等印記。劉城字宗伯，……生於萬曆二十六年六月二十四日，卒於順治七年三月二十五日。事迹詳陳宏緒所撰《墓誌銘》及徐世溥所撰《劉征君傳》。①

　　劉城，徐世溥《劉征君傳》言其"收藏志乘爲多"，撰次《古今名賢年譜》，輯《古今廟學記》，作《劉氏家訓》，"棄産業營書，前後凡三四萬卷。未鋟行者，有《古事異同》《今事異同》《劉氏藏書題跋》，欲著而未成者《後通志略》"②。

---

① 王重民：《中國善本書提要補編》，書目文獻出版社，1991 年 12 月，第 122 頁。
② 陳宏緒《墓誌銘》與徐世溥《劉征君傳》見民國刻貴池先哲本《嶧桐文集》卷首。又有劉世珩編《劉先生年譜》。

有《嶧桐文集》《嶧桐詩集》傳世。知劉城亦爲喜好藏書之人，且多有著述。此書目自劉城處散出，入清後，輾轉歸於山東藏書家于氏之"小謨觴仙館"。于氏名昌進，見《四庫存目標注》對王重民所作提要之補正，文曰：

> 此本現存臺北"故宮"，于氏名昌進，清山東文登人，室名小謨觴仙館，"□□于氏藏書印"當作"不夜于氏藏書印"。①

于昌進爲嘉、道間人，然于氏家族藏書活動則早在清初，藏書約於咸豐間散出②。《甲庫善本叢書》中又有于氏曾藏之《晁氏寶文堂分類書目》，亦爲貴池劉氏故物。以此推測，于氏所藏貴池劉氏之物不止數種，可能是曾經成批買進，只是現已亡佚不存。

《甲庫善本叢書》中所收《内閣書目》分兩部分，前爲《内閣書目》，後爲《古今書目補》。

《内閣書目》所存類目爲：類書、政書、刑書、本朝、易、書、詩、春秋、三禮、儀禮、禮記、禮書、樂書、諸經總類、四書、性理、附、經濟、史、史附、史雜、子書、子雜、雜附、法帖、兵法。《古今書目補》所存類目爲：經書總集、易經類。

《首都圖書館古籍善本書目》亦著録一《内閣書目》，爲清漱六樓抄本。分上下兩卷，二册，半葉十二行，行字不等，無邊框③。上卷類目爲：類書、政書、刑書、本朝、易、書、詩、春秋、三禮、儀禮、禮記、禮書、樂書、諸經總類、四書、性理、附、經濟、史、史附、史雜、子書、子雜、雜附、法帖、兵法。下卷爲：文集、詩詞集、韵書、姓氏、畫譜、演算法、陰陽書、醫書、農圃、道書、佛書、古今通志④。無《古今書目補》。其分類與《文淵閣書目》類目相合，顯然是出自《文淵閣書目》。惟無"新、舊志"，又"類書、政書、刑書"順序與《文淵閣書目》略有不相同，當是傳抄中有脱漏或省並。

《甲庫善本叢書》本《内閣書目》之分類與漱六樓清抄本之上卷全同，只是闕下卷，應當是藏弄過程中亡佚。所以明抄本之《内閣書目》顯然也應當是出自《文淵閣書目》。取《文淵閣書目》與《内閣書目》相校，其所收書基本不出於《文淵閣書目》之外，可以斷定爲《文淵閣書目》之節抄本，可知上述判斷無誤。

但是，自王重民在提要中言其"疑既錢溥所編殘本"，後續諸家之著録皆因

---

① 杜澤遜：《四庫存目標注》，上海古籍出版社，2007 年 1 月，第 1317—1318 頁。
② 于氏藏書情況，詳見沙嘉孫《文登于氏藏書考》，《文獻》，1996 年第 3 期，第 189—210 頁。
③ 首都圖書館編：《首都圖書館古籍善本書目》，國家圖書館出版社，2011 年 12 月，第 107 頁。
④ 漱六樓本筆者未親見，此據張升《明清宮廷藏書研究》，商務印書館，2006 年 12 月，第 26—37 頁。

仍其説，然王重民即下一“疑”字，明其未曾細考，故而其是否爲錢溥所編本，是值得重新討論的。又，書目使用中，最重要的一點就是判定書目的性質。此《内閣書目》後附有的《古今書目補》，是否爲明代文淵閣後續之藏書？其性質究竟爲何，皆未見言及，亦值得一探。試考論如下。

一、《内閣書目》考述

（一）《内閣書目》與《秘閣書目》非同一書目

《内閣書目》與錢溥《秘閣書目》都爲《文淵閣書目》之節抄本，自然大致相似，故王重民先生以爲《内閣書目》是“錢溥所編殘本”。《中國古籍總目》在《秘閣書目》（明錢溥撰）條下有“明抄本（臺圖）”，即此本[①]。《四庫存目標注》亦將此《内閣書目》列於錢溥《秘閣書目》之下，似都將此《内閣書目》視爲錢溥之《秘閣書目》。然取《内閣書目》與《秘閣書目》相校發現，《内閣書目》與《秘閣書目》中條目並不完全相符，二者應當是各自獨立節抄自《文淵閣書目》，不能指爲一種書目。

在論證之前，要先在論證方法上作一點説明。《内閣書目》與《秘閣書目》雖有共同的史源，但却形成了兩種不同的書目。我們所要做的是論證其爲二種書，而不是論證《内閣書目》與《秘閣書目》這兩個版本在同一譜系中的地位，故而常用的以明確知道是同一種書爲前提來進行版本區分的“獨特異文”[②]的方法在此失效。因爲以同一種書爲前提的情況下，“獨特異文”主要指在書籍傳抄過程中出現的訛脱[③]。而傳抄過程中出現的“獨特異文”對我們來説没有意義，我們所要尋找的是書目編纂中形成的差異，但一般情況下無法判斷訛脱是在編纂中出現的，還是在編纂完成之後的傳抄中出現的。（以同一種書爲前提的版本譜系建立是不需要考慮這一點的，因爲它只涉及傳抄過程。）如果訛脱都是在編纂完成之後的傳抄中出現的，就意味著兩種書目在編纂時的形態是一致的，那也就是一種書目了，這樣就無法作爲區分書目的證據。所以只有那些能夠確切的知道是源頭版本的異文的内容，才可以作爲區分的證據。

那究竟該如何證明呢？如果《内閣書目》和《秘閣書目》抄寫的内容雖有差異，却都見於《文淵閣書目》，這就意味著在《内閣書目》和《秘閣書目》編

---

① 中國古籍總目編纂委員會編：《中國古籍總目·史部》（第八册），中華書局，上海古籍出版社，2009年10月，第4923頁。

② 若版本A和版本B各自具有“獨特異文”，意味著二者之間没有直接的傳抄關係。

③ 源頭版本出現錯誤，後來的版本沿襲之，所形成的是“共同異文”。

纂完成後的傳抄過程中並未出現文字的錯訛，同時也就意味著這些差異是在《內閣書目》與《秘閣書目》的編撰者在抄寫時出現的取捨差異，這樣就可以用作區分的證據。

《文淵閣書目》所收復本頗多，《內閣書目》《秘閣書目》一般只選擇其中的一部。《內閣書目》一般選擇其中冊數較多的，而《秘閣書目》則一般選擇第一次出現的，所以二目經常出現同一種書的冊數不同，但却都見於《文淵閣書目》的情况。這恰可以用來論證《內閣書目》與《秘閣書目》的差異是在節抄《文淵閣書目》時就已經出現了。

比如：《內閣書目》著録有"漢上朱震易圖十里"，《秘閣書目》則著録"漢上朱震易傳（三）"[①]。考《文淵閣書目》著録"漢上朱震易圖"[②]者有兩條，一爲"一部三冊"，一爲"三部十冊"，《內閣書目》顯然是抄寫了"三部十冊"的那一條，却由於省略部數的體例，將"三部"省略，在傳寫過程中又誤"冊"爲"里"。而《秘閣書目》則顯然是抄寫"三冊"的那條。又，《內閣書目》著録"楊慈湖己易傳四冊"，《秘閣書目》著録"楊慈湖己易（一）"，《文淵閣書目》共著録"楊慈湖己易傳"四部，依次爲"一冊、一冊、三冊、四冊"；《內閣書目》著録"詩鄭氏箋十冊"，《秘閣書目》則著録爲"鄭氏箋（六）"，《文淵閣書目》共著録"詩鄭氏箋"六部，依次爲"六冊、六冊、五冊、十冊、一冊、四冊"；《內閣書目》著録"詩錢文子傳十一冊"，《秘閣書目》則著録爲"錢學傳（四）""孝"爲"學"之異體字，"學"當爲"文子"二字誤合而成，《文淵閣書目》著録"詩錢文子傳"二部，依次爲"四冊、十一冊"；《內閣書目》著録"春秋程伯剛分記二十五冊"，《秘閣書目》則著録爲"程伯剛分記（二十）"，《文淵閣書目》著録"春秋程伯剛分記"五部，依次爲"二十冊、二十五冊、二十冊、二十冊、二十冊"；《內閣書目》著録"敬鉉春秋備忘十五冊"，《秘閣書目》則著録爲"敬鉉春秋備忘（五）"，《文淵閣書目》著録"敬鉉春秋備忘"三部，依次爲"五冊、八冊、十五冊"；《內閣書目》著録"春秋李廉會通五冊"，《秘閣書目》則著録爲"李廉會通（三）"，《文淵閣書目》著録"春秋李廉會通"三部，依次爲"三冊、四冊、五冊"；《內閣書目》著録"周禮陳祥道纂圖五冊"，《秘閣書目》則著録爲"陳祥道纂圖（三）"，《文淵閣書目》著録有"周禮陳祥道纂圖"三部，依次爲"三冊、三冊、五冊"。

類此者不勝枚舉，通過以上例證，即可很明顯的看出，《秘閣書目》與《內

---

① 所引《秘閣書目》皆爲《四庫全書存目叢書》本（史部 277 冊），齊魯書社，1996 年 8 月，第 1—31 頁。

② （明）楊士奇編：《文淵閣書目》，《景印文淵閣四庫全書》本（第 675 冊），臺灣商務印書館，1983 年，第 111—230 頁。

閣書目》確是分別節抄自《文淵閣書目》，二者之間没有直接的聯繫，不可指二種書目爲一種。

（二）《内閣書目》中所注版本

《内閣書目》中有 59 種書名下注有版本，這些所注的版本有什麽性質，是何人所加？

考"史類"所著録"大金國志五册"下注"抄本吴宗静有"；"史雜"所著録"邵伯温聞見録八册"下注"抄本洪方泉有"。這顯然不可能是《内閣書目》的史源《文淵閣書目》所著録的藏書情況，因爲《文淵閣書目》是根據實際藏書所編纂的，所有著録的書都是有的，而且其藏書是官方藏書，不存在"吴宗静"和"洪方泉"有的現象。所以這些注文不是《内閣書目》所保存而今本《文淵閣書目》脱落的版本信息，而是《内閣書目》在傳抄過程中抄寫者根據自己所見添加的。

那麽，這些版本的信息是誰所加？考版本注釋中，有"宋板、元板"字樣，而不稱"明板"，當爲明人所加，而非清或以後人。又，上文"洪方泉"當即洪楩。《鐵琴銅劍樓藏書目録》著録之元刊本《纂圖互注南華真經》下注曰："卷首有'方泉山人洪子美印''吴中蔣氏珍藏'二朱記"[1]，按洪子美即洪楩。丁申《武林藏書録》"洪氏列代藏書"條，"楩，字子美，蔭詹事府主簿，承先世之遺，縹緗積益，餘事校勘，既精且多……"[2]朱睦㮮《萬卷堂書目》有"《洪子美書目》"[3]，可證其家富藏書，且有校刻書籍之舉。洪楩生卒年未詳，然其曾於嘉靖二十八年校刻《增補六臣注文選》[4]，則加注時間不會早過正德年間。

且"子雜"類"容齋隨筆二十册"下注"河南舊刻"，考《容齋隨筆》有明弘治河南巡撫李瀚刊本，疑即其所謂"河南舊刻"。但其既稱"舊刻"，必有新刻，《善本書室藏書志》有明崇禎刊本，"此書爲嘉定馬元調得弘治戊午河南巡撫李瀚刊本重爲翻雕"[5]，則加注版本當在崇禎後。由此推測，加注版本者應當爲此本《内閣書目》的收藏者劉城。

---

① （清）瞿鏞編纂：《鐵琴銅劍樓藏書目録》，《清人書目題跋叢刊》本（三），中華書局，1990 年 3 月，第 265 頁。

② （清）丁申：《武林藏書録》，古典文學出版社，1957 年 12 月，第 44 頁。

③ 《萬卷堂書目》，第 1078 頁。

④ 見《善本書室藏書志》卷三十八，第 876 頁。

⑤ 《善本書志藏書志》，第 618 頁。

二、《古今書目補》考

《內閣書目》後有《古今書目補》兩葉，記書名與撰人，間或記卷數，存"經書總集"（51 種）與"易經類"（24 種）兩類。"易經類"中混入"五經思問"與"四書問疑"兩種，當爲傳抄之誤。其中以宋元人著作爲主，亦有唐前人著作。每類中排列順序甚爲無當，既不以書的性質爲序，又不以撰著者年代爲序。如"經書總集"類中，前四種分別爲：

> 五經通論（晉束皙著①）
> 六經發明（元潘迪著）
> 四書精要（元劉因著，三十卷）
> 諸經異同（北齊李鉉著，一千卷）

其實，這種無序與史料來源有關，因爲《古今書目補》是從《明一統志》中輯出。《明一統志》，首京師，次南京，然後以十三布政使司分區，詳述各府州建置沿革、郡名、形勝、風俗、山川、土産、公署、學校、書院、宮室、關梁、寺觀、祠廟、陵墓、古迹、名宦、流寓、人物、古迹、列女、仙釋等。《古今書目補》基本是從"人物"類中輯出，其中少數出自"流寓"類，所以表面上看來似無序的排列，實際是以地理空間爲序，相同或相近籍貫的人排在一起，還原至《明一統志》中即可以看出其規律。

如："經書總類"中第 1 種"五經通論（晉束皙著）"與第 2 種"六經發明（元潘迪著）"之所以會相鄰排列，是因爲二人在《明一統志》②都屬於"大名府"；第 3 種"四書精要（元劉因著，三十卷）"與第 4 種"諸經異同（北齊李鉉著，一千卷）"緊接其後，因爲劉因屬於"保定府"，李鉉屬於"河間府"，四人地域相鄰。而之所以以此四人居首，是因爲"保定府"和"河間府"在《明一統志》中在卷二，"大名府"在卷四，卷帙居前，所以在《古今書目補》中的序次亦居前。又，第 15 至 21 種分別爲"五經勾陳（漢陳靖著），五經講義（宋饒魯著），六經集傳（宋馬廷鸞著），四書語録（元吳仲迂著），經傳發明（同上），四書通旨（元朱公遷著），四書約説（同上）"，這七種書籍著者年代不同，著作類型亦不一，從這兩方面無法探尋出將其排列在一起的原因。但在《明一統志》中，五人皆屬"饒州府"，這就很明顯的能看出原因了。第 31 至 34 種"五經注釋（宋輔廣

---

① 括弧內原爲小字注。

② 李賢等編：《明一統志》，《景印文淵閣四庫全書》本（第 472—473 册），臺灣商務印書館，1983 年。以四庫本爲主，重要文字參校天順刻本與萬曆刻本。天順刻本見東京大學東洋文化研究所所藏漢籍善本全文影像資料庫，萬曆刻本見中國基本古籍庫所收圖像版。

著），四書問答（同上），三禮義（梁沈重著），四書管見（宋錢時著）"，亦顯得混亂，但在《明一統志》中，輔廣屬於嘉興府，在卷三十九；沈重屬於湖州府，在卷四十；錢時屬於嚴州府，在卷四十一。第35至39種"唐仲友六經解（宋人），諸經講義（宋喻良能著），四書發揮（宋何基著），四書叢説（元許謙著），三經雜説（元吳師道著）"，五人同屬"金華府"。若不以地域爲原則，實難理解其排列之因。

　　從較大的地域範圍看，地域性顯得更加明顯，如"易經類"中，除前五人屬"北直隸"，其餘除郝經與陳宏外，都屬"南直隸"。郝經爲澤州府陵川人，却與屬於鳳陽府的"李犍"和屬於鎮江府的"張志道"相鄰。李犍與張志道皆爲宋人，郝經爲元人，從年代上亦無法作出解釋。但是，由於"元世祖以經爲翰林侍讀學士使宋，告即位，且定和議……拘宋十六年"，所以揚州府"流寓"類將其收入，而抄寫者不審，從中抄出，將其列於揚州府下，才與鎮江、鳳陽等籍貫之人相鄰。其二爲陳宏，雖爲興化府人，却與松江、蘇州諸府之人相鄰。然亦見於松江府"流寓"類，與郝經情況相同，不贅述。所以此二人不是取自《明一統志》的"人物"類，而是取自"流寓"類，從"郝經"與"陳宏"的例子更可看出其出自《明一統志》。

　　從著録的具體內容看，亦可以證明其出自《明一統志》。《古今書目補》大部分的書名下都不注卷數，《古今書目補》無卷數者，皆爲《明一統志》之文不記載卷數，或只有"數十卷"之類概稱者。《明一統志》不載卷數者，如："《六經辯證疑問》（宋丁黼著）"，《明一統志》作"所著有《涎溪集》《六經辨證疑問》《諸史精考》"；"宋王岩叟《易傳》"，《明一統志》作"所著有《易》《詩》《春秋》傳"；"《六經發明》（元潘迪著）"和"元潘迪《易述解》"，《明一統志》作"所著《易》《春秋》《庸孟》述解及《格物類編》《六經發明》諸書傳於世"。《明一統志》都無卷數，故《古今書目補》亦無卷數。

　　《明一統志》有概括性的卷數者，如："《四書語録》（元吳仲迁著）"，《明一統志》作"《有四書語録》《經傳發明》《春秋紀聞》數十卷"；"《六經蠡測》（元胡仲雲著）"，《明一統志》作"所著有《六經蠡測》《周易見一》《四書管窺》《歷代遺論》《宋朝政論》總百餘卷"。雖有概括性卷數，但無法確知其書之卷數，故《古今書目補》不載。

　　《古今書目補》注有卷數者，《明一統志》皆有明確卷數，如"《四書精要》（劉因著，三十卷）"，《明一統志》作"著有《四書精要》三十卷"；"《九經輯義》（元雷光定著，五十卷）"，《明一統志》作"嘗注《九經集義》五十卷，《史辨》三十卷，《詩義指南》十七卷"；"魏吳遵世《易林雜占》（一百卷）"，《明一統志》作"所著有《易林雜占》百餘卷"；"宋張臣《易解》十卷"，《明一統志》作"有文集四十卷，《易解》十卷"。因《明一統志》有比較明確的卷數記載，故《古今書目補》亦注明。

《古今書目補》中著録的有訛誤之處，而其致誤之由與《明一統志》有密切的關係。這一點更是《古今書目補》出自《明一統志》的確證。

其有沿《明一統志》之誤而誤者。"《諸經異同》（北齊李鉉著，一千卷）"，北齊時代以一人之力著書千卷顯然不合情理。考《北齊書》《北史》中《李鉉傳》俱作"撰定《孝經》《論語》《毛詩》《三禮》義疏及《三傳異同》《周易義例》合三十餘卷"。而《明一統志》作"撰定《孝經》《論語》《毛詩》及《三傳》異同、《周易義例》合三千餘卷 ①"。《明一統志》脱"三禮義疏"四字，且"十"訛爲"千"。《古今書目補》合稱爲"諸經異同"，而"三千卷"作"一千卷"者，或爲抄寫訛誤所致，或爲抄寫者以"三千餘卷"爲標準而臆測"諸經異同"之卷數。

亦有顯然因誤解《明一統志》之文而誤者。"六經樂圃（朱長文著）""樂圃"爲朱長文之號，朱有《樂圃餘稿》傳世，"六經樂圃"不似書名，實乃因《明一統志》之文産生誤解。《明一統志》"朱長文"條末，作"嘗著《琴史》，有文三百卷，六經 ② 皆爲辯説。號樂圃"③，抄寫者誤以爲"樂圃"是"六經皆爲辯説"之"號"，故抄作"六經樂圃"。其誤解原因是《明一統志》"人物"類，其人所著書一般列於每條之末，少有書名後又接字號者，而抄寫者又不知"樂圃"爲朱長文號，仍以爲書名，故産生誤解。

與《内閣書目》性質完全不同的《古今書目補》爲何會附在《内閣書目》之後呢？《古今書目補》是否是爲"補"《内閣書目》之缺而作呢？從分類上看，《内閣書目》中"諸經總類"與"四書"類分開，而《古今書目補》"經書總集"不但包含二者，甚至屬入《三禮旁注》《三禮義》《三禮發微》《三傳通議》等屬於"三禮"和"春秋"類的書。若《古今書目補》是爲補《内閣書目》而作，則不至連類目都不與其相合，甚至相混。

從《古今書目補》所"補"的情況來看，《明一統志》中有撰著者兼有"經書總"與"易類"之著作，其著作俱爲《内閣書目》所無，而《古今書目補》取其一類而棄其另一類。如：劉霖，《明一統志》載"所著有《四書纂釋》《太極圖解》《易本義童子説》《杜詩類注》"，而《古今書目補》只收《四書纂釋》。胡仲雲有《周易見一》，韓信同有《易經旁注》，陳尚德有《易經解咏》，趙善湘有《周易約説》，俱不見《内閣書目》，而《古今書目補》俱不收録。

又，《内閣書目》每類之下書名大致以撰著者年代爲序排列，而《古今書目

---

① 天順本、萬曆本皆作"三千"。

② 四庫本作"縣"，據天順刻本、萬曆刻本改。

③ 《宋史》作"有文三百卷，六經皆爲辯説，又著《琴史》……"若以此爲依據，則不可能産生《古今書目補》所出現的錯誤，可參考。

補》已如上述，以地理空間爲序，亦不遵《内閣書目》例。且"易經"類雖只有 24 種，仍有二種與《内閣書目》重合，分别爲《易陳宏童子問》《周易俞石澗集説》。

綜上所述，可以判定《古今書目補》不是爲"補"《内閣書目》而作。但爲何附於其後？《古今書目補》中所收書與《内閣書目》有相重者，但大多數爲《内閣書目》所無，故抄録者附於其後，權作參照。

《内閣書目》與《秘閣書目》雖然都是節抄自《文淵閣書目》，但是二者之間並没有直接的傳抄關係，所以，《内閣書目》對校訂《文淵閣書目》的價值是不可忽視的。在探明《古今書目補》乃是輯自《明一統志》這一事實後，學者可以避免因對其性質的誤判而認爲其所著録的書籍也來自文淵閣藏書。

由於《内閣書目》此前未有影印，故而流傳不廣，亦鮮見學者研究與使用。今經《原國立北平圖書館甲庫善本叢書》影印行世，必影響漸大，對此書目的一點研究或可有益於將來使用者。

劉仁：南京大學文學院博士研究生

版本 版本目録學研究第九輯

宋温陵刊本、廬陵刊本《資治通鑑綱目》跋

李致忠

《資治通鑑綱目》第五十一卷 （宋）朱熹撰，宋嘉定十二年（1219）真德秀泉州刻本。框高 21.2 厘米，寬 14.6 厘米。每半葉八行，行十七字，小字雙行同。白口，左右雙邊。

前不久，從朋友處得知嘉德拍賣公司徵得《資治通鑑綱目》第五十一卷一冊，並在他的手機屏幕上目睹幾幅圖版。觀其書，蝶裝古雅，開本宏朗，行疏字大；眉端上刻甲子，對應之下正文以標年；刀法剔透，印紙瑩潔，墨色清純；版心上鎸大小字數，下鎸刊工姓名，雙順魚尾，一派濃重的宋版書氣息，與所見宋廬陵郡庠刊本不同，因疑它是宋温陵刻本。

《資治通鑑綱目》的編纂緣起

《資治通鑑綱目》五十九卷，乃朱熹史學著述中代表性著作。其編纂緣起，在他的《晦庵集》卷二十二《辭免》類《辭免江東提刑奏狀三》貼黃中表達了出來："臣讀《資治通鑑》，竊見其間周末諸侯僭稱王號，而不正其名；漢丞相亮出師討賊，而反書入寇，此類非一，殊不可曉。又凡事之首尾詳略，一用平文書寫，雖有目録，亦難檢尋。因竊妄意就其事實別爲一書，表歲以首年，而因年以著統；大書以提要，而小注以備言；正其是非得失之際，則又輒用古史書法，略示訓戒，名曰《資治通鑑綱目》。如蒙聖慈許就閑秩，即當繕寫。首篇草本先次進呈，恭俟臨決。"此事發生在南宋孝宗乾道八年（1172）正月，熹時年

四十有三，因知朱熹纂修《資治通鑑綱目》有其具體原因。

一是對"周末僭稱王號"的諸侯，溫公未能在《資治通鑑》中以正其名，引起朱熹的不滿。關於周末諸侯僭號稱王，在許多早期著述中屢見不鮮。《孟子》卷一《梁惠王章句上》漢趙岐注曰："時天下有七王皆僭號者也，猶春秋時吳、楚之君稱王也。魏惠王居於大梁，故號曰梁王。"又《孟子》卷六談及宋王，趙岐注更曰："周之末世，列國皆僭號自稱王，故曰宋王。"如此衆多諸侯皆僭號稱王，在《資治通鑑》中要一一正其名，恐怕得多花很多筆墨，《資治通鑑》的體量恐怕也要隨之拉長，不可想像。

二是司馬光《通鑑》之所以不正其名，恐有他自己的想法。衆所周知，《通鑑》紀事起於周威烈王二十三年（前403）封晉大夫韓虔、趙籍、魏斯爲諸侯，也就是歷史上有名的三家分晉。在司馬光看來，"三家分晉"，乃是周室禮崩樂壞的必然結果，是歷史事實，無法回避。

三是對"漢丞相亮出師討賊，而反書入寇"，朱熹很不理解。《資治通鑑》卷七十一《魏紀·烈祖明皇帝上之下》曰："諸葛亮將入寇，與群下謀之。"此種提法"皆與孔氏背馳。以涑水公之賢，而不能改前史之誤"（宋劉克莊《後村集》卷一〇六），也引起朱熹不滿。

四是對《資治通鑑》述事"首尾詳略"，一律用平文書寫，眉目不清，難以尋檢，也引起朱熹的不滿。凡此種種，都激發朱熹一再辭官，以便騰出時間而悉心撰寫《資治通鑑綱目》以正之。

其實除了這些之外，還有一個重要的原因，即司馬光用十九年心力寫成二百九十四卷的《資治通鑑》，卷帙過大，不要說日理萬機的人君無暇細讀，就連他自己也感覺過於冗長，難達資治目的，遂又"撮其精要之語，別爲《目錄》三十卷並上之"。待到晚年又"病本書太詳，《目錄》太簡"，遂又"更著《舉要曆》八十卷，以適厥中而未成也"。至南宋紹興初年，又有胡安國"因公遺稿修成《舉要曆補遺》若干卷""則其文愈約，而事愈備"，然朱熹"猶竊自病記識之弗強，不能有以領其要而及其詳也"，這才與同志"因兩公四書，別爲義例，增損櫽括，以就此編"（朱熹《晦庵集》卷七十五《資治通鑑綱目序》）。因知朱熹執意要纂修《資治通鑑綱目》，是有其深刻的思想背景的。

《資治通鑑綱目》的編纂體例

朱熹《辭免》奏狀所附之貼黃，明確提出他所要纂修的《資治通鑑綱目》，乃"表歲以首年，而因年以著統；大書以提要，而小注以備言；正其是非得失之際，則又輒用古史書法，略示訓戒，名曰《資治通鑑綱目》"。意謂他所纂修的《綱目》，乃是《資治通鑑》的綱目，而《資治通鑑》是編年體史書，所以必須以年爲紀事綫索，故稱"表歲以首年"，突出"年"的綫索作用。而逐年之上再以行書標其甲子，甲子之字則又另法以別之。若某年無事，則以《舉要曆》以備歲年。

"而因年以著統"，指凡屬正統之年，則歲下大書；非正統者，則兩行分注。這就以大字形式突出了正統的年號。若竊取朝政或偏方割據另立年號者，則視爲非正統紀年，則用小字兩行分注以別之。

"大書以提要"，指史事綱要則用大字書寫。不過提要大書，又分正例與變例。正例如始終、興廢、災祥、沿革、號令、征伐、生殺、除拜之大者；變例雖不在此例，而善可爲法，惡可爲戒者，皆大字特書。

"小注以備言"，指分注中有追原其始者，有遂言其終者，有詳陳其事者，有備滅其言者；有因始終而見者，有因拜罷而見者，有因事類而見者，有因家世而見者；有溫公所立之言、所取之論；有胡氏（指胡安國）所收之說、所著之評，而兩公所遺，與夫近臣、大儒先生折衷之語，均博采以附其間，加以進一步說明，所以稱爲"小注以備言"。如此，則"歲周於上而天道明，統正於下而人道定，大綱概舉而鑒戒昭，衆目畢張而幾微著"。其"綱"則"效《春秋》而參取群史之長"，其"目"則"效《左氏》而稽合諸儒之粹"（詳見宋王應麟《玉海》卷四十七《藝文·乾道資治通鑑綱目》）。因知朱熹在免辭奏狀貼黃中對其所要纂修《資治通鑑綱目》的體例，已考慮周詳，所以自此書問世，《通鑑》始得綱舉目張，便於披閱尋檢。

《資治通鑑綱目》未定稿的付梓流行

朱熹《資治通鑑綱目序》寫於乾道壬辰四月，壬辰，即乾道八年（1172）。一般情況下，寫序之年通常即是書成脫稿之年，而《資治通鑑綱目》情況則比較複雜，需要進一步加以闡釋。

朱熹在《資治通鑑綱目序》中嘗言："《資治通鑑綱目》凡若干卷，藏之巾笥，姑以私便檢閱，自備遺忘而已。"這話似含謙虛，實際則是擔心書稿未定，不敢草草面世。元人王義山《稼村類稿》卷十二有一篇《代徐司戶上參政蔡九軒獻〈通鑑綱目考異書〉》，信中言："嘗聞之先公云，西山（真德秀）守泉時，先公從之游泉。士林梅塢，考亭（朱熹）之高第也，移書西山曰'《通鑑綱目》一書，所謂綱者，斷斷乎出於先師之手，而分注之目，或委諸生。先師平生功夫詳於《四書》，故未及修改。自今讀之，一章之內，意不聯屬，必須檢尋溫公故本，然後意足'。"說明《通鑑綱目》不是出自朱熹一人之手，不僅有"一章之內"尚有"意不聯屬"之病，而"分注之目"或出弟子之手，又"未及修改"，因而無法儘早面世。

王義山字元高，號稼邨，江西豐城人。景定三年（1262）進士。嘗爲永州户漕、江西帥司參議官，分司贛州。入元提舉江西學事。宋末元初人。所說之事乃聽先公所言，當屬不妄。

明呂坤《去僞齋文集》卷五有一篇《綱目是正序》："余曰《綱目》非朱子筆也，蓋托其門人幾道（趙師淵字幾道）爲之，朱子亦未嘗徹首尾一過目耳。觀其寄幾道論《綱目》之書八通，反復丁寧。最後一書有云'所補《綱目》，今附還'，亦竟未及細看，不知此書更合如何整頓云云。"呂坤（1536—1618）字叔簡，一字心吾、新吾，自號抱獨居士，甯陵（今屬河南）人。明隆慶五年辛未（1571）進士。授襄垣知縣，調大同令，累官刑部左侍郎。是明代中後期較有影響的文學家和思想家。一生著述宏富，其中就有《綱目是正》一書。上引文字，就出自他的《綱目是正序》。他認爲《綱目》一書，並非出自朱熹之手，而是委托門人趙師淵所爲，這未免偏執。然曾看過朱氏寄與趙師淵討論《綱目》的八封信，信中不僅反復叮囑纂修之事，還將趙氏所補仍未及細看的《綱目》退還，從而發出不知此書應該怎麼整理的慨嘆。

清梁章鉅《退庵隨筆》卷十六亦謂"朱子約司馬公《資治通鑑》以作《綱目》，筆削上擬《春秋》。然惟《凡例》一卷出於手定，其綱皆門人依《凡例》而修，其目則全以付趙師淵。後疏通其義旨者，有尹莘之《發明》，劉友益之《書法》……"

清王鳴盛《十七史商榷》卷一百更謂"《通鑑綱目》五十九卷，朱子屬其門人趙師淵作也。"又謂"方子序有云，晚歲欲加更定，以趨詳密，而力有未暇，則此本並爲朱子未定之稿"。進一步論辨朱熹《資治通鑑綱目》確實不是他一人躬自撰寫，而多是出自門人之手。直到李方子在泉州與真德秀同刻此書之時，雖"欲加更定，以趨詳密"，亦因"力有未暇"而沒能實現，故王氏說它是"未定之稿"，亦不爲過。

上述諸說雖各言之有據，但有的未免偏頗，將《綱目》之功都歸之趙師淵，不完全符合事實。趙師淵（1150？—1210）字幾道，號訥齋，宋宗室秦王趙德芳八世孫。本居於汴，後寓居台州黃岩。乾道八年（1172）黃定榜進士。淳熙元年（1174）朱熹提舉天台崇道觀，在黃岩樊川書院講學授徒，師淵執弟子禮。朱熹深感史書褒貶失義，遂兩人商定合作《資治通鑑綱目》。就今所知，《序》與《提要》爲朱熹所撰，《凡例》爲兩人商榷而定，《綱目》分注則全出師淵之手。這樣分頭完成不同部分的書稿，最後非要有人統稿才能成書。然朱熹無暇通看，師淵不敢統定，李方子開版前"雖欲加更定"也未能如願以償，所以拖後很多年才版行於世的《資治通鑑綱目》，仍是一部未定之稿。千古遺憾！

宋趙希弁《讀書附志》史部編年類著錄此書曰："右晦庵先生朱文公所編也……真德秀刻於泉南，陳孔碩、李方子叙其後。"陳振孫《直齋書錄解題》卷四亦著錄此書，並謂"此書嘗刻於溫陵"。

所謂刻於"泉南"和刻於"溫陵"，實則是一回事。泉南，即泉州、泉州路、泉州府的別稱。宋時泉州城南是通商口岸，有"蕃坊"，阿拉伯等國商人聚居於此，因得"泉南"之名，其實就是泉州。"溫陵"也是泉州的別稱。一種說法是泉州氣候溫多寒少，故古有溫陵之稱。一種說法與朱熹有關。紹興二十三年（1153）朱熹就任泉州同安主簿兼領學事。在職期間，每至郡城，常稱其山川秀美，得暇輒去郡治東北不二祠和資壽寺，種竹建亭，自題"小山叢竹"，講學其間。此處地氣獨溫少寒，故稱溫陵。不管哪說爲是，都說明泉州確實又稱溫陵。

真德秀將《資治通鑑綱目》開版於泉州，已如上述，然究竟發生在哪一年，歷來理解和說法並不完全相同。晚清莫友芝《宋元舊本書經眼錄》卷一著錄《資治通鑑綱目》五十九卷，小注"宋乾道本"，並謂"乾道壬辰四月刊，綿紙精印，首尾一律。每半葉八行，行十七字，雙行亦行十七字……今歸豐順丁禹生氏（丁日昌）"。按，莫氏所言之本，今中國國家圖書館有藏，只是卷四十六配另一宋刻本，卷四十七至五十一配又一宋刻本。該本卷二前附紙大書："此乾道壬辰四月刊本也。丁日昌《持靜齋書目》有此本。惠皆記。丁卯正月八日。"這個丁卯，當是民國十六年（1927）之丁卯。惠皆這個說法，跟莫友芝沒有任何區別，顯襲其說。前邊已經說過，乾道壬辰四月乃朱熹爲《資治通鑑綱目》寫序之年月，怎麼可能序剛寫出書便刻訖！其中必有蹊蹺需要探討。

今推莫氏誤解之由，蓋與趙希弁《讀書附志》的行文有關。趙《志》云："朱文公因文正、文定兩公四書，別爲義例……其綱仿《春秋》，而參取群史之長，其目效《左傳》，而稽合諸儒之粹。真德秀刻於泉南，陳孔碩、李方子叙其後。"現代人將之正確標點之後，不會產生莫友芝那樣的誤解。然莫友芝當年所讀的那種没有任何點讀斷句的文字，容易將之理解爲書成序罷就由真德秀開雕於泉南了，所以才武斷將之定爲"乾道壬辰四月刊"。其實《資治通鑑綱目》，似乎從來就没有過乾道本。

前引趙希弁《讀書附志》已說《通鑑綱目》"真德秀刻於泉南，陳孔碩、李方子叙其後"。表明真氏刻此書時肯定與陳、李二人有關。考陳孔碩，字膚仲，號北山，侯官（今屬福州）人。淳熙二年（1175）進士，除處州教授，知邵武，遷贛州，官至中大夫，秘閣修撰。碩少小即以聖賢爲期。嘗從張敬夫、呂祖謙游，後復攜兄孔夙拜朱熹於武夷山，爲文公門弟子。"李方子字公晦，昭武（邵武）人。少博學能文，爲人端謹淳篤。初見朱熹，謂曰：'觀公爲人，自是寡過，但寬大中要規矩，和緩中要果決。'遂以果名齋。……嘉定七年（1214），廷對擢第三，調泉州觀察推官。適真德秀來爲守，以師友禮之，郡政大小咸諮焉。"（《宋史》卷四百三十《道學四·李方子傳》）。陳孔碩本來就是福建人，又嘗知福建邵武；李方子，本來就是邵武人，嘉定七年廷對後又就任泉州觀察推官；此時逢真德秀來守泉州，構成了他們共同校刻《通鑑綱目》的主客觀條件，遂成真德秀主刻，陳孔碩、李方子叙其後的刻書格局。所以清周中孚《鄭堂讀書記》卷十六著錄曰："此序（指朱熹《綱目序》）孝宗乾道壬辰作，至寧宗嘉定己卯（十二年 1219），門人李方子刻於泉州，並爲之序，此書行世距朱子没已二十年矣。"

清王鳴盛《十七史商榷》卷一百亦説朱熹《通鑑綱目序》"孝宗乾道八年壬辰作，至甯宗嘉定十二年己卯（1219），朱子之門人李方子與真德秀同刻於泉州。朱子卒於慶元六年（1200），此書之行世，距朱子没已二十年矣"。表明朱子《資治通鑑綱目》開版泉州，已是朱子死後二十年，而距其寫序的乾道八年（1172）則已是四十七年。因知《資治通鑑綱目》之初刊，乃真德秀、李方子泉州刻本，也稱爲温陵本。

此本今無全帙存世，國圖所藏雖全，但其第四十六卷用另一宋刻本補配，卷四十七至五十一配又一宋刻本，總缺六卷。今有第五十一卷面世，且蝶裝原狀，洵爲珍貴。尚有五卷不知是否還在天壤間，企盼早日瑞現。

右《資治通鑑綱目》第二十三卷（宋）朱熹撰宋嘉定十四年（1221）盧陵郡庠刻本。框高 21.6 厘米，寬 16.3 厘米，每半葉八行，行 15 字，小字雙行，行 22 字，白口，左右雙邊。

今年 3 月 26 日，西泠印社拍賣有限公司楊柳同志攜宋版《資治通鑑綱目》第二十三卷一册來京，登門送觀，不勝欣喜。該書刻字近柳誠懸而稍肥，棱角峭厲，端莊凝重，紙質瑩潔，墨色清純，初印精美，一派宋版書氣息。展閲，深覺它與我幾年前在浙江大學所見到的第四十五卷一册是相同版本，宋刻無疑。浙大藏本原爲浙江嵊縣袁滌庵先生舊物。辛亥革命後，袁滌庵曾開辦北京電車公司和熱河北票煤礦等實業。"九一八"事變後又在北京西郊經營剡溪農場，同時致力搜求珍藏善本古籍，其中不乏宋刊元槧。"文化大革命"中曾被查抄，散佚過程中有些書曾被康生據爲己有，並鈐蓋其私人藏章。此册《通鑑綱目》便是其中之一。"文革"後落實政策，部分古籍退還原主。1987 年，浙江大學校慶，袁滌庵三子袁紹文及其兄弟姐妹，將 22 種 229 册宋元明清善本，捐贈浙江大學，以表濃濃鄉情。其中較爲珍貴者，有宋刻《資治通鑑綱目》殘册及元中統平陽段子成刻本《史記》。今又獲觀西泠印社徵集到的宋刻《通鑑綱目》一卷，激發了我於《通鑑綱目》之編纂緣起、編輯體例、草成付梓、版本流傳，以及此本刻於何時何地等諸多問題進行探討的濃厚興趣。

宋盧陵郡庠刊本《資治通鑑綱目》

最早提到《通鑑綱目》盧陵本者，還是趙希弁的《讀書附志》。《附志》云：

"希弁所藏夔本，爲板四千二百有奇，吉本二千八百，而且無陳、李二公之序。" 這裏所説的"吉本"，指的當即廬陵郡庠刊本。廬陵乃從漢至唐就有的郡置，至宋則改稱吉州，屬上郡。《宋史》卷八十八《地理志四》謂"吉州，上，廬陵郡，軍事"。下轄八縣："廬陵、吉水、安福、太和、龍泉、永新、永豐、萬安"。地處江西中西部，歷史上較爲富庶。

趙希弁，字君錫，袁州（今江西宜春）人。宋太祖九世孫。漕貢進士。曾爲秘書省校勘書籍。家中累三世藏書，典籍極富。南宋理宗淳祐九年（1249）宜春郡守黎安朝重刊晁公武《郡齋讀書志》，囑趙希弁代爲校正。趙氏則以家中豐富藏書一一核勘，對晁目失載或詳略不同者分別加以著録，並仿晁目體例，撰爲《郡齋讀書附志》。他在《讀書附志》中所説家藏《資治通鑑綱目》，不但有泉州本，還有夔州本和吉州本，並謂吉州本有"二千八百"版面，没有陳孔碩、李方子二人之序。

書目中明確著録宋廬陵所刊《資治通鑑綱目》者，當推《天禄琳琅書目》。《天禄琳琅書目》卷二著録有"《資治通鑑綱目》六函六十册"。並云："宋朱子撰，五十九卷，前自序。宋陳振孫《書録解題》載朱子《綱目》，云刻於温陵，別其綱謂之提要，今版在監中。廬陵所刊，則綱目並列，不復別也。是書大書細注，字畫分明，即當時廬陵刊本。"《天禄琳琅書目》編制於乾隆四十年（1775）。此前一年，乾隆皇帝對此本還題寫了一首長詩表示贊賞："涑水創爲開義例，紫陽述訂益精微。直傳一貫天人學，兼揭千秋興廢機。敬勝治兮怠勝亂，念兹是耳釋兹非。三編惟此遵綱紀，輯覽曾無越範圍。録出新安留面目，弄增天禄有光輝。外王内聖斯誠備，勿失服膺永敕幾。"故宫昭仁殿改稱"天禄琳琅"並藏書始於乾隆九年（1744），三十年後乾隆始寫此詩，應該是剛入藏不久。然經昭仁殿失火，天禄藏書大部分遭災，此本蓋在回禄之中。天禄琳琅恢復後，嘉慶二年（1797）又由彭元瑞主持編制了《天禄琳琅書目後編》，《後編》中再不見著録此書此本，表明此本大概燼於火中。從此，再未有人明確著録過這個廬陵本。

其實這個廬陵本《資治通鑑綱目》，並未"千山鳥飛絶，萬徑人蹤滅"，其零帙尚有遺存。據知，今中國國家圖書館藏有卷53、54兩卷兩册；上海圖書館藏有卷19、56兩卷兩册；國家博物館藏有卷21一卷一册；天津圖書館藏有卷48一卷一册；吉林省圖書館藏有卷18一卷一册；山東省博物館藏有卷50、51、52、55四卷四册；浙江大學圖書館藏有卷45一卷一册。還有第59卷一册，藏在收藏家手裏。今又見西泠印社拍賣公司徵集到的第23卷一卷一册。總爲14卷14册。分藏在7個單位，一位個人，一家拍賣公司。這些雖都是相同版本，但都著不出其具體的刊刻時間、地點，只能籠統著録爲"宋刻本"。這些傳本，都鈐有"朱升之印""宜爾子孫"白文方印。這位朱升是誰，没人詳細闡釋。明初有一位朱升，字允升，徽州休寧人，後徙於歙。元順帝至正五年（1345）舉鄉薦，爲池州學正。朱元璋剋徽州，被徵入見，問以天下事，對曰"高築牆，廣積糧，緩稱王"。朱元璋嘉其樸，遂參密議。若是這位朱升，自添書林掌故。好在這只是個遞藏問題，不涉及版本的本質。

　　1999年上海朵雲軒春拍，預展上出現了所謂明刻本《資治通鑑綱目》第59卷一冊。據說前後去了不少人，專門諦審此書，最終爲北京胡星來先生所得。今春3月26日，有幸同楊柳一起去拜訪誠軒拍賣有限公司顧問胡星來先生。先生慨然展示所藏之第59卷一冊，並以掃描後跋相贈，此本的廬山真面目始昭然天下。爲使天下人都能讀到這篇後跋，共同將分藏各處14冊零帙的版本都得以確認，現將該跋及所附校正人職名移錄如下：

　　"司馬溫公《通鑑》一書，所以續麟經之絶筆，而其文則猶史也。至晦庵朱先生，始取其義。嘉定戊寅，莆陽鄭先生守廬陵，惜是書傳布之未廣，捐俸二千五百緡，刊於郡庠，俾誼校正。而法曹清江劉宿季同司其役。閱三載，金華章先生、四明史先生繼守是邦，實董其成。三先生皆邃於史學，必有名章俊語發揮是書之微，以啓學者。惜誼迫於授代，不及併刻也，故書其概，且以著同校正者之名氏云。嘉定辛巳夏五月既望，門生、郡文學掾臨川饒誼敬書。鄉貢進士、學諭邊定；學諭康新叔、蕭鼎、姚麐；免解進士、學諭劉嘉；掌計周允成；直學李通；學錄王度；迪功郎、新郴州郴縣主簿彭士楚；迪功郎、新撫州金谿縣主簿羅匯；免解進士彭叔夏同校正。"

　　據此，我們可以理出《資治通鑑綱目》發刻廬陵郡庠的大致脈絡和較詳細的經過。首先是在嘉定十一年戊寅（1218），莆陽鄭先生守廬陵，以是書傳布未廣，遂捐出自己的薪水二千五百緡，將此書刻於廬陵郡庠。而在開雕之前，令饒誼和劉宿季等先行校正。三閱寒暑，其間又有金華章先生、四明史先生繼守廬陵，最終完成了此書的校刻工作。

　　其次是寫跋的饒誼，乃朱熹的門生，臨川（今屬江西撫州）人。寫跋時的職務是廬陵郡文學掾，寫跋的時間是嘉定辛巳夏五月十五之後，距戊寅莆陽鄭先生守廬陵捐資令刻此書，恰是"三閱寒暑"。因知此書刻竣當在嘉定辛巳。辛巳，即嘉定十四年（1221）。較溫陵本僅晚二年。三是開版地點在廬陵，即吉州；承刻單位是廬陵郡庠；出資者是莆陽鄭先生。

　　古書的出版者，多指出資人或主持人，饒跋明確指出"捐俸二千五百緡"將《資治通鑑綱目》刻於廬陵郡庠者，乃"莆陽鄭先生"，因此這位鄭先生就顯得十分重要而值得稽考。宋洪邁《容齋隨筆》第四筆卷十六《郡縣用陰陽字》云："山南爲陽，水北爲陽，《穀梁傳》之語也；若山北水南，則爲陰，故郡縣及地名多用之。"而莆田、仙游之南面是湄洲灣，水面開闊；北面則是重巒疊嶂，群山屹立，使得莆田、仙游既在山之陽，又在水之陽，所以又稱莆陽。

陳振孫《直齋書録解題》卷五著録《中興綸言集》二十八卷，謂爲"左司郎中莆田鄭寅子敬編"。卷八又著録《鄭氏書目》七卷，直謂"莆田鄭寅子敬以所藏書爲七録"。可知鄭寅實爲莆田人，與饒跋莆陽相一致。

清乾隆時王椿所修《仙游縣志》卷三十四載："鄭寅字子敬，喬之子也。以父任補官，歷知吉州。召對言濟邸冤狀，指斥權臣。端平初，召爲左司郎中，更權樞密院副都承旨。又請爲濟邸立廟。且言三邊無備，宿患未除，宜正綱紀，抑僥倖，汰冗兵，以張國勢。竟以執法守正，出知章州。卒。寅静重博洽，與名賢真德秀、李燔、陳宓皆相友善。"清黃宗羲《宋元學案》卷四十七亦載"鄭寅字子敬，忠惠子也。累官知吉州，召對以言濟王冤狀，忤權臣。"吉州即廬陵。表明鄭寅仕履中，確曾出守廬陵。又與真德秀、李燔、陳宓等相友善，表明他出守廬陵的時間，大概也在嘉定中，與饒跋"嘉定戊寅"亦相吻合。

《直齋書録解題》卷五還説鄭寅"端重博洽，藏書數萬卷。於本朝典故尤熟"。且將自己的藏書編成《鄭氏書目》七卷：曰經、曰史、曰子、曰藝、曰方技、曰文、曰類。因知他的愛好、志趣亦在群書之中。趙希弁《讀書附志》著録《東萊吕紫微雜説》一卷《師友雜志》一卷《詩話》一卷，並謂："右吕本中字居仁之説也。鄭寅刻之廬陵。"證明鄭氏守廬陵時確曾刻過書，《資治通鑑綱目》，蓋其中之一。

綜合上述所能考稽的材料，鄭寅在里貫、歷官、爲人、志趣諸方面，都能與饒跋所説相契合，因推定饒跋所言之"莆陽鄭先生"，蓋即莆田鄭寅。果如是，則此本《資治通鑑綱目》似可著録爲"宋嘉定十四年鄭寅廬陵郡庠刻本"。

此書還有些現象足資考鏡。前引饒誼跋中所提到《綱目》校正人員中的邊定，乃嘉定九年（1216）吉州解試之一，表明他是吉州廬陵人；蕭鼎、彭士楚、羅匯也都是廬陵人；彭叔夏字清卿，廬陵人，紹熙三年壬子（1192）吉州解試，四年進士。寧宗嘉泰中協助周必大校刻《文苑英華》，其功甚偉。又撰《文苑英華辨證》十卷，分二十一例，考證異同，極爲精核。這些人同時出現在《資治通鑑綱目》校正人員之列，不失爲該書刻於廬陵郡庠的佐證。

此本避諱較嚴，所見匡、胤、玄、朗、徵、恒、署、讓、桓、完、紈、構、慎、敦、廓等字，均缺筆爲諱。特別是"廓"字缺末筆，表明其書之刻不可能早於南宋寧宗趙擴一朝，亦不失爲此書刻於寧宗嘉定中之佐證。

由於此書祇存零帙，卷次斷續，不相連屬，又分藏多個單位或個人手中，難以將其刻工系統收集起來，做全面分析。此第二十三卷的刻工，祇出現劉元一人。劉元乃南宋中後期吉州地區名工，嘗與刻撫州公使庫本《周易》及《禮記注》，又與刻吉州本《放翁先生劍南詩稿》，今又出現在《資治通鑑綱目》之上，亦不失爲《綱目》刻於廬陵郡庠之佐證。

總之，第五十九卷卷末有饒誼後跋；參與校正者又多爲廬陵當地之人；避諱之字已至"廓"字；刻工又多爲吉州名工，故將此本審爲"宋嘉定十四年廬陵郡庠刻本"，信而無疑。

李致忠：國家圖書館研究館員

《世説新語》湘中本考

袁　媛

作爲古代重要的筆記小説，《世説新語》的版本情況一直備受學界關注。明代以前版本存世者有三種：唐抄殘本①、宋紹興年間董弅刻本（簡稱“董本”）②和元至元劉應登刻本（簡稱“元本”）③。此外還有兩種宋本的面貌經由後人的翻刻或記録而得以保存。一種是南宋淳熙十五年（1188）年陸游刊本（簡稱“陸本”），明嘉靖中吳郡袁褧嘉趣堂刻本（簡稱“嘉趣堂本”）據之重刻。一種是淳熙十六年湘中刻本（簡稱“湘中本”），清人曾據之校勘他本，在校本中記載了大量該本（1189）的信息。以上五種版本反映出《世説新語》較早的面貌，對研究《世説新語》的流傳與演變具有重要意義。就目前的研究來看，學界對唐寫本、董本及元刻本的研究較爲充分，對湘中本、嘉趣堂本則缺乏深入的考察，認識上存在不少模糊錯謬之處。

---

① 唐寫本今藏於日本神田氏，本文依據文學古籍刊行社 1956 年影印本，題爲《唐寫本世説新書殘卷》。

② 傳世董本有兩部，分別藏於日本尊經閣文庫和宮内廳。本文所據爲文學古籍刊行社 1956 年影印尊經閣藏本。然而據潘建國先生考證，傳世的這兩個版本其實都是紹興後期杭州地區翻刻本。（《日本尊經閣文庫藏宋本〈世説新語〉考辨》，《古代典籍與文化》2012 年第 1 期。）爲了行文便利，本文仍依照慣例，稱二本爲“董本”。

③ 傳世元本有兩部，分別藏於日本内閣文庫和臺灣“國家圖書館”。詳情參見潘建國《〈世説新語〉元刻本考——兼論“劉辰翁”評點實係元代坊肆僞托》，《文學遺産》2009 年第 6 期。

筆者在工作中曾查閱過幾種清人《世說新語》校本，發現當中記載的湘中本信息較學界目前所知豐富不少。新的材料帶來新的問題，使得對湘中本的研究變得更爲迫切，也更具有可行性。因此，筆者不揣譾陋，嘗試對校本所載信息予以梳理，以此來考察湘中本的面貌與價值。

一、前人對湘中本的認識與失而復得的張繽跋

南宋淳熙十六年（1189）《世說新語》刻於湘中，然而宋元目錄如《直齋書錄解題》《郡齋讀書志》及《附志》等都未提及此本，今日對湘中本的瞭解大多來自清雍正年間沈巖的一篇跋文。跋文云：

> 傳是樓宋槧本是淳熙十六年刊於湘中者，有江原張繽跋一篇。舊爲南園俞氏藏書，有耕雲俞彥春跋。上粘王履約還書簡帖。書法極古雅，紙墨氣亦絕佳，未知放翁所刊原本視此何如也。吾友蔣篁亭（蔣杲）並有對校本，考正尤多。雍正庚戌（八年，1730）四月雨窗校畢，時館南城王氏清陰堂之左廂。巖識。①

這篇跋文很重要，既明確交待了湘中本的刊刻時間、地點，還透露傳是樓所藏湘中本的流傳情況。

1920 年孫毓修整理沈巖校本，編成《世說新語校記》一卷，附於《四部叢刊》影印嘉趣堂本之後。他撰跋詳敘整理經過：

> 《世說新語》著錄家以明嘉靖中袁氏嘉趣堂本爲最善。涵芬樓得一校本，蓋雍正庚戌沈寶硯（沈巖）以傳是樓宋本校袁本，而嘉慶甲戌吳春生（吳嘉泰）過錄者也。袁本有淳熙十五年戊申新定郡守陸游跋，則重開放翁本也。傳是本，沈跋云以淳熙十六年刊於湘中，有江原張繽跋（孫注：此跋今未見）。兩本同出於宋，玩其字句，均以傳是樓爲長。②

跋文中對湘中本的論述大體沿襲沈説。值得注意的是，他梳理了湘中本與嘉趣堂本各自的源流，並對二本的優劣加以評判，指出湘中本的重要價值。

此後對湘中本的研究一度沉寂，它再次進入學界視野大約是在新中國建國前後。五十年代余嘉錫撰《世說新語箋疏》時論及此本，云："清初徐乾學傳是樓所藏宋淳熙十六年湘中本，與紹興八年本相近而與袁本頗有不同。沈寶硯有校記，見涵芬樓影印嘉趣堂本後。"③

---

① 收錄於《世說新語校語》，《四部叢刊》影印嘉趣堂本《世說新語》書後。
② 《世說新語校語》末，《四部叢刊》影印嘉趣堂本《世說新語》書後。
③ 余嘉錫：《世說新語箋疏·凡例》，中華書局，2007 年。

稍後王利器撰《世說新語校勘記》，參考兩種與湘中本有關的清人校本，一爲"清雍正時蔣篁亭用傳是樓藏宋本及另一元本校曹本"，一爲"清嘉慶時沈寶硯用傳是樓藏宋本校袁本"①。他的説法中有兩點值得留意：其一，關於蔣杲校本的描述超出了沈巖跋文的內容，這説明王氏另有依據，他很可能目驗過一個蔣杲校本，只是這個版本今天已下落不明。其二，沈巖主要活動在康熙、雍正年間，王氏稱沈校本出於嘉慶的説法有誤，應是混淆了沈校本與嘉慶十九年（1814）吳嘉泰過錄沈校本。

七十年代，楊勇考察《世說新語》版本，指出"陸游十六年湘中刻本，徐乾學傳是樓收藏，清初蔣篁亭、沈寶硯得見，皆有校記"②。考其依據，仍然是《四部叢刊》本所附的沈巖、吳嘉泰、孫毓修跋文，却不知爲何將湘中本與陸游聯繫在一起，認爲陸氏曾兩次刊刻《世說新語》，分別是淳熙十五年（1188）在嚴州、十六年（1189）在湘中。這個説法可以斷定有誤，詳見下文。

九十年代，王能憲撰《世說新語研究》，綜述歷代版本，而云："淳熙本原爲清初徐乾學傳是樓所藏，有江原張縯跋。清人蔣篁亭、沈寶硯曾據此本與袁氏嘉趣堂本對校，並撰有《校語》。"③

由上可見，民國以來學界對湘中本的認識十分有限，大多都只是圍繞沈巖跋文展開。王利器雖然參考了蔣杲校本，但也並沒有做出更詳細的討論。今天隨著對清人校本的清理，不少新的材料、新的問題浮現出來，沈巖曾提到、而孫毓修未曾見到的張縯跋文便是最重要的發現之一。張縯跋見於國家圖書館所藏何煌校本（典藏號3903）卷末。其文如下：

> 兩晉衣冠每以清言相高，不在能言之列者輒下其品。説者有謂崇虛廢務，晉室不競亦此之由。然王茂洪、謝安石此兩人者，經綸中興，碩德也，言論風旨，尤班班見於策，豈當以清言少之。蓋中之所存者，精明昭融，洞燭至理，則發而爲言，自然超詣，蟬蛻塵埃之外。昔孔子嘗欲無言矣，復繼之以"天何言哉？四時行焉，百物生焉，天何言哉？"乃言之重而辭之複，何也？游於聖人之門者觀之，是其言也。震動八極而非聽聞所，則發一真□（筆者按，原字左半不清，右半作"易"）而無朕兆可求，有出於言之表矣。孰謂言可已乎？江左諸人雖不能進此，然至於理到神會，超然遐舉，亦有非後世所能及者，《世說》所著是也。退食自公，開數尺許，豈獨無使舌本間强，如含瓦石，亦足以澡雪滯念，眇視萬物，爲游息之樂，顧不善歟！**竭來湘中，偶有蜀本自隨，因屬文字掾褚君重爲讎校，鋟板置郡庠。褚君刊正舛訛甚悉，視它本爲善云。**淳熙十六年歲己酉十二月旦日，江原張縯書。

① 王利器：《世說新語校勘記》，《世說新語》附錄，文學古籍刊行社，1956年。
② 楊勇：《世說新語書名、卷帙、板本考》，《楊勇學術論文集》，中華書局，2006年，第453頁。
③ 王能憲：《世說新語研究》，江蘇古籍出版社，1992年，第70頁。

考王導字茂弘，文中因避宋太祖父親弘殷諱而改作"茂洪"，可作爲此跋來自宋本的佐證。這篇跋文揭示出兩點：其一，張縯是刊刻湘中本的主持者。其二，湘中本的底本是一部"蜀本"。據此可以斷定，楊勇先生認爲湘中本由陸游所刻的説法是不準確的。

面對這篇跋文，至少還需要考慮兩個問題：張縯是何許人也？所據"蜀本"情況如何？通過勾稽史料，張縯生平可稍見輪廓。其字季長，唐安郡江原（今四川崇州東南）人。隆興元年（1163）進士，乾道九年（1173）授秘書省正字，次年丁憂歸里①。居家數年，淳熙四年（1177）范成大過江原縣，二人曾一晤②。十年（1183），爲夔州路轉運判官③。十三年（1186），提點利州路刑獄④。十五年（1188），知遂寧府⑤。十六年（1189），任湖南路轉運判官⑥。紹熙二年（1191），官至大理少卿，主管建寧府武夷山沖佑觀，五年（1194）被劾⑦。嘉泰元年（1201），除知潼川府⑧。開禧三年（1207）卒⑨。著有《中庸辨擇》⑩《職官紀》⑪《陶靖節年譜辨正》⑫等書。此外值得一提的是，現藏於臺北故宮博物院的《寒食帖》之後有張縯手跋。跋中記述祖上收藏事迹，《寒食帖》即爲家藏，其伯祖又與黃庭堅相交厚。由這些事迹可見，張縯出身詩禮之家，文化修養較高，而且對東晉南朝史事有所鑽研；他長期在蜀地居住爲官，熟悉當地文化。合此數端，跋中"蜀本"的説法應當是可信的。然而該本不見於傳世文獻記載。潘建國梳理兩宋《世説新語》藏本⑬，

---

① 陳騤著，張富祥點校：《南宋館閣録》卷八《官職下》，中華書局，1998年，第125頁。

② 范成大著，孔凡禮點校：《吳船録》卷上，《范成大筆記六種》，中華書局，2002年，第192頁。

③ 徐松輯，劉琳等校點：《宋會要輯稿》職官七二，上海古籍出版社，2014年，第8冊，第4988頁。

④ 徐松輯《宋會要輯稿》：選舉二一，第10冊，第5649頁。

⑤ 徐松輯《宋會要輯稿》：職官六二，第8冊，第4736頁。

⑥ 《［光緒］湖南通志》據樓鑰《張祖順墓誌》（筆者按，即《攻媿集》卷一四〇《知梅州張君墓誌銘》），記載光宗朝張縯曾任湖南路轉運使。而從張氏跋湘中本一文來看，他在淳熙十五年（次年光宗改元紹熙）年末已經就任。

⑦ 徐松輯《宋會要輯稿》職官七三，第9冊，第5004、5035頁。

⑧ 徐松輯《宋會要輯稿》職官七四，第9冊，第5047頁。

⑨ 陸游《渭南文集》卷三一《跋劉戒之東歸詩》，《中華再造善本》影印宋嘉定十三年（1220）陸子遹溧陽學宮刻本。

⑩ 《渭南文集》卷三一《跋張季長中庸辨擇》。

⑪ 《郡齋讀書志》《直齋書録解題》均有著録。此書針對元豐改制而作，"專載新舊遷轉之異同"（陳振孫著，徐小蠻、顧美華點校：《直齋書録解題》卷六，上海古籍出版社1987年版，第179頁）。在當時影響不小，陳傅良即云："余頃見世所行官制舊典有三晉張縯一編，慕用之。"（《止齋文集》卷四二《跋司馬溫公遺玉壘聘君詩》，《四部叢刊》影印明弘治本）

⑫ 《陶靖節年譜辨正》見於《直齋書録解題》著録，云："吳郡吳仁傑爲年譜，蜀人張縯季長辨正之，又雜記前賢論靖節語。此蜀本也。"（卷十六，第464頁）

⑬ 參見潘建國《〈世説新語〉在宋代的流播及其書籍史意義》，《文學評論》，2105年第4期。

共得 31 種，也並未發現蜀地刊刻、抄寫《世説新語》的痕迹。關於這個 "蜀本"
今日唯一可考的綫索便是據之重刻的湘中本。

　　在張嵲生平中，還有一值得注意的情況：他與陸游相交甚篤。乾道八年
（1172）二人相識於四川宣撫使王炎幕内①。此後書信往來頻繁，這在《劍南詩稿》
中多有記録。這對好友在兩年内分頭刊刻《世説新語》，底本却不相同，不可不
謂有趣。張跋中有 "視它本爲善云" 一語，所謂 "它本" 不知是否也包含了陸
游本？這是另一值得考察的問題。以上種種迹象都透露出湘中本的重要價值。
而想要探明其價值，則要從現存清人校本入手。

二、與湘中本有關的清人校本

　　《中國古籍善本書目》著録《世説新語》清人校本十一種②，可以確定與湘中
本有關者有三種，均藏於國家圖書館，分别爲何煌校本（典藏號 3903，簡稱 "何
校本"）、傅增湘過録何焯録蔣杲校本（典藏號 193，簡稱 "傅校本"）和戴熙芠
過録沈巌校本（典藏號 6224，簡稱 "戴校本"）。據筆者考察，此外至少還有兩種
校本與湘中本有關。一是中山大學圖書館所藏有佚名過録沈巌校本（簡稱 "中大
本"），一是國家圖書館所藏佚名過録蔣杲校本（典藏號 74247，簡稱 "佚名本"）。

　　這五種校本的内容、特點及相關疑點將在下文中加以考述。而在這之前，
需要對它們之間的關係略作梳理③。總的來説，這些校本記載的湘中本的信息
都直接或間接地來自傅是樓藏本。而校勘或過録校本的活動又基本集中出現在
兩個時間段：第一次是在康熙後期至雍正年間，參與者有蔣杲（康熙五十七年
[1718]）、陳景雲（在蔣杲之前或同時）、何煌（可能在康熙五十七年至五十九
年間 [1718—1720]）、何焯（康熙五十九年 [1720]）、沈巌（雍正八年 [1730]），
所做工作包括校勘湘中本和過録他人校本。第二次是在清末民初，參與者有戴
熙芠（光緒十三年 [1887]）、傅增湘（民國八年 [1919]）。民國九年（1920）
孫毓修整理沈巌校本，也在這一時期。佚名過録蔣杲校本的時間雖然無法確知，
但從所據底本爲光緒三年（1877）湖北書局刻本來看，過録行爲很可能也發生
在此時間段。本階段的工作以過録整理前人校本爲主。

　　前一階段是湘中本面貌得以保存的關鍵。在此之後湘中本便下落不明，或許
可以説，此階段的校勘是湘中本留在世上的最後綫索④。從參與者的身份與他們留

---

　　①　《渭南文集》卷三一《跋劉戒之東歸詩》。
　　②　《中國古籍善本書目・子部》，上海古籍出版社，1996 年，第 635—638 頁。
　　③　此段分析或依據校本題跋而來，或是比較校本之後的推論，詳見下文考述。
　　④　陸心源《宋槧婺州九經跋》記載 "徐（乾學）、季（振宜）之書，由何義門介紹，歸於怡
府。" 何焯與徐乾學傳是樓藏書的淵源之深，由此可見一斑。

下的信息來看，這是一次群體性的校勘行爲。蔣杲、陳景雲、沈巖爲何焯門生，何煌爲何焯之弟。他們不僅相互熟識，而且在校勘《世説新語》的過程中大量參考對方的校勘成果。比如何煌校本中多次引用蔣杲、陳景雲校語。又如何焯過録了蔣杲校本，而從其所録蔣校來看，蔣杲又參考了陳景雲校語。至於沈巖，從孫毓修整理《世説新語校語》和戴校本、中大本中並未發現沈巖引用他人校語的痕迹，但筆者認爲他很有可能參考了蔣杲校本。這有兩點綫索。首先，他在跋文中曾明確提到蔣杲校本，並提到其中"考正尤多"。其次，沈巖跋文與蔣杲跋文十分接近。蔣跋見於羅振玉所藏"康熙庚子張孟公移録蔣子遵校本"之上，云："戊戌（1718）正月得傳是樓宋本校，淳熙十六年刊於湘中者，有江原張芠跋。舊爲南園俞氏藏書，有耕雲俞彦春識語，上黏王履約還書一帖。雖多訛脱，然紙墨絶佳，未知放翁所刊原本視此何如也。"[1] 很明顯，沈跋由此脱胎而來。既然連撰跋都借鑒蔣説，在校勘中參考蔣校（尤其是考正處）應該是情理中事。

可以看到，現存各種校本及過録本、整理本既同出一源，又錯綜相聯，可以相互對照、相互佐證。圖示如下：

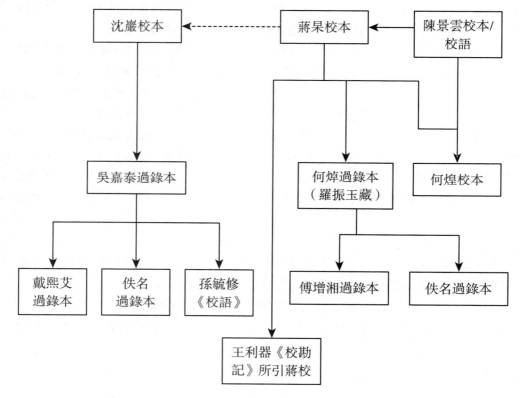

① 羅振玉、王國維編《羅氏藏書目録（下册）》，北京大學出版社，2015年8月，第99—100頁。傅增湘《藏園群書經眼録》亦收録此跋。中華書局，2009年，第629頁。

三、何煌校本

何煌校本是筆者所見校本中内容最豐富、價值最重要的一部。《北京圖書館古籍善本書目》著録此本云"明嘉靖十四年袁褧嘉趣堂刻本，馮舒批校、何煌校並録陳景雲等校語"①。

卷中並無題跋説明批校情形，《書目》著録的依據很可能是藏印②與筆迹。首先，卷中有馮舒藏書印數枚，如"默庵""空居閣藏書記"等，説明此本曾經他收藏。再來考察筆迹，果然與馮舒手跋相合。【書影一】天頭校語中大字"鎦本另起一條"即是一例，筆迹與國家圖書館藏明天啓七年（1627）謝恒抄本《竹書紀年》中馮舒校跋相同。至於何煌，他没有留下鈐印，只能通過筆迹推斷。【書影一】天頭校語小字"管寧俞氏藏本另起""此條俞氏藏本誤連一"兩行，與國家國家圖書館藏澤存堂五種本《佩觿》中何煌校跋的字迹相同。

在此本中，何煌所做的工作包括校勘和過録他人校語。所録校語的來源可考者有陳景雲和蔣杲兩家，如【書影二】【書影三】所示。因此，這個校本中至少包含着馮舒、陳景雲、蔣杲、何煌四人的校勘成果。四家批校各有依據，各有特點，略作分析如下：

1. 馮舒校語

馮舒（1593—1645），字巳蒼，號默庵、癸巳老人、孱守居士。常熟人。明末著名的學者、藏書家。

其批校以對勘"劉本"（如【書影一】）、擇録"劉批"（如【書影四】）爲主。經筆者比對，所引"劉本""劉批"與中國科學院圖書館藏明正德四年（1509）趙俊刻本一一相合。如卷上之上"滿奮畏風"條注"所以見月則喘"，馮校云："劉作'所以喘也'。"同卷"謝仁祖年八歲"條注"鯤子别見"，馮校云："劉本作'字紉輿'"。此二條所引"劉作""劉本作"均與正德本同。而批語如【書影四】天頭"按謝公之言"云云，同卷"邊文禮見袁奉高"條馮批"按奉高見一，

---

① 《北京圖書館古籍善本書目》，書目文獻出版社，1989年。

② 該本有多方鈐印：《刻世説新語序》首頁有"稽瑞樓""翁斌孫印""僅初""至樂居"；目録首頁有"稽瑞樓""蕘斐軒藏書記""樸學齋""文端公遺書""翁同龢印"；每卷首尾亦有鈐印，去其重複，有"默庵藏本""古愚""石君""葉樹廉印""稽瑞樓""冰香樓""文端公遺書""翁同龢印""馮氏藏本""殷鋒""石君印""空居閣藏書記""宜賞"，共計十三種。從藏印來看，此本歷經馮舒、葉萬、毛奇齡、陳揆、翁心存及其後世翁同龢、翁斌孫收藏。陳揆《稽瑞樓書目》著録："《世説新語》三卷，馮巳蒼校本，有跋，三册"。巳蒼爲馮舒的字。陳氏著録的應該就是國家圖書館所藏的這個校本。陳氏卒後，翁心存以重金收購其藏書，約得十之三四。這部《世説新語》應當就在其中，此後便一直由翁氏家族收藏。新中國成立後，它隨著翁氏後人的捐贈入藏北京圖書館。

圖一（卷上之上第 4A 頁）

圖二（卷上之上第 14A 頁）

圖三（卷上之上第 50B 頁）

圖四（卷上之上第 12A 頁）

乃以堯聘許由自比，亦非”，也都見於正德本，爲劉應登等人的批語。

潘建國曾指出正德本是從元至元年間劉應登本翻刻而來，不僅分卷情形、各葉起訖、卷首題署、版式行款與之相同，連元刻本排版中出於無奈的剜改、補入漏字等處理，正德本一般也依樣照刻①。以此而論，馮舒所據“劉本”，或爲正德本，或爲元刻本。劉應登系統諸本是嘉靖十四年（1535）袁裵嘉趣堂刻本面世之前，市面上最爲流行的版本，這大概是馮氏將之列爲參校本的重要原因。

2. 陳景雲校語

陳景雲（1670—1747），字少章，常熟人，何焯門生。何煌所錄陳氏校語共71條，每卷皆有。從校語來看，陳氏曾用宋本和元本比勘。

明確標明參校“宋本”者有兩處。卷上之上“王僕射在江州”則注“自王渾至坦之”，何校：“少章云：宋本‘澤’字是。‘澤’見王氏世譜，渾乃澤之孫，坦之曾祖，湛兄也。”卷中之下“郗司空在北府”則注“求申勸平北將軍”，何校：“陳云：‘申勸’宋本作‘申勤’，疑是‘勒’字。”筆者按，此“宋本”應該就是湘中本。首先從異文來看：“王澤”，明清以來諸本均作“王渾”，唯董本與戴校本、中大本所載湘中本作“王澤”；“申勤”，諸本均作“申勸”，唯董本作“申勤”。可見此“宋本”與湘中本、董本面貌有相吻合之處。再翻檢明清目錄及相關文獻，並未看到流傳董本和其他宋本的記載，流傳日本的董本面貌要遲至民國才爲國人所瞭解。換言之，湘中本應是當時所能看到的唯一宋本。那麼，“宋本”是湘中本的可能性最大。倘若如此，何煌徑引陳說而不對其所引“宋本”加以交待的情況也就能得到解釋。

參校元本者見於卷中之上“明帝在西堂”則“罪不足至此王大將軍當下時”處，何校云：“陳云：王大將軍元板提行另起。案，敦舉事在元帝永昌末年，死事與上文不相蒙，另起爲是。”傳世元本僅有兩部，分別藏於日本内閣文庫和臺北“國家圖書館”，二本同屬一版，都爲元代至元年間劉應登刻本，只是在刷印上有前後之別。中國科學院圖書館所藏正德本自元本翻刻而來，較爲忠實地反映了元本面貌。此處正德本“王大將軍”以下另起，與陳氏所云“元板”同。以此推斷，陳氏所見元本應該就是至元劉應登本。

3. 蔣杲校語

蔣杲（1683—1731），字子遵，號篁亭，長洲（今屬蘇州）人。亦爲何焯門生。蔣氏潛心藏書校勘。其校勘《世說新語》事迹見於沈巖跋文：“吾友蔣篁亭並有校對本，考證尤多。”王利器曾參校一蔣校本，稱之爲“清雍正時蔣篁亭用傳是

---

①　參見潘建國《〈世說新語〉明正德四年趙俊刻本考——兼論袁寒雲舊藏本非爲元刻本》，《中國典籍與文化》2011年第1期。

樓藏宋本及另一元本（王注：校語中惜未分別出來）校曹本（筆者按，即明太倉曹氏沙溪重刻袁褧嘉趣堂本）"①，然而此蔣校本不見於各大圖書館著錄，潘建國先生亦云"遍檢不得"②。蔣杲親筆校本雖然難覓蹤跡，但過錄其校語的他人批校本卻保存了下來。筆者所見有三種，此本爲其中之一。

何煌所錄蔣杲校語共 14 條，內容都是對異文、疑誤的案斷。如卷下之下"王渾與婦"條注"王氏家譜曰倫字太冲"，何氏錄"蔣云：案《魏志》昶字子深，字道冲，與家譜異。"卷中之上"羊忱性甚貞烈"條注"泰山平陽人"，何氏錄"蔣云：案泰山無平陽縣。羊氏／族俱出泰山南城，二字疑誤。"卷上之下"左太冲作《三都賦》初成"條"父徵（缺末筆）爲琅琊"，何氏錄"蔣云：徵，宋本作'和'。考《晉書》本傳，父名和"。如諸例所示，蔣氏注意引證相關史書。也明確提到曾對校宋本，與沈巖跋文相合。

值得注意的是，這 14 條蔣杲校語與下文將談到的傅增湘過錄本有所重合，但不盡相同。同時，它們不見於王利器《校勘記》。《校勘記》參引蔣校逾百處，內容都是記錄蔣校本所載湘中本面貌，而未曾引用蔣氏的案斷。這或許是因爲各家"蔣校"來源略有差異，也或許是過錄者自有取捨所致。

4. 何煌校語

何煌（1668—？），字心友，一字仲友，號小山，長洲人，何焯之弟。陳景雲、蔣杲校語混雜於何煌臨錄之中，因此除了上文所述明確標明來源的校語外，其他校語都只好統一視爲何煌校語。

其校語可分爲三部分：其一，對校湘中本。這包含了不同的形式，既有於歧異處標示異文者，又有在地腳列出異文者，也偶有用校記記錄者。這三種形式在內容上多有重複，應該是何煌臨錄幾家校本所致。在校記中，何煌稱湘中本爲"俞氏藏本"。俞氏即沈巖跋文中提到的"耕雲俞彦春"，爲明代洪武年間人。沈跋中提到的"俞彦春跋"和"王履約還書簡帖"也都被何煌移錄過來。其二，參校元刻本，如卷下之上"王長史謝仁"條"田曰使人思安豐"，何校云："思安豐，元板作'思王安豐'。"此類校記共 20 條，所引元本面貌與正德本基本一致③。其三，加以案斷。在標明出自陳、蔣二人的校語之外，卷中還有案斷 6 條。它們不見於其他校本，可能出自何煌之手。案斷隨文而發，不拘一體。如卷下之上"王仲宣

---

① 王利器：《世説新語校勘記》，影印日本影印尊經閣本《世説新語》書後，文學古籍刊行社 1955 年版。

② 潘建國：《〈世説新語〉元刻本考——兼論"劉辰翁"評點實係元代坊肆僞托》，《文學遺產》，2009 年第 6 期。

③ 僅有一條例外，即卷下之下"謝太傅於東船行"則"無得保夷粹"，何校云："夷粹，元板作'粹夷'。"正德本此處則作"無得保其純美"。

好驢鳴”條注“曾祖龔父暢”，校云：“案‘父暢’當作‘祖暢’。”卷下之下“石崇與王愷爭豪”條注“武帝愷之甥也”，校云：“疑作‘愷武帝之甥也’。”這三部分中，以對校湘中本者最爲重要。所載湘中本信息比現存其他校本多出不少。

四、羅振玉藏蔣杲校本過錄本兩種： 傅增湘過錄本、佚名過錄本

《北京圖書館古籍善本書目》著錄傅校本云“明萬曆三十七年周氏博古堂刻本，傅增湘跋並録清何焯批校題識”，典藏號 193。

根據卷末題識[①]，傅氏臨録蔣校是在己未年（1920）歲暮。其來源爲羅振玉所藏校宋本。羅振玉《唐寫本世說新書跋》云：“我國《世說》善本，嘉靖袁氏覆宋本外，未見更古者。予所藏康熙庚子（康熙五十九年，1720）張孟公移録蔣子遵校本，所主之本，爲傳是樓所藏淳熙刊本，其書亦三卷，每卷分上下。”[②]羅氏所稱“康熙庚子張孟公移録蔣子遵校本”即傅氏所據之本。卷中有跋文一則，云：“康熙庚子五月借蔣子遵校本略加是正。子遵記其後云：‘戊戌（康熙五十七年，1718）正月得傳是樓宋本校，淳熙十六年刊於湘中者，有江原張茨跋。舊爲南園俞氏藏書，有耕雲俞彦春識語，上黏王履約還書一帖。雖多訛脫，然紙墨絕佳，未知放翁所刊原本視此何如也。’並抄之，使餘兒知所自來。老民孟公書。”[③]

傅增湘過録此跋，並加以考證：“己未十一月訪羅叔言（筆者按，即羅振玉）於津門，以校宋本《世說新語》見际。叔言據卷首跋語題老民孟公，謂是明末張職方拱端手筆，且檢書中有‘震巖老人’‘天累子孫’‘漢留侯裔’‘原名拱端字孟公’‘興機’‘逸民徒各印’，謂是孟公無疑。然余審其字體，確是何義門手迹。其校勘且兼具批點，亦是義門家數。跋中從蔣子遵借校，蔣爲何之子弟，餘兒爲義門之子也，時代、人名與張孟公決不相合。惟跋尾題老民孟公爲不可解耳。書此以竢知者。十月二十四日，傅增湘校畢因記。”傅氏的推論頗有道理。對此，筆者還可再添幾條證據。其一，葉昌熾《藏書記事詩》及王欣夫《補正》曾勾稽張拱端事迹[④]，可知他在崇禎辛巳年（1641）即有藏書事迹，而與葉萬、葉林宗子祖仁多有往來；清初入釋，晚年失明，年九十餘卒（《吳縣志》）。試按崇禎辛巳年他僅十五歲計算，到康熙庚子他已是九十四歲高齡。

---

① 參見傅增湘撰，王菡整理：《藏園群書校勘跋識録》，中華書局，2012 年，第 249 頁。
② 羅振玉著，蕭文立編校：《雪堂類稿·乙》，遼寧教育出版社，2003 年，第 364 頁。
③ 羅振玉、王國維編《羅氏藏書目録（下冊）》，北京大學出版社，2015 年 8 月，第 99—100 頁。《藏園群書經眼録》亦收録此跋。中華書局 2009 年版，第 629 頁。
④ 葉昌熾著、王欣夫補正：《藏書紀事詩附補正》，上海古籍出版社，1999 年，第 370—371 頁。

即便尚未離世，在失明的情況下大概也難以從事臨録。其二，根據沈彤《翰林院編修贈侍讀學士義門何先生行狀》，何焯子名壽餘，與跋文中"餘兒"相符合。其三，何氏有自稱"老民""孟公"的習慣，前者見於《義門先生集》卷八《杜貽穀宋拓黃庭經跋》《祝京兆書述跋》、卷九《跋後漢書》《跋臨川集》，後者見於卷九《跋新安小志》。而且這些跋文的撰寫時間都集中在康熙五十五、五十六年，與其傳録蔣校的時間相近。根據這些綫索，羅振玉藏本是何焯臨録本應該是可以確定的 [①]。

此本中的蔣校包括記録湘中本異文和案斷是非兩個部分，與何煌校本所録互有詳略。就案斷而言，便有 22 條不見於何校本，其中不乏引證繁富者，如卷下之下"桓南郡與殷荊州"則"矛頭淅米劍頭炊"，蔣校云："内則云：'析稏。'魏武嘲王景興在會稽析粳米。'析'與'淅'古字通，故韓、孟聯句有'析玉不可從'，俗謬改作'淅'。若'淅'，則不合用矛頭。"

此外，有兩條校語尤其值得注意。其一，卷下之下"桓公初報破殷荊州"則"桓公"，蔣校云："少章云'公'疑'玄'。"這説明蔣杲曾參考陳景雲校語。其二，卷中之上"羊忱性甚貞烈"則注"泰山平陽人"，蔣校云："《晉書·地理志》: 新泰故曰平陽，《宋志》後有平陽。"何校本此處也引了蔣校，而云："蔣云：案，泰山無平陽縣。羊氏 / 族俱出泰山南城，二字疑誤。"同爲蔣校，意見却剛好相反，傅校本所録蔣校比何校本更爲妥當，似爲後出。這大概透露出傅、何二人所録蔣校並非源自同一校本，更像是反映了蔣杲在不同階段的校勘成果。

國家圖書館所藏佚名過録本，所録跋文、校語及異文與傅校本基本一致，可以判斷爲羅振玉藏本的另一過録本。其具體情況，不再贅述。 [②]

---

① 國家圖書館藏有一部毛氏汲古閣刻本《北齊書》(典藏號 9752)，著録爲"薄啓源録清張拱端、何焯批校題識"。其著録薄氏録張拱端批校的依據爲卷中有一篇康熙五十六年（1717）署名爲"孟公"的跋文。但通過對跋文内容的考證，基本可以確定這個"孟公"也是何焯。其情況與羅振玉藏本《世説新語》十分類似，可相互佐證。

② 值得一提的是，此本中的部分校語歷經輾轉而被余嘉錫《世説新語箋疏》吸收。《箋疏》中多次引用程炎震之説。考程氏著有《世説新語箋證》，他在此書卷首略例中提到了一個校本："京師圖書館有清光緒間武昌崇文書局刊本，經前國子監收藏，上有印記，又有硃筆校宋本□過，不知何人，亦別無跋識，惟末頁録舊跋一通云：'康熙庚子五月，借蔣子遵校本略加是正……'（筆者按，與傅增湘本所録同）凡一百十一字。此所稱宋槧亦出於傅是樓，則與涵芬樓所印吳春生過録沈寶硯所校之宋本相合。所校亦多有符同，亦有沈校未及者。茲取之目爲別一宋本云。其書眉上別有識語，今採用《文學》十八'鬼彈'，《俳調》六十一'淅米'，《輕詆》三十三'蒸食'三條寫入書中，因不知名氏，題曰'某氏云'。"（國立武漢大學文哲季刊委員會編《程炎震世説新語箋證（第一部分）》，文化印書館 1942 年版）今藏於國家圖書館的佚名本，與程氏所見本相吻合。首先，爲武昌崇文書局刻本。其次，佚名本鈐有"國子監南學書光緒九年二月查過准部齊全"印，可知曾爲國子監收藏。再次，跋文及程氏所摘的三條校記都與佚名本所録一致。

五、沈巖校過録本兩種：
戴熙芝過録本與中山大學藏佚名過録本

孫毓修《世說新語校記》移録沈巖跋、吳嘉泰題識各一則。沈跋已見上文，吳嘉泰識云："嘉慶甲戌（十九年，1814）二月得此本於玉峰書肆，閏月從黃蕘圃（筆者按，即黃丕烈）假得沈寶硯校本，用朱筆過校，凡七日。長洲吳嘉泰春生甫志於露凝書屋。"可知雍正沈巖校本後來歸於蘇州藏書家黃丕烈插架，嘉慶十九年吳嘉泰借得沈校本，過録其校於己藏某本（筆者按，很可能是嘉趣堂本）之上。吳嘉泰過録的沈校本流傳頗廣。除了孫毓修所據本（今不知去向）之外，筆者還瞭解到兩種過録吳嘉泰校本的版本。

其一爲國家圖書館所藏戴熙芝過録本。《北京圖書館古籍善本總目》著録云："明刻本，清□孝耕校並跋，清戴熙芝跋並録清沈巖校跋、清吳嘉泰題識"，典藏號6224。卷中校語出自二人，一爲孝耕，多以明王世懋刊本對勘；一爲戴熙芝，臨録沈巖校語。

戴熙芝（1840—？）字恒齋，號慎圃，又號謹軒，潤陽（今江蘇丹徒）人。他臨録沈校是在光緒丁亥年（十三年，1887），其本末見於跋識。卷末識語云："光緒丁亥十二月潤陽戴熙芝跋。冬月上浣復假得宜園所藏袁氏嘉趣堂本，止有原序一篇，甫經長洲吳嘉泰校勘者。"卷首《世說新語目》首頁識語云："今以袁刊本經吳東屛（吳嘉泰）勘撫傳是樓宋本校正，熙芝亦以吳君所勘本校之。"卷上之下末又跋云："丁亥冬月，西北大風，嚴寒呵凍。公解之時，此卷校閱三日而竣，錯訛俱依宋本勘定也。恒齋記。"

中山大學圖書館藏本爲陳寅恪舊藏，蔣天樞《舊校本〈世說新語〉跋》一文曾介紹此本，可見此本概貌。"書後有沈寶研署巖識及署穎穀兩跋，並有吳嘉泰過校一跋，與涵芬樓舊藏本全同，疑是吳嘉泰同時人從吳本過録者也。""書中校字，有校改刻字上者，亦有記疑於書眉及下方者，其宋本缺筆及一點一畫之異，並宋本缺脱文字，無不校出。""此校本間有以范書、陳志、《晉書》參校及考定所校宋本是非處，不知系沈氏自校所記，抑録自蔣篁村者。""取商務所作《校記》核對，不特用《晉書》、陳志參校處全行刊落，即沈氏校語亦不録入，其簡略殊可驚異。"[①]

六、各校本所載湘中本信息彙總分析

上文所述五種校本，再加上孫毓修整理的《世說新語校語》和王利器《世

---

① 《學林漫録》第七集，中華書局，1983年，第161頁。

説新語校記》，這就是目前所知能反映湘中本面貌的所有材料。通過梳理，它們的來源也已基本厘清。在此基礎上，可以來彙總和比較各本所載的湘中本的信息。這是"復原"湘中本、討論其來源與價值時最爲重要的依據。析言之，又可分爲兩個層面：首先是彙總和比較各本所載異文，分析其中差異，並探討差異出現的原因。這既是爲了盡可能全面地搜集湘中本信息，也是爲了甄別這些異文是否可靠。其次，將經過彙總與甄別的異文與現存的幾種較早的版本（包括唐寫本、董本、嘉趣堂本）進行比對，由此來探討湘中本的來源和價值。

筆者以卷上之上、下爲例，對異文進行彙總。具體數字見下表：

	何煌校本	傅增湘校本①	戴熙芝校本	中大藏校本	《世說新語校語》	《世說新語校記》所引蔣杲校本②	共計	新增異文
卷上之上	172	119	127	152	121	19	218	94
卷上之下	150	100	98	109	84	21	173	81

從表中可以清楚看到，衆校本所載異文遠多於《校語》《校記》，新增異文逾四成。具體來看，四種校本及《校語》《校記》各有詳略，偶有抵牾。

爲何會出現各本數量不一、所載異文互有詳略的情況？筆者認爲，至少有三方面的原因。首先，校勘者（含臨録者）不免遺漏。比如"陳太丘詣荀郎陵"則"潁州許昌人"，何校本、戴校本、中大本均校"許"爲"陳"，而傅校本、《校語》《校記》無校。其次，校勘者有所取捨。這一點在《校記》中反映得尤爲明顯。《校記》引用蔣杲校本次數如此之少，與傅增湘校本所録蔣校及衆校本相比，幾乎不成比例，大概只能用王利器有所擇選、僅引用他認爲具有價值的異文來解釋。孫毓修《校語》可能也存在類似的情形。比如以下幾例：卷上之下"縈帶守之"，何校本、戴校本、中大本校云"'縈帶'誤'勞帶'"，《校語》未出校。同卷"王修"，何校本、戴校本、中大本校"修"爲"循"，《校語》未出校。筆者按，戴校本、中大本有校語云："修，宋本誤'循'。"卷上之下"及桓宣城時"，戴校本、中大本校云"城，宋本訛'武'"，《校語》未出校。據此可以推測，孫毓修在整理《校語》時曾有意識地舍去了一些前人認爲是訛誤的湘中本異文。

---

① 佚名本與傅校本基本一致，因此不做重複統計，以傅校本爲准。

② 王利器《世說新語校記》所載湘中本面貌來源有二，即蔣杲校本和孫毓修整理的《校語》。凡依據《校語》者，都不出原書範圍，因此此處不再重複統計，只關注蔣杲校本中所記載的湘中本異文。

再次，因爲校勘者臨録時所據的底本不同，何煌校本、中大本爲嘉靖袁褧嘉趣堂本、傅校本爲萬曆三十七年（1609）周氏博古堂翻刻嘉趣堂本、戴校本爲嘉趣堂系統之外的另一明刻本，《校語》附於《四部叢刊》影印嘉趣堂本之後，《校記》校勘則以尊經閣藏董弅刻本爲底本，而各家都只在湘中本與底本存在歧異時才出校。如卷上之上"負妻子以叛"，各家均校"叛"爲"逃"，惟有戴校本未出校，這是因爲其本原本就作"逃"①。這是很容易理解的現象。

各家校勘雖然各有詳略，但基本可以相互對應，相抵牾的情況很少。卷上之上僅6處，卷上之下僅3處，詳見下表：

	《四部叢刊》本	何煌校本	傅增湘校本	戴熙芝校本	中大藏校本	《世説新語校語》	《世説新語校記》所引蔣杲校本
1	皆多饑死	皆多飢死	皆多餓死	皆多餓死	皆多餓死	無校	無校
2	無所事任	無所仕	無所仕	無所仕	無所仕	無所事仕	無校
3	卧北首	床北首	無校	卧床首	卧床首	卧床首	無校
4	帝外壓疆	帝外壓彊	帝外壓彊	無校	帝外厭彊	帝外厭彊	無校
5	從父率禮	從率禮	從率禮	父率禮	從率禮	從率禮	無校
6	字道興	字道興	字道與	無校（按，底本作"興"）	字道興	無校	無校
7	唯蒸之使	唯烝之使	無校	唯烝之使	唯丞之使	唯烝之使	無校
8	善談玄速	善談玄理（按，底本作"善談玄遠"）	善談玄遠	善談玄遠	善談玄遠	善談玄遠	無校
9	其書二車	與書三車	與書三車	與書一車	與書一車	與書一車	無校

① 在比對異文的過程中，筆者還發現何校本、中大本、《校記》所據底本及《四部叢刊》所收《世説新語》均爲嘉趣堂本，然而它們的文字其實存在些許差異，這反映出嘉趣堂本前後印次之別。比如（卷上之上202）《四部叢刊》本作"聞公喪"，而何校本、中大本及《校記》出文均作"聞公哀"。又如（卷上之下19）《四部叢刊》本"首伏三軍"，《校記》未出校，而何校本、中大本作"首伏二軍"，而校"三"爲"二"。又如卷上之下"少而好問""問"字，何校本、中大本均無校，而《校記》云："'間'作'問'"，是以沈巖所據本作"間"字。嘉趣堂本的這一情況，沈巖已經發現，其跋中云："袁本初印，訛字更多，後刷者得略修校之，十之三四耳。"（《四部叢刊》本卷末）據此，亦可推知沈氏所用乃爲後印本。又，（卷上之下72）"動静有常"之"常"字，何校本、中大本及《校語》出文均作"爲"，而校作"常"；只有《四部叢刊》本作"常"，且有明顯的剗改痕迹。以此而論，《四部叢刊》所據也是後印本。

表中第1、2、5、6、7、8條各家所載異文一致，僅有一家不同。而文字相同的各家來源不盡相同，比如在"皆多饑死"一例中，作"皆多餓死"者既包括源自蔣杲校本的傅校本，也包括來自沈巖校本的戴校本和中大本；在"唯蒸之使"一例中，作"唯烝之使"者包括何煌校本和源自沈巖校本的戴校本和《校語》。據此判斷，當以衆本爲是。

　　而第3、4、9條的情況則比較難判斷。如"臥北首"一例，何校本校"臥"爲"床"，戴校本、中大本、《校語》則校"北"爲"床"。又如"其書二車"一例，何校本、傅校本校作"三車"，而戴校本、中大本、《校記》却校作"一車"。這些文字差異歸屬於兩個不同的來源，因此在獲得其他證據之前，湘中本的面貌只能暫且兩存。

　　此外，偶見將校勘者案斷誤作異文的情形。比如（卷上之上94）"隨侍太子""太"字，傅校本、戴校本、中大本及《校語》皆校作"世"，而何校本則云："太，蔣校改'世'。"考何校本體例，凡湘中本異文，或於字旁、地角標示，或出校云俞氏本作某、宋本作某。而此處却沒有這類内容，也就是説"世"並非湘中本異文。玩味何煌校語，"世"字其實出於蔣杲校改，可能另有依據，也可能僅僅出於己意。諸校本徑校作"世"，則是誤讀蔣校。

　　經過分析，可以判定各家校本所載湘中本信息大體是可信的，舛誤錯漏之處大多可以通過各家對校來剔除、糾正。

七、湘中本的來源與價值

　　上文完成了"復原"湘中本的第一個層面。接下來便是在其基礎上的進一步挖掘，希望通過對彙總所得的湘中本信息與其他早期版本（包括唐抄本、董本及由陸游本翻刻而來的嘉趣堂本）的比較，來探索湘中本的來源，評判其價值。經過比較，最終有如下發現：

　　其一，湘中本與董本面貌較爲接近。

　　從數量上來看，卷上之上湘中本與嘉趣堂本不同處約213處，其中湘中本與董本一致者多達166處，近八成。卷上之下湘中本與嘉趣堂本不同處165處，其中湘中本與董本一致者約96處，也近六成。

　　從異文内容來看，二者在許多具體標志性意義的異文上保持一致。首先是一些重要異文。如卷上之上"夏至北方二萬六千里"①，諸本同，唯董本與湘中

----

　　① 出文依據嘉趣堂本，下同。

本無"二萬"。"玉儀伯",諸本同,唯二本作"王儀伯"①。"自王渾至坦之",諸本同,唯二本"王渾"作"王澤"。

其次,二本文字脱衍訛錯處多有一致。比如卷上之上"潁州許昌人",二本誤"許昌"爲"陳昌"。"東萊掖人",誤"掖"爲"不夜"。"臨海太守",誤"臨海"爲"臨淮"。"祁奚爲中軍尉",誤脱"尉"字。"字君孝吳郡人",誤"吳郡"爲"陳郡"。"尚書右丞",於"右"上誤衍"左"字。"問楊雄李尋李尋對曰",下"李尋"誤作"雄"。"權字道輿",誤"輿"爲"興"。卷上之下"王修",誤作"王循"。"陽夏人",誤脱"陽"字。"及桓宣城時",誤作"及桓宣武時"。再次,在通假字、異體字方面也多有一致。如"默"作"嘿""浮屠"作"浮圖""矢穢"作"屎穢""鬚"作"須""忤"作"忓""雪讚"作"雪讚"。

此外,二本在格式行款上也存在微妙的聯繫。比如嘉趣堂本卷首撰注者分作兩行:"宋臨川王義慶撰""梁劉孝標注",其中"梁"字較"宋"低一格;湘中本與董本也分兩行,但是"梁"字較"宋"低兩格。又如卷中之上"蘇峻既至石頭",何煌校云:"俞氏藏本誤連上。"一般來說,誤連上條通常發生在所據底本中此條與上一條首尾相接的情況下,即上一條剛好排至一行之末,此條接排,故而與之相連。驗之董本,果然如此。這透露出一種可能性:湘中本的底本與董本行款近似。

然而,也須注意到湘中本與董本存在差異。尤其是有些歧異很難用傳刻不慎來解釋。比如卷中之下"常談者見不談也",湘中本正文末有"未幾晏颺皆伏誅"七字。又如卷上之下"遂爲鴻臚丞太子洗馬",董本同,湘中本其下有注"三語掾據《晉書》是阮瞻"九字②。筆者按,此九字小注,是對此條所載阮宣子(阮修)被世人稱作"三語掾"這一史事的考辨。但是從援引《晉書》來看,此九字絕非劉孝標注文,而是後人摻入之語。

其二,與唐抄本具有相同的異文。

唐抄本僅存《規箴》《捷悟》《夙惠》《豪爽》四門中數則,與董本、湘中本、嘉趣堂本互有異同。就異文數量而言,唐抄本與董本一致者最多,湘中本次之。列舉湘中本與唐抄本相同的異文如下:

---

① 按,王利器《世説新語校記》:"袁本、曹本、王本、凌本、補本'王'作'玉',蔣校本、沈校本無校記。案當作'王'。"

② 按,此處孫毓修《世説新語校語》無校,傅校本、戴校本、中大本有校語"三語掾據《晉書》是阮瞻",何校本有校語"'太子洗馬'下俞氏藏本有'三語掾據晉書是阮瞻'九字",由此可確知湘中本面貌。

	唐抄本	董　本	湘中本	嘉趣堂本
1	高平人	高平人	高平人	高尚人
2	故命駕詣丞相翹須屬色上坐	故命駕詣丞相丞相翹須屬色上坐	故命駕詣丞相翹須屬色上坐	故命駕詣丞相丞相翹須屬色上坐
3	將至吳峻密救左右	將至吳密救左右	將至吳峻密救左右	將至吳峻密救左右
4	字公高	字功高	字公高	字功高
5	而乘輿向	而乘輿向	而乘輿向	而乘輿回
6	髣髴	髣髴	髣髴	仿佛
7	"王大將軍年少" 條末無注	無注	無注	有注 "或曰敦嘗坐武昌釣台" 一段
8	好武養士	好武養士	好武養士	好養武士

表中第1、5、6、7、8五條爲唐抄本、董本、湘中本一致，而與嘉趣堂本不同，可作爲湘中本與董本面貌相近、淵源頗深的又一佐證。而第2、3、4三條爲唐抄本與湘中本一致，而與其他版本不同，這反映出湘中本頗有保留古本舊貌之處。

其三，與其他版本相比，湘中本有不少獨特的現象（包括異文、格式等），其中不乏頗具價值者。一類是文字妥當，可能更接近原貌的異文，如以下幾處：

卷上之上 "怪怖其言"，明清以來諸本同，董本作 "堅梯其言"，湘中本作 "驚怖其言"。王利器《校記》考傳世本《莊子・逍遥游》作 "驚怖"，據此，湘中本當是。

卷上之上 "鑿北阬山"，諸本同，湘中本作 "鑿地阬山"。王利器《校記》以湘中本爲是。

卷上之下 "充起家爲尚書"，董本無 "爲" 字，湘中本 "充" 下有 "早知名" 三字、"尚書" 下有 "郎" 字。考《晉書・賈充傳》云 "襲父爵爲侯，拜尚書郎，典定科令，兼度支考課"。據此，以有 "郎" 者爲勝。

卷上之下 "累啓亮爲左丞相非選官才"，諸本同，湘中本 "相" 作 "初"。余嘉錫《箋疏》："晉無左丞相，且安有不可爲吏部尚書而可爲丞相者？'相' 字明是誤字，作 '初' 是也。"

卷中之上 "含字君章，桂陽棗陽人"，諸本同，湘中本 "棗陽" 作 "耒陽"。筆者按，棗陽位於今湖北北部，晉時曾屬義陽郡①，而桂陽位於湖南南部，與棗

---

① （宋）歐陽忞：《輿地廣記》卷八，《士禮居黃氏叢書》影宋本，廣陵書社，2010 年，第 974 頁。

陽地理並不相涉。而耒陽漢以來即屬桂陽郡，至隋始改爲耒陰①。《晉書·羅含傳》即作"桂陽耒陽人"。據此，當以"耒陽"爲是。

卷中之上"泰元二十年九月，有蓬星如粉絮，東南行，歷須女，至央星"，諸本同，湘中本"央星"作"哭星"。筆者按，《宋書·天文志》《晉書·天文志》載此事，文字與此同，唯"須女"作"女虛""央星"作"哭星"，當以"哭星"爲是。

還有一類異文能反映《世說新語》流傳史上的重要問題。上文所引"三語掾據《晉書》是阮瞻""未幾晏颺皆伏誅"兩例便是例子，它們反映出《世說新語》及劉孝標注在流傳中出現的脫漏、竄亂等情況②。另一值得注意的現象是湘中本分卷與董本、嘉趣堂本都不盡相同。卷次分合是《世說新語》流傳史上頗爲重要的一個問題。根據《隋書·經籍志》《舊唐書·經籍志》《新唐書·藝文志》的著錄，《世說新語》（筆者按，著錄書名作《世說》）初爲八卷，稍晚的劉孝標注本分爲十卷。至北宋，則出現兩卷、三卷、八卷、十卷、十一卷之分，其中以十卷本居多，這在汪藻《世說新語敍錄》中有所記載③。南宋以降，三卷本通行於世，董本、嘉趣堂本的底本陸游本、湘中本均作三卷，然而在細節上又各有不同。董本徑分上、中、下三卷，與汪藻《敍錄》所載北宋晁文元家本相同④。陸游本、湘中本在此基礎上每卷析分上下，但中卷析分的方式又有不同：陸游本將《賞譽》從中剖開，以《方正》至《賞鑒》"林下諸賢各有俊才"以上諸條爲卷中之上，以下至《豪爽》爲之下；湘中本則以《方正》《雅量》《識鑒》三門爲卷中之上，而以《賞譽》至《豪爽》六門爲之下。可以看到，至晚在南宋前期，三卷本已具有了相當的影響。與此同時，人們感到每卷內容過多，需要再加析分，於是爲此做了不同的嘗試。三卷本的漸趨普遍與內部的尚不穩定由此可見一斑。

綜合以上信息，湘中本的來源已露出眉目：首先，根據張縯跋文，湘中本的底本爲一部"蜀本"。蜀本的情形今已無考，但大概可以判定它屬於三卷本系統，因爲張縯跋文中並未提到卷帙調整。其次，湘中本與董本面貌同出一源，

---

① （唐）李吉甫：《元和郡縣圖志》卷二十九，中華書局，1983 年，第 705 頁。

② 范子燁曾詳論宋人刪改《世說新語》的情形，主要從早期類書所引《世說新語》，劉孝標注體例，元代劉應登、劉辰翁評語等材料入手。湘中本異文所反映的情況或許也與宋人刪改有關，可作爲此問題的補充。《世說新語研究》第五章《宋人刪改〈世說新語〉問題考論》，黑龍江教育出版社 1998 年版，第 145—206 年。

③ （宋）汪藻：《世說新語敍錄》，影印日本尊經閣藏董弅刻本，文學古籍刊行社，1956 年。

④ 汪藻《敍錄》"三卷本"下注云："晁氏本以《德行》至《文學》爲上卷，《方正》至《豪爽》爲中卷，《容止》至《仇隙》爲下卷。"

面貌較爲接近，但也存在不少差異，各具特點。差異出現的原因，有些是二者在傳刻中發生了訛誤，有些可能是董弅"間有是正"[①]、張縯"因屬文字掾褚君重爲讎校"的結果，然而還有一些則可追溯到二者所據版本的面貌差異。因此，不能簡單地將湘中本視作董本的翻刻本。再次，雖然湘中本訛誤不少，但卻保留了不少古本的信息，應是淵源有自。它與唐抄本殘卷擁有多處共同的獨特異文、不少異文較他本更爲妥當便是明證。

八、結語

宋代是《世說新語》流傳史上的重要時期。在雕版印刷興盛的背景之下，此書從寫本時代進入刻本時代，卷帙、門類、條目及文字得以固定下來，基本形成我們今日所看到的面貌。紹興八年（1138）董本的刊刻是其中具有重要意義的節點。潘建國曾指出此本問世後，"憑藉印本書籍所具有的物理特性，尤其是其文字清晰固定，短時間內可大量複製兩項，異軍突起，逐漸成爲'定本'"，"加上《世說新語》在宋代的另外三次刊刻——紹興末年杭州翻刻本、淳熙十五年（1188）陸游嚴州翻刻本及淳熙十六年（1189）張縯[②]湘中翻刻本，均直接或間接翻刻董本，這進一步放大了董弅本的'定本'效應"[③]。從後世的結果來看，這一說法基本是可靠的。

但隨著對湘中本研究的深入，我們應該看到節點的出現並非單一路徑的結果。

在董本刊刻前後的百餘年間，三卷本可考者計有李氏本、晁文元家本（以上兩種見於《叙錄》）、蜀本、杭州翻刻董本、陸游本、湘中本六種。董弅跋文云："余家舊本蓋得之王原叔（王洙）家，後得晏元獻公手自校本，盡去重複，其注亦小加剪裁，最爲善本云。"據此可知董本刊刻時主要依據爲王原叔本和晏元先本，然而根據《叙錄》的記載，這兩個版本都爲十卷本。那麼，董本分作三卷的做法從何而來？與當時可見的三卷本有怎樣的關聯？限於材料，目前難以對這些問題做出讓人滿意的解答。但湘中本面貌的"復原"卻爲瞭解當時情形提供了更多的綫索。它的刊刻時間雖然晚於董本，但其所蘊含的文獻信息卻可追溯到更早的源頭，可以作爲董本的重要參照。潘建國在考察元至元二十四

---

① 董弅跋云："然字有訛舛，語有難解，以它書證之，間有可是正處，而注亦比晏本時有增損，至於所疑則不敢妄下雌黃，姑亦傳疑，以竢通博。"董跋見於嘉趣堂本卷末。

② 筆者按，"張縯"原文誤作"江演"。

③ 潘建國《〈世說新語〉在宋代的流播及其書籍史意義》，第171頁。

年（1287）刻本時還發現元刻本與湘中本文本面貌極爲相近[①]。這又從側面反映出湘中本在當時的影響。我們或可從更廣闊的視角來考慮《世說新語》在宋代的流傳。其中牽涉的問題甚廣，本文無力展開，希望能盡拋磚引玉之用，引起學界對相關問題的關注。

袁媛：博士，國家圖書館館員

---

① 參見潘建國《〈世說新語〉元刻本考——兼論"劉辰翁"評點實係元代坊肆僞托》。

《明代版刻圖釋》質疑

景新强

　　學苑出版社 1998 年出版的《明代版刻圖釋》一部四大册，是繼潘承弼、顧起潛先生《明代版本圖録初編》之後的又一部大型斷代版本圖録。① 編者《凡例》説："本書是爲研究、查找、鑒定明代版本的圖録性工具書，共輯録明代版本書影近二千幅，涉及版本一千四百餘種。"全書前三册按照版刻年代編列編選，第四册是版畫部分，也是按出版年代編訂。應當説，以版刻時代來認識和把握明代版本的演變、版刻風格變化的内在邏輯，是合理的，有意義的。但是，筆者打開《明代版刻圖釋》第一册，就發現關公秦瓊同台獻藝，不忍卒讀，感覺這實在不是一部可以指導人們"研究、查找、鑒定明代版本的圖録性工具書"，以其指導實踐，只會貽誤版本研究。兹選典型問題七則，並加以討論，行文中以《圖釋》代稱之。

　　1.《圖釋》第一册第 15 頁："《黄太史精華録》八卷，宋黄庭堅撰。明初朱君美刊寫刻巾箱本。四周單欄，白口，單魚尾，半葉九行，行十五字。"

　　此書編列在洪武朝之下，永樂朝之前，以《圖釋》之體例，當爲洪武永樂之際的"明初本"。按《黄太史精華録》一名《精華録》，舊本題宋任淵編，《四庫全書總目》集部別集類存目。館臣提要已詳細辨明此書乃明人朱承爵搜集編

---

　　① 《明代版本圖録初編》，開明書店 1940 年版；近年有國家圖書館趙前先生《明代版刻圖典》，文物出版社 2008 年版。明代斷代版本圖録可見者僅此三種。

次，僞托宋人任淵，書中對於黄庭堅文字的編選並未超出一般傳世集子，且多失當，故而斥入存目。①

《稿本中國古籍善本書目》著録："《黄太史精華録》八卷，宋黄庭堅撰，任淵選。明弘治十六年朱承爵刻本，九行十五字，白口，四周單邊。"②

杜澤遜《四庫存目標注》著録："《黄太史精華録》八卷，舊本題宋任淵撰。……北京圖書館藏明弘治十六年朱承爵刻本，作《黄太史精華録》八卷，題天社任淵選，半葉九行，行十五字，白口，四周單邊。前有任淵序，後有朱承爵跋云：'愚輯其辭而完刻之'。無年月。卷末有'邑人朱君美繕寫'一行。……《存目叢書》據以影印。"③

《圖釋》所選《黄太史精華録》版式爲白版心，單黑魚尾，卷次在上魚尾之下，相當於下魚尾處爲一短横，字體瘦硬，是典型的"嘉靖本"風格，與"明初本"無涉。弘治十六年爲1503年，進入十六世紀後，以江南蘇州地方爲中心，興起了一股翻刻宋元舊本、甚至以宋元舊本體式仿製新書的風氣，即是版本學上所謂"嘉靖本"。趙前《明代版刻圖典》所編選的《古賢小字録》《震澤編》兩書，④就是刊刻於弘治末年的這種風格的本子。

那麽，《圖釋》所選的即是弘治十六年（1503）朱承爵刻本，館臣所見亦爲朱刻本。檢《四庫全書存目叢書》影印本，與《圖釋》所選爲同一版本。按朱承爵（1480—1527），字子儋，江陰人，明代著名藏書家、刻書家。朱刻本卷末的"邑人朱君美繕寫"是寫樣工留名，居然被《圖釋》編者當作出版責任者加以著録，令人啞然。

2.《圖釋》第一册第16頁："《太師誠意伯劉文成公集》二十卷，明劉基撰。明初刊本，四周雙欄，白口，半葉十一行，行二十一字。"

此書編列在洪武朝之下，永樂朝之前，以《圖釋》體例，也應當是洪武永樂之際的"明初本"。按《誠意伯文集》，明劉基撰，《四庫全書總目》集部別集類二十二著録。⑤《藏園訂補郘亭知見傳本書目》著録："《太師誠意伯劉文成公集》二十卷……明隆慶六年謝廷傑、陳烈刊本，十行二十字，白口，四周雙欄，前隆慶六年謝氏序，後又陳氏後序，每卷首次行題'後學麗水何鏜編校'，刊于青田……此本已印入《四部叢刊初編》中。"《藏園訂補》又一部："《重鋟誠意伯文集》二十卷，明成化刊本，十一行二十一字，黑口，四周雙欄，有楊

---

① 《欽定四庫全書總目》，中華書局，1997年，第2365頁。
② 《稿本中國古籍善本書目》，齊魯書社，2003年，第1261頁。
③ 杜澤遜：《四庫存目標注》，上海古籍出版社，2007年，第2503頁。
④ 《明代版刻圖典》，第234、237頁。
⑤ 《四庫全書總目》，第2263頁。

守陳序。"①

《稿本中國古籍善本書目》也著録了四種明刊本，分別是：成化六年（1470）戴用、張僖刻本，十一行二十一字黑口四周雙邊；正德十四年（1519）林富刻本，十一行二十一字黑口四周雙邊；嘉靖三十五年（1556）樊獻科、于德昌刻本，十行二十三字白口四周雙邊；隆慶六年（1572）謝廷傑、陳烈刻本，十行二十三字白口四周雙邊。② 其中隆慶六年刊本就是藏園所指隆慶本。

《圖釋》編選《太師誠意伯劉文成公集》，白口，四周雙邊，十一行，行二十一字，書名在版心上方，上魚尾處是卷次，相當於下魚尾處是頁碼，版心下方有刻工，字體方板僵直，是典型的"嘉靖本"風格。特別是書名跑到版心上方，此種體式正德、嘉靖以上極少見到，目前僅見陝西省社科院藏《大方廣佛華嚴經八十卷普賢品一卷》永樂十七年本者如此。③ 再者，《太師誠意伯劉文成公集》卷首有"後學麗水何鏜編校"銜名，與藏園著録之隆慶本合，版式行款也一致。覆按《四部叢刊初編》影印本，與《圖釋》選印之本完全一致，爲同一版本。即使是不會審驗版刻風格，查此劉基別集編校者何鏜亦可得版本原委，不致大失。按何鏜（1507—1585），字振卿，號賓岩，麗水人，嘉靖二十六年（1547）進士。何以嘉靖間人編校的劉基別集會在洪武、永樂之際刊行？大約因爲劉基是元末明初之大人物，他的集子理應在洪永之際傳世，而想當然定之爲"明初本"。再三，《圖釋》編選的隆慶六年本《太師誠意伯劉文成公集》版心下方還有刻工，以刻工求之版本，也可得真實。凡此種種均不可解，《圖釋》之荒蕪，可見一斑。

又，明刊各本劉基別集存世甚多，《國家珍貴古籍名録圖録》（已出四批）多次著録，各地多館有藏，可覆驗。

3.《圖釋》第一冊第 17 頁："《鄧析子》一卷，周鄧析撰。明初刊本。四周單欄，白口，半葉十一行，行二十一字。"

此書編列在洪武朝之下，永樂朝之前，以《圖釋》體例，也應當是洪武永樂之際的"明初本"。然而此書白口，單黑魚尾，書名在上魚尾之下，相當於下魚尾處是葉次，葉次下接一短橫，無字數刻工，字體僵直瘦硬，乃是典型的"嘉靖本"風格。1920 年代，商務印書館影印《四部叢刊》，子部法家類有《鄧析子》二卷，筆者以《四部叢刊》本與《圖釋》選印書影比對，確乎爲同一版本。而《圖釋》之定爲"明初本"者，乃商務原影印牌記云"上海涵芬樓借江南圖書藏

① （清）莫友芝撰，傅增湘訂補：《藏園訂補郘亭知見傳本書目》，中華書局，1993 年，第 1371 頁。
② 《稿本中國古籍善本書目》，第 1371 頁。
③ 國家圖書館編：《第二批國家珍貴古籍名録圖録》，國家圖書館出版社，2010 年，第七冊，第 126 頁。

明初刊本景印……"。這裏商務印書館把版本搞錯了。

《鄧析子》相傳爲春秋末鄧析所著，但真僞紛爭，身世不明，且向無古本。1921 年夏陳乃乾在上海購得"明刻黑口本"一部，視爲秘笈，立即請人影印一百部，公諸於世。學者胡樸安購得陳氏影印本，經與清末崇文書局本校勘後撰文批評，所謂明刻黑口本並無優長，甚至劣於崇文局本。雙方爲此還多有筆墨往來。此間陳乃乾已經指出，當時涵芬樓影印之《鄧析子》，乃錢塘丁氏藏所謂明初本者，實際是"嘉靖間諸子彙刻本之一種也"。①江南圖書館現爲南京圖書館，此本現藏南圖，實際是嘉靖本，《四部叢刊》之底本。而"黑口本"今天津市人民圖書館藏一部，二卷，十一行十六字，大黑口，②可覆驗。

蹈襲前失，不予別擇，《圖釋》之不識版本者三也。

4.《圖釋》第一冊第 56 頁："《周易傳義》十卷，《上下篇義》一卷，《易圖》一卷，《易五贊》一卷，《筮儀》一卷，《易説綱領》一卷。宋程頤、朱熹撰。明正統十二年司禮監刊本，黑口，雙魚尾，半葉八行，行十三字。"

按明正統十二年（1447）司禮監刊刻儒家《五經》，全用宋元人注本，分別爲：《周易》程朱傳義、《書》蔡沈傳、《詩》朱熹傳、陳澔《禮記集説》、《春秋》胡安國傳，凡八十二卷。均半葉八行，行十四字，趙體字，大黑口，四周雙邊，圓圈句讀，白棉紙；各經前均有奉敕刻書序言冠首。正統十二年（1447）司禮監本"五經"傳世較多，《藏園訂補邵亭知見傳本書目》著錄。③《第二批國家珍貴古籍名錄圖錄》第三冊 297 頁 03196 號《五經八十二卷》，正統十二年司禮監本，中國人民大學藏；各經零種也由《圖錄》多次單獨著錄。西北大學藏一部正統十二年司禮監本《周易程朱傳義》，八行十四字，爲黑口趙體字。經目驗比對，以上諸本"五經"及其零本均爲同一版刷印，確爲正統十二年司禮監本。

但《圖釋》著錄之《周易傳義》與司禮監本完全不同，見圖 1、圖 2。此本版框大小未揭示，半葉八行，行十四字（《圖釋》誤爲十三字），大黑口，雙魚尾順，四周雙邊，字體僵硬方板，審其時代，應在嘉靖之後。明司禮監（内府）刻書，自明初以來一直保持"黑口趙體字"的風格，前期模仿沈度，後期模仿姜立綱，都是從趙體演化而來的所謂"館閣體"，楷書呈圓潤華麗之貌。正統年間的司禮監本，絕對不會出現這種嘉靖本之後纔衍生出來的方正字體。那麼，《圖釋》著錄者到底爲何種版本呢？

《稿本中國古籍善本書目》著錄了包括正統司禮監本在内的多種十卷本《周

---

① 詳見虞坤林《陳乃乾胡樸安與〈鄧析子〉》，《出版史料》，2012 年第 4 期。

② 《稿本中國古籍善本書目》，第 830 頁。

③ 《藏園訂補邵亭知見傳本書目》，第 4 頁、42 頁、58 頁、90 頁、112 頁。

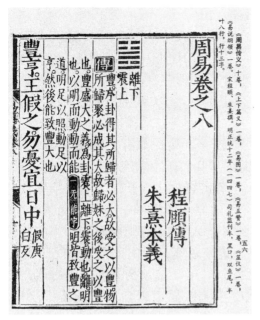

圖一　《明代版刻圖釋》第 56 頁《周易傳義》

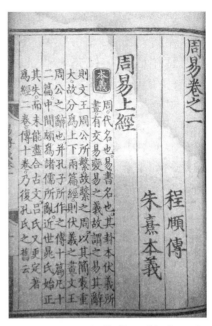

圖二　西北大學藏正統十二年司禮監本《周易傳義》

易傳義》①，《國家珍貴古籍名錄圖錄》均予以攝影著錄。經筆者比對，嘉靖三十五年廣東崇正堂刊本與《圖釋》著錄之本字體版式完全一致，當爲一本，見圖 3。② 此本現藏湖南圖書館，可覆驗。

　　5.《圖釋》第一册第 78 頁："《疊山集》十六卷，宋謝枋 [得] 撰，黃溥編。明景泰四年（1453）黃溥刊本。左右雙欄，白口，單魚尾，半葉十行，行二十字。"

圖三　嘉靖三十五年廣東崇正堂刊本《周易傳義》

---

① 《稿本中國古籍善本書目》，第 11 頁。

② 國家圖書館編：《第四批國家珍貴古籍名錄圖錄》，國家圖書館出版社，2014 年，第二册第 053 頁。

景泰，當然也屬於"明初本"範疇。

謝枋得（1226—1289），字君直，號疊山，別號依齋，信州弋陽（今江西弋陽）人，寶祐四年（1256）進士，南宋愛國詩人，宋亡，居關中，不出仕。謝氏文字身後在元代已經刊行，卷帙未詳，已無元刊本傳世。

現存最早謝集爲明景泰五年（1454）黃溥重編刊本。《藏園訂補郘亭知見傳本書目》著錄："明景泰五年黃溥刊本，十一行二十一字，黑口，四周雙欄，前景泰五年劉儁序，言原雜著、詩六十四卷，藏於家。兵燹無存。御史黃溥輯爲十六卷刻之云云。次景泰四年黃溥序。卷首題'里生潭石黃溥編'，卷一至三詩，卷四之十五文，卷十六附錄。……明嘉靖十六年黃齋賢刻本，十行二十字細黑口，四周單欄，① 前景泰五年劉儁序，卷首仍有'里生潭石黃溥編'一行，從景泰黃溥本出。後有嘉靖十六年黃齋賢重刊後叙。此本已入《四部叢刊續編》。"② 據此，景泰本已非元代舊編，而是黃溥重新編訂的，此後謝集，皆出景泰本。

祝尚書《宋人別集叙錄》著錄："成化二十一年王皋翻刻本，卷數、版式與景泰本同……。嘉靖四年通州刊本，臺北中央圖書館藏，乃嘉靖刊後代修補本。……明刊猶有二卷本、六卷本。嘉靖三十四年，林光祖知廣信府，將是集重加編刻，題曰《新刊重訂疊山先生文集》，凡二卷，有王守元序，是刻仍以黃溥本爲底本……每半葉九行二十字，白口，四周單邊。萬曆三十二年陽羨吳侍御重刻於上饒，前有江西按察副使方萬山序，後有上饒縣吏朱萬春跋。是本釐爲六卷，半葉十行二十字，白口，四周三遍。編次錯忤無序，且有依托之文，校訂似未完善。"③

入清以後，《疊山集》屢有刊刻。《四庫全書總目》著錄《疊山集》五卷本，乃康熙六十年（1721）弋陽知縣譚瑄重訂刊本，正文五卷，附錄一卷，附錄爲庫本刪去。④ 清代諸本還都是從明黃溥本輾轉繁衍的。

如前所述，景泰黃溥本是十一行二十一字，黑口四周雙欄，與《圖釋》著錄版式行款不同。《圖釋》本非景泰本。再者，景泰本爲明初本，其版式字體應爲"黑口趙體字"，《圖釋》著錄本爲白口單黑魚尾，字體方板僵直，是典型"嘉靖本"風格，見圖4。

今《國家珍貴古籍名錄圖錄》著錄了景泰黃溥本⑤和嘉靖三十四年（1555）

---

① 按，此本爲左右雙欄，藏園誤記。

② 《藏園訂補郘亭知見傳本書目》，1262 頁。

③ 祝尚書：《宋人別集叙錄》，中華書局，1999 年，第 1389 頁。

④ 《四庫全書總目》，第 2181 頁。

⑤ 國家圖書館編，《第三批國家珍貴古籍名錄圖錄》，國家圖書館出版社，2012 年，第六册第 135 頁。

林光祖本[①]，《四部叢刊續編》影印了嘉靖十六年（1537）黄齋賢本。經筆者比對，《圖釋》著録之本乃《四部叢刊續編》影印嘉靖十六年黄齋賢本，瞿氏鐵琴銅劍樓舊藏，卷一首頁鈐“鐵琴銅劍樓”陰文印可證，此本現藏國家圖書館，可覆驗。又，此本爲細黑口，《圖釋》著録爲白口，别生枝節。攝取《四部叢刊續編》圖片，只看書上保留有黄溥景泰四年（1453）舊序，就定爲“景泰四年刊本”，而不予覆驗，且涵芬樓影印牌記只説是明刊本，就大膽地認定爲明初景泰原刊，《圖釋》的版本鑒定之功力，令人驚詫。

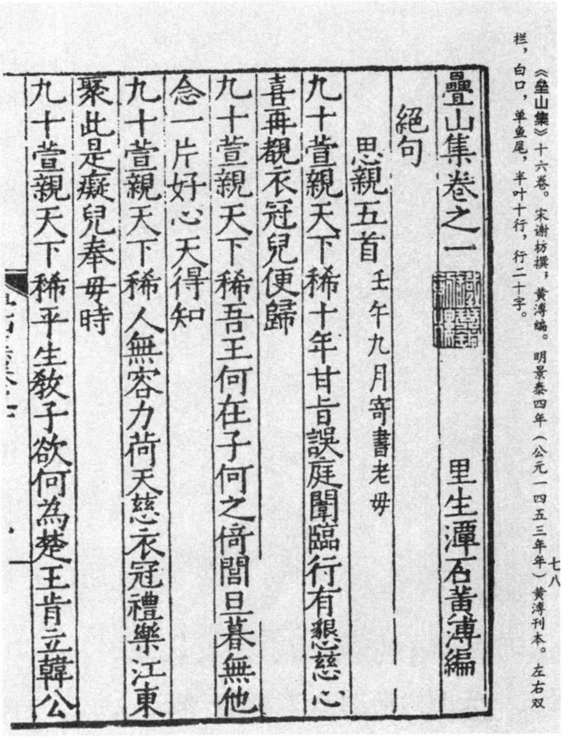
《叠山集》十六卷。宋谢枋撰，黄溥编。明景泰四年（公元一四五三年）黄溥刊本。左右双栏，白口，单鱼尾，半叶十行，行二十字。
七八

疊山集卷之一　　里生潭石黄溥編
絶句
思親五首　壬午九月寄書老母
九十萱親天下稀十年甘旨誤庭闈臨行有懇慈心
喜再覩衣冠兒便歸
九十萱親天下稀吾王何在子何之倚閭旦暮無他
念一片好心天得知
九十萱親天下稀人無容力荷天慈衣冠禮樂江東
聚此是癡兒奉母時
九十萱親天下稀平生教子欲何為楚王肯立韓公

圖四　《明代版刻圖釋》第78頁著録《疊山集》

6.《圖釋》第一册第81頁：“《御制大明一統志》九十卷，明李賢纂修，萬安等纂。明天順五年（1461）内府刻本。四周雙欄，黑口，雙魚尾，半葉十行，行二十字。版框縱27厘米，横17.3厘米。”

天順，傳統上也劃歸到“明初本”的範疇。規範地講，屬於明前期刻本，與後來正德、嘉靖之新風格相區分也。按，《大明一統志》是明代官修地理總志，由李賢等纂修，成書於天順五年四月，共九十卷。明修官書，理應由内府司禮監刊刻流布。

《藏園訂補郘亭知見傳本書目》著録：“明天順刊本，十行二十二字，大黑口，四周雙欄……；明弘治間閩中慎獨齋刊本，十行二十二字，黑口，四周雙欄；明萬曆十六年楊氏歸仁齋刊本，十行二十二字，黑口，四周單欄。”[②]

《稿本中國古籍善本書目》著録：天順五年内府刊本、弘治十八年（1505）慎獨齋刊本、萬曆十六年（1588）楊氏歸仁齋刊本，均同《藏園》著録。又著録：嘉靖三十八年書林楊氏歸仁齋刻本，十行二十二字，小字雙行同，黑口四周單邊；

① 《第三批國家珍貴古籍名録圖録》第六册，第136頁。
② 《藏園訂補郘亭知見傳本書目》，第360頁。

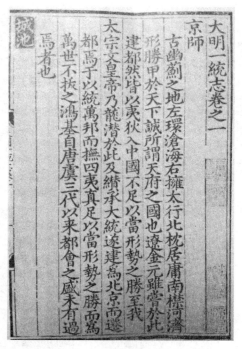

圖五　天順內府刻本《大明一統志》

明萬壽堂刻本，十行廿二字小字雙行同，白口四周單邊；明刻本，十行廿二字，小字雙行同，大黑口，四周雙邊，有刻工。①

以上諸本，除萬曆十六年（1588）楊氏歸仁齋刻本外，都有書影著錄，可以比對。天順五年（1461）內府本在錢存訓《紙和印刷》著錄②，如圖5。如此名著，《圖釋》怎會不查驗？新出《國家珍貴古籍名錄圖錄》也多次著錄，③可據覆驗。審之《圖釋》著錄本和天順內府本，絕非同版。《圖釋》著錄本，應是民間翻刻天順內府本，版式行款全同；揆諸字體，應在明中期，也不是明前期本子。

7.《圖釋》第87頁："《續資治通鑑綱目》二十七卷，明商輅等撰。明成化十二年（1476）內府刊本。前有御制序。四周雙欄，黑口，雙魚尾，半葉八行，行二十字。"

成化也是"明初本"範疇，現在應規範講爲"明前期刻本"。《圖釋》著錄此書藏首都圖書館，有該館隸書朱文方印。

《續資治通鑑綱目》二十七卷，明商輅等奉敕撰，是一部簡略的宋元編年史。《四庫全書總目》云："至商輅等《通鑑綱目續編》，因朱子凡例，紀宋元兩代之事，頗多舛漏。六合之戰，誤稱明太祖兵爲賊兵，尤貽笑千秋。後有周禮爲之作《發明》，張時泰爲作《廣義》，附於條下，其中謬妄，更不一而足。"④

《藏園訂補》著錄："明成化十二年內府本，八行十八字，大黑口，四周雙欄……；弘治間劉氏慎獨齋刊本，十行二十二字，黑口，四周雙欄。"⑤

《稿本中國古籍善本書目》著錄五部：1. 成化十二年（1476）內府刻本，八行

---

① 《稿本中國古籍善本書目》，第 500 頁。

② 錢存訓：《紙和印刷》，李約瑟《中國科學技術史》第五卷《化學及相關技術》第一分冊，科學出版社 1990 年，第 157 頁。

③ 國家圖書館編《第一批國家珍貴古籍名錄圖錄》，國家圖書館出版社，2008 年，第六冊，第 161—162 頁；《第二批國家珍貴古籍名錄圖錄》第五冊，第 178—180 頁；《第三批國家珍貴古籍名錄圖錄》第三冊，第 272—274 頁。

④ 《四庫全書總目》，第 1170 頁。

⑤ 《藏園訂補邵亭知見傳本書目》，第 248 頁。

十八字小字雙行二十一字，大黑口四周雙邊；2. 商輅等撰、周德恭發明、張時泰廣義，弘治十七年（1504）慎獨齋刻本，十行二十二字小字雙行同，四周雙邊黑口；3. 商輅等撰、周德恭發明、張時泰廣義，嘉靖十一年（1532）慎獨齋刻本，十行二十二字小字雙行同，黑口四周雙邊雙黑魚尾；4. 商輅等撰，明刻本，八行二十字不等，小字雙行同，小黑口，四周雙邊；5. 商輅等撰、周德恭發明、張時泰廣義，正德元年（1506）清江書堂刻本，十行二十二字小字雙行同，細黑口，雙邊。①

《國家珍貴古籍名錄圖錄》著録了成化十二年内府本②、弘治慎獨齋本③、嘉靖十年（1531）清江書堂本④。還著録了一個明刻本，卷一首頁並列銜名三行，落款"京兆慎獨齋刊行"，⑤此本半葉十四行，行二十四字，小字雙行二十八字，黑口雙黑魚尾順，四周雙邊，吉林省館藏。審之字體版式，當爲明中葉建陽慎獨齋刻本，所謂"細行密字"者是也。而《稿本中國古籍善本書目》著録之嘉靖慎獨齋本却作"十行二十二字小字雙行同，黑口四周雙邊雙黑魚尾"，行款與此書不同。竊以爲《善本書目》著録有誤，或涉弘治慎獨齋本行款而致誤。故此書當爲嘉靖慎獨齋本。至於正德、嘉靖兩清江書堂本，應是書坊重刻射利。

回到《圖釋》著録之八行二十字本。經筆者與《國家珍貴古籍名錄圖錄》著録成化内府本比對，絕非一版。雖兩書版式行款均同，但内府本是典型的司禮監館閣體楷書，字體挺拔圓潤，墨色濃郁清晰，是典型官書，見圖6。《圖釋》之八行二十字本，字體鬆散，有顏體字的底子，但已經失去元建本顏體字圓活的勁道，變得邋遢了。這是一種所謂"明前期本"的建本，絕非内府本。按商輅

圖六　成化十二年内府刊本《續資治通鑑綱目》

---

①　《稿本中國古籍善本書目》，第 268 頁。

②　《第二批國家珍貴古籍名錄圖錄》，第四册，第 261 頁；《第三批國家珍貴古籍名錄圖錄》第三册，第 064 頁。

③　《第二批國家珍貴古籍名錄圖錄，》第四册第 262 頁；《第四批國家珍貴古籍名錄圖錄》，第三册，第 034 頁。

④　《第二批國家珍貴古籍名錄圖錄》，第四册，第 265 頁。

⑤　《第二批國家珍貴古籍名錄圖錄》，第四册，第 263 頁。

《續資治通鑑綱目》是一部奉敕修撰的官書，成書于成化十二年（1476）十一月十五日。該書前期經歷了景泰帝、英宗天順、憲宗成化三朝，歷時二十二年。[①]書成之後即在內府刊刻，就是上述內府本。《圖釋》著錄本應該是內府本頒行之後，建陽書坊的翻刻本，保留了內府初刊本的行款版式，此本早於弘治慎獨齋本、正德清江書堂本和嘉靖慎獨齋本，也就是《稿本中國古籍善本書目》著錄的八行二十字本"明刻本"。明建本多牌記，但此本惜未保留下刻書牌記，今不知其責任者。《圖釋》所謂書前有"御制序"者，乃是素紙楷書手抄明憲宗御制序，應是從內府本傳抄而來的。試問，哪一個司禮監內府官書的御制序是用素紙手抄編列書前的？如此鑒定版本，荒唐。

綜上所述，《明代版刻圖釋》大概並不明白明刊本字體版式變化的內在規律，往往將嘉靖本當作明初本，明中期建本當作明初本。我們知道，嘉靖本是在明中葉文學復古運動宣導下興起的一股重刊、翻刻宋元舊本的風氣，若把嘉靖本當作宋浙本，還可以諒解，但當作明初本加以著錄，就令人驚異了。版本鑒定，首先要看字體版式紙張風格，從書籍的現有條件入手，得出一個大的範圍認定；第二層次再研讀序跋、內容，核定避諱、刻工、職官、地理等等，綜合審定。不講風格演變規律，因襲舊序舊跋年款，只會魯莽滅裂。茲將問題提出來，請版本界同仁批評指正。

景新強：西北大學歷史系教授

---

① 王秀麗：《明代續資治通鑑綱目研究》，南開大學博士學位論文，2005 年，第 12 頁。

司禮監經廠與明代內府刻書關係辯證

馬學良

明代內府刻書是明代刻書事業中重要的類型之一，在中國雕版印刷史上佔有重要的地位，這是版本學界的共識。但是提到明代內府刻書時，人們往往會反映出明內府刻本除了多用秀美的趙體字，擁有墨色如漆、紙白如玉、開本宏闊、裝幀考究的外在形態之外，所刻圖書品質却並不高的印象。個中原因，就是因爲明代內府刻書主要是由司禮監經廠主其事，而司禮監是宮廷內侍機構，所以內府刻書就是太監刻的書，太監刻的書品質自然不會高。

實際上，明代的內府刻書並非從一而終都是由司禮監經廠負責的，對於明代內府刻書的參與機構，筆者已在《明代內府刻書機構探析》①一文中予以梳理。但是，對於司禮監經廠與明代內府刻書之間的關係，迄今學術界仍有頗多模糊不清乃至完全錯誤的認識，值得專門予以梳理闡明。

一、已往版本學、文獻學著作對司禮監本、
經廠本和明內府本的界定

明代內府刻書是明代刻書事業中重要的類型之一，這是版本學界的共識。

---

① 馬學良：《明代內府刻書機構探析》，《河北大學學報（哲學社會科學版）》2014 年 5 月第 39 卷第 3 期，第 42—46 頁。

因此，幾乎所有的文獻學、版本學著作都會提到明代的內府刻書。但是仔細梳理，就會發現不同的著作之間，對於"內府本"的定義並不相同。

（一）將司禮監經廠刻書完全等同於內府刻書

在古籍版本學界，長期以來，很多學者直接將司禮監經廠刻書等同於內府刻書。如潘承弼、顧廷龍先生《明代版本圖錄初編》云：

> 明內府雕版，閹寺主其事，發司禮監梓之，納經廠庫儲之，凡所刊者即稱之爲經廠本。沿襲既久，莫溯厥源，而內府之名遂微。考之《宮史》①云："經廠祇管一應經書印版及印成書籍，佛藏、道藏、番藏皆佐理之。"集賢宏業，托諸刑餘，傳本當不爲世重。然其書版寬行疏，字大體勁，具有蜀刻遺意。②

這是近現代版本學著作中見到的最早將內府刻書、司禮監刻書、經廠本三者等同起來的，且潘、顧兩位先生特別說明，這種做法由來已久，"莫溯厥源"。尤其值得注意的是，在潘、顧兩位先生的定義中，他們認爲內府刻書將"集賢宏業，托諸刑餘"，導致了內府本不爲世人看重的結果。也就是說，兩位先生認爲內府刻書因爲由太監主持，故而品質不高。

毛春翔先生《古書版本常談》在談到"明刻本"時也說：

> 內府刻書，由司禮監領其事。司禮監，爲明初設置的十二監之一，其地位爲最高，在十二監中，爲第一署，其首長與首揆相等。司禮監設有漢經廠、番經廠、道經廠（見《野獲編》）。漢經廠，專刻本國四部書籍，番經廠所刻，當是佛經之類，道經廠所刻，當是道藏，因此後人稱其刻本爲經廠本。③

南京大學程千帆、徐有富先生所著《校讎廣義》，是文獻學領域的扛鼎之作，分爲版本、校勘、目錄、典藏四編。他們在《版本編》"雕印本的品類"之"經廠本"條云：

> 明內府刻書由司禮監負責，司禮監下設經廠庫……司禮監經廠刻的書被稱爲經廠本。④

---

① 按，《宮史》即明呂毖之《明宮史》。
② 潘承弼、顧廷龍編：《明代版本圖錄初編》，文海出版社有限公司印行，1971 年，第 157 頁。
③ 毛春翔：《古籍版本常談》，上海古籍出版社，2002 年，第 63 頁。
④ 程千帆、徐有富：《校讎廣義·版本編》，齊魯書社，1998 年第 2 版，第 224 頁。

張舜徽先生《中國文獻學》云:

　　明代官刻的書,有內府本,由司禮監領其事。司禮監設有漢經廠、番經廠、道經廠。漢經廠專刻經、史、子、集四部之書,番經廠和道經廠則分刻釋、道二家之書,後人因稱其所刻本爲經廠本。①

孫欽善先生《中國古文獻學》云:

　　內府刻書,由司禮監領其事。司禮監設有漢經廠、番經廠、道經廠(見《野獲編》)。漢經廠專刻本國四部書籍,番經廠所刻,當是佛經之類,道經廠所刻,當是道藏,因此後人稱其刻本爲經廠本。②

武漢大學曹之先生在《中國古籍版本學》第七章"明代刻書"首舉"經廠刻書":

　　明代宮廷設有規模龐大的太監機構,號稱"二十四衙"(十二監、四司、八局)。在二十四衙之中,司禮監掌管宮內儀禮、刑名、內外奏章、書籍名畫等,經廠是司禮監內負責刻印書籍的專門機構。……經廠是明代內府刻書的專門機構。③

嚴佐之先生《古籍版本學概論》一書中,"明代刻本概述"一節云:

　　明代司禮監是皇室內府官署,有太監領導。……永樂時,司禮監設經廠掌刻印書籍之職,故司禮監刻本又稱經廠本或內府本。④

　　持有相同或類似觀點的還有張三夕⑤、向功宴⑥、宋平生⑦、張璉⑧、郭資吟⑨等等。

　　另外,在一些文史類工具書中,也往往將"內府本"與"司禮監本""經廠本"混爲一談。如《古籍知識手冊》對於"內府本"的定義是:"宮廷所刻的書。

---

①　張舜徽:《中國文獻學》,上海古籍出版社,2005 年,第 60 頁。
②　孫欽善:《中國古典文獻學》,北京大學出版社,2006 年,第 83 頁。
③　曹之:《中國古籍版本學》,武漢大學出版社,2007 第 2 版,第 240—246 頁。
④　嚴佐之:《古籍版本學概論》,華東師範大學出版社,2008 年,第 59 頁。
⑤　張三夕:《中國古典文獻學》,華中師範大學出版社,2003 年,第 102 頁。
⑥　向功晏:《明代經廠本淺析》,《故宮博物院院刊》1985 第 2 期,第 41—44 頁。
⑦　翁連溪:《清代內府刻書圖錄》,北京出版社,2004 年,序 2。.
⑧　張璉:《明代中央政府出版與文化政策研究》,潘美月、杜潔祥主編《古典文獻輯刊二編》,花木蘭文化出版社,2006 年,第 17—27 頁。
⑨　郭資吟:《明代書籍出版研究》,臺灣成功大學歷史研究所碩士論文,2002 年。

内府刻書，由司禮監官主其事。"①《文獻學辭典》"内府本"一條則直接參見"經廠本，明代内府刻印的圖書"②。類似的工具書還有《簡明古籍整理辭典》③《新編圖書情報學辭典》④《圖書情報詞典》⑤《圖書館學情報學詞典》⑥等。

以上觀點可以概括爲：明代内府刻書由司禮監主其事，内府刻書等同於司禮監經廠刻書，内府本等同於司禮監刻本或經廠本。這樣定義"内府刻書"較爲狹隘，我們稱之爲狹義的内府刻書。

（二）將所有中央機構刻書總稱爲内府刻書

與狹義的内府刻書相對，李致忠先生認爲中央政府各機關所刊刻的圖書均可稱之爲内府刻書。他在《歷代刻書考述》一書中述及"内府刻書"時稱：

> 封建社會的内府本有特定的含義，這裏爲了叙述方便，把明代中央政府各機關所刻的書一並放在内府刻書中談。⑦

李先生在爲故宮博物院圖書館、遼寧省圖書館編著的《清代内府刻書目錄解題》一書所撰寫的序言中也説：

> 人們説到内府刻書時……把中央各殿、院、司、局，各部、署、監、館等機構所刻之書，統稱爲内府刻書。⑧

在《中國出版通史·宋遼西夏金元卷》一書中，李先生又對内府本的闡釋進一步完善：

> 封建社會的中央官署很多，但並不全部兼事出版。凡有明確官署名稱，又知其曾經出版過什麽書，都標出名稱，具體闡述；祇知道出版過什麽書，而無法考稽其出版官署者，則統歸於内府之下。……奉敕出版而又不確知其爲哪個中央官署所執行的刻書，視爲内府刻書。⑨

---

① 高振鐸主編：《古籍知識手册》，山東教育出版社，1988年，第91頁。
② 趙國璋、潘樹廣主編：《文獻學辭典》，江西教育出版社，1991年。
③ 諸偉奇等編著：《簡明古籍整理辭典》，黑龍江人民出版社，1990年。
④ 張玉鍾等主編：《新編圖書情報學辭典》，學苑出版社，1989年。
⑤ 王紹平等編：《圖書情報詞典》，漢語大詞典出版社，1990年。
⑥ 周文駿主編：《圖書館學情報學詞典》，書目文獻出版社，1991年。
⑦ 李致忠：《歷代刻書考述》，巴蜀書社，1990年，第218頁。
⑧ 故宮博物院圖書館、遼寧省圖書館編著：《清代内府刻書目錄解題》，紫禁城出版社，1991年，序2。
⑨ 李致忠：《中國出版通史·宋遼西夏金元卷》，中國書籍出版社，2008年，第55—56頁。

這一觀點抓住了"內府刻書"爲"奉敕出版"這一屬性特徵，故較之《歷代刻書考述》中對於"內府刻書"的定義指向性更爲具體。但是總的來説，李先生對於"內府刻書"的定義較之狹義的內府刻書寬泛了很多，認爲中央官署刊刻的圖書均可稱之爲內府刻書。

（三）認爲司禮監經廠刻書與內府刻書既有聯繫又有區別

還有一些學者對於內府刻書的定義介乎廣義與狹義之間。如張秀民先生在《中國印刷史》中寫道：

> 洪、永時所謂"制書"，在永樂未遷都前，均在南京宮廷內府刊行，稱"內府本"。……永樂七年命司禮監刊印《聖學心法》，也稱內府本。後來司禮監經廠本之名大著，遂掩內府本之名。[①]

可見，張先生注意到司禮監並非內府刻書唯一的承擔機構。遺憾的是，張先生並沒有對內府刻書進行總的概括並定義。

黃永年先生也注意到了明代內侍太監掌權是一個逐漸發展的過程，對"明內府雕版，閹寺主其事"[②]的説法予以辨證，他説："（成祖靖難）以後纔有內府本由司禮監刊刻、下屬經廠庫存儲書版並印行之事。"因此，洪武年間在南京刊刻的書籍與宦官没有關係，祇能稱爲"內府本"，而不能稱爲"經廠本"，如《元史》《回回曆法》《華夷譯語》《大明律》《大明集禮》《大誥》《大誥續編》《大誥三編》《大誥武臣》《孟子節文》等等。因此，黃先生避開刻書機構，從屬性角度對內府刻本進行了定義，認爲："內府本就是皇家的刻本。"[③]南炳文、何孝榮兩位先生對內府刻本的界定與此相類似，認爲"內府刻本指宮廷刻書"[④]。

上述三種觀點相較：狹義的內府刻書定義注意到了明代內府刻書主要由司禮監下屬機構經廠主要負責的事實，將內府刻書與司禮監刻書、經廠刻書完全等同起來，忽視了內府刻書的承擔機構不僅僅是司禮監經廠這一史實，失之於窄。廣義的內府刻書抓住了內府刻書爲皇帝敕命刊刻這一特徵，將中央各機構所刻之書均視爲內府刻書。但是有明一代刻書事業極其發達，中央各部、院、監等機構出於自身業務需要，經常有刻書之舉，這些書顯然與傳統意義上的內府刻書不是同一屬性，故失之過寬。事實上，在《中國古籍善本書目》這樣較爲權威的古籍書目著録中也没有將所有的中央官署刻書統稱爲內府本，而是保

---

① 張秀民：《中國印刷史》，浙江古籍出版社，2006 年，第 237—242 頁。
② 潘承弼、顧廷龍編：《明代版本圖録初編》，文海出版社有限公司，1972 年，第 157 頁。
③ 黃永年：《古籍版本學》，江蘇教育出版社，2009 年，第 111 頁。
④ 南炳文、何孝榮：《明代文化研究》，人民出版社，2006 年，第 372—373 頁。

留了 "國子監本"① "禮部刻本"② "兵部刻本"③ 的名稱。綜合已有觀點,相對而言,黃永年、南炳文等人的觀點吸取了廣義跟狹義兩種觀點之長,對於內府本的定義更爲貼切。

二、司禮監經廠與明代內府刻書的關係

如前所述,"司禮監本""經廠本"與"內府本"互相混淆,早在潘承弼、顧廷龍兩位先生所處的民國期間已經"沿襲即久,莫溯厥源"了。那麼,司禮監經廠與明代內府刻書之間的關係到底如何?在明代內府刻書中發揮了怎樣的作用呢?

(一)司禮監的建制與刻書活動

要弄明白司禮監與內府刻書的關係,我們首先要明白司禮監作爲內侍機構,並不是伴隨著明朝的建立而產生的。洪武十七年(1384),明太祖朱元璋更定宮官六尚局及內官諸監庫局品秩,始置司禮監,定其職責爲"掌宮廷禮儀。凡正旦、冬至等節,命婦朝賀等禮,則掌其班位儀注,及糾察內官人員違犯禮法者"④。洪武二十八年(1395),再次對宦官機構做了調整,司禮監職掌範圍改爲:"掌婚喪祭禮儀、制帛與御前勘合、賞賜筆墨書畫、並長隨當差內使人等出門馬牌等事,及光祿司供應諸筵宴之事。"⑤ 這次職能調整後,司禮監雖然增加了"賞賜筆墨書畫"這樣的文化管理功能,但是仍不包括刊刻圖書之職。

司禮監參與內府刻書,始於永樂七年(1409)。據《明太宗實錄》記載:

永樂七年二月……上出一書,示翰林學士胡廣等,曰:"古人治天下,皆有其道。雖生知之聖,亦資學問。由唐虞至宋,其間聖賢明訓,具著經傳。然簡帙浩繁,未易遽領其要。帝皇之學,但得其要,篤信而力行之,足以爲治。皇太子天下之本,於今正當進學之時,朕欲使知其要,庶幾將來太平之望。秦漢以下,教太子者多以黃老申韓刑名術數,皆非正道。朕間因閒暇,采聖賢之言若執中建極之類,切於修身齊家治國平天下者,今已成

---

① 中國古籍善本書目編輯委員會編:《中國古籍善本書目·史部》,上海古籍出版社,1989年,第6頁。
② 同上,第639頁。
③ 同上,第1329頁。
④ 《明太祖實錄》卷一百六十一。
⑤ 《明太祖實錄》卷二百四十一。

書，卿等試觀之。有未善，更爲朕言。"廣等遍覽畢，奏曰："帝王道德之要，備載此書，宜與《典》《謨》《訓誥》並傳萬世，請刊以賜。"上曰："然。"遂名《聖學心法》，命司禮監刊印。

這是迄今所知司禮監負責明代內府刻書的最早記載。此後，司禮監開始逐漸參與到內府刻書活動中來，承擔起接受皇帝敕命、刊刻圖書的責任。如，正統十二年（1447），司禮監奉命刊刻了《五經》《四書》，卷首有敕書（見書影一）一道，云：

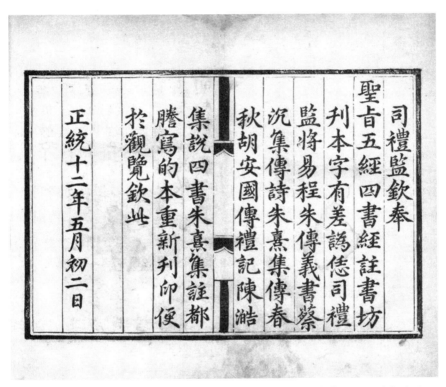

圖一　正統十二年（1447）司禮監刻《五經》《四書》卷端刊書咨文

　　司禮監欽奉聖旨：《五經》《四書》經注，書坊刊本，字有差譌。恁司禮監將《易》程朱傳義，《書》蔡沈集傳，《詩》朱熹集傳，《春秋》胡安國傳，《禮記》陳澔集説，《四書》朱熹集注，都謄寫的本，重新刊印，便於觀覽。欽此。正統十二年五月初二日。

　　從這道聖旨可知，司禮監不但奉命刊印了《五經》《四書》，連謄寫底本的工作，也是由其完成的。

　　正德九年（1514），明武宗敕命司禮監刊刻了《少微資治通鑑節要》。卷端

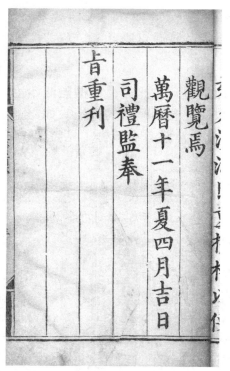

圖二　萬曆十一年（1583）《諸儒箋解古文真寶》卷前御製序末刊書咨文

《御製重刊少微資治通鑑節要序》云：

　　近偶檢《少微節要》，悦之。其書首載帝王之事，本諸經者爲多。諸史則表、志、序、贊及諸儒議論音注，或總類於一代之終，或附著於各事之下，詳不至泛，略不至疏，一開卷間，首尾俱見，蓋讀史者之捷徑也。前日《纂要》[①] 之修，亦備採擇，第歲久字畫間有模糊，因命司禮監重刻之。又附《宋元節要續編》於其後。

　　另，萬曆三年（1575）内府刻本《新校經史海篇直音》卷端有雙行牌記："萬曆三年四月十七日司禮監奉旨重刊"；萬曆三年内府刻本《洪武正韵》卷端"洪武正韵序"之後有"萬曆三年四月十七日司禮監奉旨重刊"咨文一道；萬曆十一年内府刻本《諸儒箋解古文真寶》卷端"重刊古文珍寶跋""御製重刻古文珍寶前序"之後有"司禮監奉旨重刊"字樣（見書影二）。這三種書是萬曆年間皇帝敕命司禮監刊刻圖書之證。

（二）司禮監經廠在内府刻書中的作用

　　司禮監經廠也不是司禮監的原設機構，而是司禮監刊刻圖書職能逐步發展的結果。關於司禮監經廠設置的具體時間，《明實錄》失載。清人朱一新《京師坊巷志稿》引《燕都游覽志》云：

　　大藏經廠，司禮監之經廠也。……《燕都游覽志》：藏經廠碑記言："廠隸司禮監，寫印上用書籍，製造敕龍箋。藏庫則堆貯經史文籍，三教番漢經典，及御製御書詩文印板。建自正統甲子，歷嘉靖戊午，世宗造元都宫殿，將本廠大門拆占。隆慶改元，元都拆毀，其後内監展拓舊基，重加修飭，始萬曆三年二月，落成於五月。"[②]

---

① 按：《纂要》，即成書於正德二年（1507）的《歷代通鑑纂要》。
② （清）朱一新：《京師坊巷志稿》，北京古籍出版社，1982年，第47頁。

正統甲子即正統九年（1444）。從這段話中我們可以看出，經廠建立後，其主要職能有三：第一，負責刊印皇帝御用書籍；第二，負責印刷御用箋紙；第三，負責保管書板及印製好的書籍。

關於司禮監經廠在明代內府刻書中所起到的基本作用，筆者認爲明末太監劉若愚《酌中志》也做了客觀詳實的交代，該書《內板經書紀略》云：

> 凡司禮監經廠庫內所藏祖宗纍朝傳遺秘書典籍，皆提督總其事，而掌司、監工分其細也。自神廟靜攝年久，講幄塵封，右文不終，官如傳舍，遂多被匠夫廚役偷出貨賣。柘黃之帖，公然羅列於市肆中，而有寶圖書，再無人敢詰其來自何處者。或占空地爲圖，以致板無曬處，濕損模糊，甚致劈爇以禦寒，去字以改作。即庫中見貯之書，屋漏汜損，鼠齧蟲巢，有蛀如玲瓏板者，有塵黴如泥板者。放失虧缺，日甚一日。若以萬曆初年較，蓋已什減六七矣。既無多學博洽之官綜核齊理，又無簿籍數目可考以憑銷算。蓋內官發迹，本不由此，而貧富升沉，又全不關乎貪廉勤惰。是以居官經營者，多長於避事，而鮮諳大體，故無怪乎泥沙視之也。然既屬內廷庫藏，在外之儒臣又不敢越俎條陳，曾不思難得易失者，世間書籍爲最甚也。……此皆內府有板之書也。……按現今有板者譜列於後，即內府之經書則例也①

可見，保存內府刻書板片，是司禮監經廠的重要職責之一。劉氏稱司禮監經廠庫所藏"祖宗纍朝傳遺秘書典籍"爲"有板之書"，實際上是司禮監經廠庫現有的圖書板片，而並非印成的書籍，其計量單位以"葉"計即可證明所計乃書版而非成書，一葉即一塊書板。

在劉若愚開列的一百六十餘種書籍板片中，不僅包刻了歷代司禮監所刊刻的書板，還包括了由禮部負責刊刻的《五經四書大全》《性理大全書》《明倫大典》以及工部負責刊刻的《五倫書》等圖書的板片。也就是說，明代各個機構奉敕負責刊刻的書籍，在鏤板完成以後，書板都要交由內府管理。於此，《明實錄》中也有相應的記載：

> 成化十三年冬十月乙未……南京欽天監監副貝林等奉敕修《大統曆》《回回曆》成，刊印進呈。上曰："禮部移其文，令以刊板送京。"②

弘治年間，內閣大學士丘浚奏曰：

---

① （明）劉若愚：《酌中志》卷十八《內板經書紀略》，北京古籍出版社，1991 年第 157—158 頁。
② 《明憲宗實錄》卷一百七十一。

我太祖高皇帝聖德神功，超出萬古帝王之上。御極三十年，多有製作，皆出自宸裏御札，非若前代帝王假手詞臣之比也。今頒行天下者，惟《皇明祖訓》《大誥》三編、《大誥武臣》《資世通訓》，《御製詩文》雖已編類，刻板藏在内府，天下臣民得見者尚罕。①

　　可見，各刻書機構在奉敕刻書雕版工作完成後，確實是要將書板交往内府管理的，甚至宮廷對於皇帝敕命刊刻的圖書板片的管理要早於司禮監經廠的成立，在洪武時期已經形成。

　　據萬曆十五年（1587）内府刻本《大明會典》②記載：嘉靖十年（1531），皇帝命工部協同司禮監清查軍民匠役，革去老弱病殘、有名無實者之外，最後額定司禮監所屬工匠 1583 名。其中包括：箋紙匠 62 名，表褙匠 293 名，折配匠 189 名，裁曆匠 81 名，印刷匠 134 名，黑墨匠 77 名，筆匠 48 名，畫匠 76 名，刊字匠 315 名，木匠 71 名。與此形成鮮明對比的是，由司禮監負責掌管的其他工匠，如鐵匠、瓦匠、油漆匠、裁縫匠、鎖匠、氈匠、銼磨匠等匠種，多則一二十人，少則僅一人。顯然，司禮監的刻書功能在嘉靖時期得到了極大的强化，不但從業人數衆多，與刻書相關工匠總計達到了 1346 名，占司禮監匠人總數的 85%，而且分工細緻，幾乎囊括了從插圖、刊刻、刷印、配頁、裝幀等一整套完整的圖書生產過程，儼然已經是一個專業化的印刷廠了。

　　綜上所述，司禮監經廠作爲明代宮廷內部專門負責圖書事務的機構，其主要職責就是奉命刊刻圖書、統一保管皇帝敕命刊刻的書板以及刻成圖書的刷印、裝訂等工作。

　　但是，不容我們忽視的是，由宮内專門機構（最早爲內官監，後爲司禮監經廠）負責統一保管書板、刷印成書，確實是明代內府刻書的顯著特徵之一。而那些雖然也是皇帝敕命刊刻，但書板不存儲於內府的，則一般不稱之爲內府本。比如國子監所刻諸書，也往往是受皇帝敕命刊刻的，但是書板就在國子監，圖書的刷印、使用俱歸國子監負責，故版本學上稱之爲國子監刻本。

三、過去對經廠刻書的誤解

　　司禮監經廠作爲明代內府刻書的主要負責機構，其負責刊印的圖書多達320 餘種，内容廣涉經史圖籍、佛道二藏，在中國雕版印刷史上留下了版本特

---

　　① 《明孝宗實錄》卷六十三。

　　② （明）申時行、趙用賢纂修：《重修大明會典》卷一百八十九，國家圖書館藏明萬曆十五年内府刻本。

色鮮明的明代内府本。但是，也正是因爲内府本出身由太監掌管的經廠，導致世人長久以來對明代内府刻本存在的誤解始終難以消弭。

（一）經廠刻書並非内府刻書品質的決定性因素

世人對内府刻本最大的誤解，莫過於認爲内府刻書由太監負責，疏於校勘，品質不高。爲了説明明代内府刻書的品質其實與司禮監經廠没有必然關係，筆者曾撰有《明代内府刻書機制考論——以敕纂修圖書爲中心》[①]一文，從圖書編纂學的角度明確了明代内府刊刻敕纂修圖書活動是"從組織纂修隊伍，到皇帝審定圖書，再到寫書上板、印刷裝幀，最後由皇帝詔准發行的一個完整而嚴密的流程。"並通過對刻書機制和刻書流程的考證，司禮監經廠的太監在整個刻書過程中祗起到了書版刊刻、管理以及圖書刷印、裝幀以及偶爾手書上板的職責，這些内容與内府刻書品質關係不大。

（二）漢經廠、番經廠、道經廠並非司禮監經廠之下屬刻書機構

關於司禮監與明代内府刻書，還有一個問題需要特別申明：司禮監的刻書機構即經廠（亦稱"大藏經廠"）與漢經廠、番經廠、道經廠完全没有隸屬關係，後者也並不是司禮監經廠的具體刻書機構。近人毛春翔據《萬曆野獲編》司禮監設有漢經廠、番經廠、道經廠，推論出"漢經廠，專刻本國四部書籍，番經廠所刻，當是佛經之類，道經廠所刻，當是道藏，因此後人稱其所刻本爲經廠本"[②]。毛氏之説，出自明沈德符《萬曆野獲編補遺》卷一"内府諸司"條，原文如下：

> 内宫十二監、四司、八局，總謂之二十四衙門。俱在禁地。惟浣衣局則在皇城之外爲異耳。又有寶抄局今稱司。此外則有鞍轡局。内承運庫、供用庫、司鑰庫、贓罰庫、甲乙丙諸庫。内靈台御酒房、彈子房、牲口房、刻漏房、更鼓房、甜食房、漢經廠、道經廠、盔甲廠、王恭廠。[③]

《萬曆野獲編》所記僅羅列機構名稱，並未説明内府諸司的職責所在。毛氏的推論純屬望文生義，然此説貽誤頗深，甚至連黃永年[④]、趙國璋、潘樹廣[⑤]、瞿

---

① 馬學良：《明代内府刻書機制考論——以敕纂修圖書爲中心》，《河北大學學報（哲學社會科學版）》，2015 年第 3 期，第 86—92 頁。

② 毛春翔：《古籍版本常談》，上海古籍出版社，2002 年，第 63 頁。

③ （明）沈德符：《萬曆野獲編》，中華書局，1959 年，第 811—812 頁。

④ 黃永年述，曹旅寧記：《黃永年文史十五講》，中華書局，2011 年，第 57 頁。

⑤ 趙國璋、潘樹廣主編：《文獻學辭典》，江西教育出版社，1991 年，第 581 頁。

冕良^①、孫欽善^②、翁連溪^③、陳正宏、梁穎^④、周心慧^⑤等一批專治古籍版本學的學者都被此說蒙騙採信，以致以訛傳訛，愈演愈烈。

其實，劉若愚在《酌中志》中對三經廠及其用途做了詳細的交代：

> 漢經廠。釋典具宗教兩門，而誦經持咒、勸化群生，此度世津梁，必不可缺者。我二祖列宗成多御製序文，隆重佛典。自宮壼、藩封以及學士大夫，近而村里，遠則邊塞，罔不藉佛力以寓勸化，布經典以堅款貢。神廟在宥，孝侍兩宮聖母。琳官梵剎，遍峙郊坼；丹錄梵文，無遠弗屆。皇城內設漢經廠，內臣若干員。每遇收選官人，則撥數十名習念釋氏經懺，其持戒與否，則聽人自便……

> 番經廠。念習西方梵唄經咒，宮中英華殿所供西番佛像，皆陳設近侍司其香火。其隆德殿、欽安殿香火，亦各有所司也。凡做好事，則懸掛幡榜，惟此廠仍立監齋神於門旁。本廠內官皆戴番僧帽，穿紅袍，黃領黃護腰，一永日或三晝夜圓滿……

> 道經廠。演習玄教諸品經懺。凡建醮做好事，亦於隆德殿、欽安殿張掛幡榜，穿羽流服色。而雲璈清雅，儼若仙音。……^⑥

顯然，所謂的漢經廠、番經廠、道經廠並非刻書場所，而是皇室成員做法事的地方。準確而言，漢經廠內供漢傳佛教做法事，番經廠供藏傳佛教做法事之用，而道經廠是供道家做法事之用。就地理位置而言，負責刻書的司禮監經廠在西安門內，而番經廠、漢經廠在北安門內向東偏南，二者遙遙相對，並非一處^⑦。

四、結論

通過對司禮監經廠與明代內府刻書關係的剖析，可以得出兩個方面的認識：第一，司禮監、經廠的建立有一個先後漸進的過程，並非伴隨明朝的建立

---

① 瞿冕良編著：《中國古籍版刻辭典（增訂本）》，蘇州大學出版社,，2009 年，第 594 頁。

② 孫欽善：《中國古文獻學》，北京大學出版社，2006 年，第 83 頁。

③ 翁連溪：《明代司禮監刻書處——經廠》，《紫禁城》，1992 年第 3 期，第 22 頁。

④ 陳正宏、梁穎編：《古籍印本鑒定概說》，上海辭書出版社，2005 年，第 27 頁。

⑤ 周心慧主編：《明代版刻圖釋》附《明代版刻述略》，學苑出版社，1998 年，第 5 頁。

⑥ （明）劉若愚：《酌中志》，北京古籍出版社，1994 年，第 116—121 頁。

⑦ 按：關於司禮監經廠與漢經廠、番經廠、道經廠的位置，可參見《酌中志》卷十七《大內規制紀略》。（明）劉若愚：《酌中志》，北京古籍出版社，1994 年，第 135—142 頁。

而設置的，而內府刻書基本與明代建立同步，所以不但內府刻書、司禮監刻書、經廠刻書並非完全對等的概念，不能互相混淆，而且經廠刻書晚於司禮監刻書，二者之間同樣不可完全等同。

第二，在明代內府刻書的整體過程中，司禮監經廠所起到的作用更像今天出版活動中印刷廠的角色。一類出版物的性質，顯然不能由它是哪個印刷廠印刷的來決定，而應由圖書出版的決定者和圖書發行者來予以考量。因此，筆者認爲明代內府刻書是指奉皇帝敕命或爲滿足皇家使用，明代中央官署或宮內機構負責刊刻，書板統一交由宮內相關機構刷印、裝訂、保管，最後由皇帝詔准頒行的刻書活動。簡言之，明代內府刻書就是明代皇家的刻書。內府刻書不僅包括司禮監經廠所刊刻的圖書，也包括皇帝敕命其他機構刊刻的圖書，司禮監刻書衹是內府刻書的重要組成部分。

馬學良：國家圖書館研究院副研究館員

《宣和北苑貢茶録》《北苑別録》版本系統考

董岑仕

　　《宣和北苑貢茶録》《北苑別録》是兩部重要的關於宋代茶事的譜録，作爲今存的帶插圖的宋代譜録，具有很高的文獻價值。學者往往從校勘精良、内容全面的"善本"的角度出發，首肯清代嘉慶年間汪繼壕校注、顧修刊刻的《讀畫齋叢書》本①。然而，以往對於二書的版本梳理，尚缺乏歷時性、整體性的分析；同時，受訪書條件等限制，之前對於《宣和北苑貢茶録》《北苑別録》的版本考察，往往建立在刻本、印本的基礎上，而對明清時期的二書抄本鮮有論及。事實上，《宣和北苑茶録》《北苑別録》在明清兩代，曾以抄本的形式流傳，並在抄校本的基礎上，形成了不同的印本。本文在校勘《宣和北苑貢茶録》《北苑別録》諸抄本、印本的基礎上，全面梳理《宣和北苑貢茶録》《北苑別録》的版本系統、刊刻源流。這一梳理，對思考四庫館《永樂大典》的校勘輯佚本程式、謄抄流程，分析《説郛》版本系統，總結張宗祥《説郛》校本的成書過程與校勘體例等亦可提供一些幫助。

---

①　對於《宣和北苑貢茶録》《北苑別録》二書版本的陳述，代表性的分析包括：（日）天野元之助著，彭世奬、林廣信譯《中國古農書考》（據日本龍溪書舍本 1975 年版譯），農業出版社，1992 年，第 79—81 頁；（日）布目潮渢《〈中國茶書全集〉解説》，布目潮渢編《中國茶書全集》，日本汲古書店，1987 年，第 10—12 頁、第 27—29 頁；譯文收入許賢瑶主編《中國茶書提要》，博遠出版有限公司，1990 年，第 108—111 頁；方健《中國茶書全集校證》，中州古籍出版社，2015 年，第 352—353 頁、第 401—402 頁。

一、《宣和北苑貢茶録》《北苑別録》的編纂、著録、版本

《宣和北苑貢茶録》是熊蕃宣和三年至七年（1121—1125）間所撰的一部記述北宋北苑制度的譜録。此書撰成之後，並未刊刻，其後熊蕃子熊克於紹興二十八年（1158）起攝事北苑，至淳熙九年（1182），熊克續補熊蕃之書，補入了關於北苑團茶形制的圖、熊蕃詩十首，並作跋、刊記，爲第一次刊本①。在此之後不久的淳熙十三年（1186），趙汝礪以爲熊克所輯刊的《宣和北苑貢茶録》未載水數、火候、綱次、品色，遂增補内容，撰成《北苑別録》，詳細記叙了南宋御園、開焙、采茶、揀茶、蒸茶、榨茶、研茶、造茶、過黄的流程，録綱次，記開畣、外焙等。趙汝礪跋語中言"並麗於編末"②，由此可知，淳熙十三年刊行的《北苑別録》，是刊載於《宣和北苑貢茶録》後的合刊本；而趙汝礪稱熊蕃、熊克書爲"《北苑貢茶録》"③，當爲省略年號的簡稱。

歷代目録中，尤袤《遂初堂書目》於"譜録"類著録了"《宣和貢茶録》"④，當爲簡稱。陳振孫《直齋書録解題》於"子部·雜藝"類著録"《宣和北苑貢茶録》一卷。建陽熊蕃叔茂撰，其子克又益寫其形制而傳之。"⑤據著録，此書爲熊克增補後的刊行本；其後，陳振孫又著録了"《北苑別録》一卷。趙汝礪撰。"⑥不過《直齋書録解題》現爲輯本，原先二書是否合爲一條，已不能詳考。《宋史·藝文志》於"子部·農家類"中著録了"熊蕃《宣和北苑貢茶録》一卷"⑦。馬端臨《文獻通考·經籍考》中，抄録《直齋書録解題》中的二書解題，逐書著録於"子部·農家"部⑧。明代正統六年（1441）高士奇編録的《文淵閣

---

① 熊克《宣和北苑貢茶録跋》，熊蕃撰，熊克增補《宣和北苑貢茶録》，《景印文淵閣四庫全書》第 844 册，臺灣商務印書館，1980 年，第 647 頁。

② 趙汝礪《北苑別録跋》，趙汝礪《北苑別録》，《景印文淵閣四庫全書》第 844 册，第 653—654 頁。

③ 趙汝礪《北苑別録跋》，《景印文淵閣四庫全書》第 844 册，第 653 頁。

④ 尤袤《遂初堂書目》著録的書名，此依《説郛》商務本《遂初堂書目》，載《説郛》商務本卷二八，見《説郛三種》第一册，上海古籍出版社，2012 年，第 495 頁。海山仙館叢書本《遂初堂書目》作"《宣和貢茶經》"，有異文，見海山仙館叢書本《遂初堂書目》，影印收入《宋元明清書目題跋叢刊》第一册，中華書局，2006 年，第 493 頁。

⑤ （宋）陳振孫著，徐小蠻、顧美華點校：《直齋書録解題》，上海古籍出版社，2006 年，第 418—419 頁。

⑥ 按，今存《直齋書録解題》爲清代《永樂大典》輯本，"《北苑別録》"條原失輯，此條爲點校者據盧文弨校本補入，見陳振孫著，徐小蠻、顧美華點校《直齋書録解題》，第 419 頁。盧文弨校，實從《文獻通考》所引而來，見後文注。

⑦ （元）脱脱編：《宋史》卷二〇五《藝文四》，中華書局，1985 年，第 5207 頁。

⑧ （元）馬端臨編：《文獻通考》卷二一八《經籍考四十五》，頁七 a，中華再造善本據國家圖書館藏元泰定元年西湖書院本影印，北京圖書館出版社，2005 年。按，馬端臨《文獻通考》引"陳氏曰"中，作"其子克義益寫其形制"，"義"當作"又"，或形近誤作"乂"，而刻板时，改宋元俗寫"乂"爲"義"。

書目》在“辰字號大小第二廚書目‧畫譜（諸譜附）”中著録了“《宣和北苑貢茶録》一部一册”[1]。

　　元末明初，陶宗儀編《説郛》時，書中收録了《宣和北苑貢茶録》《北苑別録》。明代藏書家中，往往輾轉傳抄《説郛》，部分藏書目録中整部著録《説郛》，部分目録則採用別裁著録的形式。明代中後期，徐𤊻、祁承𤧚的私人書目中，著録了《宣和北苑貢茶録》《北苑別録》。徐𤊻的《徐氏家藏書目》和《紅雨樓書目》均在“子部‧農圃類”著録了“《北苑貢茶録》一卷。宋熊蕃”“《北苑別録》一卷。宋熊客（按，“克”之音訛）[2]二書。在撰人上，因爲《北苑別録》的《説郛》傳本中存在撰人誤題的現象，故徐氏的藏書當爲《説郛》零本[3]。祁承𤧚《澹生堂藏書目》“子‧小説家‧閑適”下著録“《茶書全集》”一部，並詳載子目，包括“《北苑貢茶録》一卷　熊蕃；熊克《北苑別録》一卷”，此《茶書全集》，當爲萬曆間喻政《茶書》乙本[4]；另外，“子‧小説家‧閒適”下單獨著録了“《北苑貢茶録》一卷”“《北苑別録》一卷”[5]，不著撰人，這兩部單獨著録的書，結合祁承𤧚藏書狀況、《澹生堂藏書目》體例來看，當爲明代抄本《説郛》的別裁著録[6]。在著録時，

---

　　① （清）高士奇等編：《文淵閣書目》，據《讀畫齋叢書》戊集本，影印收入《宋元明清書目題跋叢刊》第四册，中華書局，2006年，第137頁。從現存的四庫全書館的《永樂大典》的二書輯本來看，抄入《永樂大典》的《宣和北苑貢茶録》當爲與《北苑別録》一起連抄的，而《文淵閣書目》與《永樂大典》有密切的關係，由此，《文淵閣書目》中著録的應當爲二書合刊本。

　　② 《徐氏家藏書目》與《紅雨樓書目》爲不同版本系統的徐𤊻藏書目，子目下排序等往往不同，間或有異文。見徐𤊻撰，馬泰來整理《新輯紅雨樓題記‧徐氏家藏書目》，上海古籍出版社，2014年，第299頁；徐𤊻撰《紅雨樓書目》，收入《晁氏寶文堂書目　紅雨樓書目》，上海古籍出版社，2006年，第333頁。

　　③ 徐𤊻曾參與幫助喻政編纂刊刻《茶書》叢書，喻政《茶書》收録《宣和北苑貢茶録》《北苑別録》，分別題熊蕃、熊克撰，與徐氏藏書目合；二書末，各有徐𤊻考證跋語，考證熊蕃、熊克生平。從喻政《茶書》所收跋語、版刻面貌、徐氏書目的撰人著録來看，徐氏藏本當源於《説郛》零本，而喻政《茶書》叢書的底本，極有可能即爲徐𤊻的藏本。

　　④ （明）祁承𤧚撰，鄭誠點校《澹生堂藏書目》，收入《澹生堂讀書記　澹生堂藏書目》，上海古籍出版社，2015年，第475頁。《茶書全集》詳列子目，與今分仁義禮智信五部的喻政《茶書》乙本子目合。

　　⑤ （明）祁承𤧚撰，鄭誠點校《澹生堂藏書目》，收入《澹生堂讀書記　澹生堂藏書目》，第475頁。

　　⑥ 祁承𤧚在《澹生堂藏書目》的“子‧小説家‧説彙”中，著録了《説郛》抄本一部（祁承𤧚撰，鄭誠點校《澹生堂讀書記　澹生堂藏書目》，第453頁），而《澹生堂藏書目》中屢屢將《説郛》的子目別裁著録，間或注“出《説郛》”，而大多不注；《澹生堂藏書目》“閑適”類下別裁著録了其他見於《説郛》明抄本的子目，如“《大觀茶論》一卷”（不著撰人）“朱翼中《酒經》”“李北山《續酒經》一卷”等，結合明代書籍流傳、刊刻情形來看，《大觀茶録》僅《説郛》明抄本中收録，不見於明代其他叢書、刊刻，朱翼中《酒經》的著録，符合明抄本《説郛》中的朱肱《酒經》的撰人題署面貌；李北山《酒經》當爲《説郛》明抄本中李保《續北山酒經》的誤題，“北山”實爲《北山酒經》撰人“朱肱”的號，其誤題，正可證著録源出《説郛》明抄本，而由此可見，《澹生堂藏書目》“子‧小説家‧閒適”中單獨著録不題撰人的《北苑貢茶録》《北苑別録》兩書，亦當是源自《説郛》明抄本的的別裁著録。

徐氏、祁氏都略去年號"宣和"。

《宣和北苑貢茶録》《北苑別録》的宋代淳熙年間刊本今佚。現在的傳本，根據流傳的源流與囊括的內容，可分爲三個系統：

其一爲元末明初陶宗儀編《説郛》的傳本系統（以下略稱此系統爲"説郛本系統"）。這一系統，包括《説郛》的各個明抄本，及以《説郛》明代傳抄本爲底本刊刻的萬曆間喻政《茶書》甲本、喻政《茶書》乙本、《説郛》宛委山堂本、《五朝小説》本、《説郛》商務本①。陶宗儀編《説郛》時，將《宣和北苑貢茶録》《北苑別録》連抄，未題《北苑別録》的撰人，又失載《北苑別録》的趙汝礪跋語，故而從明代中葉起，《説郛》傳抄本系統的各版本中於《北苑別録》的撰人，或闕題，或誤題前書《宣和北苑貢茶録》的增補跋的撰人熊克爲《北苑別録》的撰人，《北苑別録》的作者出現了混淆。

其二爲《永樂大典》本系統。《永樂大典》中抄録了《宣和北苑貢茶録》《北苑別録》，清代四庫全書館在不知《説郛》本存的情況下進行了輯佚，形成了收入《四庫全書》的《永樂大典》輯本系統（以下稱此系統爲"大典本系統"），存世的包括清代翰林院四庫底本、四庫閣本。

其三爲清代嘉慶五年（1800）汪繼壕以閔惇大（號裕仲）傳抄而出的"四庫書寫本"爲底本②，校以《説郛》宛委山堂本③，並加校語、補充注釋後形成的"合流本系統"。此本刻入嘉慶年間顧修編刊的《讀畫齋叢書》辛集（以下簡稱"讀畫齋本"）。《讀畫齋叢書》刻本的汪繼壕校注稿本存，且今存校次前後相繼的兩份稿本，其一爲較早的校稿本，現存南京圖書館，故稱"汪前校稿本"，其二爲較晚的校稿本，且爲讀畫齋本的刊刻用稿本，現存北京大學圖書館，故稱

---

① 另外，清代《四庫全書》中"子部·雜家類"中抄入《説郛》一百二十卷，其底本爲《説郛》宛委山堂本，其中的《宣和北苑貢茶録》《北苑別録》亦屬説郛本系統，鑒於四庫全書的《説郛》的底本明確，屬於《説郛》宛委山堂本衍生而出的抄本，故不納入本文對於版本系統的討論。

② 汪繼壕曾跋《宣和北苑貢茶録》《北苑別録》，其中言"前家君從閔漁仲太史處得四庫書寫本"，即汪繼壕父汪輝祖從閔漁仲處得底本，而閔漁仲其人不詳。南京圖書館藏汪繼壕前校稿本原作"閔裕仲"，後點去"裕"，旁校改作"漁"，北京大學藏汪後校稿本、讀畫齋本均作"閔漁仲"，據南京圖書館稿本的改校信息，疑當作"閔裕仲"，閔惇大，字閔中，號裕仲（一説一字裕仲），歸安人，爲閔鶚元從侄，閔思誠從弟（見戴璐《吳興詩話》卷九、阮元《兩浙輶軒録補遺》卷六），閔惇大曾在四庫館中，"在館十年"，官編修，見中國第一歷史檔案館編《纂修四庫全書檔案》，上海古籍出版社，1997年。另外，傅增湘舊藏的元代陸友《吳中舊事》藍格校本，卷首有"閔裕仲太史手校本"一行，並有"王宗炎萬卷樓藏印"，見傅增湘撰《藏園群書經眼録》，中華書局，1983年，第428頁；（清）莫友芝撰，傅增湘訂補《藏園訂補郘亭知見傳本書目》，中華書局，2009年，第401頁。此"閔裕仲太史手校本"，當與傳抄出《宣和北苑貢茶録》《北苑別録》的"閔（漁）［裕］仲太史"爲同一人。

③ 在汪繼壕校勘記中未明言《説郛》爲何本，但據清代存《説郛》的刻本情況、校勘記中的異文，可知此本爲《説郛》宛委山堂本。

"汪後校稿本"①。汪後校稿本、讀畫齋本中的"提要"保留了"纂修官編修臣鄒玉藻"的一行題署，文津、文淵閣本無，從此行題署可知，四庫館《永樂大典》的輯佚工作，當由鄒玉藻完成②。兩本汪校稿本中保留的汪繼壕校勘記，較讀畫齋本齊備，可以憑校勘記復原閔惇大處抄出的"四庫書寫本"的原貌，復原而出的"四庫書寫本"，則屬於大典本系統。③

《宣和北苑貢茶錄》《北苑別錄》的傳世本的三個系統，所囊括的內容有所不同。

就《宣和北苑貢茶錄》而言，説郛本系統、大典本系統均有熊蕃一篇跋語和熊克的兩篇跋語，但説郛本系統的熊克跋語有刪節。兩個系統的熊克跋語中，均言"先人但著名號，克今更寫其形制，庶覽之者無遺恨焉"④，由此可知，從熊蕃的編定本到熊克的刊刻本，對熊蕃"但著名號"的北苑團茶加入了"寫其形制"的部分。在譜錄中的"寫其形制"的"寫"，既可以指記錄下具體的形制，也可以指寫繪。從大典本系統保留的北苑團茶的圖繪來看，這裏的"寫"是繪圖的意思。《直齋書錄解題》中指出《宣和北苑貢茶錄》包括熊蕃於宣和年間所撰的內容和熊蕃之子熊克增補的"寫其形制而傳之"這兩個部分，大抵是從熊克的跋語中檃括而來。因《説郛》抄本中一般只錄文而不載圖，故大典本系統

---

① 關於此二本的校次問題及後者爲刊刻用稿本的論證等，詳見後文。

② 參見史廣超《〈永樂大典〉流傳與輯佚研究》"鄒玉藻"條，中州古籍出版社，2009 年，第 131 頁。此前的研究中均未注意到讀畫齋本兩個稿本的存在，故均不知"閔漁仲"當作"閔裕仲"，而此本源出館臣閔惇大的錄副本，對於讀畫齋本的源流的判斷、刊刻時校改底本"四庫書寫本"的情形，也未曾關注，故而，史廣超的分析中，對讀畫齋本、文淵閣本的差異的緣由未能有合理的解釋，而文中據舊本誤題，誤認《北苑別錄》的作者爲"熊克"，對四庫本《北苑別錄》的輯錄情況未加詳考，以至於論述中將附入最末的《北苑別錄》誤歸爲《宣和北苑貢茶錄》，以爲"輯本之內容，實際上很大一部分屬熊克所輯《北苑別錄》"，這一判斷不符合四庫館輯本的面貌。另外，鄒炳泰《午風堂叢談》中多談及其參與纂輯《永樂大典》佚書的記載，李國慶、孔方恩《四庫館臣鄒炳泰與〈永樂大典〉》中，曾據之以爲《宣和北苑貢茶錄》爲鄒炳泰所輯，文見《〈永樂大典〉編纂 600 周年國際研討會論文集》，北京圖書館出版社，2003 年，第 185 頁、188 頁。鄒炳泰輯此書的說法不確，史廣超已辨。

③ 另外，南京圖書館存一部清抄本，用紅格四周雙邊稿紙，版心書"欽定四庫全書"字樣，用半葉八行、行二十一字的四庫本格式膳錄，無提要，無鈐印，據文字內容來看，抄本的底本爲讀畫齋本，書中有"繼壕按"等校語、注語，但無讀畫齋本的汪繼壕跋。從南京圖書館多丁氏兄弟藏書來看，此抄本疑原爲文瀾閣抄補之用，（今存的文瀾閣抄本亦爲丁氏補抄本，）但可能種種緣故，導致最後未將此抄本放入文瀾閣中。從內容來看，此本的底本明確，從讀畫齋本衍生而出，故不放入討論範圍。

④ 熊克《宣和北苑貢茶錄跋》，大典本系統，見《景印文淵閣四庫全書》第 844 冊，第 647 頁；説郛本系統，見《説郛》商務本卷六十，陶宗儀等編《説郛三種》第一冊，第 915 頁。

的茶圖在説郛本系統闕佚。另外，這篇跋語中，大典本系統有“先人又嘗作《貢茶歌》十首，讀之可想見異時之事，故並取以附於末”①一句，指《宣和北苑貢茶録》大典本系統在卷末所增入的熊蕃的《御苑採茶歌》十首；此句，在説郛本系統中均不見，或爲陶宗儀編《説郛》時因内容的删節而帶來的跋語的删節。《説郛》明抄本的多個版本及商務本書名下注有“一卷全”，依陶宗儀《説郛》通常體例，注“一卷全”當爲全書的抄録，然而，《説郛》抄本中的内容實有缺。另外，大典本的茶圖僅載圈模的材質，而無團茶的尺寸，説郛本系統則記録了團茶的尺寸。

《北苑别録》附載於《宣和北苑貢茶録》之後，作者署名問題，與傳本的系統所收的内容關係密切。説郛本系統包括《北苑别録》序和正文部分，《北苑别録》序不署名，而《説郛》的明代抄本、明末清初宛委山堂刻本中，對於這部《北苑别録》的撰人，有不署名與署熊克二説；大典本系統包括《北苑别録》序、正文及趙汝礪跋一篇。説郛本系統、大典本系統的序、正文大體相同，而大典本系統較之説郛本系統所多的跋語一篇，跋語中完整保留了《北苑别録》的編纂緣起、編纂過程及撰作年月的信息，並署“淳熙丙午孟夏望日，門生從政郎福建路轉運司主管帳司趙汝礪敬書”②，可以明確瞭解到此書實爲趙汝礪所編，亦與陳振孫《直齋書録解題》中著録相合，但因爲《永樂大典》一直藏於宮禁而明至清初的傳本均從缺趙汝礪跋的《説郛》抄本而來，故清代乾隆以前的傳抄本、刻本，《北苑别録》的撰人題署，往往多有問題。大典本輯出後，《北苑别録》往往改題趙汝礪撰③。

大典本系統爲纂修官鄒玉藻在不知《説郛》本存的情況下所輯，今存《永樂大典》殘卷中未見此二書引文。整體上，説郛本系統、大典本系統的正文文字、次第大體相同，參考《永樂大典》現存殘卷内容來看，可能是《永樂大典》中，從頭到尾連抄了《宣和北苑貢茶録》《北苑别録》二書。唯熊克增繪的團茶圖樣三十八幅，在説郛本系統各本第三十六條均作小鳳，第三十七條均作大龍，而大典本系統此二條分别爲大龍、小鳳，前後次第相反；具體的如團茶圈模的材質，兩個系統的具體條目有異文；大典本系統文中保留的夾注，要多於説郛本系統。

梳理説郛本系統、大典本系統的《宣和北苑貢茶録》《北苑别録》的内容情況如下表所示：

---

① 熊克：《宣和北苑貢茶録跋》，《景印文淵閣四庫全書》第 844 册，第 647 頁。

② 趙汝礪：《北苑别録跋》，《景印文淵閣四庫全書》第 844 册，第 654 頁。

③ 如後出的《説郛》商務本的《北苑别録》，在不載趙汝礪跋、明抄本均不題趙汝礪撰的情況下，改題爲“趙汝礪撰”。

内　　容		大典本系統	説郛本系統	合流本系統
《宣和北苑貢茶錄》熊蕃本	正文（含熊蕃跋）	有	有	有
《宣和北苑貢茶錄》熊克淳熙九年增補內容	團茶圖樣	有	無	有
	團茶圈模	有	有	有
	團茶尺寸	無	有	有
	次第（三六、三七）	大龍、小鳳	小鳳、大龍	大龍、小鳳
	熊蕃《御苑採茶歌》	有	無	有
	熊克跋（二篇）	有	有	有
《北苑別錄》趙汝礪淳熙十三年編	序（無署名）	有	有	有
	正文	有	有	有
	趙汝礪跋	有	無	有

二、説郛本系統版本述略：

1. 説郛本系統版本面貌：

説郛本系統主要包括《説郛》傳抄本，及以《説郛》傳抄本爲底本刊印的各版本。陶宗儀《説郛》中抄錄的《宣和北苑貢茶錄》《北苑別錄》，是明代至清初二書流傳的傳本祖本；《永樂大典》中所抄的底本，亦即明代文淵閣所藏的《宣和北苑貢茶錄》《北苑別錄》，當時未見流傳。

陶宗儀編《説郛》明抄百卷本中，載《宣和北苑貢茶錄》《北苑別錄》於卷六十；另外，明代漙南書舍《説郛》抄本的分卷與其他明抄本不同，《宣和北苑貢茶錄》《北苑別錄》在漙南書舍抄本中載卷八九。國家圖書館藏四種《説郛》明抄本殘本中有《宣和北苑貢茶錄》的內容，分別爲涵芬樓舊藏的明抄本 a（善本書號 07557）、明抄本 b（善本書號 03907）、世學樓抄本（善本書號 02408）、漙南書舍抄本（善本書號 A00485）；臺北“國家圖書館”藏《説郛》百卷藍格抄本（登錄號 15223），稱臺圖本①。

---

① 除此之外，據目錄、文獻等可知，《説郛》今存的舊抄本中，尚有以下幾種，收錄了《宣和北苑貢茶錄》《北苑別錄》：上海圖書館藏明抄本《説郛》一部，爲三種抄本的拼合本，其中《宣和北苑貢茶錄》《北苑別錄》所在的卷六十爲明弘治抄本《説郛》；玉海樓藏明抄本《説郛》五十六卷，存卷六十的內容；臺圖另藏一部明抄殘本，存卷六十的內容；香港大學馮平山圖書館藏明嘉靖沈瀚抄本六十九卷中，分卷、編次等與《説郛》一般的百卷本有所不同，其中有（轉下頁）

從《說郛》抄本而出的刻本、印本，包括明代萬曆年間喻政刊《茶書》甲本、萬曆年間喻政刊《茶書》乙本、明末清初《說郛》宛委山堂本、明末清初《五朝小説》叢書本和《說郛》涵芬樓鉛印本。

說郛本系統各版本簡要面貌如下：

（1）《說郛》明抄本 a（有錯頁本）：

《說郛》明抄本 a 爲涵芬樓舊藏，卷首有"海鹽張元濟經收""涵芬樓"印，爲《說郛》明抄殘本，今存卷數、藏書源流等，與張宗祥《〈說郛〉跋》[①]中所述用以校勘《說郛》商務本的"涵芬樓藏本"合。抄本用藍格白口四周雙邊稿紙，每半葉十行，行約二十二字。

《宣和北苑貢茶録》《北苑別録》載明抄本 a 卷六十，其中內頁文字有錯頁。抄寫時，《北苑別録》的"御園"一條之前，每行行首空一字，抄寫的文字行約二十一字。"御園"之後，每行行首不空字。《宣和北苑貢茶録》書名作"《宣和北苑貢茶録》"，下無卷數篇數撰人等。《宣和北苑貢茶録》中列各茶名號、年月與圈模、尺寸等，均錯頁入《北苑別録》之下。其中茶名號、年月，除末列中一列內抄五茶名外，均一列內抄四條茶名，用雙行小注注年月，且常省略最後"年"字。録圈模、尺寸時，行款爲一列列二茶名，圈模用雙行小注，尺寸以大字抄録。圈模中多有闕文，而尺寸多有作"同上"者。記録尺寸時，抄本中"徑"多有訛作"經"者。《北苑別録》書名下，無卷數篇數及撰人。

明抄本 a 的錯頁情況，詳見下文。

（2）《說郛》明抄本 b：

《說郛》明抄本 b 爲《說郛》明抄殘本，張宗祥校《說郛》時當未見此本。抄本用藍格藍口左右雙邊稿紙，每半葉十行，行約二十二字。

《宣和北苑貢茶録》《北苑別録》載明抄本 b 卷六十，書名作"《宣和北苑貢茶録》"，下單行小字書"一弓全"，作者署"宋熊蕃"，雙行小注注"字叔茂／建陽人"。《宣和北苑貢茶録》中列各茶名號、年月時，除末列中一列內抄五茶名外，均一列內抄四條茶名，用雙行小注注年月，且常省略最後"年"字。

（接上頁）《北苑別録》的內容，見饒宗頤《〈說郛〉新考——明嘉靖吳江沈瀚抄本〈說郛〉記略》，收入應再泉、徐永明、鄧小陽編《陶宗儀研究論文集》，浙江人民出版社，2006 年，第 401—408 頁。浙江圖書館藏《說郛》張宗祥校本百卷本的編輯用稿抄本（7437）（浙江圖書館編《浙江圖書館古籍善本書目》，浙江教育出版社，2002 年，第 670—680 頁），不過，這些抄本《說郛》，筆者均未喻目，無法納入討論，録以備考。另外，臨海博物館藏類編本的汲古閣經藏本《說郛》六十卷，依類而編，其中有"録"一類，但未見《宣和北苑貢茶録》《北苑別録》的書名，見徐三見《汲古閣藏明抄六十卷本〈說郛〉考述》，《東南文化》1994 年第六期，第 112—126 頁。

① 張宗祥：《〈說郛〉跋》，陶宗儀編《說郛三種》第二册，上海古籍出版社，2012 年，第 1358 頁。

録圈模、尺寸時，行款爲一列列二茶名，圈模用雙行小注，尺寸以大字抄録。圈模中多有闕文不抄者，而尺寸多有作"同上"者。另外，每列抄完之後，明抄本 b 均空一行。"《北苑別録》"下單行小字書"一弓全"，作者署"宋熊克"。

（3）《説郛》世學樓抄本：

《説郛》鈕氏世學樓抄本爲《説郛》明抄殘本，張宗祥校《説郛》時當未見此本。抄本用藍格白口四周單邊稿紙，版心有"世學樓"字，每半葉十行，行二十四字。

《宣和北苑貢茶録》《北苑別録》載世學樓抄本卷六十，書名作"《宣花北苑貢茶録》""花"當爲"和"之訛誤；下有大字"一篇全"，作者署"宋熊蕃"，雙行小注注"字叔茂／建陽人"。《宣和北苑貢茶録》中列各茶名號、年月時，一行内條目數爲四條或三條不等，用雙行小注注年月，且常省略最後"年"字。録圈模、尺寸時，行款爲一列列二茶名，圈模用雙行小注，尺寸以大字抄録。其中，首三行每行與上行文字相連，行後不空行；其後，第四行起，換至 b 頁，每行後空一行抄。圈模中多有闕文，而尺寸多有作"同上"者。世學樓抄本中，團茶形制的第二十八條"香口焙銙"、第二十九條"上品揀芽"兩條脱漏，當爲傳抄時脱去一行。"《北苑別録》"書名下有大字"一篇全"，作者署"字熊克""字"當爲"宋"之形訛。

（4）《説郛》溥南書舍抄本：

溥南書舍抄本爲《説郛》明抄殘本，其卷次與其他百卷本明抄不同。張宗祥校《説郛》時當未見此本。抄本用藍格白口四周單邊稿紙，版心有"溥南書舍"字，每半葉十三行，行約十九至二十字。

《宣和北苑貢茶録》《北苑別録》載溥南書舍抄本卷八九。書名作"《宣和北苑貢茶録》"，卷數作雙行小注"一方／全""方"當爲"弓"之形訛，作者署"宋熊蕃"，雙行小注注"字叔茂／建陽人"。《宣和北苑貢茶録》中列各茶名號、年月時，除首列、倒數第二列内抄四茶名外，均一列内抄三條茶名，小注用雙行小注；其他明抄本中常省略"年"，而溥南書舍抄本中均不省。録圈模、尺寸時，行款爲一列列二茶名，圈模用雙行小注，尺寸以大字抄録。其中，他本中多作闕文的圈模、尺寸等，溥南書舍本文均有；他本中多用"同上"，而溥南書舍本不用"同上"，而改用的尺寸文字；這些圈模、尺寸信息，當爲溥南書舍抄本在抄寫時，承前條文字補足或改寫的。"《北苑別録》"下，卷數作雙行小注"一號／全""號"當爲"弓"之形訛。

溥南書舍抄本中的團茶形制尺寸，較之別本均作三十八條，有較多脱文，自第二十一條"宜年寶玉"條，至第三十二條"南山應瑞"條，共脱漏十二條。

（5）《説郛》臺圖本：

《説郛》臺圖本爲《説郛》明抄全本，張宗祥校《説郛》時當用了此本作參校本^①。抄本用藍格白口左右雙邊稿紙，每半葉十一行，行二十四字左右。

《宣和北苑貢茶録》《北苑別録》載臺圖本卷六十，書名作"《宣和北苑貢茶録》"，下單行小字書"一卷全"，作者署"宋熊蕃"，雙行小注注"字叔茂／建陽人"。《宣和北苑貢茶録》中列各茶名號、年月時，除首列、末列中，一列内抄四茶名外，均一列内抄三條茶名，小注用雙行小注；其他明抄本中常省略"年"，而臺圖本中均不省。録圈模、尺寸時，行款不定，其中圈模用雙行小注，而尺寸多以大字抄録。圈模中多有闕文不抄者，而尺寸多有作"同上"者。"《北苑別録》"下，以大字書"一弖全"。臺圖本《説郛》整體上較少見使用"弖"，不過《北苑別録》此處作"弖"。

除了説郛明抄本 a 不録卷數、世學樓抄本作大字的"一篇全"以外，《説郛》各抄本在《宣和北苑貢茶録》與《北苑別録》的卷數著録上，往往採用相同的格式，即《宣和北苑貢茶録》以半行夾注或雙行夾注注"一卷全"，《北苑別録》以大字注"一卷全"或"一弖全"，這是《説郛》明抄本底本來源相近的一個旁證。

（6）喻政《茶書》甲本、喻政《茶書》乙本：

喻政《茶書》有甲本與乙本，甲本爲萬曆壬子（萬曆四十年，1612）序刊本，乙本爲萬曆癸丑（萬曆四十一年，1613）序刊本。喻政《茶書》甲本與乙本主要區別在於：書前目録，甲本分元亨利貞四部，乙本分仁義禮智信五部；所收書籍數量上，從目録來看，甲本收十八種，乙本爲增補本，新增九種，甲本的元、亨、利部對應乙本的仁、義、禮部，新增九種添於"智"部，而甲本貞部對應乙本信部；從版刻來看，甲本、乙本均載的子目，二者使用的板片相同，即乙本實爲甲本的重刷^②。喻政《茶書》甲本載《宣和北苑貢茶録》《北苑別録》二書於元部，《茶書》乙本載二書於仁部。日本國立公文書館内閣文庫藏有該書的甲、乙二本；另外，日本静嘉堂文庫藏有該書甲本，日本國立國會圖書館、南京圖書館等地藏有該書乙本。從具體的内容來説，因爲板片一致，故喻政《茶書》甲、乙本的《宣和北苑貢茶録》《北苑別録》，以下均稱爲"喻政本"。

喻政《茶書》每半葉九行，行十八字，版心爲白口，上有單魚尾，《茶書》子目逐書題書名於版心，下有頁碼及刻工姓名，《茶書》有目録，《茶書》甲本、乙本的目録所録所有書均不題撰人，而《宣和北苑貢茶録》在書前目録中省稱爲"北苑貢茶録"，子目中，版心魚尾上方亦省作"北苑貢茶録"，正文首行標

---

① 張宗祥曾用此本參校的論證，詳見後文。

② （日）布目潮渢：《〈中國茶書全集〉解説》，收入布目潮渢編《中國茶書全集》，第10—12頁；譯文收入許賢瑶主編《中國茶書提要》，第88頁。經比勘，此説無誤，故下以《中國茶書全集》所收影印喻政《茶書》甲本，作爲"喻政本"的版本。

題採用全稱，題作"宣和北苑貢茶録"，換行署作者，作"宋建陽熊蕃叔茂著"。《北苑别録》的版心魚尾上方作"北苑别録"，正文首行，題作"北苑别録"，換行署作者"宋建陽熊克子復著"。作者的題署，與説郛本系統接近，而又據《茶書》叢書體例而有所補充、更定。《宣和北苑貢茶録》《北苑别録》的書末，各有明徐㶿跋一篇，分别考證熊蕃、熊克的事迹①。兩篇跋語，是建立在認同刻本底本的二書的作者分别爲熊蕃、熊克的基礎上稽考史料寫成的。結合徐㶿曾幫助喻政《茶書》的編纂及徐氏藏書目其他書籍的著録情況來看②，徐㶿的藏書應當是《説郛》零本，而喻政《茶書》的底本可能即爲徐氏跋本的《説郛》抄本。

《宣和北苑貢茶録》中列各茶名號、年月時，喻政本，均一列内刻兩茶名，用雙行小注注"某年造"，在明抄本中，"年"多省略，唯溥南書舍抄本、臺圖本不省略"年"字，但"造"字仍基本省略，補齊"年造"二字，當爲喻政本刊行時的校補。録圈模、尺寸時，《説郛》明抄本中往往一行抄兩條或更多，而喻政本中，逐條换行，其中圈模、尺寸均小注，與《説郛》明抄本中尺寸多以大字抄録不同。圈模、尺寸，明抄本中多有闕文、或注"同上"的，在喻政本中，均有圈模、尺寸，而不作"同上"，這些圈模、尺寸信息，當爲喻政本在刊行時，承前條文字補足或改寫的。

（7）《説郛》宛委山堂本、《五朝小説》叢書本：

明末清初刊版的《説郛》宛委山堂本爲一百二十卷本，載二書於卷九三③。明末《五朝小説》叢書中收《宣和北苑貢茶録》《北苑别録》，與《説郛》宛委山堂本採用同一板片，刷印時間有先後，故歸爲同一版本。

《説郛》宛委山堂本與《五朝小説》本均采用每半葉九行，行二十字的版片刷印，白口，上有空心單魚尾，《宣和北苑貢茶録》的魚尾上方書口有"北苑茶録"字樣，版心下方有頁數。正文首行頂格刻"宣和北苑貢茶録"；次行空五格，刻"宋　熊蕃"，無字號、里貫。《宣和北苑貢茶録》中列各茶名號、年月時，每行行首空二字，一列内刻三條，用雙行小注注"某年"，在明抄本中，"年"多省略，而宛委山堂本不省。録圈模、尺寸時，《説郛》宛委山堂本每行首空二字，下録圈模、尺寸行款不一。《北苑别録》的魚尾上方書口，有"北苑别録"

---

①　影印喻政《茶書》甲本，見（日）布目潮渢編《中國茶書全集》，第117頁，第125頁。

②　喻政《茶書自叙》："與徐興公廣羅古今志精于譚茶若隸事及之者，合十餘種，爲《茶書》。"（喻政刊《茶書·茶書自叙》頁1a—1b，萬曆四十一年刻本）。徐興公即徐㶿。

③　從叢書情況來看，《説郛》宛委山堂本的刊版情況較複雜，不少書籍與明末的其他叢書間或使用相同板片，有的有板片轉讓，有的則有翻刻補板等，而《説郛》宛委山堂本叢書所收各書子目的底本較複雜，常常並不來源於《説郛》當時的傳抄本，間或有摻偽之作。不過，《宣和北苑貢茶録》《北苑别録》二書的《説郛》宛委山堂本，經比勘，應當源於《説郛》傳抄本。

字樣，版心下方有頁數。正文首行頂格刻"北苑別録"；次行空五格，刻"宋　無名氏"。

（8）《説郛》商務本：

《説郛》商務本爲民國初年張宗祥彙校而成，據張宗祥《説郛》的跋語，可知《説郛》商務本據六種明抄本彙校[①]。此六種版本，分別爲京師圖書館殘本（今藏國圖，善本書號 A00487，其中無《宣和北苑貢茶録》《北苑別録》內容）；傅增湘藏本三種（即今上圖藏三種《説郛》明抄本的拼配本）；涵芬樓藏本（今藏國圖，即本文的明抄本 a）；明抄本（今藏台灣"國家圖書館"，即本文的臺圖本[②]）。另外，張宗祥在《説郛》還常據其他叢書、目録等，對明抄本的內容進行校勘，

---

① 張宗祥《〈説郛〉跋》，《説郛三種》第二册，上海古籍出版社，第 1358 頁。

② 關於第六種版本爲何，學界有過推測，如饒宗頤、徐三見以爲是玉海樓藏本（饒宗頤《〈説郛〉新考》，收入《陶宗儀研究論文集》，杭州：浙江人民出版社，2006 年，第 401—408 頁；徐三見《汲古閣藏明抄六十卷本〈説郛〉考述》，《東南文化》，1994 年第六期），但結合玉海樓本六十六卷的卷帙情況等來看，此本當非張宗祥用以校勘的第六種版本。張宗祥《〈説郛〉跋》中言前五種之後，尚缺《説郛》明抄本卷二二、卷八六至九十的內容，其後"案頭有書估携來之明抄《説郛》，檢閱一過，缺卷皆在，匆匆南下，不及借抄，沅叔先生至浙觀潮，竟携至南方見假，得成全書。"可知第六種有前五種所無的缺卷，而今存的《説郛》抄本中，兼有卷二二、卷八六至九十的版本，有臺圖本和國圖藏世學樓本。筆者比勘《説郛》卷二二中林洪《山家清供》的臺圖本、世學樓本和商務本，商務本的署名、條目次第、文字內容等，往往與臺圖本合，而與世學樓本有別，故疑第六種明抄本爲臺圖本或臺圖本部分卷帙的録副本。蒙臺北大學王國良教授提示，百卷《説郛》明抄臺圖本的遞藏源流，當與 1940 年鄭振鐸等聯絡的"文獻保存同志會"爲保存文獻而採購藏書家書籍有關，這一批書籍最後入藏臺灣"中央圖書館"，即今臺灣"國家圖書館"前身，見陳福康《鄭振鐸等人致舊中央圖書館的秘密報告》，《出版史料》2001 年 1 期。在 1940 年 4 月 2 日《文獻保存同志會第一號工作報告》中，提及"尚在議價及接洽中者有：明藍格抄本《説郛》（書未寄到）"；在 1940 年 5 月 7 日《文獻保存同志會第二號工作報告》中，提及"至零星在各肆所購善本，亦有足述者。稿本及抄校本有：……（二）嘉靖藍格抄本《説郛》（一百卷，陶蘭泉舊歲，聞爲張宗祥校印本所據，而張本誤字闕句甚多，此本足以補正不少。）"報告經常省略卷數，這裏明確爲"一百卷"，可證當即爲臺圖百卷本《説郛》的來源；另外，"舊歲"字，疑是"舊藏"的形訛。報告中指出此藍格抄本《説郛》一百卷，"聞爲張宗祥印本所據"，而結合《説郛》各卷內容的校勘、比核來看，此説當無誤。（美）艾鶩德（Christopher P. Atwood）撰《〈説郛〉版本史——〈聖武親征録〉版本譜系研究的初步成果》，（北京大學國際漢學家研修基地編《國際漢學研究通訊》第九期，北京大學出版社，2014 年），懷疑臺圖本爲民國時期僞造本，此説恐不足據。艾鶩德的研究中，據《説郛》明抄本的分卷、分類系統的不同，對《説郛》各版本做出了譜系的劃分，很有啓發意義，不過其中譜系部分，主要以《説郛》分卷分類的不同來作出大體劃分，如將百卷本系統視爲一個譜系。事實上，在細緻文本校勘時，根據異文關係判別版本系統祖本時，可以發現在同一譜系內《説郛》的文本的遠近關係未必如譜系的劃分一般親近，在不同譜系的《説郛》的文本關係，卻時有祖本來源接近的情況。

在《説郛》商務本中，往往不録校勘記，僅以清本的形式呈現最後的校勘成果。《説郛》商務本爲鉛印排字本，但仍效法古書的版式，有版心、板框等，半葉十三行，行二十五字，白口，四周單邊。上下魚尾間，有"説郛卷某某"字樣及頁數。

《宣和北苑貢茶録》《北苑別録》載《説郛》商務本卷六十，書名作"《宣和北苑貢茶録》"下單行小字書"一卷全"，作者署"宋熊蕃。"雙行小注注"字叔茂／建陽人"。《宣和北苑貢茶録》中列各茶名號、年月時，商務本均一列內印三茶名，用雙行小注注"某年"，在明抄本中，"年"多省略，商務本"年"均不省。録圈模、尺寸時，《説郛》商務本一行列兩條茶名，其中圈模作雙行小注，尺寸作大字，基本與《説郛》明抄本中行款同。圈模明抄本中多有闕文，在商務本中，間有校補，校補的來源可能爲清代後期流傳較廣的《讀畫齋叢書》本。尺寸上，《説郛》商務本仍襲取明抄本，多作"同上"。

"《北苑別録》"下單行小字書"一卷全"，下有作者，署"宋趙汝礪"撰。值得注意的是，雖然《説郛》商務本以明抄本爲底本，但在校刊過程中，部分《説郛》商務本中的子目的撰人、題名上，吸收了清代以來考證的成果 ①，有改題與補題，並不完全反映底本的面貌。從明抄本的面貌及《説郛》商務本文本的情況來看，當爲《説郛》商務本據《四庫全書總目》或《讀畫齋叢書》本等改題此書作者爲"趙汝礪"。《説郛》的明抄本系統中，此書未見趙汝礪跋，亦無抄本署趙汝礪作的 ②。

---

① 張宗祥校《説郛》商務本在校刊時，不出校勘記，部分書籍的書名、作者與《説郛》明抄本面貌有所不同。不少明抄本不寫撰人，或者姓名不全的《説郛》子目，《説郛》商務本有補題和校改。《説郛》商務本校勘的依據，包括當時能看到的目録等。如《蘭譜奧法》一書，明抄本均不題撰人，《説郛》商務本據《四庫全書總目》的《金漳蘭譜》的著録，補題"仝前"，即以爲是前書《金漳蘭譜》作者趙時庚所作；范成大《梅譜》明抄本均不題撰人，《説郛》商務本依《四庫全書總目》著録的題名，增加"范村"二字而改題爲《范村梅譜》，並補作者爲"宋　范成大"；周師厚《洛陽花木記》，各明抄本題"周（鄞江人）"，著姓不著名，《説郛》商務本據《宋史·藝文志》的"周序"而補題"周叙（鄞江人）"。值得指出的是，這些補題、改名，有時爲瞭解傳本系統的作者、書名、版本源流，帶來了混亂，尤其是給撰人問題的致誤分析帶來了混淆，而上述例子中，《蘭譜奧法》《洛陽花木記》的作者，均有誤，其中的錯誤，一爲《四庫全書總目》失於考訂，一爲《宋史·藝文志》的訛誤。故而，現在考察《説郛》所收子目的撰人問題，必須重新考察明抄本的面貌來予以回溯，不能完全參考張宗祥校本的作者題名。

② 《説郛》商務本整體上校勘較爲精善，以明抄本爲底本，優於底本面貌錯雜乃至有摻僞作品的《説郛》宛委山堂本；但對於《説郛》商務本改題撰人的這一現象，以往學界並沒有充分認識；對於《北苑別録》的撰人問題上，往往執《説郛》商務本而誤以爲明代傳抄本的《北苑別録》即署名爲趙汝礪撰，對喻政《茶書》《説郛》宛委山堂本及明代目録誤題撰人的情形未能做出很好的解釋。

2. 説郛本系統子系統：

説郛本系統内部，據傳世本的撰人署名、異文系統、條目次第等來看，説郛本系統還可以分爲三個子系統，各自有一個子系統的祖本。

説郛本子系統甲的《北苑別録》題"熊克"撰，與子系統乙、丙不題撰人不同。説郛本子系統甲中的"龍團勝雪"作"龍園勝雪""玉葉長春"作"玉夜長春""貢新銙"條的尺寸作"方一寸二分"而與別本作"一寸三分"不同；"萬春銀葉"條下"兩尖"均訛作"西尖"等，異文系統呈一致性；"小龍"團茶，別本均無尺寸，而此系統本均作"徑四寸五分"；次第上，三十八種團茶形制中，此系統的第四種至第六種爲萬壽龍芽、御苑玉芽、白茶，與其他各本此三條作白茶、御苑玉芽、萬壽龍芽有所不同；第三十條、三十二條分別爲龍苑報春、新收揀芽，也與別本相反。

屬於説郛本子系統甲的，包括明抄本 b、世學樓抄本、喻政本。

明抄本 b、世學樓抄本的團茶形制的部分，往往空一行抄，其底本的行款有一致性。從文字順序來看，明抄本 b、世學樓抄本、喻政本整體一致，在内部異文系統上，世學樓抄本與喻政本的底本的面貌更相近，如"無疆壽龍"條，明抄本 b 作"徑長一寸五分"，世學樓抄本、喻政本作"直長三寸"等。另外，喻政本中，將説郛本系統的"同上"等均改作具體的數值，在圈模信息上，也往往承上文予以補足，有時與明抄本 b、世學樓抄本的圈模信息有所不同，如明抄本 b、世學樓抄本的上林第一、承平雅玩、龍鳳英華、玉除清賞、雪英、雲葉、龍苑報春、新收揀芽、小龍、大鳳條，原均無圈模信息，而喻政本均有圈模信息，不少補足的圈模的信息，在可考的明抄本系統中均無——如上林第一、承平雅玩、龍鳳英華、玉除清賞條，除了同樣承上文補足的溥南書舍抄本有以外，各抄本均無，而"上林第一"溥南書舍抄本作"銀圈"而喻政本作"竹圈"，均無據，在大典本系統中"上林第一"有案語，作"按，此條原本闕圈模"①。

説郛本子系統乙的《北苑別録》不題撰人。《宣和北苑貢茶録》的團茶"上林第一"的尺寸作"方一寸五分"，與別本均作"方一寸二分"有所不同，"無疆壽龍"條的尺寸説明"銀模直長一寸，銀圈徑二寸五分"，與他本不同，第二十四條、二十六條，分別爲長壽圭玉、玉葉長春，與別本系統相反。

屬於説郛本系統子系統乙的，包括溥南書舍抄本、臺圖本，及以臺圖本爲主要底本並參校了他本的《説郛》商務本。

---

① 熊蕃撰，熊克增補：《宣和北苑貢茶録》，《景印文淵閣四庫全書》第 844 册，第 640 頁。

潯南書舍抄本除了圈模的材質、形制脫去了條目以外，還往往承上文補足、改寫圈模材質、尺寸。這一改動，帶來了訛誤的可能，如 "小龍" 的團茶，在說郛本子系統乙、丙的他本中，均無尺寸，潯南書舍抄本承上文 "興國岩揀茶" 作 "徑三寸"，而說郛本子系統甲的明抄本 b、世學樓抄本、喻政本中，小龍尺寸作 "徑四寸五分"，有所不同。

　　在比勘諸本之後，可以發現，《說郛》商務本的內容、異文、條目次第等，大體與臺圖本有一脈相承的痕迹，可知《說郛》商務本的《宣和北苑貢茶錄》《北苑別錄》在校勘時，以臺圖本爲主要底本，不過，《說郛》商務本晚出，除了補題撰人作 "趙汝礪" 以外，在正文的文字部分，也可能參校了大典本系統傳本中所載的圈模的信息，如首二條 "貢新銙" "試新銙" 的圈模信息，明抄本《說郛》各本與喻政本等，均僅作 "竹圈"，無 "模"，因爲是起首二條，連往往承上補足的潯南書舍抄本、喻政《茶書》本，亦無此條的 "模" 的信息，而大典本系統中，此二條均作 "竹圈銀模"；又如 "雪英" "雲葉" "蜀葵" 三條，說郛本系統中，除了承上文補足的潯南書舍抄本、喻政本有文以外，其他各本均全無圈模信息，而《說郛》商務本有圈模，內容同大典本系統、合流本系統，其校勘，當爲據清末流傳較廣的《讀畫齋叢書》本等補入。

　　說郛本子系統丙的《北苑別錄》不題撰人；在《宣和北苑貢茶錄》的條目次第上，除前文提及的大龍、大鳳與大典本系統次第不同以外，其餘相同。應當說，說郛本子系統丙的祖本，可能是最接近《永樂大典》所抄底本的。在異文上，以 "瑞雲翔龍" 條作 "翔" 而非 "祥"，尺寸作 "二寸五分" 而非他本系統的 "一寸五分" 爲代表。

　　屬於說郛本子系統丙的，包括明抄本 a、《說郛》宛委山堂刻本與《五朝小說》叢書本。

　　明抄本 a 的《宣和北苑貢茶錄》《北苑別錄》均不題撰人、卷全與否，而《宣和北苑貢茶錄》《北苑別錄》兩書中內容有錯頁，所依底稿內容，前後五段中的三段有錯頁，如下圖所示（其中以 "①" 等標示正常順序，以 "一" 等標示對應正確順序的內容，以綫勾出表示明抄本 a 內容相錯處，"／／" 表示明抄本 a 中內容恰好換行的錯頁處，不加 "／／" 者，則爲同一行中上下文錯乙。明抄本 a 中錯頁前後文字亦往往有脫訛，故在非錯頁版中予以復原，以 "（　）" 括去錯誤文字，"［　］" 表示據他本校正或補入的文字。爲了便於對錯頁底本的復原，故記錄每一段文字明抄本 a 的大致行數）：

非錯頁版	明抄本 a（錯頁示意圖）
《宣和北苑貢茶録》 11 行半 加於小	一《宣和北苑貢茶録》 11 行半 加於小 　　　　　　　　四仙人作茶録……
團之上…… 47 行半 （《宣和北苑貢茶録》熊蕃跋） ［焉］（爲）敢效昌黎之感	（熊克跋） …… 《北苑別録》 （《北苑別録》序） 24 行半 （《北苑別録》序）……姑其大 ／ ／
［姑］（始）務自警而堅其守， 以待時而已。 20 行 大鳳同上	三始務自警而堅其守，以待時而已。 20 行 （團茶形制、尺寸） 大鳳同上 ／ ／
［先］（仙）人作《茶録》 （熊克跋） …… 《北苑別録》 （《北苑別録》序） 24 行半 姑［攄］其大	二團之上…… 47 行半 （《宣和北苑貢茶録》熊蕃跋） 爲敢效昌黎之感 　　　五概修爲十數日曰北苑別 録云□ 空 5 行半，換頁
概修爲十餘［類，目］（數日） 曰《北苑別録》云。 御園……（與上前後相連）	御園……

　　明抄本 a 的錯頁部分，多在《宣和北苑貢茶録》《北苑別録》的序跋部分。在説郛本系統中，二書正確的次第，當爲《宣和北苑貢茶録》題名作者、正文、熊蕃跋語、“寫其形制”的團茶形制圈模尺寸、熊克跋語二篇、《北苑別録》題名作者、《北苑別録序》《北苑別録》正文。《宣和北苑貢茶録》的開頭部分至

正文中，"加於小／仙人作茶録"一句，有錯頁，"仙"當爲"先"之訛，所續"［先］（仙）人作《茶録》"實爲《宣和北苑貢茶録》最末處熊克第一篇跋語的開頭。隨後，明抄本a在熊克兩篇跋語之後，續以《北苑別録》的標題與序言。《北苑別録》序言中，"姑其大／／始務自警而堅其守以待時而已"處又有錯頁，"姑其大"，據他本知當爲"姑［擴］其大"，有脫文；後半句，"始"實爲"姑"之訛，"［姑］（始）務自警"起，實錯頁至《宣和北苑貢茶録》中熊蕃跋語的最後一句。在錯頁的熊蕃跋語後，續以熊克增補的團茶圈模尺寸的簡介。圈模最後一條"大鳳同上"之後，本當續以熊蕃跋語，而明抄本a續以"團之上……""團之上"實當與第一處錯頁結尾處相連，作"加於小／團之上"，爲《宣和北苑貢茶録》的正文部分。熊蕃跋語的"爲敢效昌黎之感／概修爲十數日曰北苑別録云"，又在行內有錯頁，前半句中，"爲"爲"焉"之形訛，此句當與"［姑］（始）務自警"句相連，作"焉敢效昌黎之感，姑務自警而堅其守，以待時而已。"而下半句，"數日"爲"類目"之訛，當與之前的"姑［擴］其大"相連，爲《北苑別録》的序言末句，作"姑擴其大概，修爲十類，目曰《北苑別録》云"。不過，可能是因爲内容的錯訛不通，明抄本a在此頁此行之後全作空行，換頁始抄"御園"條，在非錯頁本中，"御園"實爲《北苑別録》序後正文的首條。

　　《宣和北苑貢茶録》《北苑別録》是《説郛》明抄本卷六十中第四部、第五部書，從現有的錯頁内容，能大致推測明抄本a的所抄底本的每頁容量與現在的明抄本a不同。《説郛》明抄本a與明抄本a的底本，每卷書内的子目，應當均與上文連抄，而不換頁另起。從行款來看，明抄本a現爲一頁二十行、有欄綫的抄本。明抄本a所依底本有錯頁，所抄底本文字的一頁的容量，推測大約相當於現在明抄本a中二十三行至二十四行的文字内容左右；有一處錯頁爲兩頁，故占明抄本a的四十七行半。團茶形制尺寸部分，現在可見的《説郛》各抄本的行款不同，或一行抄兩條，或一行内連抄等，或一行間或空一行抄，在各抄本間所占行數間或有漲縮，故内容涉及團茶尺寸的一頁，現在大約明抄本a二十行，較之其他各頁的内容占二十三行至二十四行略少。《説郛》明抄本a的抄本底本的《宣和北苑貢茶録》《北苑別録》二書，先抄半頁左右（相當於明抄本a約十一行半的内容），其後第二、第三頁的内容（現在明抄本a約四十七行半文字），錯裝在第四頁（現在明抄本a約二十行文字）之後，而第五頁（現在明抄本a約二十四行半文字）錯裝在第二頁之前，第六頁之後，内容不誤。以錯頁本爲底本抄成的明抄本a，因爲前面的文字的錯亂，《説郛》明抄本a在第六頁的《北苑別録》正文處換頁另抄。

　　從内容、條目次第上來看，《説郛》宛委山堂本、《五朝小説》叢書本近似於乙正錯頁後的明抄本a的面貌；不過，文字上《説郛》宛委山堂本、《五朝小説》叢書本仍有較多的脱漏和訛誤，如不少明抄本中均載"上品揀芽"的尺寸、"龍苑報春"的圈模等信息，《説郛》宛委山堂本中脱漏。《説郛》宛委山堂本是清代時期可見的《説郛》的唯一刻本，是汪繼壕校本中重要的參校本，而因宛委山堂本《説郛》的版本文字的錯訛，帶來了汪繼壕校本中部分的訛誤。

從《説郛》的各個抄本的面貌來看，在團茶尺寸上，往往使用"同上"來標注與之前條目尺寸相同；不少條目的圈模信息，在不同版本系統之間，有闕文、脱漏的情況。個别版本中，將尺寸的"同上"改爲前述尺寸，將圈模的闕文、脱漏，承前條補足，如漵南書舍抄本、喻政本，即往往補足其他抄本所不具備的尺寸、圈模的信息，這是抄寫時、刊刻時根據底本面貌對於文字進行的改動，但是因爲不同説郛本子系統内部的條目順序的不同，或是首條尺寸的異文，會導致前後相連的團茶的形制、尺寸的大小的訛誤，這也是用説郛本系統來校勘團茶形制的圈模、尺寸時值得注意的問題，尤其是互校各本異同時，執不同版本子系統的文字面貌來校他本，會有校勘致訛的可能。

整理《説郛》本系統的作者署名、卷數等，如下表所示：

版　　　本	書　　　名	作者署名	書　　　名	作者署名
《説郛》明抄本 b（卷六十）	《宣和北苑貢茶録》（一弓全）	宋熊蕃（字叔茂，建陽人）	《北苑别録》一弓全	宋熊克
《説郛》世學樓抄本（卷六十）	《宣花北苑貢茶録》一篇全	宋熊蕃（字叔茂，建陽人）	《北苑别録》一篇全	字熊克
喻政本（萬曆刻喻政《茶書》甲本、乙本）	《宣和北苑貢茶録》（正文）	宋建陽熊蕃叔茂著	《北苑别録》	宋建陽熊克子復著
《説郛》漵南書舍抄本（卷八九）	《宣和北苑貢茶録》（一弓全）	宋熊蕃（字叔茂，建陽人）	《北苑别録》一弓全	（無）
《説郛》臺圖本（卷六十）	《宣和北苑貢茶録》（一卷全）	宋熊蕃（字叔茂，建陽人）	《北苑别録》一弓全	（無）
《説郛》商務本（卷六十）	《宣和北苑貢茶録》（一卷全）	宋熊蕃（字叔茂，建陽人）	《北苑别録》（一卷全）	宋趙汝礪
《説郛》明抄本 a（卷六十）	《宣和北苑貢茶録》	無撰人	《北苑别録》	（無）
《説郛》宛委山堂本（卷九三）；《五朝小説》本	《宣和北苑貢茶録》	宋熊蕃	《北苑别録》	宋無名氏

三、大典本系統版本述略：

1.《永樂大典》本輯佚經過略探：

四庫全書館的《永樂大典》輯佚的工作，於乾隆三十八年（1773）二月正式開始①。一般来说，《永樂大典》本的輯佚，往往經過簽佚書單、裒輯草本、校勘、改編等過程，需要謄錄、整理多次，有的《永樂大典》輯本，會有二校、三校等過程②。

以從閔惇大處所得"四庫書寫本"爲底本的汪繼壕後校稿本及讀畫齋本書前的提要，最末有校上日期與署名，作：

……乾隆三十八年七月恭校。

總纂官編修臣紀昀
郎中臣陸錫熊
纂修官編修臣鄒玉藻③

汪繼壕後校稿本、讀畫齋本的底本，汪繼壕跋介紹爲其父汪輝祖從閔惇大處得"四庫書寫本"，一說此"四庫書寫本"爲文瀾閣四庫本④，因爲文瀾閣本已燬於兵燹，無從核復，但比照現在的文淵閣、文津閣本及文瀾閣殘卷的題署來看，這一行題署的校上日期、校上題署的格式，與今存的四庫各閣本書前提要的校上日期、題署格式不合。今存四庫閣本文淵閣本、文津閣本《宣和北苑貢茶錄》與《東溪試茶錄》載同冊，其校上的行款均作兩行：

總纂官臣紀昀臣陸錫熊臣孫士毅
總校官臣陸費墀

---

① 《大學士劉統勛等奏議覆朱筠所陳採訪遺書意見摺》，軍機處上諭檔，中國第一歷史檔案館編《纂修四庫全書檔案》，上海古籍出版社，1997年，第50—55頁。

② 關於《永樂大典》的輯佚過程，參見史廣超《〈永樂大典〉輯佚述稿》第二章第四節，第60—76頁；張升《〈永樂大典〉流傳與輯佚研究》，北京師範大學出版社，2010年，第125—146頁。關於《永樂大典》輯佚初輯稿本至二次、三次修改稿本及各自特徵，參見張升《〈永樂大典〉流傳與輯佚研究》，第160—163頁。

③ 見汪繼壕校稿本、讀畫齋本卷首。

④ 見（日）天野元之助《中國古農書考》，第80頁；昌彼得《説郛考》，文史哲出版社，1979年，第305頁。天野元之助、昌彼得的説法均未給出理據，或是據汪繼壕居處地當在江南，而認定爲以文瀾閣本爲底本。

文瀾閣本的書前提要，其校上格式亦類此①，而四庫閣本中，一般不載纂修官，若載纂修官，則載於閣本每册封底頁②；另外，南三閣本的開抄，也遠晚於乾隆三十八年，故而從汪繼壕後校稿本、讀畫齋本提要的題署來看，其底本當非文瀾閣本。

　　從校上日期、題署格式等情況來看，汪繼壕後校稿本、讀畫齋本的題署，近乎於四庫館武英殿聚珍版叢書的《永樂大典》輯佚本的校上日期、題署格式③，閔惇大裕仲曾在四庫館中，汪繼壕父汪輝祖從閔惇大處所得底本，可能來源於四庫館的《永樂大典》輯本的録副本④，其中保留的信息，指出《宣和北苑貢茶録》《北苑別録》的四庫館《永樂大典》輯佚本最早完成校上的時間當爲乾隆三十八年（1773）七月，而輯佚的纂修官爲鄒玉藻。

　　《永樂大典》的引書一般包括整部抄録與零散引用兩種方式，在集部文獻中，

──────────

　　① 文瀾閣本的題署，參見楊洪升《文瀾閣〈四庫全書〉殘本七種》（見《文獻》2010年7月第3期，第75頁）。其中介紹南開大學藏七種文瀾閣本時，迻録寇準《忠愍集》文瀾閣本提要，最末署“乾隆五十一年十月恭校上。總纂官臣紀昀臣陸錫熊臣孫士毅。總校官臣陸費墀。”從年月來看，文瀾閣本作爲南三閣，一般晚於北四閣的抄校時間；就其題署方式來看，與今存的文淵閣本、文津閣本書前提要大多採用兩行銜署格式極類似。

　　② 如文淵閣本、文津閣本的《續資治通鑑長編》，文津閣本的《汝南遺事》等，參見苗潤博《〈續資治通鑑長編〉四庫底本之發現及其文獻價值》，《文史》2015年第2輯，第228頁。

　　③ 武英殿聚珍版叢書中包括了不少《永樂大典》輯本，武英殿聚珍版的刊刻時間，始於乾隆四十一年（1776），但校輯《永樂大典》並隨書附以提要的工作，當在乾隆三十八年即已開始，從批諭中可見，“辦理四庫全書處將《永樂大典》內檢出各書，陸續進呈。朕親加批閱，間予題評，見其考訂分排，具有條理，而撰述提要，粲然可觀。”（《諭內閣紀昀陸錫熊校書勤勉著授爲翰林院侍讀以示獎勵》，軍機處上諭檔，《纂修四庫全書檔案》，第145頁。）乾隆三十八年辦竣呈上的書籍，即已附有提要，故而，書中保留當時的官職題署、校上日期，是不無可能的。“總纂官編修臣紀昀。郎中臣陸錫熊”的題署，與現在可考的乾隆三十八年八月前校上的《永樂大典》輯佚本題署合，而據檔案記載，紀昀、陸錫熊於乾隆三十八年八月十八日被授“翰林院侍讀”，故乾隆三十九年（1774）四月至乾隆四十年（1775）二月校上的武英殿聚珍版叢書本，各書題署轉爲“總纂官侍讀臣紀昀。侍讀臣陸錫熊。”今可考的武英殿聚珍版叢書的《永樂大典》輯佚本，校上日期在乾隆三十八年四月的，包括《易緯乾坤鑿度》《易緯稽覽圖》《易緯是類謀》《易緯乾鑿度》《易緯辨終備》《易緯乾元序制記》《易緯坤靈圖》《易緯通卦驗》《春秋辨疑》《鄭魏公諫續録》《漢官舊儀》《帝範》《明本釋》，其後，有六月校上的《易象意言》《禹貢指南》《農桑輯要》、七月校上的《直齋書録解題》、十月校上的《春秋繁露》、乾隆三十九年二月校上的《蠻書》，其中乾隆三十八年六月的《禹貢指南》、七月的《直齋書録解題》、十月的《春秋繁露》、三十九年二月的《蠻書》均無總纂官、纂修官的題署；其後三十九年四月《歲寒堂詩話》始有題署，其時陸錫熊從“郎中”升至“侍讀”。

　　④ 值得指出的是，雖然從題署上來看，這一底本近似四庫館《永樂大典》輯佚本題署，但這篇提要的格式、正文，與一般武英殿聚珍版叢書的書前提要的性質有差別，從提要內容來看，已經過統籌調整，近乎四庫閣本書前提要，詳見後文。

整部抄録的情況較少，而在經史子部中，整部抄録的情況相對較多，而對於此類書籍的輯佚工作亦相對簡易。在乾隆三十八年（1773）完成校上的《永樂大典》的輯佚之書，大部分爲原先在《永樂大典》中整部抄録的書籍。《永樂大典》雖已散佚，但《永樂大典目録》中能管窺部分書目名[①]；而有的書籍，雖然在《永樂大典目録》中則無考，但以今存《永樂大典》的殘卷與目録來核對，可知有些在《永樂大典》中整部或整卷抄録的書籍，在《永樂大典目録》中未必單題寫書名，故在《永樂大典目録》中無考的情形也是可以理解的[②]。由此來看，乾隆三十八年七月校上的《宣和北苑貢茶録》《北苑別録》，在《永樂大典》中爲全書抄録，今存《永樂大典》殘卷中未見《宣和北苑貢茶録》《北苑別録》二書引文，而據《永樂大典目録》，疑二書載平聲"麻"韻下"茶"字下[③]。在《永樂大典》"十六麻"韻下，從卷五七七四至卷五七九二，均爲"茶"字相關事韻、榷茶、詩文等，其中，卷五七九一下録"陸羽茶經／蔡襄貢茶録"[④]，陸羽有《茶經》，蔡襄有《茶録》，未見蔡襄《茶録》署作"貢茶録"的，疑"貢茶録"即《宣和北苑貢茶録》，而此處斷句當作"陸羽《茶經》。蔡襄。《貢茶録》""蔡襄"條指蔡襄《茶録》，而此三書，恰與《文淵閣書目》中"畫譜（諸譜附）"類下連續四條的"《茶經》一部一册。《茶具圖》一部一册。《茶録》一部一册。《宣和

---

① 史廣超《〈永樂大典〉輯佚述稿》第二章第七節，對部分《永樂大典目録》中所載書目有所整理（見史廣超《〈永樂大典〉輯佚述稿》，第159頁）。但未詳據年月，對武英殿聚珍版叢書的校上時間、《大典》輯佚過程予以梳理，今重新分疏。如上舉的乾隆三十八年校上的書籍中，據《永樂大典目録》，《周易乾鑿度》《周易坤鑿度》載《大典》"度"字韻下卷一四七〇八；《春秋辨疑》載《大典》"秋"字韻下卷九二〇一至九二〇三；《帝範》載《大典》"帝"字韻下卷一四一一四至卷一四一一五；《明本釋》載《大典》"本"字韻下卷一一二七六至一一二七八；《易象意言》載《大典》"言"字韻下卷四八六六；《農桑輯要》載《大典》"農"字韻下卷六三八至六三九；《直齋書録解題》載《大典》"録"字韻下卷一九七一八至一九七二七；《春秋繁露》載《大典》"露"字韻下卷四七六六至卷一四七六八，俱可見原書在《永樂大典》中應爲整部抄録；其他各書，則未見諸《永樂大典目録》，但揣度當時成書之速，疑多爲《永樂大典》中整部抄録的。

② 以《永樂大典》卷八〇三至八〇六"詩"韻殘卷爲例，此四卷的內容均爲阮閱《千家詩話總龜》（影印本見《海外新發現永樂大典十七卷》，上海辭書出版社，2003年），在《永樂大典目録》中僅録爲"詩話"。見《永樂大典》第10册，據連筠簃叢書本影印《永樂大典目録》卷三，中華書局，1986年，第26頁。國圖藏抄本《永樂大典目録》卷三（善本書號：02837）同。

③ 《永樂大典》的編纂中，各書抄入各韻並無定例，如《宣和北苑貢茶録》一書，據書名，或可隸《洪武正韻》入聲"屋"韻下"録"字，或可入平聲"麻"韻下"茶"字，或可入上聲"銑"韻下"苑"字。

④ 《永樂大典》第10册，據連筠簃叢書本影印《永樂大典目録》卷十六，中華書局，第181頁。國圖藏抄本《永樂大典目録》卷十六，"蔡襄貢茶録"訛作"茶襄貢茶録"。按，連筠簃叢書本作雙行小注，國圖藏抄本作單行夾注，"陸羽《茶經》"後空一字抄"茶襄貢茶録"。

北苑貢茶録》一部一册"① 中的三書相對應。在宋代刊本中，《北苑別録》即附載於《宣和北苑貢茶録》之後，疑《永樂大典》中所抄亦如是，故而，雖然"《北苑別録》"的書名之中無"茶"字，亦可附載於"茶"字韵下，而鄒玉藻輯佚時，將《宣和北苑貢茶録》《北苑別録》一並録出。

四庫館輯佚的《永樂大典》本，另有根據輯佚書單所録而初步整理的殘本《永樂大典書目殘本》②，可以據此書目考察四庫館的《永樂大典》的簽佚書單的情形③。在《永樂大典書目殘本》中，分類、次第當僅初步裒輯，對《宣和北苑貢茶録》《北苑別録》的著録，當有脱文，在《永樂大典書目殘本》中有前後相連的條目：

《吕氏鄉約》（□□／一卷）《鄉儀》（熊蕃撰／一卷）宋
《北苑別録》（趙汝礪撰／一卷）宋④

其中，《吕氏鄉約》《鄉儀》非熊蕃所撰，爲宋人吕大鈞所編，抄本底本當有脱文，至少脱漏了吕大鈞的撰人名、卷數等，而熊蕃《宣和北苑貢茶録》的書名亦脱，以至誤題熊蕃於《吕氏鄉約》《鄉儀》條之後；《北苑別録》在《永樂大典書目殘本》中，與脱漏去書名的"《宣和北苑貢茶録》（熊蕃撰／一卷）"原當連抄，是亦可證其曾經四庫館臣填寫簽佚書單輯出，並整理入的《永樂大典書目殘本》。

之所以在有《説郛》本的情況下進行了輯佚，可能與四庫館方開而當時對存世版本的瞭解與訪查並不充分有關。據檔案可知，在乾隆三十七年（1772）起開館求書，但各省進呈書籍往往在乾隆三十八年（1773）方才陸續送到，在四庫館的《永樂大典》的早期輯佚校勘過程中，《説郛》未被納入校勘，亦未被用以去重。類似的不知《説郛》本存，而以《永樂大典》輯佚本校上的，還有乾隆三十九年（1774）十月校上的《雲谷雜記》、乾隆四十一年（1776）二月校

---

① 高士奇等編《文淵閣書目》，影印收入《宋元明清書目題跋叢刊》第四册，第 137 頁。

② 《永樂大典書目殘本》的性質及其價值，參見張升《〈永樂大典〉流傳與輯佚研究》，第 135—146 頁。

③ 國家圖書館藏兩部民國抄本《永樂大典書目殘本》（書號分別爲 XD8623 與 7059），其來源均爲道光戊申二十八年（1848）顧沅請張應廖抄寫得自馬玉堂笏齋的《永樂大典書目殘本》的録副本，兩者均録錢天樹、顧沅跋，其中，書號 XD8623 者，爲邵鋭抄本，有邵鋭跋，言此本爲民國二十九年（1940）抄自余嘉錫（此本影印收入張升編《〈永樂大典〉研究資料輯刊》，北京圖書館出版社，2005 年）；書號 7059 者，爲民國過録抄本。

④ 《永樂大典書目殘本》兩本相同，引文以括弧表示雙行注，"／"表示小注換行，"□"表示原空。見《永樂大典書目殘本》，據邵鋭抄本影印收入張升編《〈永樂大典〉研究資料輯刊》，第 481—482 頁；《永樂大典書目殘本》，國家圖書館藏民國抄本（書號：7059），頁 11a。

上的《潤泉日記》等。後來四庫館採書漸廣，就會據《説郛》子目已載與否，來決定是否校辦，如翁方綱的《翁方綱纂四庫提要稿》中"不辦書目"，便往往據《説郛》中已載而以爲"毋庸另爲專校""毋庸另爲校辦"①，其中，尚有《北苑別録》一條，言"即從《説郛》内抄出者。毋庸另爲校辦。"不過，翁方綱還補題了"此抄本作宋趙汝礪撰"②，提示此本與通行著録爲"宋無名氏"的《説郛》宛委山堂本有異文。不過這部《北苑別録》抄本的面貌如何，緣何以單書存，緣何著録爲"趙汝礪撰"，是四庫館内《永樂大典》輯佚本的録副本，還是宋元明以來尚有單書流傳的趙汝礪《北苑別録》的抄本存世，俱因"毋庸另爲校辦"而文獻不足徵。

綜上看來，乾隆三十八年（1773）二月四庫館内正式開始《永樂大典》輯佚工作，至七月即可完成《宣和北苑貢茶録》《北苑別録》兩部書的"校上"工作，一則因爲原書在《永樂大典》中爲整書抄録，不需要在《永樂大典》各卷中尋覓勾稽；二則《宣和北苑貢茶録》《北苑別録》中無甚違礙，亦不涉及改譯名等較爲複雜的四庫館後期編輯過程。《永樂大典》本輯校初稿完成的過程中，未據《説郛》本校勘，即已校上進呈。

2. 大典本系統

收入《四庫全書》的《宣和北苑貢茶録》爲《永樂大典》輯本，趙汝礪《北苑別録》附於《宣和北苑貢茶録》之後。文淵閣本、文津閣本、文溯閣本三閣閣本今存，而翰林院四庫底本亦存。文瀾閣本今爲丁丙補抄本，已非原貌③。嘉慶年間汪繼壕校本以閔惇大處傳出的"四庫書寫本"爲底本校勘，通過汪繼壕校本稿本的校勘記復原的"四庫書寫本"，屬於大典本系統。

翰林院四庫底本存於北京大學圖書館（典藏號：LSB/415），卷首有提要頁，上鈐翰林院印，另有"古潭洲袁卧雪廬收藏"印、"麘嘉館印"，知原爲袁芳瑛卧雪廬藏書，其後入李盛鐸麘嘉館，再入藏北京大學圖書館。

（1）大典本系統《宣和北苑貢茶録》《北苑別録》之四庫提要版本系統：

現存的大典本系統，均出於四庫全書館的《永樂大典》輯佚本。在四庫全書館中，校上時撰寫提要，是四庫館開館以來一以貫之的程式，而今存的《宣和北苑貢茶録》《北苑別録》的提要版本亦夥。

《宣和北苑貢茶録》（附《北苑別録》）的四庫提要，可考的有以下諸本：翰

---

① 翁方綱撰，吳格整理：《翁方綱纂四庫提要稿》，上海科學技術文獻出版社，2005年，第1227—1228頁。

② 翁方綱撰，吳格整理：《翁方綱纂四庫提要稿》，第1228頁。

③ 浙江圖書館編：《浙江圖書館古籍善本書目·附録三》，浙江教育出版社，2002年，第937頁。

林院四庫底本書前提要；四庫閣本中文津閣本、文淵閣本、文溯閣本存，文津閣本、文淵閣本有影印本，文溯閣本提要有金毓黻的錄副排印整理本①。文瀾閣本今爲丁丙補抄。汪後校稿本、汪繼壕校顧修刊《讀畫齋叢書》本書前均錄底本"四庫書寫本"提要，並加入了汪繼壕案語一條。在汪後校稿本中，另有一條圈去不刻的案語。《四庫全書總目》（以下簡稱"《總目》"）有殿本、浙本兩種版本的提要②。此外，還有《四庫全書簡明目錄》的簡編版提要。汪前校稿本卷首的提要，另用有格稿紙抄錄，與全書用無格稿紙不同，字迹亦有別，且題下標注了"卷一百十五　子部譜錄類""永樂大典本"，無年代、校錄官等信息，從這些信息來看，汪前校稿本的提要當據浙本《總目》迻錄，可能爲後來的補抄、補裝。

　　四庫本書前提要，往往有校上時間。其中，汪後校稿本及讀畫齋本所錄"四庫書寫本"的校上時間爲乾隆三十八年（1773）七月，文淵閣本提要的校上時間爲乾隆四十六年（1781）十月，文溯閣本校上時間爲乾隆四十七年（1782）十一月，文津閣本提要的校上時間爲乾隆四十九年（1784）閏三月。翰林院四庫底本則未題校上時間，亦未預填校上文字。

　　各本提要中，書名略有異文，翰林院四庫底本書提要分兩行，作"《宣和北苑貢茶錄》一卷""《北苑別錄》一卷"，文淵閣、文津閣本書前提要作"《宣和北苑貢茶錄》"，文溯閣本提要作"《宣和北苑貢茶錄》《東溪試茶錄》附"③。汪繼壕後校稿本及讀畫齋本提要的書名在一行內抄，作"《宣和北苑貢茶錄》一卷。附《北苑別錄》一卷。"浙本、殿本《四庫全書總目》作"《宣和北苑貢茶錄》一卷。附《北苑別錄》一卷。（永樂大典本）"另外，《四庫全書簡明目錄》

---

　　①　文淵閣本四庫提要，見《景印文淵閣四庫全書》第 844 冊，第 635—636 頁。文津閣本四庫提要，見《文津閣四庫全書》（縮印本），商務印書館，2005 年，第 278 冊，第 633 頁。文溯閣四庫提要，見金毓黻等編《文溯閣四庫全書提要》，中華書局，2014 年，第 2077—2078 頁。

　　②　《四庫全書總目》殿本提要，見《景印文淵閣四庫全書》第 3 冊，第 501—502 頁。浙本提要，見永瑢等編《四庫全書總目》，中華書局，2003 年，第 989 頁。

　　③　按，四庫閣本一冊內含多部書時，提要均載一冊最前，僅在一冊書最後一部書提要末題寫校上時間等，而書前提要，書名分開著錄，由文淵閣本、文津閣本等可知《宣和北苑貢茶錄》與《東溪試茶錄》載同冊，僅《東溪試茶錄》末有校上時間，文淵閣本、文津閣本卷首有《宣和北苑貢茶錄》《東溪試茶錄》提要，各自獨立，而《東溪試茶錄》提要均不署"附"，此處文溯閣提要將"《東溪試茶錄》"書名作爲"附"錄於《宣和北苑貢茶錄》下，《東溪試茶錄》提要前無書名，僅換行，似文溯閣本原有訛誤。從文淵閣本、文津閣本影印本的書名題簽上，或能管窺文溯閣本訛誤來源。書前題簽，文淵閣本作"子部／《宣和北苑貢茶錄》《東溪試茶錄》"，文津閣本題簽則僅署"子部／《宣和北苑貢茶錄》"，脫漏了"《東溪試茶錄》"的書名；而文溯閣本原本題簽或類文津閣本，脫《東溪試茶錄》，或由此而在整理時署《東溪試茶錄》爲"附"。

文淵閣本所録書名，同《總目》浙本、殿本。

　　翰林院四庫底本的書前提要，共二頁，爲白口紅格稿紙，提要頁版心無字。二頁的行款略有不同，第一頁每半葉八行，行二十一字。首行頂格書“欽定四庫全書”，次行低一格題“提要”，第三行、第四行低二格，分別書“宣和北苑貢茶録一卷”“北苑別録一卷”，第五行起，低三格書提要，提要部分每行十八字，計低三格後，行二十一字，與一般的四庫閣本、翰林院四庫底本的行款一致。第二頁行款上，低三格書寫後，每行文字行十九字，行款實作行每半葉八行，行二十二字，與一般的四庫本八行二十一字本不同，這可能是抄録的手民之誤。提要有朱校，所校均爲文字書寫的訛誤糾正或異寫的字形更定，如“脩”朱校改作“備”，“贏”朱校改作“贏”，“称”朱校改作“稱”等。這篇提要最末無校上時間、修纂官等信息。

　　翰林院四庫底本書前所附提要，在“欽定四庫全書”六字上方天頭處，有“不抄”二字，和其他的四庫閣本書前提要、《四庫全書總目》提要比勘來看，這篇提要確實未抄入四庫館定本中，其録文如下：

　　　　臣等謹案，《宣和北苑貢茶録》一卷，宋建陽熊蕃，所述皆建安茶園采焙入貢法式。淳熙中，其子校書郎克始鋟諸木，凡爲圖三十有八，附以《採茶詩》十章。陳振孫謂蕃子克“益寫其形制而傳之”，則圖蓋克所增入也。時福建轉運使主管帳司趙汝礪復作《別録》一卷，以補其未備，所言水數贏縮，火候淹亟，綱次先後，品色多寡，尤極該晰。考茗飲盛於唐，至宋而建茶遂名天下。壑源沙溪以外，北苑獨稱官焙，爲漕司歲貢所自出，當時創造品目，誇新鬥異，浸成煩擾，致蘇軾有“前丁後蔡”之譏，其事本不足紀録，然其模制器具，頗多新意，有可以資故實而供詞翰者，今《經籍考》所載如朱子安①、呂惠卿、曾伉、劉異等所紀茶事，皆佚弗傳，惟此二録僅完足以存其大概矣。蕃，字叔茂，宗王安石之學，工於吟咏。而趙汝礪行事無所見，惟《宋史·宗室世系表》漢王房下，有漢東侯宗楷曾孫汝礪，意者即其人歟。

　　文淵、文津、文溯、汪後校稿本及讀畫齋本所録“四庫書寫本”、《四庫全書總目》的提要，大體相同，除了文淵閣本漏抄“附以《採茶詩》十章”的“以”字外，各本之間，只有兩處異文，而呈現系統性的差異，據浙本《四庫全書總目》録文，而括注各本異文：

　　　　宋熊蕃撰。所述皆建安茶園采焙入貢法式。淳熙中，其子校書郎克始

---

　　①　按，《文獻通考》“朱子安”爲“宋子安”形近之誤。

鋟諸木，凡爲圖三十有八，附以《採茶詩》十章。陳振孫《書録解題》謂蕃子克"益寫其形制而傳之"，則圖蓋克所增入也。時福建轉運使主管帳司趙汝礪復作《別録》一卷，以補其未備，所言水數贏縮，火候淹亟，綱次先後，品目多寡（文津閣本、文淵閣本、文溯閣本、殿本《總目》作"味"，汪後校稿本及讀畫齋本録四庫書寫本、浙本《總目》作"目"），尤極該晰。考茗飲盛於唐，<u>至南唐始立茶官，北苑所由名也</u>。至宋而建茶遂名天下。鏊源沙溪以外，北苑獨稱官焙，爲漕司歲貢所自出，<u>文士每紀述其事，然書不盡傳，傳者亦多疏略，惟此二書，于當時任土作貢之制，言之最詳，所載模制器具，頗多新意</u>，<u>亦有可以資故實而供詞翰者</u>，<u>存之亦博物之一端，不可廢也</u>。蕃，字叔茂，<u>建陽人</u>，宗王安石之學，工於吟咏，<u>見《書録解題》</u>。克有《中興小歷（殿本、文溯閣本作"紀"）》，已著録。汝礪行事無所見，惟《宋史·宗室世系表》漢王房下，有漢東侯宗楷曾孫汝礪，意者即其人歟。

現存的翰林院四庫底本並未附入後來正式抄入閣中提要的底稿。從文字關係來看，閣本、《總目》等提要，當據翰林院四庫底本這一版本上修改更定的另一系統的提要稿謄録，翰林院四庫底本所附"不抄"提要，其成稿階段，介於四庫館分纂稿至定稿之間。熊克"有《中興小歷》，已著録"，翰林院四庫底本無此句，文溯閣本、殿本《總目》"歷"作"紀"，而文淵、文津、汪後校稿本及讀畫齋本所録"四庫書寫本"、浙本《總目》均作"歷"。此字原當爲"曆"，四庫館的《中興小曆》爲《永樂大典》輯本，但在著録中，因爲避清高宗弘曆諱而改書名，故改作"歷""紀"，而提要系統由此出現不同；"品味多寡"之"味"，翰林院四庫底本有此句，作"色"，汪繼壕後校稿本、讀畫齋本與浙本《總目》作"目"，餘皆作"味"。

汪後校稿本、讀畫齋本所録的"四庫書寫本"的提要的校上格式，具有四庫館《永樂大典》輯佚本題署的性質，但這篇提要的格式、正文，與四庫閣本書前提要幾同。首先，汪後校稿本、讀畫齋本最前均題"欽定四庫全書"一行，其後出書名等的行款格式，與武英殿聚珍版的《永樂大典》輯佚本往往書前先録書名，續以目録，再續以提要、校上時間、題署的格式不同。其次，從文辭來看，一般來説，武英殿聚版叢書的書前提要與四庫閣本、《總目》提要文字差別較大，保留的往往是早期四庫館校勘結果，而現在汪後校稿本、讀畫齋本所録"四庫書寫本"提要，整體上與各閣本同，其中"克有《中興小歷》，已著録"一句，是在四庫全書館開館之後統籌各篇提要之後方有的互著體例，"品目多寡""《中興小歷》"的異文，與《總目》浙本全同。故而，從提要的整體情況來看，汪校稿本、讀畫齋本所録閔惇大處所得的"四庫書寫本"，疑爲直接從四庫館中

《永樂大典》輯佚本的錄副而出，書前提要的正文部分，是據繕寫更定後的提要，絕非如同最後署年的乾隆三十八年（1773）輯佚完成時的模樣；但這份底本，又保留了早期的《永樂大典》輯佚的校上時間與題署的信息。今存翰林院四庫底本的提要是一份"不抄"提要，無校上時間等，是否原爲《永樂大典》輯佚時撰寫的提要，則不得而知。

鄒炳泰《藝風堂叢談》中，曾提及《永樂大典》輯本，言：

> 茗飲盛於唐，南唐始立茶官，北苑所由名也，至宋而建茶遂名天下。壑源沙溪以外，北苑獨稱官焙，爲漕司歲貢所自出。／宋熊蕃有《北苑貢茶錄》一卷，所述皆建安茶園採焙入貢法式。淳熙中，其子校書郎克始鋟諸木，凡爲圖三十有八，附以《採茶詩》十章。福建轉運使主管賬司趙汝礪復作《別錄》，以補其未備，所言水數贏縮，火候淹亟，綱次先後，品味多寡。
>
> 此錄久佚，從《永樂大典》內纂輯成書，余錄有副本。[1]

從這段筆記內容來看，鄒炳泰語有以下值得注意的：其一，鄒炳泰所言，是"余錄有副本"，即當爲四庫全書的《永樂大典》輯本的錄副本，但並未強調此書爲自己所輯，從汪繼壕校本信息來看，此書的輯佚工作爲館臣鄒玉藻而非鄒炳泰完成。其二，鄒炳泰提及此書的書名，作"《北苑貢茶錄》"，而非"《宣和北苑貢茶錄》"，似與翰林院四庫底本正文部分的版心類似，但如明代私人書目中亦有略稱年號而作"《北苑貢茶錄》"等，書名的省稱並不能作爲鄒炳泰錄副本判斷來源的全部依據。其三，就文字內容而言，鄒炳泰語雖未提及錄副本是否有圖，但整段文字，除了最末一句以外，全部同文淵、文津、文溯的閣本提要、殿本的《四庫全書總目》提要，"品味多寡"與汪繼壕校本錄四庫書寫本和浙本《四庫全書總目》提要的"品目多寡"有一處異文；內容中，移易了部分句子的前後順序（錄文中，以"／"爲界）；在翰林院四庫底本的"不抄提要"中，無"南唐始立茶官"一句，由此可知，鄒炳泰《藝風堂叢談》中提及的錄副本的簡介，實從書前提要而來，錄副本的底本當有提要稿，且提要稿當爲正式閣本書前提要的版本，如文淵、文津、文溯閣本等，而非翰林院四庫底本的"不抄稿本"的提要，同時，異文的存在，故此錄副本可能爲正式謄清的閣本，

---

① 鄒炳泰《藝風堂叢談》卷七，頁八 b—九 a，據天津圖書館藏嘉慶刊本影印入《續修四庫全書》第 1462 冊，第 222 頁。李國慶、孔方恩《四庫館臣鄒炳泰與〈永樂大典〉》（《〈永樂大典〉編纂 600 周年國際研討會論文集》第 185 頁）有錄文，不過錄文中斷句與部分文字均有訛誤；另外文中以爲鄒炳泰即爲《永樂大典》中《宣和北苑貢茶錄》的輯佚者，則有訛誤；史廣超對此文所述中鄒炳泰"曾見輯本，或云錄有副本"的涉及鄒炳泰的輯佚工作亦有考辨，可參，見史廣超《〈永樂大典〉輯佚述稿》，第 101 頁。

而非翰林院四庫底本。不過，鄒炳泰的録副本似下落不明。鄒炳泰的録副本是否保留了乾隆三十八年（1773）的校上日期和纂修官姓名，鄒炳泰的録副本與汪繼壕校稿本底本閔惇大的録副本是否有關聯，以及鄒炳泰録副本中是否録圖等，俱不可考。

各提要稿的書名、異文、校上時間等，參見下表；而提要稿的系統源流，參見文末附版本源流圖中提要稿系統圖。

版　　本	提要書名	品味	中興小曆	校上時間
翰林院四庫底本	《宣和北苑貢茶録》一卷。《北苑別録》一卷。（分兩行）	色	無此句	（無）
汪繼壕校本、讀畫齋本録四庫書寫本	《宣和北苑貢茶録》一卷附《北苑別録》一卷	目	曆	乾隆三十八年七月
文淵閣本	《宣和北苑貢茶録》	味	曆	乾隆四十六年十月
文溯閣本	《宣和北苑貢茶録》《東溪試茶録》附	味	紀	乾隆四十七年十一月
文津閣本	《宣和北苑貢茶録》	味	曆	乾隆四十九年閏三月
浙本《四庫全書總目》	《宣和北苑貢茶録》一卷附《北苑別録》一卷。永樂大典本	目	曆	（無）
殿本《四庫全書總目》	《宣和北苑貢茶録》一卷附《北苑別録》一卷。（永樂大典本）	味	紀	（無）

（2）大典本系統的正文系統：

翰林院四庫底本正文部分，爲紅格抄本，版心有字。與正式的閣本諸書版心魚尾上方有"欽定四庫全書"之字樣不同，此二本，魚尾上方爲白口無字，符合一般的翰林院四庫底本的行款；兩書的版心魚尾之間的文字，分別書"北苑貢茶録""北苑別録"，下書頁數。其中《宣和北苑貢茶録》翰林院四庫底本共二十頁，頁一至頁三及最末頁二十的版心 b 頁的有"卷一"字樣；《北苑別録》翰林院四庫底本共十四頁，頁一至頁四及最末頁十四的 b 頁有"卷一"字樣；餘皆無卷數字樣。翰林院四庫底本所用的"北苑貢茶録"的版心字樣，爲省寫，與後來文淵閣本、文津閣本定本的四庫本版心所書的"宣和北苑貢茶録"這一完整書題不同[①]，也可見此本爲四庫底本的過渡階段的版

---

① 文淵閣本影印本，見《景印文淵閣四庫全書》第 844 冊。文津閣帶版心影印本，見《文津閣四庫全書》，商務印書館，2010 年，第 846 冊。

式特徵。

　　翰林院四庫底本有三次校勘的痕迹，底本文字，朱筆校勘，黑筆一校，黑筆二校。朱筆校勘只涉及字形異體字的寫法，如上文所述的"俻"改作"備"，"称"改作"稱"等，而文淵閣本、文津閣本的寫本字形上，與朱校均同；黑筆一校的文字，爲文淵閣本、汪前校稿本、汪後校稿本録"四庫書寫本"所採納，黑筆二校，爲文津閣本採納。朱筆校勘與黑筆一校的時代先後無法確定，黑筆二校與黑筆一校的區分，可以從翰林院四庫底本、文津閣本、文淵閣本、汪校稿本録"四庫書寫本"的異文的比勘中看出。

　　以《北苑別録》開頭"太平興國中初御焙歲龍鳳以修貢筐"一句爲例來看，翰林院四庫底本原抄如此，而"初"字用黑筆圈去，"歲"下增入一"製"字，文津閣本即作"太平興國中，御焙歲製龍鳳，以修貢筐"，同校勘後的面貌；文淵閣本所抄，同圈改增補之前的面貌。讀畫齋本，此句作"太平興國中，初爲御焙，歲模龍鳳，以修貢筐"，無校勘記，文字全同《説郛》宛委山堂本，而較之翰林院四庫底本原貌、文淵閣本多"爲""模"二字。但事實上，此句在汪繼壕的兩個稿本中，原均有校勘記。汪前校稿本原抄作"太平興國中初（繼壕按：《説郛》有'爲'字。）御焙歲模（繼壕按：原本脱'模'字，据《説郛》補。）龍鳳以修貢筐。"[1] 隨後，汪前校稿本上有圈乙塗改，"初"字下的八字小注俱圈去，在空處補寫大字"爲"，而在"模"字下校記的"脱"字後，"模"字前，補入"'爲'字"小注，並將此條校記用乙文符號乙至"貢筐"字下；汪後校稿本，此句抄作"太平興國中，初爲御焙，歲模龍鳳，以修貢筐（繼壕按，原本脱'爲'字、'模'字，據《説郛》補。）"隨後，整條校勘記又用筆圈去。換言之，汪後校稿本爲汪前校稿本謄清後的面貌，兩個稿本中的校記，均可復原出汪校稿本底本"四庫書寫本"的面貌，這一復原而出的"四庫書寫本"的底本文字，與文淵閣本面貌相同。此句的"四庫書寫本"原不通，汪繼壕作了補字、校勘的過程，而汪繼壕本據《説郛》本校勘的校勘記最終被删去，使得讀畫齋本面貌與文淵閣本、文津閣本均有所不同；翰林院四庫底本的二校，也是建立在原文不通的情況下所作的理校，最終，文淵閣本、文津閣本、讀畫齋本各有不同的面貌。從翰林院四庫底本來看，文淵閣本、汪校稿本的底本的"四庫書寫本"正文的抄成時間較早，是翰林院四庫底本一校後面貌的反映；文津閣本抄成時間較晚，是二校面貌的反映。

---

　　① 汪繼壕校稿本中，校注一般隨文出注於對應異文之下，録文時，根據原有行款，在對應字下作括注，録稿本中的雙行小注，正文、校注中上有校改、圈乙、塗抹、框删的，均在録文之後另作解釋，下同。録文中的"据"字，原作簡寫，在《宣和北苑貢茶録》《北苑別録》的稿本中，"据""據"均出現，字形不定。

翰林院四庫底本一校、二校中最大的差別，爲翰林院四庫底本有兩處館臣考證按語，各有四字，用黑筆厚塗，底本原貌不可見。四庫底本的改校，往往祇黑筆圈去，而這兩處均爲厚塗。有塗乙部分，文淵閣本、汪前校稿本、汪後校稿本、讀畫齋本作"按，《潛確類書》作鄭可聞""圜字，《潛確類書》作團"，文津閣本及塗改後翰林院四庫底本的面貌作"按，簡字別本作鄭可聞""圜字，別本或改作團"。據文淵閣本爲翰林院四庫底本一校謄録、文津閣本爲翰林院四庫底本二校謄録可知，兩處均塗去"《潛確類書》"四字。《潛確類書》爲明末陳仁錫所編類書，在四庫館中，此書原被徵收採納，後來查出此書語涉違礙而入禁燬範圍，由此帶來厚塗改校。此亦證文淵閣、汪校稿本的底本"四庫書寫本"抄成較早。今查，兩處校記引《潛確類書》，均出自《潛確類書》卷九五"銀絲水芽"條①，《潛確類書》卷首有《潛確居類書徵引書目》，其中有"《北苑茶録》"②，即爲《宣和北苑貢茶録》的省稱。從《潛確類書》的徵引情況來看，"銀絲水芽"此條，並未明引出自《北苑茶録》，不過，從異文等判斷，這部類書編纂時，條目當從《説郛》某一版的明抄本而來。今可考的明代萬曆年間的喻政刊《茶書》的《宣和北苑貢茶録》與明末《五朝小説》本的條目來看，此處《潛確類書》的"銀絲水芽""如銀絲"，喻政本、《五朝小説》本及明抄本 b、世學樓抄本均作"銀綫水芽""若銀綫然"，而明抄本 a 分別作"錕緣水芽""若銀絲然"，與《潛確類書》的標目、引文無一相合。大典本系統在不知《説郛》本的情況下，均訛作"綠綫水芽""若綠綫然"。《潛確類書》的"鄭可問"，喻政本及明抄本 b、世學樓抄本、大典本系統正文均作"鄭可簡"，而明抄本 a、《五朝小説》本作"鄭可問"，《潛確類書》所引與其他刻本的面貌均不合，其底本或來源於近乎明抄本 a 的抄本系統。《潛確類書》引書未標出處，而引用《北苑別録》十分零散。《潛確類書》當爲四庫館大典本輯佚開始時所使用的類書參校本，因入禁燬書目，故在二校時，圈改塗去出現違礙的書籍名，而在校勘字數上，仍强求與原校一致，其中如"鄭可簡"的校勘記，就不如原校行文流暢通順。文津閣本改從二校而文淵、汪繼壕校本所録四庫書寫本未改，亦可知四庫館各抄本間的不同，並未作統一改動。文津閣本反映出的翰林院四庫底本的二校，主要以删改違礙、疏通語義爲主，這一時期的四庫館校勘，亦未補校以《説郛》宛委山堂本。

---

　　① 　陳仁錫編：《潛確類書》，《四庫禁燬書叢刊·子部》第 16 册，影印明崇禎刻本，卷九五"飲啖部"頁 9a，北京出版社，第 255 頁。
　　② 　陳仁錫編：《潛確類書》，《四庫禁燬書叢刊·子部》第 13 册，"書目"頁 25b，第 339 頁。

四庫館的文淵閣本、文津閣本、文溯閣本均有繪圖①，汪繼壕後校稿本及讀畫齋本亦有圖。從傳世本的情況來看，文淵、文津二閣本圖繪樣式同，圖繪當爲同源。文淵、文津閣本及以四庫書寫本爲底本的汪後校稿本的圖繪的版式、分頁情形亦同，如貢新銙、試新銙爲圖繪頁第一頁 a 面，龍園勝雪、白茶爲圖繪頁第一頁 b 面等；讀畫齋本的刻本，首頁圖繪並未換頁，爲讀畫齋本頁 10a，前面尚有三行熊蕃跋語文字，故而改變了圖繪的版式，原先各占半頁的貢新銙、試新銙，圖繪首頁頁 10a 僅繪“貢新銙”半頁，之後，半頁大小的圖繪的分頁，均與文淵、文津閣本、汪校稿本的分頁不同，至第十八圖“寸金”，即半頁尺寸大小的最後一幅，“寸金”占一頁版刻大小，其後的分頁情況，方與文淵、文津、汪校稿本同。

　　翰林院四庫底本的“圖”的部分，有目，有文，但無繪樣。圖繪最末“大鳳”條一頁，天頭有一行“以上數頁當補圖”的行書批校，這當與四庫館的文字圖繪分開謄録的工作流程有關。四庫館中，繪圖與篆隸謄録爲特殊的謄録專員，需專門招募，“至應寫書内，……應繪圖樣頗多，並擬另行酌選通曉畫法之貢、監生等十員作爲謄録”②，文淵閣本此書前，除了“謄録貢生”以外，尚有“繪圖謄録監生臣華慶冠”的署名，不過，文津閣本書前僅有“謄録監生臣翟永機”的題名，不録繪圖謄録的署名。

　　翰林院四庫底本的圖繪部分，用有欄綫的紅格稿紙謄抄，抄入對應條目的文字，而將圖空出。文淵閣、文津閣本及汪後校稿本中圖繪依據圖式尺寸大小，或一頁兩團茶，或一頁一團茶，其分頁，與翰林院四庫底本的分頁間或不同，如“無比壽芽”“萬春銀葉”“宜年寶玉”“玉清慶雲”“瑞雲翔龍”“長壽玉圭”六圖在文淵本、文津本、汪後校稿本中各占一頁，而翰林院四庫底本則合“無比壽芽”“萬春銀葉”爲一頁，合“宜年寶玉”“玉清慶雲”爲一頁，合“瑞雲翔龍”“長壽玉圭”爲一頁；另外，文淵閣本、文津閣本、汪後校稿本中“龍苑報春”“南山應瑞”二圖合繪一頁，而在翰林院四庫底本中，兩圖各占一頁。總計三十八幅團茶圖中，有八圖的分頁情況在翰林院四庫底本與四庫閣本中有差别。

---

　　① 《宣和北苑貢茶録》的文溯閣本的情況，（日）天野元之助《中國古農書考》中有所介紹，言“我過去在瀋陽翻閱過收在文溯閣《四庫全書》中的此書，看到了在貢茶圖三十八的‘上林第一’‘龍鳳英華’‘玉除清賞’中寫道：‘按此條原本闕圈模’，只載有一方框形的圖。同時，《說郛》本所載貢茶的相應各條，也没有尺寸。”（見［日］天野元之助著，彭世奬、林廣信譯《中國古農書考》，第 79 頁），雖然没有詳細的文溯閣本與清代傳本的文字比勘，而介紹的“此條原本闕圈模”與文淵、文津面貌同，這些説明了文字底本同出一源，而文溯閣本中有繪圖也是毫無疑問的。

　　② 中國第一歷史檔案館編：《纂修四庫全書檔案》，上海古籍出版社，1997 年，第 78 頁。

從文淵閣本、文津閣本、汪後校稿本分頁一致，圖繪大小大體相同來看，四庫本系統的圖繪可能與團茶的形制、尺寸有關聯，這暗示了《永樂大典》原本的圖繪大小的徑、長，可能與説郛本系統用文字記錄的尺寸有對應關係[1]，而翰林院四庫底本與四庫閣本的分頁情況的不同，可能暗示翰林院四庫底本所輯《永樂大典》中圖繪的大小，與後來的四庫館繪圖的分頁、尺寸有差異。至清代留存的《永樂大典》，原已爲《永樂大典》的副本；而對應卷帙的《永樂大典》下落不明，繪圖尺寸的差別，已無法覆核。四庫館輯佚時再加轉繪，每一次輾轉傳寫間是否有所失真，俱難以詳考。

另外，文津閣本在《宣和北苑貢茶録》書最末有"宣和北苑貢茶録考證"一頁，此段單獨成文的"考證"頁内容，文淵閣本、汪校稿本、讀畫齋本所録四庫書寫本及翰林院四庫底本均無。"考證"的内容爲輯佚中的考證案語的説明，共三條，逐條標記"第某頁某行"，内容涉及全書中的"臘茶"的用字審定，和兩條四庫本中引《建康志》的按語。這三條内容，在文淵閣本、文津閣本、汪校稿本和讀畫齋本所反映的四庫書寫本中均已採納。《宣和北苑貢茶録》全書原有十條館臣的按語，僅抄出三條"考證"附載文津閣本《宣和北苑貢茶録》全書最末的緣由不詳，而《宣和北苑貢茶録》的文津閣本的"考證"，也不見於《四庫全書考證》的稿本、文淵閣抄本及武英殿本[2]。從文津閣本所抄爲翰林院四庫底本二校，抄成時間晚於文淵閣本、汪校稿本的底本來看，可能各"考證"頁是最末加以摘出，爲《四庫全書考證》的編纂儲才，而最終並未編入。

綜上，大典本系統的各本，源出於乾隆三十八年（1773）七月鄒玉藻的《永樂大典》輯佚校上本，而翰林院四庫底本當爲從鄒玉藻輯佚校上本而出的修訂本。今存的翰林院四庫底本文字部分，有黑筆一校與二校與更定文字異寫的朱校。館臣閔惇大有"四庫書寫本"的録副本，成爲汪繼壕校本的底本來源，文淵閣本與閔惇大處"四庫書寫本"是翰林院四庫底本一校文字的謄録；文津閣本是翰林院四庫底本二校文字的謄録。文津閣本另多"考證"一頁。翰林院四庫底本的圖的部分有目有文，但無圖繪，圖繪的底本，可能因四庫館的謄抄程

---

① 按，汪繼壕前校稿本有團茶尺寸的文字校記；後校稿本的繪圖上迻録了前校稿本團茶尺寸的校記，在"無疆壽龍"條的校記中，即指出"繼壕按：分寸與圖不合。疑與'玉葉長春'分寸誤易"。從稿本中可知，汪繼壕關注到了大典本系統的圖繪尺寸與説郛本系統文字尺寸間的關係，但是這條校記在正式刻本的讀畫齋本中删去了。

② 《四庫全書考證》的稿本，藏國家圖書館，影印本，見《欽定四庫全書考證》，書目文獻出版社，1991 年。關於《四庫全書考證》稿本的價值、性質判斷的研究，參見琚小飛《〈四庫全書考證〉的版本及校勘價值述略》，《史學史研究》，2017 年第 2 期。

氏而在四庫館中另外單存。翰林院四庫底本前附提要一篇，爲不抄提要，成稿階段大致處於分纂稿與正式稿之間，各閣本、閔惇大"四庫書寫本"錄副本及《總目》的提要高度一致，當據在此稿基礎上修訂的另一獨立稿謄錄。館臣鄒炳泰另有錄副本，錄副本的底本可能是正式謄清的閣本的錄副本。

四、合流本系統版本述略

清嘉慶年間顧修刊刻的《讀畫齋叢書》辛集中的《宣和北苑貢茶録》《北苑別録》，爲汪繼壕以"四庫書寫本"爲底本，以《説郛》宛委山堂本校勘，並加入了汪繼壕的注釋和校勘案語後形成的刊刻版本。大典本系統中所無的茶圖圈模尺寸，汪繼壕從《説郛》宛委山堂本中補入。《讀畫齋叢書》本每半葉九行，行十八字。書前有以"四庫書寫本"爲底本的四庫提要，最末有汪繼壕的跋語。此書的編纂經過、來源，如汪繼壕嘉慶五年（1800）庚申跋語所述：

> 熊蕃《北苑貢茶録》、趙汝礪《北苑別録》，陶宗儀《説郛》曾載之，而於《別録》題曰"宋無名氏"。前家君從閔裕仲太史處得四庫書寫本[①]，《貢茶録》則有圖有注，《別録》則有汝礪後序，遠勝陶本。然《説郛》於《貢茶録》僅存圖目，而諸目之下，皆注分寸，又寫本所無。《別録》"粗色第六綱"内之大鳳茶、小鳳茶二條[②]，寫本亦失去，其餘字句異同，多可是正，因取二本互勘，更取他書之徵引二《録》相發明者，並注於下。四庫書舊有按語，續注皆稱名以別之，庶覽是書者，得以正其訛謬云爾。嘉慶庚申仲冬，蕭山汪繼壕識於環碧山房。[③]

跋語中提及的"有圖有注"的"四庫書寫本"，當爲閔惇大裕仲處所得的四庫書寫本的錄副本，而《説郛》題"宋無名氏"的信息與校勘記中所引的《説郛》本面貌，可知即爲《説郛》宛委山堂本。在跋語中，汪繼壕提及校勘處理，是將所得的四庫書寫本與《説郛》宛委山堂本互勘，並摘引他書可以與"二《録》相發明者，並注於下"；體例上，因爲四庫本"舊有按語"，故而汪繼壕新增的校勘記、注釋，均"稱名以別之"，即書中以加"繼壕按"

---

① 按，"閔裕仲"之"裕"，汪前校稿本中原作"裕"，後點去改作"漁"，汪後校稿本、讀畫齋本作"閔漁仲"，今校回，作"閔裕仲"，參見上文。

② 按，汪前校稿本、汪後校稿本、讀畫齋本的跋語均作"大鳳茶、小鳳茶二條"，據《説郛》宛委山堂本，此六字當爲"大龍茶、大鳳茶"，跋語或有訛字。

③ 汪前校稿本、汪後校稿本、《讀畫齋叢書》本辛集《北苑別録》書最末。其中，汪前校稿本有校改塗乙，除"閔裕仲"改作"閔漁仲"以外，尚有多處，詳見後文。

的形式來區別。

汪繼壕校注的稿本存兩本，分別藏南京圖書館、北京大學圖書館（以下作爲館藏地指稱時，兩本分別簡稱作"南圖本""北大本"），兩稿本字迹相同。

南圖本書前有丁丙跋，跋語與丁丙《善本書室藏書志》卷十八的"舊抄本蕭山汪氏藏書"的"《宣和北苑貢茶錄》一卷，附《北苑別錄》一卷"同，"蕭山汪氏藏書"即指汪輝祖、汪繼培、汪繼壕藏書。此稿本除首頁用左右雙邊半葉九行行二十一字的稿紙抄"欽定四庫全書總目提要"以外，均用無格稿紙，無頁碼。南圖本無插圖，大典本插圖的團茶形制尺寸部分，南圖本以半葉七行行十九字的較舒朗的行款抄入，内容爲彙校"四庫書寫本"與《説郛》宛委山堂本的文字及校勘記；其餘部分，均採用半葉十行行十九字的行款抄寫，抄本中，文字旁往往有圈改、增補、塗乙，天頭亦間或有補入的大段文字，亦時有表復原的"△"校勘號。書前有"八千卷樓藏書之印""江蘇第一圖書館善本書之印記"二方印；書末復鈐"善本書室""江蘇第一圖書館善本書之印記"二方印。

北大本典藏號爲 LSB/415，此稿本無格，無欄綫，無頁碼，每半葉十一行，行二十字，往往在文字側圈改、增補、塗乙、框去，或在天頭處，進行增補，亦時有表復原的"△"校勘號。卷首有"欽定四庫全書總目提要"一篇二頁，鈐有"古潭洲袁卧雪廬收藏"印一枚；正文首頁，鈐有"歙西長塘鮑氏知不足齋藏書印"方印、"鮑"字圓印、"廔嘉館印"，則知原經鮑廷博藏，其後入袁芳瑛藏書，復歸李盛鐸，最後入藏北京大學圖書館。不過，之前此書一直僅著録爲"失名校"或"抄校本"[①]。

今比勘兩份稿本中文字與讀畫齋本、文淵閣本、文津閣本等，可知兩份抄校本，均爲汪繼壕的稿本，校次有先後遞承關係，其中，南京圖書館的藏本主體上爲較早的校本，故稱汪前校稿本，北京大學圖書館藏本主體上爲較晚的校本，且爲讀畫齋叢書的刊刻用稿本，故稱汪後校稿本。兩份稿本中，南圖本有《宣和北苑貢茶錄》《北苑別錄》的正文與汪繼壕跋語，無圖，僅有團茶形制尺寸的彙校及校記；書前提要爲據浙本《總目》補抄；北大本較南圖本多汪繼壕校勘的"欽定四庫全書總目提要"的校稿一篇與大典本系統的插圖；插圖上，有文字彙校及校記。北大本中圖繪的次第與他本不同，圖繪載《宣和北苑貢茶錄》全書最末，即熊蕃跋語、《御苑採茶歌》、熊克跋之後，《北苑別錄》一書之前，而文淵、文津閣本、後來刻梓的讀畫齋本及《説郛》閣本、南圖本，均載團茶圈模尺寸

---

① 參李盛鐸著，張玉範整理：《木犀軒藏書題記及書録》，北京大學出版社，1985年，第191頁；北京大學圖書館編《北京大學藏古籍善本書目》，北京大學出版社，1999年，第278頁。

於熊蕃跋語之後,《御苑採茶歌》、熊克跋語之前。不過,南圖本、北大本各頁均不題頁數,南圖本的團茶尺寸的文字部分,北大本的圖繪部分,均爲獨立部分,不與前後文字相混淆,北大本圖繪的版式、換頁,與文淵閣本、文津閣本圖繪的版式、換頁相對應。從各自內容獨立、之後刊刻的讀畫齋本次第均不誤來看,兩份稿本中圖繪有無、次第差異的原因,有以下原因:南圖藏的汪前校稿本無圖、北大藏的汪後校稿本(亦刊刻用稿本)有圖,兩份稿本共用了同一份圖稿用以校勘,即現在北大本中的圖繪,即爲當初汪繼壕校時四庫書寫本的錄副本,從初校到後校,繪圖的摹寫較爲複雜,故僅從前校稿本中轉迻圖繪部分至後校稿本,故造成了南圖藏的前校稿本無圖,而北大藏的後校稿本中,圖裝於第一部書的全部文字稿本之後。另外,從校次來說,全書的文字部分,北大本爲南圖本謄清後的再校本,唯南圖本的團茶形制、尺寸部分的文字,實爲北大本團茶形制、尺寸文字的謄清本,兩者校次相反。“試新銙”條下,北大本原有校勘記“仝上。繼壕按:原本脫分寸,據《說郛》補,下同。”其後,校勘記有修改,在“脫”字前,闌入“以下俱”三個小字;在“據《說郛》補”前,闌入“並”之小字,作“繼壕按:原本以下俱脫分寸,並據《說郛》補,下同。”在南圖本的“試新銙”下,全同校改後的校勘記;又如“小龍”條,北大本原有校勘記“繼壕按:此條《說郛》脫分寸,以下即接小鳳。……”校記的“此條”前,闌入“說郛”二字,而後“脫分寸”前的“《說郛》”二字則圈去;南圖本的“小龍”的謄抄,同校勘後的清樣抄寫,作“繼壕按:《說郛》此條脫分寸,以下即接小鳳。”又如“乙夜清供”條,北大本原作“乙夜供清”,下有案語:“繼壕按:《說郛》作乙夜清供。”隨後,標目的“供清”大字上有乙文號,案語的“說郛”二字點去,改作“原本”“作乙夜清供”均圈去,復在“作”上畫“△”以示恢復,末增入“清誤倒,据《說郛》改”,綜合來看,是欲將底本改作“乙夜供清(繼壕按:原本作供清,誤倒,据《說郛》改。)”南圖本原抄作“乙夜供清”,點去末二字,旁校改作“清供”,校勘記作:“繼壕按:原本清供誤倒,據《說郛》改。”從這條校勘記來看,可能是漏看了底本“作”的恢復符號,故漏抄“作”字,餘當爲北大本的謄清,而此條校記,南圖本後復有校改,將“清供”的“清”和“誤倒”二字塗去,“供”下增入“清”,意爲改作“原本供清,据《說郛》改”。讀畫齋本圖繪部分汪繼壕校記多刪去,故此條校記最終在讀畫齋本中無,而茶名刻作“乙夜清供”。從上述三個例子的校記塗改等來看,圖繪及圖繪的文字部分,南圖本、北大本校次間的關係較複雜,圖繪上文字校記,北大本包括了多次校改,南圖本的文字部分,當是北大本的清稿,而“乙夜清供”一條南圖本的校改,比北大本的校勘塗改更晚,但南圖本中無圖繪,而讀畫齋本的刊刻最終以北大本的圖繪部分爲底稿,刪去了大量的汪繼壕對於圖繪尺寸的校勘記。另外,北大藏稿本作爲刊刻稿本,可能裝訂發生過多次變化,圖繪可能原來位置正確,而目前的藏本可能有重裝，誤將圖挪至了《宣和北苑貢茶録》的最末①。

南圖本、北大本的正文、天頭等處，均有塗乙、校改等；部分塗乙、校改，是在謄抄時手誤而隨文進行的改正；部分塗乙、校改，則有一校、二校、覆校的不同，比較兩稿本及讀畫齋本時，能看出前後文字的嬗遞關係。

文字部分，知南圖本主體上校次較早、北大本校次較晚的據證，在於：其一，南圖本中大部分校改内容，在北大本中，得到了體現。如《宣和北苑貢茶録》的熊克跋，"遂有創增之目"，南圖本於"有"下原有雙行小注校記"繼壕按：《説郛》有'有'字。"八字。隨後又圈去"説郛有有字"五字，旁書"原本脱'有'字，据《説郛》補"。北大本此句即在"有"下出雙行小注"繼壕按：原本脱'有'字，据《説郛》補"，同校改後的注語文字；但最終，北大本此條校勘記，又全文圈去，故而在讀畫齋本中無此條校記。又如，最末汪繼壕的跋語，南京圖書館藏稿本有"諸目之下，皆注分寸，則又寫本所無"一句，其中"則"字，用筆點去；"其餘字句亦小有異同，可以是正""亦小有"三字，用筆點去，"同"下，闌入"多"字，而"以"字又用筆點去，在北京大學藏稿本中，此二句直接抄作"諸目之下，皆注分寸，又寫本所無""其餘字句異同，多可是正"，其文字，正是南京圖書館稿本校勘後的謄清本；而後來的讀畫齋叢書本的汪繼壕跋，同北京大學藏本的文字。其二，南圖本部分在天頭或旁側補入、校改的校勘記，在北大本的謄抄行款中，是直接抄入正文的。如《宣和北苑貢茶録》的《御苑採茶歌十首》，"先朝曹司封修睦""曹"下，南圖本拉出增入符號，於天頭書"繼壕按：疑當作漕使。""使"字後又圈去；在北大本的正文中，即作"先朝曹（繼壕按：疑當作'漕'。）司封修睦"，於"曹"下出校記，後又圈去此條校記，而於"曹"左側徑添"氵"，改作"漕"，讀畫齋本即作"先朝漕司封修睦"，無校記。今按，曹修睦爲宋初人，字公臣，四庫全書本原不誤，汪繼壕改作"漕"實爲誤校，但從南圖本到北大本，再到讀畫齋本的校勘記的嬗遞痕迹，清晰可見。又如，《宣和北苑貢茶録》的熊克跋，"越十三載，仍復舊額"，南圖本在"仍"字下添增入符號，於右側空白處，書"繼壕按：《説郛》作'乃'"，此條添入的校勘記，在北大本中，直接抄入正文的行款之中，隨後又圈去，在讀畫齋本中無此條異文校記。另外，還有少量的注釋，在南圖本中無而在北大本中有，後來的讀畫齋本中，亦承襲北大本而來。其三，南圖本的部分校勘記，有行款、格式等的要求，如《北苑別録》最末趙汝礪跋，載《北苑別録》頁14a，其後，此本頁14b全空，換頁後，頁15a，書汪繼壕跋，而在頁14a天頭，

---

① 因爲南圖、北大的稿本分藏兩處，且北大圖書館因搬遷之故，僅得乘隙校閲膠片，兩館中，均未得目見原件，無法考察兩稿抄本的用紙、裝幀等，故此處爲據文字校勘、謄清的先後關係作出的猜測，日後若得親見原件，可能會有更確切的解釋。

有"接寫後頁，低一格"的字樣，在北京大學藏本中，汪繼壕跋即與趙汝礪跋連抄，而汪繼壕跋爲低一格抄寫；又如綱次條，有"較綱次低一格寫"的校語，北京大學藏本中的書寫格式，即爲低一格書。這些行款、謄抄格式中，均用"寫"字作爲要求，也證明了在校次上，南圖本非最終定稿本，這些校勘記，實爲對下次謄錄的書寫行款、接頁等提出的要求。

知北京大學藏抄校本爲刊刻用稿本的依據，包括此本有以下特徵：其一，抄校本的內容，與讀畫齋本基本相同，包括書前均有落款爲"總纂官編修臣紀昀。郎中臣陸錫熊。纂修官編修臣鄒玉藻"的"欽定四庫全書提要"一篇，有《宣和北苑貢茶録》及《北苑別録》的正文，最末有汪繼壕跋語一篇，抄校本中正文部分，包括了讀畫齋本底本的四庫本的四庫館臣案語及新增的汪繼壕案語，有校勘，讀畫齋本基本同校勘後的面貌。其二，在讀畫齋本刻本的《宣和北苑貢茶録》《北苑別録》每頁板片的結尾字，對應處的抄校本上，往往能看見以朱筆作"⌐"形，勾勒於末字左下方，而文字的地腳空白處，間或以花碼或漢字記録頁數（亦即板片數），其中《宣和北苑貢茶録》《北苑別録》的板片記數，各自另起[1]。其三，在抄校本中的部分校勘，保留了對刊刻時行款的要求；而刻本的行款，對應了此抄校本的行款格式。如團茶"蜀葵"的抄校本繪圖模形，原繪不齊整，邊上有"邊要整齊"的朱校；《宣和北苑貢茶録》的抄校本的熊克兩篇跋語最前，天頭有"以下低一格"的朱校字樣，讀畫齋本亦低一格刊刻；抄校本的熊克第二篇跋語的最末年代"淳熙九年冬十二月"一句，抄校本上句"庶幾補其闕云"恰至頁尾，此處換頁頂格而起，讀畫齋本遂以次頁首句"淳熙九年"換行另起，而在文淵閣本、文津閣本及説郛本系統及南京圖書館藏汪前校稿本中，此篇熊克跋的年代落款均不換行另起，讀畫齋本恰對應抄校本的換行，致另起；《北苑別録》"開畬"條，天頭有"低二格"字樣，而讀畫齋本亦低二格標目；最末趙汝礪跋語"舍人熊公"

① 花碼，亦稱蘇州碼子、草碼等，從一至十，分別作丨、丨丨、川、乂、ꄘ、亠、亠、亖、夂、十，（此爲縱式花碼，其中一二三亦可作漢字寫法，爲橫氏花碼）在十之後的十一至三九，用橫氏花碼表個位數字，書於右側，並在花碼左側，加縱式花碼丨、丨丨、川等，表十位數字。在北大本中，花碼出現了多次，其中，《宣和北苑貢茶録》中，讀畫齋叢書本在茶圖前，共十個板片，其中刻本第一頁、第三頁對應處無標記，第二、四、五、六、七、八、九頁板片結束處文字對應的抄本上，字的左下方均有朱筆勾勒，而第四頁、第五頁、第六頁、第七頁的對應文字的地腳，額外書對應的計數花碼"乂""ꄘ""亠""亠"；《宣和北苑貢茶録》的三十八幅團茶茶圖的天頭，有逐條計數，從一至二十，均用花碼計數；二十之後，以漢字廿一、廿二；卅一、卅二等計數；《北苑別録》板片共十八頁，亦多有勾勒，其中前十頁中，對應的抄本中，僅第九頁，未勾勒；第一頁、第十頁，有勾勒而地腳無字；第二頁至第八頁，對應地腳處地腳均有"二頁""三頁"等漢字；十頁以後的板片，換頁往往在標題處，僅第十一頁、十三頁，仍有勾勒，而在對應地腳，則書花碼，作"卜""丨三"。

句上天頭，有"以下低一格"字樣，讀畫齋本低一格刻趙汝礪跋；最末汪繼壕跋語，抄本原低一格抄，天頭有"以下低■格"字樣，■爲塗去，原似作三字，右側又有一數字，而又抹去，最終在"■"左側作"二"字，讀畫齋刻本最終亦低二格刻汪繼壕跋語。汪繼壕跋語中，"家君""四庫書"前，均有提行空格，跋語中兩處出現"四庫書"，第二次出現，稿本於"四"前空格，但不換段，讀畫齋刻本中，前一句末字下，行款恰至一行之末格，仍空一格，換行另起"四庫書"云云，實非換段，然因行款提行問題，會誤認此處爲換段另起。這些行款的痕迹，都表明了這本抄校本，實爲讀畫齋本的刊刻用稿本。從古書的刊刻流程來看，這一稿本到最終刻本，應當經過寫樣上板的過程，而稿本字下方的勾勒，板片、圖繪的計數等，應當是爲寫樣、刊刻時計算字數、工錢等所用。

從汪校本稿本來看，稿本校勘記十分詳細，稿本體式上，以四庫書寫本爲底本，參校以《說郛》宛委山堂本，已校改的內容，均注"原本脫……，據《說郛》補""原本作……，據《說郛》改"之類。稿本中的校注的"繼壕按"中，包括了大量的僅出校的四庫書寫本（校勘記中作"原本"）與《說郛》宛委山堂本的異文比較、《說郛》宛委山堂本的行款記錄，並補充徵引了不少宋代以來茶事的文獻記載等。其中，部分的校勘記，從文字內容、行款等來看，應該是有多次校勘的痕迹，校勘記中能反映出底本閻愔大所錄"四庫書寫本"的原貌，而部分校勘記通過闌入、圈塗、改乙符號等補入、圈去、乙文等，稿本呈現出了校勘記的不斷變化的過程。

從校勘記的內容來看，從稿本到刊本，有三類校勘記，往往以朱筆圈去、劃去，或用"⌐""⌐"框去，以示不刻而被刪削：

1. 行款格式校勘記。汪繼壕校勘中關注《說郛》宛委山堂本的行款與四庫書寫本的差異，空行、空格等，均出校勘記，正式刻本中，或從校勘記中所錄的《說郛》本的版式，或不從，但相關的行款校勘記的"繼壕按"均予以刪削。如《宣和北苑貢茶錄》的熊蕃所錄"貢新銙"起各茶起造年代，原有校勘記"繼壕按：《說郛》本貢新銙以下俱分行，低二格。"後圈去，最終讀畫齋本無此校勘記，讀畫齋本頂格且未逐條分行，亦未從校勘記所錄《說郛》本行款；《北苑別錄》"細色五綱"下，有"繼壕按：《說郛》本'細色五綱'一行低三格，'貢新爲最上'，以下另低二格，下'粗色七綱'條仿此"，此條校勘記所述爲《說郛》宛委山堂本的刊行款式，後框去，最終刻本無，而讀畫齋本的行款上，"細色五綱""麤色七綱"的標目低二格，正文的"貢新爲最上"起，仍爲頂格書，未從校勘記中所述的《說郛》宛委山堂本的行款。

2. 文字異文的部分校勘。汪校本稿本中，不少校勘記以爲四庫書寫本底本誤，原有校勘記，言"據《說郛》改"，但後來圈去，刪去校勘記而徑改；另外，有的《説郛》本有異文，汪校本稿本出校，作“《説郛》作某”，但後來圈去，不録《説郛》本異文。從《説郛》宛委山堂本改而删校勘記的，如《宣和北苑貢茶録》中讀畫齋本作“創造小龍團以進，被旨仍歲貢之”，文淵閣、文津閣本無“被”字，汪前校稿本“被旨”下有雙行小注校記“繼壕按：原本‘被’字脱，據説説郛補”，其中“説”字重，當爲手誤，第二個説字上有圈去墨迹，而“原本”下，闌入“脱”字，“被字脱”的“脱”字，則被圈去；汪後校稿本中，則於“被”字下出校記，作：“繼壕按：原本‘被’字脱，據《説郛》補。”其後，“本”下又補入小字“脱”“字”下的“脱”字先圈去，改作“繼壕按：原本脱‘被’字，據《説郛》補。”從這兩條校記來看，汪後校稿本謄抄時，可能未見前校稿本上的改動，故抄入了前校稿本起初的模樣，而後再有塗改；但最終，汪後校稿本上，整條校勘記圈去，讀畫齋本亦無此條，實從《説郛》本增入“被”字而與文淵、文津閣本不同。又如，汪繼壕跋語中提及的《北苑別録》“‘粗色第六綱’内之大鳳茶、小鳳茶二條，寫本亦失去”，在文淵閣、文津閣本中，此段作“建寧府附發：京鋌改造大龍一千三百片。”《説郛》宛委山堂本中作“建寧府附發：大龍茶八百片，大鳳茶八百片。京鋌改造大龍一千三百片。”汪繼壕前校稿本作“建寧府附發：大龍茶八百片，大鳳茶八百片。（繼壕按：原本脱‘大龍茶八百片大鳳茶八百片’十二字。据《説郛》補。）京鋌改造大龍一千三百片。”其後，校勘記“大龍茶”之後的“八百片大鳳茶八百片”九字逐字圈去，於小注地脚中寫“下”字，汪後校稿本即寫作謄清後的“繼壕按：原本脱‘大龍茶’下十二字，據《説郛》補。”不過，這條校勘記，用筆點去，讀畫齋本之中，即從校補後的文字，而無此條校勘記。但事實上，從稿本來看，四庫書寫本的面貌與文淵閣本、文津閣本同，均爲脱文本。汪校本稿本原出《説郛》異文校勘記而後删的，如《宣和北苑貢茶録》首句，汪前校稿本作：“陸羽《茶經》、裴汶《茶述》（繼壕按：《合璧事類》‘茶類’有裴汶《茶述》序。《説郛》作‘裴波’。）皆不第建品。”其後，“事類”下右側增入“香”字，“茶類”的“類”圈去，旁校改作“門”，在“《説郛》作”的“郛”字下，增入小字“誤”，汪後校稿本即作：“陸羽《茶經》、裴汶《茶述》（繼壕按：《合璧事類》‘香茶門’，有裴汶《茶述》序。《説郛》誤作‘裴波’。）皆不第建品。”其中“繼壕按”的雙行小注語，又用筆點去，讀畫齋本無，此條即爲汪繼壕的補充注釋及《説郛》宛委山堂本的校勘記，但因爲《説郛》本訛誤，故删去。

3. 較爲冗雜的材料或錯誤的校注。汪繼壕校勘中，補充了不少宋代筆記材料，但這些筆記有的過於冗雜，最後選擇圈去。如《宣和北苑貢茶録》開篇“然後北苑出爲之最”句下的“繼壕按”，原在“《宋史·地理志》建安有北苑茶焙龍焙”後，“宋子安《試茶録》云”前，有“又《食貨志》：‘蒸造唯建劍最爲精潔，他處不能造。’”一句，引《宋史·食貨志》來補充，但在汪前校稿本中，此句逐字點去，汪後校稿本中，此條注語右上、左下框去，最後讀畫齋本中亦無此段。又如"元豐間，有旨造密雲龍，其品又加於小團之上"句下熊克注"昔人詩云：'小璧雲龍不入香，元豐龍焙乘詔作。'"，其後有汪繼壕校注，汪前校稿本注釋較少，原有"俱與本注詩句異。此云和楊王休詩，未知何據。"其後，"此云和楊王休詩，未知何據"逐字圈去，右側書"葉夢得《石林燕語》"七字，無詳細注文，即續以"紹聖間"的正文；在汪後校稿本中，此條引用了如《石林燕語》《清波雜志》《畫墁錄》《清虛雜著》等書記載，可能是汪繼壕在作校注時，從自己藏書的《石林燕語》《清波雜志》《畫墁錄》《清虛雜著》等書中夾入簽條，徑直抄入後校稿本的底本，而在汪前校稿本中無；稿本中，《畫墁錄》注語後，《清虛雜著》前，原有"（《畫墁錄》）又云：'宣仁一日嘆曰：指揮建州，今後不得造密雲龍，亦不要團茶，揀好茶吃了，生得甚好意智。'語意與《清波雜志》稍異"一條共計四十五字，後均圈去，讀畫齋本亦無。又如，汪後校稿本的提要中，原有"陳振孫《書錄解題》蓄子克（《文獻通考》：克，字義益。）益寫其形制而傳之"一條，其中八字小注被圈去。此條校語，爲《文獻通考》抄錄《直齋書錄解題》時，將"其子克又益寫其形制而傳之"訛作"其子克義益寫其形制"[1]，而汪繼壕初誤讀《文獻通考》此句，以爲熊克字義益，事實上，熊克字子復，故而後來汪繼壕察覺此注之非，故圈去，以示不刻。

從汪前校稿本、後校稿本來看，校勘記中反映出作爲底本的"四庫書寫本"的面貌，與文淵閣本十分相近，文淵閣、文津閣本異文之處，往往與文淵閣本合，即，同翰林院四庫底本一校稿的面貌，而與翰林院四庫底本二校稿、文津閣本不合。可能是校勘記、校注過多，故而在正式刊本之前，刪除了其中部分校勘記而選擇徑改，使得讀畫齋的刻本面貌與大典本系統中的文淵閣本、文津閣本有差別。

北大本爲刊刻用稿本，也意味著此本基本爲"定稿本"，但即便如此，從這份"定稿本"到最終刻本，仍有不同，而這些不同，應當是從定稿本到寫樣的過程中發生了變化。從汪後校稿本到讀畫齋本，團茶圈模形制尺寸的校記，在刻本中變化亦較大。首先，圈模上，文淵閣本、文津閣本與汪校稿本所錄四庫書寫本，往往相同，部分條目如"貢新銙""試新銙"等，僅有"圈"，無"模"，部分條目，則注"此條原闕圈模"的注語。汪繼壕在校勘中，參校《說郛》宛委山堂本，若《說郛》中有圈模，則補，如大典本系統"貢新銙"

---

① 馬端臨編：《文獻通考》卷二一八《經籍考四十五》，頁七 a，中華再造善本據國家圖書館藏元泰定元年西湖書院本影印，北京圖書館出版社，2005 年。

條僅有"竹圈"，汪校稿本在首條"貢新銙"下，原有校語"繼壕按，原本脫'銀模'二字並分寸，據《說郛》補"，即補入"銀模"二字，但此條校勘記後來圈去，徑作"竹圈銀模"，而與文淵閣本、文津閣本有異文。若《說郛》宛委山堂本作"同上"的，則汪後校稿本亦作"仝上"，而讀畫齋刻本中，刊刻時將"仝上"均承前改作對應的"竹圈""銀圈""銀模"之類，若無法得到校勘的，則讀畫齋本刊刻時，體例統一改作"□圈□模"，即以空字識出闕文，而不從四庫書寫本、汪校稿本及其他大典本系統的文字面貌作"此條原闕圈模"等。其次，尺寸上，大典本系統均無尺寸，汪繼壕據《說郛》宛委山堂本補入的圈模尺寸，圈模圖繪的第二條"試新銙"下原有校勘記"仝上。繼壕按：原本脫分寸，據《說郛》補，下同。"其後，校勘記有改，在"脫"字前，闌入"以下俱"三個小字；在"據《說郛》補"前，闌入"並"之小字，作"繼壕按：原本以下俱脫分寸，並據《說郛》補，下同。"最後這行校勘記全部被圈去，最後的刻本中，無校勘記，而尺寸的"仝上"在刻本中均改作了與上文相同的數值，如"試新銙"條即作與首條"貢新銙"的《說郛》宛委山堂本相同的尺寸，作"方一寸二分"；若《說郛》中無載而無法得到圈模尺寸的，讀畫齋刻本作"方□寸□分"，即以空文書處理，而不似稿本般不出校亦無圈模數值。值得注意的是，稿本中，"仝上"並未如他處刪削校勘記般圈去，而這些改動，應當是寫樣刊行的時候的再改動。

圖繪上，前文已述，讀畫齋刻本對於繪圖部分的分頁與文淵閣本、文津閣本、稿本有差別，這是刊刻時未注意到稿本分頁、尺寸間的關聯，而由此刻本中可能丟失了圖繪所代表的尺寸含義。《永樂大典》中圖繪，雖未明確標示徑寸、大小等，但團茶圖繪的大小，往往與說郛本系統有一致性。從四庫書寫本，到汪繼壕校稿本，再至讀畫齋刻本，在轉繪之時，尺寸的大小間或有差，其中以興國巖揀芽、小龍的讀畫齋本繪圖尺寸的訛誤為代表。在文淵閣本、文津閣本、汪校稿本中，"興國巖揀芽"均略小於"小龍"；但讀畫齋叢書本中，興國巖揀芽、小龍二圖，尺寸相當。"興國巖揀芽"條，《說郛》宛委山堂本有尺寸，作"徑三寸"，《說郛》各明抄本中，除明抄本 a 訛作"徑五寸"以外均作"徑三寸"；"小龍"條，《說郛》各本僅說郛本子系統甲的明抄本 b、世學樓抄本、喻政本有尺寸，作"徑四寸五分"，其餘各本，包括《說郛》宛委山堂本、商務本等均脫，故而汪繼壕校本此處有校語，言"《說郛》此條脫分寸"，指《說郛》宛委山堂本脫尺寸。說郛本子系統 b 所保留的"興國巖揀芽"的"三寸"和"小龍"的"四寸五分"，實對應了四庫館《永樂大典》輯本的文淵閣本、文津閣本、四庫書寫本圖繪大小，一方面因為抄繪難免輾轉失真，另一方面，因為汪繼壕校勘時參考的《說郛》宛委山堂本此條失載尺寸，故而在寫樣、刊版時，沒有數值的參考，尺寸無所傍依，故從稿本到寫樣再到刻本的過程中，圖繪的大小與底本的尺寸産生差異。

　　總的來説，從汪校稿本可見，汪繼壕的校勘十分細緻，對兩個版本系統第一次作了合流校勘，補足了四庫輯本中的不足。汪繼壕校注本的稿本，顯示出了汪繼壕對於行款、異文的精審考察，部分異文的去取按斷，在最後的讀畫齋本中未能體現。讀畫齋本刻本中，部分條目未出校勘記，但實已據《説郛》本等作了不出校勘記的校改，並不能完全代表底本“四庫書寫本”原貌。不過，汪校本也留下了不少遺憾，一方面，此本校勘中採用《説郛》宛委山堂本作參校本，《説郛》不同子系統下的文字呈系統性差異，尤其是圈模尺寸的標注上，各系統的版本差別較大，僅採用《説郛》宛委山堂本作參校本，是限於當時客觀條件的限制；另一方面，而讀畫齋本在刊刻轉繪團茶圖形的過程中，改變了稿本的分頁情況，並有摹刻失真與尺寸失當的現象；而將稿本中的“仝上”改作具體數值雖然方便了讀者，却帶來了更多訛誤的可能。

五、結語

　　《宣和北苑貢茶録》《北苑別録》二書的版本與流傳，因爲有豐富的抄本、稿本、印本的比照，提供了一個很好的個案研究的切入點，在初稿、謄抄、校改的過程中，正是古書文本、圖繪的演變過程的體現。

　　通過對《宣和北苑貢茶録》《北苑別録》的流傳、抄校的分析，可知此二書的版本，存在三個版本系統：説郛本系統、大典本系統、合流本系統。《宣和北苑貢茶録》《北苑別録》收入陶宗儀《説郛》後，《説郛》抄本及從《説郛》而出的刻本是《宣和北苑貢茶録》《北苑別録》在明代至清初流傳的重要途徑。在説郛本系統中，呈現出三個不同祖本的系統性異文。至清代中葉開四庫館時，館臣在未察《説郛》中收有二書的情況下，未經《説郛》本的校勘而從《永樂大典》中輯出，形成了大典本系統。翰林院四庫底本的存在，揭示出了四庫館《永樂大典》輯佚中的違礙删削與校勘改定的過程，汪繼壕校注本的底本“四庫書寫本”實爲閔惇大從四庫館抄出的録副本，此本與文淵閣本均爲翰林院四庫底本一校的反映，而文津閣本是翰林院四庫底本二校的反映。嘉慶年間，汪繼壕以“四庫書寫本”爲底本，以《説郛》宛委山堂本參校，並補充宋代筆記等爲之作注。顧修將汪繼壕校注本刊入《讀畫齋叢書》，成爲通行本。其參校本《説郛》宛委山堂本，僅僅爲《説郛》系統中的一個子系統的反映。讀畫齋本的兩個稿本的發現，顯現出汪繼壕的部分校勘記在最後的刻本中被删削，另外，從刊刻用稿本到最終刻本的寫樣過程中，有一些未見於稿本的體式變動。作爲帶圖的四庫館《永樂大典》輯本，其對應的《永樂大典》原卷散佚不存，而團茶圖繪的尺寸、形制，在每一次轉抄與刊刻過程中，都難免失真。現在重新整理《宣和北苑貢茶録》《北苑別録》時，二書的《説郛》明抄本、翰林院四庫底本與汪繼壕校稿本，都具有極高的文獻價值，應當納入校勘的範疇。

董岑仕：人民文學出版社古典文學編輯部編輯

附版本源流圖

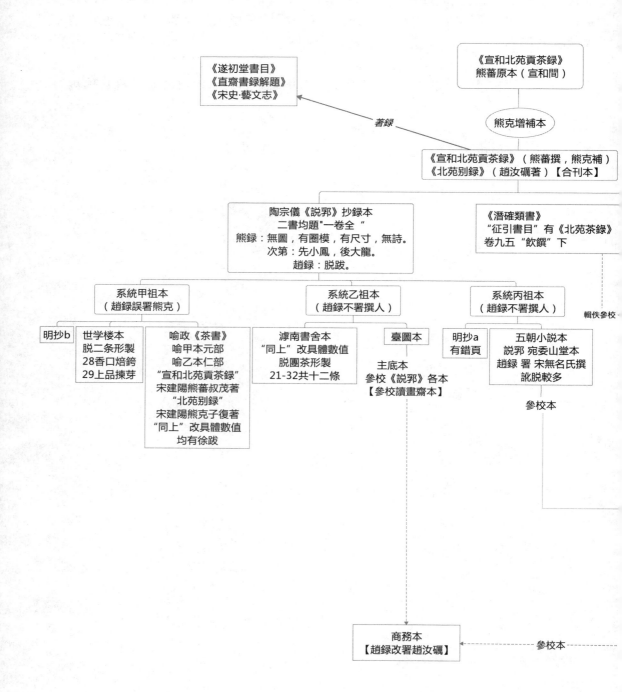

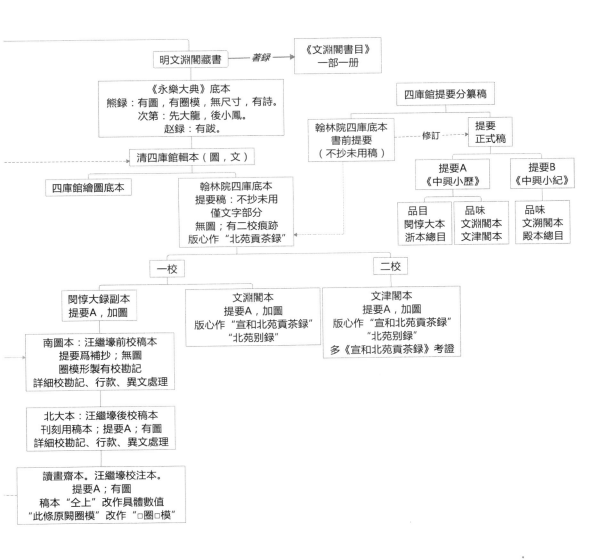

上海圖書館藏《屏山文集》殘本考論

趙　昱

　　《屏山集》二十卷，宋劉子翬撰。劉子翬（1101—1147），字彥沖，號病翁，崇安（今福建武夷山市）人。韐子。晚歸故鄉屏山，學者稱之屏山先生。海內名士多所從游，朱熹父松亦以子托之。高宗紹興十七年（1147）卒，年四十七。《宋史》卷四三四《儒林四》有傳。

　　劉子翬之詩文，初由其子玶於紹興三十年（1160）編次成集，名曰《屏山集》，並囑子翬生前好友胡憲作序。後十餘年，門生朱熹又多方訪求遺逸、反復讎訂，至孝宗乾道九年（1173），"此二十卷者始克成書，無大訛謬"（朱熹《跋屏山集》）。自此，《屏山集》二十卷本歷代相沿，流傳不廢。

　　《屏山集》最早見於陳振孫《直齋書錄解題》卷一八著錄；其後《宋史·藝文志》亦載"劉子翬《屏山集》二十卷"。今檢明清諸家藏目，著錄卷數悉同；間或有卷首一卷、附錄一卷等，主要收錄序跋、挽詩、祭文等篇章。而《屏山集》的最早刊行，當不晚於元世祖至元十七年（1280），《增訂四庫簡明目錄標注》卷一六謂"至元庚辰刻於崇安"，《續錄》稱"至元本有高凝跋"[1]，即證。

　　劉子翬《屏山集》，今存明清版本眾多，計有明弘治十七年（1504）刻本（以下簡稱"弘治本"）、正德七年（1512）劉澤刻本、清初刻本、康熙三十九年（1700）劉秉鐸刻本、雍正八年（1730）歸三堂刻本、道光十五年（1835）佩三

---

① （清）邵懿辰撰，邵章續錄：《增訂四庫簡明目錄標注》，中華書局，1959 年，第 724 頁。

堂刻本、道光十八年（1838）秋柯草堂刻本、光緒十二年（1886）佩三堂刻本、光緒二十八年（1902）雲屏山房刻本，以及具體時代未詳之清刻本二種，又有明末葉樹廉（1619—1685）舊藏抄校本、清抄本及《四庫全書》本等。其中，弘治本爲祖本，後來各本皆從其所出。而上海圖書館另藏一部《屏山文集》殘帙（存卷七至卷一〇、一五至二〇，共十卷，以下簡稱"上圖本"），與明清各本的卷次內容差異顯著，尤爲珍貴。本文主要從體例內容和流傳遞藏兩個方面，對上圖本的獨特版本價值加以梳理探討，以就正於方家。

一

《屏山文集》殘本十卷，六册，索書號：綫善 856147—52；館內古籍卡片目錄與網上檢索系統均將其著錄爲"明弘治十七年刻本"。

首册前三頁爲董增儒手書題記二篇，次袁克文所題寫書名頁：中間大字"元槧屏山文集/見存十卷寒雲"，左行小字"丁巳冬月獲於滬市二酉書屋"，右上鈐"月中桂子，雲外天香"，"寒雲"二字署名上亦鈐"寒雲"陰方。

第一册爲卷七，第二册爲卷八，第三册爲卷九、一〇，皆詩；第四册爲卷一五、一六，第五册爲卷一七、一八，第六册爲卷一九、二〇，皆文，凡六册十卷。前三册爲半葉十行，行十九字；後三册爲半葉十行，行二十字。左右雙邊（間有四周單邊），雙順魚尾，細黑口，版心刻書名、卷次、頁碼。各卷卷端書題、目錄多有不一致處（表一）：

表一　上圖本各卷卷首版式體例一覽

卷七、八	首行頂格"屏山文集上卷第七/八"，次行起爲目錄，目錄與正文頁碼接連。 正文內容另起一葉，首行頂格"屏山文集上卷第七/八"，次行低一格"律詩"。
卷九	首行頂格"屏山文集卷第九目錄"，目錄與正文頁碼不接連。 正文內容另起一葉，首行頂格"屏山文集卷第九"，次行低一格"律詩"。
卷一〇	首行頂格"屏山文集卷第十"，次行起爲目錄，目錄與正文頁碼接連。 正文內容緊接目錄之後，不另起一葉。
卷一五	首行頂格"屏山文集卷第十五"，次行低四格"漢書雜論"，三行起爲正文。
卷一六、一八、一九、二〇	首行頂格"屏山文集卷第十六/十八/十九/二十"，次行起爲目錄，目錄與正文頁碼接連。 正文內容緊接目錄之後，不另起一葉。
卷一七	首行頂格"屏山文集下卷十七"，次行起爲目錄，目錄與正文頁碼接連。 正文內容緊接目錄之後，不另起一葉。

各卷所見鈐印，有“孤本書室”“袁克文”“董伯蓴收藏圖籍印記”“董增儒所得金石文字”“小瑯環室鑒藏”“董氏”“激面軒董氏藏書印”“增儒”“臥滄”“抱殘”“扈眾”“寒雲藏書”“董伯純圖書記”“寒雲心賞”等十餘種。

正文之後，爲朱熹跋文及元人高凝《書屏山文集後》，朱跋葉下有“季振宜印”“董增儒印”二朱方，高文尾頁鈐“掃塵齋積書記”“禮培私印”“襄存”“董伯純圖書記”。全書最末，有費寅、董增儒跋各一，皆藍格紙，費跋墨書，董跋朱書；又有袁克文跋一篇，寫於白紙上。

書中另有夾簽三張：“元槧《屏山集》係元代福建刻本，惜印時已至明代。用竹紙印，約存百五十葉，至少值三百至五百金。可請上海文管會主委徐森玉老人鑒別，並可設法賣出或交上海古籍書店。”“有元翻宋本的李氏的‘林泉第一’章子，最可寶貴。”“元覆宋刻明印本《屏山集》，原二十卷，現存十卷，祇合原書半數。書中除配葉外，存一百四十七葉。卷十末葉有李氏‘林泉第一’章。係袁寒雲舊藏。”對照字迹推測，疑董增儒所書。

據《現存宋人別集版本目録》《中國古籍總目·集部》，這個本子也都被著録爲“明弘治十七年刻本”[1]。然而，弘治本前九卷爲文，後十一卷爲賦、詩、詞，與上圖本先詩後文的編次截然不同，因此上圖本顯然不是弘治本[2]。至於它的時代論定：第一，朱熹《跋屏山集》首葉右下，有“季振宜印”朱方，蓋原爲季氏舊藏。核《季滄葦藏書目·宋元雜板書》有“宋屏山劉子翬集二十卷”[3]，當即此本。第二，高凝《書屏山文集後》稱：“甲寅秋，獲拜今左轄魯齋公京兆府庠，預講席之末……至元己卯，因按事閩省，道建安而旋留止旬日，得際屏山裔孫，且出先生集文二十卷，皆晦翁公親嘗讎校……至元庚辰元日，覃懷高凝書於崇安官廨。”許衡（1209—1281），號魯齋，高凝曾於甲寅（1254）秋入其講席就學，那麽“至元己卯”“至元庚辰”當爲元世祖至元十六、十七年（1279、1280），前引《增訂四庫簡明目録標注》及《續録》中的説法便是根據這篇跋文的落款而來。第三，費寅、袁寒雲、董增儒諸家題跋識語多謂“元槧”“元代福建刻本”“元翻宋本”“元覆宋刻明印本”等，殆有其據。尤其“元覆宋刻明印本”，

---

① 沈治宏：《現存宋人別集版本目録》，巴蜀書社，1990年，第193頁。《中國古籍總目·集部》，中華書局，2012年，第299頁。

② 明弘治十七年刻本《屏山集》，今藏中國社會科學院文學研究所、浙江圖書館、遼寧省圖書館、臺灣“國家圖書館”等處。臺灣“國家圖書館”“古籍影像檢索資料庫”有弘治本原文圖像，可資參考對照。此外，張元濟先生在《明弘治刻本〈劉屏山先生集〉跋》中也稱：“全集文凡九卷，賦、詩、詞凡十一卷，與光緒刊本編次相同，而分卷略異，……是則弘治所刻，在今日固無最古之本矣。”見《張元濟全集》第10卷“古籍研究著作”，商務印書館，2010年，第179頁。

③ （清）季振宜：《季滄葦藏書目》，《海王邨古籍書目題跋叢刊》（第一册），中國書店，2008年，第232頁。

這一描述最爲具體，也能爲書中的漫漶、斷板現象找到較爲合理的解釋——書板直至明代仍在使用，難免日漸損毀，刷印效果不佳。而通過與弘治本及更晚出各本在版式特徵、篇次内容等方面的考察比較（具體論述詳後），我們也傾向於認同袁、董諸人的觀點，或者更確切言之，它至少能夠在較大程度上反映劉子翬別集的早期刊本面貌，不似弘治本經過了重新的編次整合；但究竟是否"覆宋刻"，今日由於宋刻《屏山集》的卷次、内容、刊刻情況等各方面信息早已於史無徵，僅憑藏家的隻言片語，尚難論定確鑿。

二

明弘治十七年刻本《屏山集》，半葉十行，行十九字，四周雙邊，黑口，順魚尾，版心刻書名、卷次、頁碼；卷次順序爲先文後詩。後出各本，雖然偶有"分卷略異"的情況——弘治本卷一〇爲《聞藥杵賦》《潛暑賦》《哀馬賦》三篇及《涼月》至《偶步》等 24 首詩，正德七年（1512）刻本、道光十八年（1838）秋柯草堂刻本、光緒二十八年（1902）雲屏山房刻本等仍之；而清初刻本、雍正八年（1730）歸三堂刻本、道光十五年（1835）佩三堂刻本、光緒十二年（1886）佩三堂刻本等將詩作全部移入卷一一最前，卷一〇僅保留三篇賦作，從而使得各卷涵括的文體不相混雜——但編排次序、收錄數量基本一致，其實屬於同一版本系統。與它們相比較，上圖本無論在體例上還是在内容上都不相同。

首先，從版刻體例上看，上圖本各卷最前幾乎都有該卷細目，目錄之後接該卷正文。唯一的例外是卷一五僅《漢書雜論》一篇，所以未出細目。全書卷首目錄之外，正文各卷之前又出細目，且目錄接連正文，這些都是承繼宋刻別集的版式特徵。等到明弘治十七年（1504）重編重刻《屏山集》時，卷一首行題"屏山集卷第 ×"，次行題"宋文靖公劉子翬著"，三行起爲正文，其餘各卷則祇有首行大題書名、卷數，次行起爲正文，不再保留各卷細目，形成了全新的面貌。

其次，從内容編次上看，上圖本先詩後文，已與弘治以後各本先文後詩的總體順序有別，而具體到各卷篇目，也不是整體對應的關係：

上圖本卷七，始於《過鄴中》《金陵懷古》，終《景陽鐘二首》《春夜二首》，而在後出各本中，《過鄴中》列於卷一四最末，《景陽鐘二首》《春夜二首》爲卷一六之始；

上圖本卷八，始於《賦雙溪閣用蔡君謨詩聲字韵》，終《次韵蔡學士巖桂》，而在後出各本中，《賦雙溪閣用蔡君謨詩聲字韵》在卷一六，接《春夜二首》之後，《次韵蔡學士巖桂》爲卷一七之始；

上圖本卷九,始於《得冲佑命》,終《秋宵》,而在後出各本中,《得冲佑命》在卷一七,接《次韵蔡學士巖桂》之後,《秋宵》爲卷一七倒數第二詩;

上圖本卷一○,始於《春圃六言三首》,終《次韵溫其見寄長句》,而在後出各本中,《春圃六言三首》在卷一七最末,《次韵溫其見寄長句》距卷一八結束尚有十餘詩;

上圖本卷一五《漢書雜論》,即後出各本卷四《漢書雜論下》;

上圖本卷一六"表十二首",即後出各本卷七"表"與"札子",且《代張丞相辭免札子三首》置於《代張丞相辭免不允謝表》後,與今本篇次有異;

上圖本卷一七"啓二十八首",即後出各本卷八"啓";

上圖本卷一八"記五首""序二首",即後出各本卷五"記""序";

上圖本卷一九"雜著十四首",即後出各本卷六"雜著",且《修居上樑文》至《溫公隸書銘》四篇整體置於各本首篇《示六經堂學者》之前;

上圖本卷二○"祝文四首""醮詞一首""疏文四首""祭文三首""墓銘四首"(實際正文止於《致仕祝君墓誌銘》"有是四者斯可爲"一句,以下文字及《處士祝君墓表》《熊氏令人陸氏孺人墓表》二篇皆缺),僅後二篇祭文及四篇墓銘相當於後出各本卷九的內容,且"墓銘四首"更細分爲"墓銘""墓表"二體。

這樣看來,這部《屏山文集》殘本與明弘治以後各本的面貌差異,絕不僅僅是"詩"與"文"先後位置的單純調整,而是後者對全部卷次內容都進行了有意識的重新整合,同時訂正了原先分卷的一些疏誤之處,例如上圖本前四卷皆題"律詩",但實際收入了不少絕句,僅卷七就有《園蔬十咏》《六言二首》《池蓮四咏分韵》《雨歇》《新灣》《汴堤》《天迥》《銅爵》《中渡》《江上》《一樹》《偶步》《有感》《晚宿》《畫船》《送杜季習四首》《李伯時畫十古圖鄭尚明作詩詩辭多振絶因爲同賦》《景陽鐘二首》《春夜二首》等 19 首(組)之多,顯然不是按體分卷。可惜由於原書祇存其半,加之時代久遠、材料匱乏,散亡部分的體裁編次如何,今日已經無法復原呈現了。

此外還值得注意的是,上圖本保留了不見於今傳各本的劉子翬佚詩 6 首、佚文 22 篇(表二),且大多未爲《全宋詩》《全宋文》補輯[1]。它們的發現,既是考察劉子翬交游、思想的有益材料,也充分說明弘治以後各本《屏山集》均非劉子翬詩文之全貌。上圖本時代更早、體例不同,所收詩文更爲完備,具有獨特的文獻價值。

---

[1]　關於這 6 首佚詩、22 篇佚文的具體內容,筆者另撰《劉子翬佚詩佚文輯補》,見《北京大學中國古文獻研究中心集刊》(第十六輯),北京大學出版社,2017 年,第 193—201 頁。

表二　上圖本所見劉子翬佚詩佚文題目一覽

序　號	題　目	卷　次
1	哭王先生	卷七
2	贈謙師	卷九
3	送實師還金身	
4	寄觀妙法師	卷一〇
5	李漢老得法雲門有書見招因寄此詩	
6	游瑞巖寺	
以上佚詩 6 首		
1	代天申節進銀狀	卷一六
2	代天申節功德疏	
3	代賀秦相啓	卷一七
4	代賀秦太師啓	
5—8	定婚書四首	
9	雲巖院記	卷一八
10	雙峽橋記	
11	報恩院記	
12	跋《華嚴經》	卷一九
13	謁文宣王文	卷二〇
14	准赦祭諸廟文	
15	祈雨文	
16	祈雨罷散文	
17	母氏呂夫人設醮青詞	
18	武夷修三清殿疏	
19	華嚴開堂疏	
20	法海開堂疏	
21	法海移永福開堂疏	
22	祭亡室陸氏文	
以上佚文 22 篇		

三

上圖本的另一可寶貴處，在於它曾歷經名家遞藏，書中的大量鈐印及題跋，為後人瞭解其流傳始末提供了一定的綫索。今依各人收藏先後，分別紹述。

1. 季振宜

季振宜（1630—？），字詵兮，號滄葦，泰興（今屬江蘇）人。清順治四年（1647）進士。初授蘭溪縣令，後升刑部主事，遷戶部郎中，擢廣西道御史、浙江道御史。康熙初巡視河東鹽政，不久乞歸。季氏家業雄厚，藏書富甲天下，半得自毛氏汲古閣，半得自錢氏述古堂，因此宋元善本尤多，"其書散出後，多歸徐氏傳是樓及内府"[①]。

前揭上圖本的朱熹《跋屏山集》首頁右下，鈐"季振宜印"朱方，與《季滄葦書目·宋元雜板書》的著録相合。然而季氏身後二百年間，此本又歸何人之手，今已不得而知[②]，至清末則為王禮培所藏。

2. 王禮培

王禮培（1864—1943），字佩初，號南公，別號潛虛老人，湖南湘鄉人。光緒十九年（1893）舉人，進士不第。三十一年任湘鄉中學堂首任監督。民國二十二年至二十六年（1933—1937），任船山學社董事長。王氏搜書、購書，始於光緒二十年（1894）進京會試，後數十年間輾轉京、津、滬、寧與湖湘，孜孜以求，積書十萬餘卷，其中不乏珍本[③]。取"校書如掃塵"之義，命其齋曰"掃塵齋"，並手自校讎，撰寫題跋。1927年前後，他將當時的部分私藏編成《複壁書目》一册求售，以資家用。王氏畢生藏書，除一部分後來燬於兵燹外，今日仍有不少見存湖南圖書館、中國國家圖書館、北京大學圖書館、上海圖書館以及臺灣傅斯年圖書館、臺灣"國家圖書館"等處。

前揭上圖本的高凝《書屏山文集後》尾頁，鈐"掃塵齋積書記""禮培私印"二方，即王氏藏印。只是此本鬻出極早，也沒有王禮培自己的任何序跋文字留下，交代得書的時間、經過等，甚為遺憾。

---

① 鄭偉章：《文獻家通考》，中華書局，1999年，第79頁。

② 據《天禄琳琅書目》卷六"元版集部"、《天禄琳琅書目後編》卷一一"元版集部"，尚有三部《屏山集》，但序跋內容、鈐印信息都與上圖本殘留之迹不同，疑非一本。（清）于敏中等《天禄琳琅書目》、彭元瑞等《天禄琳琅書目後編》，徐德明標點，上海古籍出版社，2007年，第196、626頁。

③ "積四十餘年之力，得宋槧二十餘種，元槧及明初本不下百餘種，殘缺者十居四五……"（《宋元版留真譜》跋），見《王禮培輯》，易新農、夏和順編校，民主與建設出版社，2015年，第183頁。

3. 袁克文附費寅

袁克文（1890—1931），字豹岑，又字抱存（一作裒存），號寒雲。祖籍河南項城，出生於朝鮮漢城。袁世凱次子。嘗從李盛鐸學習版本目錄之學，喜藏書，尤嗜宋元舊本，並且"每得一書，或題書名，或手書題記，以識因緣"①。今覽上圖本，書前有袁氏所題書名頁，注明"丁巳冬月獲於滬市二酉書屋"；書後又有跋文一篇：

> 《屏山文集》存上卷第七至十、下卷第十五至二十，凡十卷。前四卷皆律詩，後六卷爲雜文。前卷每半葉十行，行十九字，後卷十行二十字。刻工拙勁，爲元刊之最古者。明弘治覆本行字与前卷同，惟多題"宋文靖公劉子翬著"一行，無至元庚辰元日高凝跋。丁巳十一月獲於上海。寒雲。（鈐"克文"細朱方）

"丁巳"爲民國六年（1917）。袁氏在跋語中，詳盡地記述了這部《屏山文集》的卷數、内容、行款、字體以及與弘治本的異同，認定其爲"元刊之最古者"。書中"寒雲""孤本書室""袁克文""寒雲心賞""裒存"諸印亦散見於書名頁、卷七首頁、卷一五首頁、高跋末頁各處。今人輯録袁克文舊藏四部善本中的題跋識語，成果頗豐②，然而未及上圖本此篇，可補一闕。

費寅（1866—1933），字景韓（一作晉韓），號復齋，浙江海寧人。光緒二十八年（1902）舉人。曾任嘉興教諭。辛亥革命後，於海寧硤石鎮開設書肆，精通版本，爲當時江浙一帶的藏書家廣泛搜購舊本。

上圖本書後，有費跋一篇，專論此本版刻年代："……頃得一本，卷末多至元庚辰元日覃懷高凝書後一篇，朱文公跋左下角有'季振宜印'朱記。《延令書目·宋元雜版》載宋劉子翬《屏山集》二十卷，即此本也。蒙古朝有兩至元：一庚辰始，一庚辰終。高云'甲寅秋，獲拜今左轄魯齋公京兆府庠，預講席之末'，是高逮事許公，必爲前庚辰無疑，上溯甲寅，已三十餘年矣。宋亡於己卯，書後作於庚辰元日，爲有元第一刊成（旁批：最初）之本，實宋槧也。惜佚其半，擬訪求景補。天壤孤行多一善本，非尤幸事歟！海昌後學費寅謹志，時丁巳

---

① 李紅英：《袁克文集部善本書題跋輯録》，《版本目錄學研究》（第四輯），北京大學出版社，2013 年，第 84 頁。

② 李紅英《袁克文經部善本藏書題識》，《文獻》2011 年第 4 期、2012 年第 1 期；《袁克文史部善本藏書題識》，《文獻》2013 年第 1 期；《袁克文子部善本藏書題識》，《北京大學中國古文獻研究中心集刊》（第十二輯），北京大學出版社，2012 年；《袁克文集部善本書題跋輯録》，《版本目錄學研究》（第四輯），北京大學出版社，2013 年；後總彙而成《寒雲藏書題跋輯釋》，中華書局，2016 年。

冬日。"

費跋與袁跋都作於民國六年（1917）冬，費跋在前，袁跋在後。結合費寅的書肆主人這一身份推測，大概是費氏先獲得（"頃得一本"），然後很快又入袁氏之手，時間相隔不遠。因此，儘管費寅留下了自己的題跋文字，但他可能並未實際收藏這個本子。

4. 董增儒

董增儒，字伯純（一作伯尃），江蘇高郵人。早歲加入江蘇教育總會（後更名江蘇省教育會）。民國二年（1913）四月當選第一屆國會衆議院議員。晚居上海。富藏書，多有題跋留存。

上圖本首有董氏題記二篇，其一稱：

> 此殘本《屏山集》，其詳已載費跋、袁跋中。按之書面，殘失久矣，不知爲誰氏墨迹。慨自滄葦時代以迄於今，二百餘年中間，輾轉授受，既未見於各家著錄，亦無印記可稽。第卷中"掃塵齋"一章，據吾友秦曼青語，爲湘潭王禮培。其人今尚在，平時搜羅善本，移換之速，幾如民國十八年來軍閥之變遷。其篋中宋元殘本尚有百數十種，皆人世未見之品。想此書先歸於王，後歸於袁。袁爲項城總統之二公子，素以陳思王自詡，性質惰落，亦無倫匹。其旋得旋失，固不足怪。而余丙寅夏五偶見於滬上博古肆中，驚爲希有，不以其殘，出洋百元而亟收之。殆存千金市骨之心，不圖家況蕭索，饑能驅人，小娜嬛室中所有圖籍，恐不復待子孫不肖，將轉移姓氏矣。雨窗無賴，撫卷慨然。

> 己巳冬十一月望後一日，菭翁董增儒記於貞松齋。（鈐"董增儒印"朱方）

其二稱：

> "亂石槎牙瀉怒濤，滿船性命等鴻毛。莫誇好手翻成誤，寄語舟人穩著篙。""磐石輪囷隱澗幽，煙籠月照幾經秋。可憐琢作團團磨，終日隨人轉不休。""燕子營巢得所依，啣泥辛苦傍人飛。秋風一夜驚桐葉，不戀雕梁萬里歸。"

> 右詩三章，屏山咏《下灘》《石磨》《燕子》之什。余得此集，粗讀一過，最愛誦此，並倩友人宋公戚書於扇頭。其時余長南昌中行二年，贛抄停兌，戰事日急，紙幣信用愈趨愈下。當局責余以整理，奸商利之以營私，余冒不韙，毅然任其重責。甫見效果，內憂外患交逼，侵凌不可支拄。余求去之心益切，而物議愈見紛紜。辛以馬迴嶺一役，政局驟變，贛抄作廢，損失數十萬。負責辭歸時，正冬十一月也。鬱鬱家居數年，困窮皆此屬階，

至今慚咎。當時觀察，雖寓憂憤於咏吟，事後追思，終覺運數之有在，不然何心境衰颯至於此極也。前跋記竟，復述此節，以作私乘。蒓翁挑燈記。（鈐"蒓翁"陰方）

書末又有董跋一段："考《通鑑綱目》，宋理宗寶祐三年，蒙古忽必烈徵許衡爲京兆提學。按是年乙卯，揆之高序云'甲寅秋獲拜今左轄魯齋公京兆府庠，預講席之末'，則《綱目》所載已後一年。魯齋於至元八年（小字：即宋度宗咸淳七年）拜授集賢大學士兼國子祭酒，在位幾十年，至至元十七年八月致仕。僅補證於此。蒓翁，辛未冬月。"①

這三篇文字，第一篇題記的時間最早，爲民國十八年己巳（1929）冬，而得書更在三年之前（"丙寅夏五偶見於滬上博古肆中"，即 1926 年），其時袁克文尚在世，但書已易主，前後不過十年；跋文時間次之，爲民國二十年辛未（1931）冬，根據書寫位置推斷，費寅跋文之後尚有半葉空白，董增儒便結合《資治通鑑綱目》的記載，考察許衡擔任京兆提學與徵拜高位的時間，續爲補證；第二篇題記的時間則最晚（"前跋記竟，復述此節"），當時董增儒已經離職歸家數年，心境衰颯，終日鬱鬱，憶及自 1926 年以來的政治、經濟形勢變化（1926年夏始得此本，同年 11 月，北伐戰爭中的馬迴嶺戰役結束，贛軍大敗，江西經濟動蕩，董氏完全辭去銀行職務），又聊記數語。

除此而外，各卷首頁、尾頁，董氏鈐印在在皆是，琳琅滿目。

自 1926 年至中華人民共和國成立初期，此本一直爲董增儒收藏。1956 至 1958 年間，經由上海市文物保管委員會主任徐森玉（1881—1971，解放初期籌備建立上海博物館和上海圖書館）的努力，這部《屏山文集》最終進入公藏，有了更好的歸宿②。

綜上所述，上海圖書館藏《屏山文集》殘帙十卷，係今日見存劉子翬別集之中最爲特殊的一部，它的版刻體例、內容編次皆與自明弘治十七年（1504）

---

① 今按，費寅跋、董增儒序一及跋這三篇文字，又見祝尚書《宋集序跋彙編》，中華書局，2010 年，第 1308—1310 頁。《彙編》文字偶誤，故本文重新整理錄入。另外，《彙編》所據出處爲"成化刻本《屏山先生文集》卷首""同上卷末"，然而核查各種善本書目，劉子翬集似無成化刻本，未詳何故。且《彙編》所錄高凝《書屏山文集後》，亦出"成化刻本《屏山先生文集》卷首"，與上圖本置於卷末末朱熹《跋屏山集》後不同，祝氏所見，當非上圖本。

② 前述白紙題簽上有"可請上海文管會主委徐森玉老人鑒別，並可設法賣出或交上海古籍書店"一語。另檢《上海市文物保管委員會善本書目三編》（綫裝），集部著錄"《屏山集》二十卷，宋劉子翬撰，元刻本"，編印說明則稱"本編書目，謹作爲國慶九周年獻禮""自一九五六年一月到一九五八年九月，我會在黨的領導與徐森玉主任的親自參加下，繼續徵集了一部分善本圖書，爲繼初、續編刊出，定名三編"，可爲印證。

刻本以降的明清各本不同，反映了早期刊本的面貌；雖然僅存其半，但有不見於他本的詩文作品 28 篇（首），輯佚價值豐富，可補《全宋詩》《全宋文》之闕；歷經名家遞藏，保留了大量的藏家鈐印及題跋，講述著輾轉流傳的過程。所以，無論是文獻價值還是文物價值，它都彌足珍貴。

附記：本文寫作過程中，復旦大學古籍整理研究所碩士研究生陳樂曾幫助查閱、核實部分引文材料；文稿撰成後，北京大學中文系王嵐先生、北京大學《儒藏》編纂與研究中心張麗娟先生先後提出寶貴意見。謹向她們表達誠摯謝意！

趙昱：北京大學中文系博士後

《群書考索》四庫底本考論^①

琚小飛

  《群書考索》，又名《山堂先生群書考索》《山堂考索》，前集六十六卷，後集六十五卷，續集五十六卷，別集二十五卷，合二百十二卷，南宋章如愚撰，其中別集二十五卷爲吕中增輯。《總目》稱"（如愚）慶元中登進士第，初授國子博士，改知貴州。開喜初，被召，疏陳時政，忤韓侂胄，罷歸，事迹具《宋史·儒林傳》"^②。《總目》所載或是轉引《金華先民傳》，文字記載亦相差無幾，惟"事迹具《宋史·儒林傳》"爲館臣妄加，《宋史》並無章氏傳記。章如愚除撰著《群書考索》外，尚有文集百餘卷，今皆亡佚。《群書考索》突破了歷來公私各家編纂類書時不加論斷的傳統，詳述經史百家之異同，備載歷代制度之沿革，折中群言，是類書編纂史上的一次創新。四庫館臣稱譽"引據博贍，考辨精核者，則非南宋類書所及"^③。

一、《群書考索》的版本流傳探賾

  《群書考索》的刻本流傳情况基本清晰，有宋刻本、元圓沙書院刻本、明慎

---

① 本文係中國人民大學 2016 年度拔尖創新人才培育資助計劃成果。
② （清）紀昀等撰：《四庫全書總目》卷一三五，《山堂考索》提要，中華書局，1965 年，第 1150 頁。
③ 同上。

獨齋刻本及四庫本，且以上版本均有存世。但對於各刻本之間的關係，學人研究著筆不多①。

（1）宋刻本：據各時期目錄題跋記載及館藏著錄，宋刻本至少曾有兩種版本。上海圖書館藏有宋刻本《群書考索》，每半葉十三行，行二十字，書題“新刊山堂先生章宮講考索”，前有汪有開序，“惜哉書成而白玉樓召矣，後生晚學，罕見大全，通抱遺恨。惟中隱曹君盡得之，懼其傳之不博，有孤先生之用心，鏤梓以示同志，凡一百卷，厘爲十集……淳祐戊申良月望日，後學朝奉郎監行在権貨務汪有開敬題”②。中隱曹君當指金華曹氏，此本應爲中隱書院刻本。《藏園群書經眼錄》載“《新刊山堂先生章宮講考索》甲集十卷，宋章如愚撰輯。宋金華曹氏中隱書院刊本，十三行二十字，白口，左右雙欄，目後有‘金華曹氏中隱書院刊行’牌子二行”③。款式、牌記均一致，傅增湘經眼之宋刊《群書考索》即是上圖藏本。序中所稱“淳祐戊申”，即南宋理宗淳祐八年（1248）。據李裕民考訂，《群書考索》前集叙事下限至嘉定十四年（1221），後集至慶元元年（1195），續集至嘉定十一年（1218），均未及理宗淳祐間，而別集則約在端平二年（1235）至景定之間④。又查增輯別集之呂中，淳祐七年（1247）進士及第。由此，推測此本刊刻時別集尚未增輯。

《藏園群書經眼錄》錄有另一宋刻《群書考索》，稱“《新刊山堂先生章宮講考索》目錄十卷丙集十卷丁集十卷，宋刊巾箱本，半葉十三行，行二十字，白口，左右雙欄，左欄外有耳記篇名。版心記‘丁幾’二字，上方記字數，每卷首書名下標陰文‘丁集’二字，目錄後有碑形牌子‘■山書院’，字爲白文”⑤。此本版式俱與前述刻本相同，惟牌記不一，且“有耳”，這是該刻本最重要的特徵，應是另一宋刻本。國家圖書館藏有《新刊山堂先生章宮講考索》丙集殘頁，每半葉十三行，行二十字，左右雙欄，有耳。據此“有耳”，且爲丙集，似是傅氏著錄之本。結合以上兩刻本可知，宋刻本原有一百卷，分甲乙丙丁戊己庚辛壬癸十集刊行，與元、明刻本前集、後集、續集之稱有別，定是呂中增輯前的本子。

（2）元刻本：元刊本與宋刻本差別較大，首先在於分集，元刻本分前集、後集、續集、別集；其次添加了呂中增輯的內容，現存元刻本《群書考索》別集題“呂中增輯”，實際上前後續三集亦經過呂中增補。如後集卷二十三引《皇

---

① 相關研究有李偉國《〈山堂考索〉的作者和版本》（載《文獻》1984 年第 4 期）、劉磊《〈群書考索〉所引宋代史料研究》（華東師範大學 2009 年碩士學位論文）
② 李偉國：《〈山堂考索〉的作者和版本》，《文獻》，1984 年第 4 期。
③ 傅增湘：《藏園群書經眼錄》，中華書局，2009 年，第 811 頁。
④ 李裕民：《四庫提要訂誤》，中華書局，2005 年，第 297 頁。
⑤ 傅增湘：《藏園群書經眼錄》，中華書局，2009 年，第 811 頁。

朝編年》一書，是書爲陳均所編，約纂成於宋理宗紹定間，並於端平二年（1235）進呈，章如愚絶無可能睹目，遑論征引；再次，元刊本對宋刻本進行了一些内容的修改，如宋刻本稱“國朝”，元刻本相應改作“宋朝”。元刻本流傳較廣，今國家圖書館、清華大學圖書館、日本静嘉堂文庫均有收藏，每半葉十五行，行二十四字，黑口、雙黑魚尾，左右雙邊。前有牌記作“元延祐庚申圓沙書院新刊”。前集前有《山堂先生群書考索綱目》《山堂先生群書考索目録》等，並題署“宋山堂宫講章如愚俊卿編”①。《儀顧堂續跋》載“標目别以黑質白章，以明正德戊辰劉洪慎獨齋刊本互勘，明本頗有删削移易處。如卷五‘中庸大學’，元本經下有注，明本存經删注；卷八‘六經門’、卷三十二‘文章門’，明刊先後顛倒。後集、續集、别集如此類亦多。此爲初刊祖本，不久即煅於火，故流傳甚少，見慎獨齋鄭京《叙》，勝慎獨本遠甚”②。明慎獨齋刊本前有鄭京序，稱“《山堂考索》一書，乃宋儒章公俊卿所編集，板行於世，間被迴禄，失傳久矣。文獻故家，或有存者，又秘之以爲己寶。乃者吾聞愈憲院公賓巡歷抵建陽，手出是書，以示區公玉”③，此所指即爲元刻本，慎獨齋本以元刻本爲底本刊刻。《鐵琴銅劍樓藏書目録》載“《山堂先生群書考索》，前集六十六卷，後集六十五卷，續集五十六卷，别集二十五卷，元刻本，宋章如愚撰。南宋率多雜事之家，是書最爲精博，此元刊小字巾箱本雕槧亦工，不同麻沙書肆所刻”④。傅增湘稱“此書元本，刊印尚精，惟别集二十五卷全缺，三集中缺十一卷。御覽、天禄二璽俱真，而天禄前後目均不載，或以殘缺太甚未著録耶”⑤，御覽、天禄二璽表明元刻本曾藏於内府。

　　根據《郎園讀書志》記載，元刻本曾經明人改易行款，而産生了一種與圓沙書院刊本稍有不同的刊本，可能是坊肆人僞充元本。此本“標題皆黑地白文‘明正德戊辰，劉洪慎獨齋刻本’，不獨改易行款，如標題無‘山堂先生’四字，撰人題‘山堂先生章俊卿編輯’”，均非元本版式，似是另一版本。葉氏猜測應“好事者模仿重雕，使人得見山堂此書真面”⑥。

　　（3）明刻本：明刻本較易尋見，大概可知的有三種版本。明正德戊辰（1508）

---

　　① 嚴紹璗：《日藏漢籍善本書録》，中華書局，2007年，第1014頁。
　　② （清）陸心源：《儀顧堂續跋》卷十一，《古書題跋叢刊》第23册，學苑出版社，2009年，第324頁。
　　③ 慎獨齋刻本《群書考索》卷首。
　　④ （清）瞿鏞：《鐵琴銅劍樓藏書目録》卷十七，《古書題跋叢刊》第13册，學苑出版社，2009年，第367頁。
　　⑤ 傅增湘：《藏園群書經眼録》，中華書局，2009年，第699頁。
　　⑥ 葉德輝：《郎園讀書志》卷六，《古書題跋叢刊》第25册，學苑出版社，2009年，第213頁。

年，慎獨齋劉洪刊《山堂先生群書考索》，每半葉十四行，行二十八字，黑口，四周雙邊。卷首題“宋山堂先生章俊卿編輯”，前有明正德戊辰鄭京序。每卷首題“建陽知縣區玉刊行”，每卷末有“明正德三年慎獨齋刊行”，或“皇明正德戊辰慎獨齋刊行”木記。據鄭京序，“閩僉憲院賓出是書屬建陽邑宰區玉，玉以付書林劉洪，於是太守費愚，同知胡瑛，通判程寬，推官馬敬各捐俸助成，復劉徭役一年以嘗其勞，越二年乃成”①，因而刻本前題署“建陽知縣區玉刊行”。此後正德戊寅（1518）年，建陽劉氏慎獨齋重新刊刻《群書考索》，前有明正德戊辰鄭京序，目錄後有刊行木記，作“皇明正德戊寅慎獨書齋刊行”。至正德十六年（1521），又有慎獨齋重修，補刊頁及修正訛舛。北京師範大學圖書館藏有《群書考索》二百十二卷，標作“明正德三年（1508）至十三年（1518）劉洪慎獨齋刻，正德十六年重修本”。每半葉十四行，行二十八字，黑口，左右雙邊，有像，目錄後有“皇明正德戊寅慎獨齋刊”木記，又別集末有“正德十六年十一月内蒙建寧府知府張、邵武府同知校正過山堂考索，記改差訛三千二十七字，書户劉洪改刊”。由此可知，《群書考索》經正德三年刊行後，又於正德十三年重刻，並於正德十六年補修。

此外，現存《群書考索》“木集”十卷，每半葉十三行，行二十字，白口，間有細黑口，四周單邊，有耳題。版心有刻工江文清、黃一松等。書口記字數，下記頁數②。此刻本曾被誤作宋刻本③，但版心所錄刻工“黃一松”爲明代新安刻工。據史料記載，新安黃氏代代相傳，刻書較多，黃一松爲黃氏第二十七世刻工，約在萬曆間④。因此，上述《群書考索》“木集”十卷應是萬曆間所刻，但版式均仿照宋刻本，特別是保留“耳題”，與宋刻本相同，或許這就是被誤作宋刻本的重要原因。

二、四庫所據底本考辨

《四庫全書》收錄《群書考索》，置於子部類書，然館臣抄錄時刪去序言、《綱目》、目錄以及門類小目，且提要中亦未明言採擇版本，難以辨識以何本爲據。唯一可以肯定的，四庫本定不會以宋刻本爲底本。首先，《四庫采進書目》著錄《群書考索》六種，其中兩種無別集，另有一種僅有續集、別集，其他皆爲前集、

---

① 慎獨齋刻本《群書考索》卷首。
② 《中國嘉德國際拍賣公司 2004 年秋季拍賣會圖錄》。
③ 李紅英：《〈四庫全書總目·山堂考索〉條辨證——兼談〈山堂考索〉的版本源流》，《文津學志》第 3 輯，2010 年。
④ 曹之：《中國古代圖書史》，武漢大學出版社，2015 年，第 142 頁。

後集、續集、別集全帙。顯然，各地徵訪的《群書考索》乃是元明刻本以來的分集情況，而非宋刻本之式；其次，卷數難以相合。目前所知，宋刻本爲一百卷，爲呂中增輯之前刊刻，四庫本《群書考索》二百十二卷，且著録別集，與元、明刻本卷數一致，而與宋刻本差異較大。因此，《四庫全書》採擇《群書考索》，或以元刻圓沙書院本爲據，或以明慎獨齋刻本爲底本。前賢研究《群書考索》的四庫底本，亦在明刻慎獨齋本與元刻圓沙書院本間糾葛，却始終没有直接證據。兹分述兩者持論依據，逐一剖析，以明斷四庫底本源出。

就當前研究來看，持明刻本爲四庫底本者居多，而且論據相對較爲充分，經逐一梳理，持論均難成立。

首先，以分門標目推論慎獨齋本爲底本。《鐵琴銅劍樓藏書目録》稱"《山堂先生群書考索》，前集六十六卷，其目六經、諸子、諸經、諸子百家、韵學字學、諸史、聖翰、書目、文章、禮、禮器、樂、律吕、曆數、天文、地理凡十六門；後集六十五卷，其目官制、官、士、兵、民、財、賦税、財用、刑凡九門；續集五十六卷，其目經籍、諸史、文章、翰墨、律曆、律、曆、五行、禮樂、封建、官制、兵制、財用、興地、君道、臣道、聖賢凡十七門；別集二十五卷，其目圖書、經籍、諸史、禮、樂、曆、人臣、士、財用、兵、夷狄、邊防凡十門。案其標目分合與四庫本絶異，當是俊卿舊第也。目後有墨圖記云'延祐庚申圓沙書院新刊'"[1]。瞿氏認爲元刻本目録分合與四庫本絶異，雖未言四庫本所據，但其未盡之意，自不待言。胡玉縉藉此推斷"然則提要所據，殆劉本歟"[2]。因此，《群書考索》的目録以及分門情況成爲了判斷明刻本爲底本的證據之一。

據查，元刻本《山堂先生群書考索》前集有《山堂先生群書考索綱目》《山堂先生群書考索目録》，但《綱目》與《目録》存在差異，且與文中内容相左。《四庫全書》在收録《群書考索》時，應是覺察到目録與内容的差異，四庫館臣直接摒棄《群書考索》中《綱目》和《目録》的分門標準，依據文中内容，重新調整細目，除別集外，其他諸集皆有改撰。

如前集，《綱目》分六經、諸子、百家、諸經、諸史、聖翰、書目、文章、禮、禮器、樂、律吕、曆數、天文、地理等十五門，而《目録》則分六經門卷一至卷八，諸子門卷九，諸經門卷十，諸子百家門卷十至卷十一，韵學字學門卷十一，諸史門卷十二至卷十七，聖翰門卷十八至十九，書目門卷十九，文章門卷二十至卷二十二，禮門卷二十三至卷三十九，禮器門卷四十至卷四十六，樂門卷四十七至卷五十二，律吕門卷五十三，曆數門卷五十四至卷五十七，天

① （清）瞿鏞：《鐵琴銅劍樓藏書目録》卷十七，《古書題跋叢刊》第 13 册，學苑出版社，2009 年，第 367 頁。

② 胡玉縉：《四庫全書總目提要補正》，中華書局，1964 年，第 1067—1068 頁。

文門卷五十八，地理門卷五十九至卷六十六。經與文中内容核查，實爲十四門，且具體卷數分置以及門類名稱均與《綱目》和《目録》存在出入，如諸子門，文中作經史門；諸史門，文中作正史門；卷四十爲儀衛門，目録中缺；卷五十三實爲律曆門；卷五十七爲律呂門；文中無諸經門、韵學字學門、書目門。明代慎獨齋刻本《綱目》《目録》及文中内容相異情形與此同。四庫本前集分六經門（卷一至卷八）、經史門（卷九）、諸子百家門（卷十至卷十一）、正史門（卷十二至卷十七）、聖翰門（卷十八）、類書門（卷十九）、文章門（卷二十至卷二十二）、禮門（卷二十三至三十九）、儀衛門（卷四十）、禮器門（卷四十一至卷四十六）、樂門（卷四十七至卷五十二）、律呂門（卷五十三）、曆數門（卷五十四至卷五十六）、律曆門（卷五十七）、天文門（卷五十八）、地理門（卷五十九至卷六十六）。其中，類書門乃將聖翰門中類書單獨新增類書門，元明刻本卷二十皆爲有卷次之名而無内容，四庫館臣可能察此而另添類書一門，於此一來，卷目與内容便名實相符。除此，其他門類名稱均據文中内容改撰。

再如後集，《綱目》分官制、官、士、兵、民、財、賦税、財用、刑等九門，《目録》則分官制門卷一至卷二十，官門卷二十一至卷二十六，士門卷二十七至卷三十七，兵門卷三十八至卷五十，民門卷五十一，財門卷五十二，財賦門卷五十三至卷六十一，財用門卷六十三至卷六十四，刑門卷六十五等九門，具體名稱與《綱目》有別。核查文中内容，分門名稱和卷數情況差別很大，内容分官制、官、士、兵、兵制、民、財、賦税、財賦、財用、刑等十一門，其中卷一至卷二十爲官制門，卷二十一爲官門，卷二十六至卷三十七爲士門，卷三十八至四十爲兵門，卷四十一至卷四十三爲兵制門，卷四十四至卷五十爲兵門，卷五十一爲民門，卷五十二爲財門，卷五十三爲賦税門，卷五十四至卷五十七爲財賦門，卷五十八至卷六十三爲財用門，卷六十四又爲財賦門，卷六十五爲刑門。很顯然，文中内容存在相同門類而分置各卷的情形，《四庫全書》在抄録入閣時將後集調整爲官制門（卷一至卷二十五），士門卷二十六至卷三十七，兵門卷三十八至卷四十，兵制門卷四十一至卷四十三，兵門卷四十四至卷五十，民門卷五十一，財門卷五十二，賦税門卷五十三，財賦門卷五十四至卷五十七，財用門卷五十八至卷六十四，刑門卷六十五，使得門類名稱與内容相合。

再如續集，《綱目》分經籍、諸史、文章、翰墨、律曆、律、曆、五行、禮樂、封建、官制、兵制、財用、輿地、君道、臣道、聖賢等十七門，而《目録》則分經籍、諸史、文章、翰墨、律曆、律、曆、五行、禮樂、封建、官制、兵制、財用、君道、臣道、聖賢十六門。核查文中内容，無翰墨一門，有輿地門，其他均同。慎獨齋刻本中《綱目》《目録》及文中内容標目均與元刻本同。《四庫全書》所録續集删翰墨一門名稱，其他均同。

由於四庫本删去《綱目》及《目錄》，並依據《群書考索》的具體內容重新標目，以求與分門之下的內容完全一致，因而再以元、明刻本之《綱目》或《目錄》核對，定難相符。《鐵琴銅劍樓藏書目錄》所稱標目與四庫本絕異，乃是以《目錄》爲據，而未察《群書考索》文中的分門標目。若以此論，元刻本與明刻本的標目分合完全一致，又何談四庫本以明刻本爲底本？《四庫全書總目提要補正》又未及核對慎獨齋本，即推測"以劉本爲據"，有失嚴謹。據查，瞿氏稱"標目分合絕異"，或是以《總目》爲比勘對象，而沒有核對四庫書籍。《總目》分前集爲六經、諸子百家、諸經、諸史、聖翰、書目、文章、禮、樂、律呂、曆數、天文、地理等十三門，分後集爲官制、學制、貢舉、兵制、食貨、財用、刑法等七門，分續集爲經籍、諸史、文章、翰墨、律曆、五行、禮樂、封建、官制、兵制、財用、諸路、君道、臣道、聖賢等十五門，分別集爲圖書、經籍、諸史、文章、律曆、人臣、經藝、財用、兵制、四夷、邊防等十一門[①]。很顯然，若以《總目》所載與元刻本對勘，標目分合確實差別極大。但《總目》所叙分門，與四庫本亦決然不同，故不可以此推測四庫本以慎獨齋刻本爲據。據實而論，四庫本與元、明刊本在具體內容的分門標目上並無太大差異，只是略有調整門類而已。因此，以分門標目情形來判斷《群書考索》的四庫底本，實難成立。

其次，以《總目》叙述推論明刻本爲底本。《總目》載"如愚，字俊卿，婺州金華人。慶元中登進士第，初授國子博士，改知貴州。開喜初，被召，疏陳時政，忤韓侂冑，罷歸，事迹具《宋史·儒林傳》"[②]，有學者認爲提要的這段叙述與慎獨齋刻本之卷首《章如愚小傳》接近，顯然是轉述而略加剪裁[③]。經辨識，《總目》或是轉引自《金華先民傳》而非明刻本前之《章如愚小傳》。

明慎獨齋刻本《章如愚小傳》稱"章如愚，字俊卿，婺州金華人，自幼穎悟，負才尚氣，登寧宗慶元中進士第。初受國子博士，凡詔誥制敕，皆出其手。未幾，改知貴州，政績大著。開禧初，被召，上疏極陳時政，因忤韓侂冑，罷祗歸鄉"[④]。對比《總目》，確有雷同相似處。但將《總目》與《金華先民傳》對勘，幾乎完全相同，"如愚字俊卿，金華人，慶元中登進士第，累官國子監博士，改知貴州，開禧中被召，上疏極諫時政，因忤韓侂冑，罷歸講學論學"。《總目》與《金華先民傳》均沒有叙及章如愚幼年場景，除偶有措辭之別，幾乎全然相同。因此，《總目》應是直接轉引《金華先民傳》。同時，還有一條史料可以作證。

① 《四庫全書總目》卷一三五，《山堂考索》提要，第 1150 頁。
② 《四庫全書總目》卷一三五，《山堂考索》提要，第 1150 頁。
③ 李紅英：《〈四庫全書總目·山堂考索〉條辨證——兼談〈山堂考索〉的版本源流》，《文津學志》第 3 輯，2010 年。
④ 慎獨齋本《群書考索》卷首《章如愚小傳》。

《天禄琳琅書目》子部著録《群書考索》，並附載章如愚生平，其稱"考《金華先民傳》稱，如愚字俊卿，金華人，慶元中登進士第，累官國子監博士，改知貴州，開禧中被召，上疏極諫時政，因忤韓侂胄，罷歸講學論學"①，《天目》直接稱述轉引《金華先民傳》，而《天目》的編纂者于敏中等亦爲四庫館臣，結合《四庫全書》的編纂過程分析，《總目》可能直接以《天目》叙述爲據。但有一點不可否認，《金華先民傳》撰於嘉靖年間，上距慎獨齋本刊刻已逾數年，亦有可能是轉述慎獨齋刻本《章如愚小傳》而來。就史實來看，《總目》所述章如愚事迹與明慎獨齋刻本《章如愚小傳》没有構成直接聯繫，而只是通過《金華先民傳》勾勒出因襲之迹，因而不能據此認定四庫本《群書考索》的底本爲慎獨齋本。

再次，以《天禄琳琅書目》記載推定底本爲慎獨齋本。《四庫全書》收録《群書考索》著"内府藏本"，而《天禄琳琅書目》卷九恰著録明版慎獨齋刻本《群書考索》，"《群書考索》，宋章如愚輯，前集六十六卷，後集六十五卷，續集五十六卷，別集二十五卷，共二百十二卷⋯⋯稱曰'山堂先生所著有群書考索六十六卷云云'，蓋作傳者僅見其前集，而不知其尚有後續別三集也。今坊間所行刊本亦止有前後續三集，而別集往往無之，此書方爲全本，撫印頗精，亦明版之佳者也"②。因而學者據以認爲四庫所録内府藏本即爲《天目》著録之慎獨齋刊本③。這種推論可能没有考慮到以下兩點：第一，《四庫全書》所稱内府藏本與《天目》著録並不是一一對應，即《天目》著録的版本，不爲四庫本採擇的情況相當普遍。如《路史》，《天目》明版史部有著録，但《四庫全書》以兩江總督采進本爲底本；第二，《天目》著録的並非全部内府藏本，仍有很多内府書籍不在其著録範圍，元刻本《群書考索》即屬此例。《藏園群書經眼録》録元刻本《群書考索》，稱"每册前後鈐'乾隆御覽之寶'大璽及'天禄琳琅'小璽"④，顯然，元刻本亦曾收貯於内府，且藏於昭仁殿，四庫館臣極可能睹目並據爲底本。因此，以《天目》録明刻本《群書考索》而不録元刻本，即推斷底本爲明刻本，有失偏頗，亦難成確鑿之證。

目前來看，持元刻本爲四庫底本者僅《四庫提要訂誤》所稱"庫本所據爲

① （清）于敏中等撰：《天禄琳琅書目》卷九，《古書題跋叢刊》第5册，學苑出版社，2009年，第275頁。

② （清）于敏中等撰：《天禄琳琅書目》卷九，《古書題跋叢刊》第5册，學苑出版社，2009年，第275頁。

③ 李紅英：《〈四庫全書總目·山堂考索〉條辨證——兼談〈山堂考索〉的版本源流》，《文津學志》第3輯，2010年。

④ 傅增湘：《藏園群書經眼録》，中華書局，2009年，第699頁。

元延祐七年圓沙書院刊本"①，但遺憾的是不著因由。經筆者查閱，湖南省圖書館藏有四庫底本《群書考索》，《湖南省志》卷二十八《文物志》著録爲"湖南省圖書館藏元刻本《山堂先生群書考索》殘本六册，存別集卷十三至十八，卷二十二至二十五，系以二指寬的黄色橫紋紙印造，行款版式俱與'央圖'本同。卷中粘有清乾隆四庫全書館簽條，及四庫校官校勘訛字的簽條，知爲四庫全書底本。鈐有石溪鈕氏家藏、慎獨、乾隆御覽之寶、天禄琳瑯等印"②，該本行款、版式一如元刻，故可知元刻本《群書考索》應爲四庫底本。那麽，進一步對比元、明刻本與四庫本的具體内容，可以提供更多佐證。

其一，叙述内容先後情形。陸心源《儀顧堂續跋》稱"卷五'中庸大學'，元本經下有注，明本存經删注；卷八六經門、卷三十二（案：應作卷二十二）文章門，明刊先後顛倒"。據查，慎獨齋本卷五"中庸大學"下經下無注文，圓沙書院本經下有注。又卷二十二文章門，慎獨齋本先述范曄《後漢書》，繼之《魏書》、王隱《晉書》、沈約《宋書》曰魏齊王、沈約《宋書》曰元嘉十五年（438），元刻本則爲范曄《後漢書》，沈約《宋書》曰魏齊王、繼之《魏書》、沈約《宋書》曰元嘉十五年、王隱《晉書》。檢覆四庫本《群書考索》，卷五"中庸大學"下經注皆存，卷二十二文章門叙述内容與元刻本一致。

其二，闕文情形。今存各種慎獨齋本刊本前集卷六十六末闕"正鄭公在前白公起復之意也……民犯重法則仁"等數百字，據查，闕文原因並非刻本年久脱頁，而是刊刻時遺缺。翻檢四庫本與元刻本《群書考索》，叙述内容完整，並無闕文。此外，慎獨齋本後集卷六十三財用門作"太宗作新譯經之首教序。雍熙二年詔自今經業精熟者方許系籍"，脱"仁宗作景祐天竺字原序以賜之"。四庫本、元刻本皆不脱。

其三，訛誤情形。慎獨齋本後集卷五十五財賦門漕運類"唐皇，至開元國用漸廣"，查《群書考索》的撰寫體例，叙述事件前均加各朝帝王廟號，如此句前稱太宗後有肅宗，疑"唐皇"應作"唐明皇"。覆核四庫本及元刻本，確爲"唐明皇"。又慎獨齋本後集卷五十六作"宋太宗淳化三年，置常平倉。初置羅場"。四庫本、元刻本皆作"太宗淳化三年，置常平倉。置場羅同前"。"場羅"應爲"羅場"之誤，明刻本改之。四庫本與元刻本訛舛一致，而明刻本不誤。又四庫本前集卷五十四曆數門載"國朝隆興二年以王樸欽天曆時刻錯謬，命有司重加研復"，查《宋史·方技上》作"至建隆二年，以《欽天曆》謬誤，詔處訥別造新曆"。隆興爲南宋孝宗年號，建隆爲北宋太祖年號，四庫本"隆興"應爲"建隆"

① 李裕民：《四庫提要訂誤》，書目文獻出版社，1990年，第254—255頁。
② 湖南省地方志編纂委員會編：《湖南省志》卷二十八，《文物志》，湖南出版社，1995年，第659頁。

之訛。覆核元刻本《群書考索》，亦作"隆興"，於此可知，四庫本乃承襲元本。由三種版本間訛誤的改正與沿襲情形可以發現，元刻本與四庫本極爲一致，這種細微訛舛或者説修正恰能説明四庫本的底本爲元刻本。

　　由以上具體内容的比對可知，四庫本與元刻本在叙述順序、闕漏及訛誤等方面完全一致，而慎獨齋本則差别很大，因此，四庫本必定以元刻本爲底本。同時，在比勘三個版本的内容時發現，元刻本多處存有墨釘，而這些修改恰又與明刻本相同，因而猜測四庫本或許亦曾參校明刻本。還有一點，《四庫全書》收録《群書考索》時刻意删去了書中涉及夷狄的内容，如前集卷六十二地理門删去"夷狄類"，直接以"要害類"爲首，别集卷二十二夷狄門"歷代夷狄類"删去大量内容，舉凡"尊夏攘夷"之説抑或貶低夷狄的内容，均被撤出。

元刻本、明刻本與四庫本内容核查表

版本 卷次	元刻本	明刻本	四庫本
前集卷十一諸子百家門百家類 雜家條	自序其世家固當以■親爲主	自序其世家固當以孝親爲主	自序其世家固當以孝親爲主
前集卷四十儀衛門 鹵薄類 歷代鹵薄條	次東四■賊倉户■■屬駕一列	次東西捕賊倉户等曹屬駕一列	次東西捕賊倉户等曹屬駕一列
前集卷四十 儀衛門鹵薄類	■牛曲于	鈎牛曲輿	鈎牛曲輿
前集卷六十二 地理門	夷狄類 要害類	夷狄類 要害類	删去夷狄類
别集卷二十二 夷狄門			删去"堯舜御夷狄"
别集卷二十二 夷狄門春秋御夷狄			删去"夷狄至於中國，猶陰之有陽，猶君子之有小人。天之道，豈因陽而廢陰，人之道，豈以君子而廢小人哉"
别集卷二十二 夷狄門宣帝御夷狄			删去"中國之有夷狄，譬如日之有月，陽之有陰，更盛而迭衰，故其所以待之之道如何耳"

三、結語

　　由於《四庫全書》收録《群書考索》時删去序言、綱目及目録，《總目》中亦爲詳述版本源出，因而《群書考索》的四庫底本一致以來不爲所知。經過詳細比勘各版本的標目分合、《總目》所載章如愚事迹等，明刻慎獨齋本絶非四庫底本。後又查得湖南省圖藏有四庫底稿本，恰爲元刻圓沙書院本。在比對三者版本内容後發現四庫本與元刻本存在訛誤一致等情形，更加印證了元刻本爲四庫底本的判斷，但《四庫全書》在著録時也曾參校明刻本，很多墨釘處的記載與明刻本一致。

琚小飛：中國人民大學清史研究所博士研究生

海録軒本《文選》盜版猖獗的原因與鑒定方法

王傳龍

　　古代典籍的流通往往受到時間和地域的限制，而時不時爆發的火災、戰争等災禍也有可能大大縮短一部書的壽命，因而頻繁存在傳抄或翻刻的必要性。古人的版權意識雖然不像現代人這樣縝密，但著作權與發行權仍然區分得十分清楚。無論抄本還是刊本，原作者姓名總是標注得十分清楚，而刊印、發行者往往以序跋、封面頁、牌記、魚尾下標室名等方式宣告所有權，抄本則以題識、印章、特製箋紙等方式加以區別。除僅供個人或少數人珍藏、秘不示人的書籍外，一部公開流通的書作，除了原作者外，還包含有校定、發行者的心血，無論是出於對文字負責還是表功揚名的需要，都極少有人會完全不作標識。以存世較早的宋刻本爲例，官刻如《開寶藏·阿惟越致遮經》卷末有"大宋開寶六年癸酉歲奉敕雕造"的牌記，坊刻如種德堂刊《春秋經傳集解》有"淳熙柔兆涒灘中夏初吉閩山阮仲猷種德堂刊"的長文牌記，家刻本如周必大刻《文苑英華》、廖瑩中刻《昌黎先生集》均有牌記，後者下魚尾下方還有"世彩堂"三字堂號，可知古人對於發行權的意識並不陌生。

　　已刊行的書籍，原發行者的態度亦分兩種：一種明確標明不歡迎翻刻，如宋眉山本《東都事略》有"眉山程舍人齋刊刻，已申上司，不許覆板"字樣；另一種無類似標識，甚至有極個別歡迎翻刻或借印者，[①] 態度較前者爲達觀。但

---

　　① 例如藝文堂翻刻《池上草堂筆記》，在版權牌記下，又有"借印不取板租"的牌記；同治木刻本《三官經》，牌記中注明"樂善刷印者，自備紙墨，板不取租"；乾隆五十六年（1791）刻本《文帝陰騭文》書末注明"凡有敬信，或刻或抄，廣行傳誦"。

即使是後者，坊間在翻刻時也會加以説明，有時還會標注"謹遵某某原本"字樣，不僅封面頁要更換或加裝新版頁面，原刻堂號也通常會替換爲自己的堂號。明代嘉靖至萬曆時，文壇復古之風盛行，曾一度大量翻刻宋版，但序跋中均作説明，且間隔久遠，字體、紙質明顯有別，當時人一望即知。今存世版本雖然偶有不守此例者，細考之則均爲無良書販剜改書名、增删牌記、僞造序跋，乃至染紙作舊以充古刊舊刻謀求暴利，實與翻刻方無干。蓋翻刻本或爲廣其流通，或爲售賣射利，前者自當注明源流始末，後者亦應標注發行方，以便求購者慕名採買。縱有不顧原發行者禁令而私自翻刻射利者，亦會在新刻板片上替換爲自己的堂號，蓋所盜爲他人編訂之内容，而非他人之堂名。自宋至明，此不成文之規矩罕有不守者。

時至清初，而風氣爲之一變。與此前固有的翻刻風氣不同，清代出現了一種公開盜版的現象。盜版的目的純爲借他人堂名牟利，不僅字體、行款一律摹刻原本，連別人的堂名亦照樣刻印，而且有意識地不加自己的牌記，亦不增刻序跋説明，其意圖在讓別人誤以爲己本即原本，堂而皇之地盜名欺世。然此風氣何以在清代興起？遇到類似的盜版古籍又當如何鑒別？筆者擬以海録軒本《文選》的盜版遭遇爲引，探究一下此現象的内在原因與盜版古籍的鑒別方法，不足之處，尚請各位方家予以斧正。

一、海録軒《文選》的盜版成因

張莉《〈文選〉海録軒朱墨套印本存疑》一文提到："河南省圖書館古籍部現存《文選》共有 61 種版本，其中所存清乾隆三十七年葉氏海録軒朱墨套印本及其重印、翻刻本 18 種，在眾多的'海録軒'刻本中，究竟哪一個是海録軒原刻本，甚爲疑惑。……爲此翻閱了蘇州大學文學院范志新的《文選版本論稿》，其中就海録軒刻本的問題有著詳細的説明，參照范志新的觀點與我館現存之海録軒本比對仍有出入。後與湖北省圖書館、武漢大學圖書館所存海録軒本比對仍有部分不同。換句話説，竟然沒有兩個完全相同的本子，海録軒原刻本的真面目是怎樣？一時成爲撥不開的迷霧。"[①] 經張莉比對，《中國古籍善本書目》所收録的各圖書館所藏的多種海録軒刻本，實際上也並非同一種，在行款和字形上間有細微差別（如湖北省圖書館所藏本"出"字誤作"山"之類）。這些均署名海録軒的《文選》套印本，並非原刻本抑或補板重印，也無任何翻刻標志與説明，筆者認爲它們其實是大量冒充原作的盜版書，以

---

① 張莉：《〈文選〉海録軒朱墨套印本存疑》，《河南圖書館學刊》2011 年第 6 期，第 126 頁。

至於張氏發出了無從辨別出原刻本的感嘆。張氏所見只是一館所存，並不是全部海録軒《文選》的盜版書數量。海録軒本《文選》本爲雙色套印本，而據筆者所見，甚至有若干種以單色印刷來冒充海録軒本者，此書盜版的猖獗程度由此可見一斑。

海録軒本《文選》原刊刻於清乾隆三十七年（1772），時間上已屬於清中期，而清晚期至民國時的翻刻本上往往有清晰的牌記標注，如翰墨園重刊本，在封面頁的背面就有"葉涵峰參評，羊城翰墨園重刊"的牌記。蓋自洋務運動興起後，各地紛紛成立官書局，刻書數量既多，品質也維持在中上水準，一躍成爲出版發行的主力軍。官書局的規章制度較爲嚴明，凡翻刻必注明版本，也從側面帶動了出版風氣的回歸，故此後的出版物中翻刻本雖多，却罕有公開盜版的現象出現。由此大致可推斷，海録軒本《文選》的猖獗盜版，實際上發生在清中後期一個並不算特別長的時間段。然則在較短的時間内，何以集中冒出如此衆多的盜版？爲何有如此多的書商肆無忌憚地冒用海録軒的堂號？個中緣由，筆者認爲大致可歸納爲以下七條：

（一）海録軒的轉手

趙懷玉《題畢宥函富春大嶺圖卷》稱："思翁原本，向爲舅氏葉心人先生藏弄。先生童時即能作擘窠字，尤工六法，精於鑒別，所居海録軒，法書、名畫充牣其中。……今先生後已式微，海録軒亦久歸他姓，展卷三四，使人增慨。"[1] 據范志新先生考證，葉心人即葉樹藩（字星衛，號涵峰）之兄葉樹滋。[2] 趙懷玉在道光三年（1823）去世，其《亦有生齋集》初刊於道光元年（1821），然則海録軒轉歸他人的時間當在乾隆三十七年（此年海録軒本《文選》刊成）至道光元年之間，前後不足五十年。而謂"海録軒亦久歸他姓"，著一"久"字，則這一時間段仍有縮小之空間。換言之，海録軒本《文選》刊行之後不久，海録軒即已歸屬他人。海録軒雖本爲葉氏堂號，但堂屋地契既然已不屬葉氏，海録軒的堂號也已隨之而去，不能再聲明主權。板片保存懼潮濕、怕暴曬，故多建屋儲存，今屋尚不能保，恐所刊板片亦難留存。與此同時，海録軒的新擁有者既屬他姓，又非《文選》的實際刊刻者，對於他人盜版葉氏海録軒的堂號發售圖書，自然也不便追究。名不正則言不順，海録軒本《文選》的發行權，實際上處於一種無人主張的情形，這無疑爲盜版的猖獗大開方便之門。

---

① （清）趙懷玉：《亦有生齋集》卷九《題畢宥函富春大嶺圖卷》，清道光元年刻本。
② 范志新：《清代選學家葉樹藩考》，《文獻》2004 年第 4 期，第 221 頁。

（二）葉樹藩的罪人身份

葉樹藩於乾隆四十九年（1784）去世，距離海録軒本《文選》刊行僅十餘年的時間，而去世前四年，他又因捲入科場舞弊案而論戍祥符，此事本末《葉星衛先生哀辭（並序）》一文述之頗詳，筆者兹節録轉引如下：

> 宜興有儲椿年者，素舞科場法，探先生病且憒，遂冒其名入闈，代陶某搆文字。事覺，椿年潛遁。事不解，因力疾自投，曰："是皆某誤與之識，故彼得售其奸也，甘受皐。"是案牽扯不少，重者至發厄魯特爲奴，獨先生以爲人受過，得從薄譴，論戍河南。……乃一蹶不振，憂憤以終。遺孤未成立，諸女皆未嫁，羈魂异地，一棺戢身，豈不悲哉！ ①

葉樹藩雖得薄譴，但仍是罪人身份，且四年後客死他鄉，始終未能重歸故里，而"遺孤未成立，諸女皆未嫁"，生計日迫，海録軒房産變賣當在此後不久。葉樹藩不僅是罪人身份，而且捲入的還是令仕林不齒的科場舞弊案，更讓葉氏族人在其身後難以出面代其聲明發行權。實際上，古代宗法制度嚴明，獲罪之人往往自族譜除名，以儆效尤。今宣統辛亥（1911）增修《吳中葉氏族譜》之《世系表》，於第三十世獨不列葉樹藩後人（據《葉星衛先生哀辭（並序）》所述，葉樹藩共有二子四女），或即因此緣故。但從法理上而言，即便原版權人不能維權，也並不能成爲盜版行爲合法化的藉口。

（三）科舉用書，需求量大。

陸游《老學庵筆記》稱："國初尚《文選》，當時文人專意此書。……方其盛時，士子至爲之語曰：'《文選》爛，秀才半。'"②此後《文選》地位雖有所反復，但一直都被視爲有益於科舉作文的必備工具書，如海録軒本《文選·凡例》所稱："談藝家綜撢群籍，經史之外，輒奉是書爲詞壇圭臬，譬猶求夜光者必於元圃也。"而在葉樹藩啓蒙時，其父"授經之餘，即課以《昭明文選》"（海録軒本《重刻文選序》），這也間接成爲他後來刊行《文選》之因緣。也正是由於《文選》的需求量巨大，才有可能出現大面積的翻刻及盜版現象；若是受衆面較小的書，即使遭遇盜版，規模也不會如此之大。清初另一被盜版大户汲古閣，其被盜版的書籍也主要集中在十三經、十七史身上，與此同理。

---

① （清）趙懷玉：《亦有生齋集》卷二十《葉星衛先生哀辭（並序）》。
② （宋）陸游：《老學庵筆記》卷八，明《津逮秘書》本。

（四）學術價值高，難以替代

海錄軒本《文選》，在汲古閣本的基礎之上又增添了何焯的評點，並採納了朱超之的部分觀點，對於舊刊本的錯誤多所釐正。《凡例》稱"藩折衷群言，要歸至當"，而"四十五卷孔安國《尚書序》、杜預《春秋左氏傳序》，李善注獨闕如，今採諸儒之説補之"，足見其用力之深。清代樸學風氣盛行之後，李善注《文選》被公認爲最佳注本，但自五臣注本摻入而合爲六臣注本之後，迭經傳刻，舛訛嚴重。《文選》李善注本明代罕傳，自汲古閣本出，獨存李善注，始稍復舊觀，然仍雜有五臣注若干條，自亂體例。海錄軒本選擇底本恰當，既採用汲古閣本，又能更正其訛誤，不可謂不獨具慧眼。何焯評點頗具價值，而葉氏以套色方式置於眉批、篇首等處，不僅開卷醒目，而且完全不影響李善注的原書内容，其處理方式堪稱絶佳。在當時而言，除珍貴罕見的宋刊本李善注《文選》之外，通行本中難覓更佳之版本，欲研讀《文選》李善注者固不能不觀；而海錄軒本《文選》又是存世的三種何焯評本之一，其學術價值極高，欲觀何焯評點者亦不得不讀。這種難以替代的學術價值，也是它被大量盜版的原因之一。

（五）獲利高昂，利益驅動

海錄軒本《文選》採用朱、黑雙色套印，醒目美觀，是當時最早也是唯一的套印本《文選》，後世所有的套印本《文選》或爲其翻刻、或爲其盜版，皆不能不與之相關。而書商屢次重刻之最大動力，自然是可藉此獲得高昂的利益回報。北京琴島榮德國際拍賣有限公司 2015 年春季曾拍賣一種所謂"葉樹藩海錄軒原刻朱墨套印本"，上有咸豐間蘭軒主人題記，内稱："此書賣價去銀二兩，時銀價降，價貴而書美。凡我同人有借去玩者，湏稍愛惜。"鴉片戰爭之後銀價猛漲，咸豐時一兩銀子最高可兑換制錢兩千三四百枚左右，[1] 此後又稍有回落，但仍高於乾隆朝之時。若對比同時代可考之書價，明天啓五年（1625）海虞毛氏綠君亭刻本《神農本草經》三十卷於咸豐元年（1851）售價四千文，明刻《止齋先生奥論》八卷、明正統五年（1440）補刊《守黑齋遺稿》十一卷於咸豐九年分別售價洋銀一元六角、洋銀二元五角，則可知此清刻本《文選》的售價的確不低。

然此拍賣會雖標注此本爲海錄軒原刻本，實際上仍然是一種盜版書，紙張、

---

① 據 1844 年王慶雲《紀銀錢價值》："今銀價每兩二千，較昔平時錢價益倍之，較貴時幾及三倍。" 1845 年御史劉良駒奏稱："銀價之昂未有甚於今日者，京中紋銀每兩易制錢乃二千文，外省則每兩易制錢二千二三百文不等"，"其勢日就增加，尚無底止"。1846 年包世臣《致前大司馬許太常書》中稱："南方銀一兩皆以二千爲准，北方聞更甚於此。"

套色乃至封面頁都與原刻本有明顯差異。即便是這樣一種盜版書，咸豐時人都會誤認爲原刻本，評價其"價貴而書美"，並甘願爲此支付高價，這不能不説是盜版商選擇了合適的目標所致。盜版書摹刻海録軒本字體，縱不能絲毫無別，但至少可以保留大部分神韵，再加上仿刻其封面頁、盜用其堂號，憑藉海録軒的名聲，自然不難求得善價。

（六）時代背景對盜版較爲寬容

翻刻古人著作、代刻鄉賢著作，在古代一般被視爲有益於學術的風雅之事，很少有人因此提起訴訟。即使有人提起版權訴訟，清代官府對此也頗爲寬容，兼之各地衙門不相統轄，縱使某地查究盜版較爲有力，其他地區也往往不予理睬。例如清初劇作家李漁之作品，因雅俗共賞、饒有情趣，故而暢銷各地，不良書商聞風而動，大肆盜版翻刻以求獲利。李漁爲此搬家至盜版最猖獗的南京，成立"芥子園"書店，自印自銷，兼著作權和發行權於一身，並公開宣布："至於倚富恃強，翻刻湖上笠翁之書者，六合以内不知凡幾。我耕彼食，情何以堪！誓當決一死戰，布告當事。"[1] 李漁爲維權多次上告官府，但收效甚微，盜版之書仍然屢禁不止，甚至蘇州、杭州等鄰近城市也都公然盜版。蘇松道道台衙門作爲願意查究的官衙之一，即使證據確鑿，盜版書商也都沒有遭到重罰，而是賠償一點小錢了事。李漁與官場多有聯繫，賣力追討的還是自己著作的作品，尚且遭遇如此，然則一部尚不擁有著作權的海録軒《文選》，縱然想要維護發行權，勢必亦將有心無力。

（七）書販作僞的可能性

現存的大量海録軒盜版書中，尚不能完全排除書販刻意作僞的可能性。古人翻刻重刊時雖一般不保留原版堂號，但也不乏原堂號照刻而以序跋、牌記作説明者。以《通志堂經解》爲例，鍾謙鈞重刊本就在版心下保留了"通志堂"堂號，僅在卷末增添了"巴陵鍾謙鈞重刊"的一行牌記。據筆者目見所及，即有挖缺此行而冒充通志堂原刻本牟利者。實際上兩本字體差異較明顯，兩相對照，並不難鑒別。之所以此法得售，是因爲鍾刻字體雖不及原刻本神韵，但仍然算得上精美，未見過原刻者則不易甄別。海録軒本《文選》也存在類似狀況，由於它是此前《文選》諸本中唯一的套色本，即使翻刻本各方面都較原刻遜色，但若採用雙色套印，一旦不良書販將翻刻本之序跋、牌記去掉，購買者就很容易先入爲主，誤將其當作海録軒本。然類似的行爲既爲書販個人所爲，加之古

---

[1] （清）李漁：《閑情偶寄》卷十一《器玩部》，清康熙刻本。

書的留存亦有偶然性，即使現存的海録軒盜版書中存在此類狀況，數量也不會太多。

海録軒本《文選》板片下落不明，但張莉找不到完全相同的兩個版本，説明原版後刷的可能性並不大。海録軒本《文選》的盜版泛濫並非個案，類似如汲古閣本、芥子園本、扶荔山房本以及部分暢銷書（據筆者所見，主要集中在小説、科舉讀物、字帖、工具書四類）也都遭遇到了盜版狀況，而上述盜版原因中的若干條也同樣適用於其他案例。

二、盜版書的鑒別方法

盜版書（包括一部分脱去版本標識的翻刻書，在辨明正身之前，也可暫時劃分至此類）的鑒別方法，雖然也屬於版本鑒定之一種，然而自有其特殊性，與通常的版本鑒定差異頗大，後者的經驗並不能簡單地移植於前者。蓋通常的版本鑒別，著眼點主要在通過序跋、字體、紙張等項確定版刻年代，而對於刊刻方則往往根據牌記、堂號等標注項予以登記。然而這些項目也是混淆盜版與原刻的關鍵所在，盜版書往往原樣翻刻，因此造成了真假難辨的結果。筆者所見，海録軒本《文選》的絶大部分盜版書都有封面頁，注明"長洲葉涵峰參訂""海録軒藏板"等字樣，甚至葉涵峰的《重刻文選序》也都依樣翻刻。這也是爲什麼各大圖書館、《中國古籍善本書目》會把不同的《文選》套印本均登記爲海録軒本的原因所在。

海録軒本《文選》之盜版書，在翻刻時平添了不少誤字，若據此指責葉氏校勘不精，當難服前人之心。而若不能準確區分原刻與盜版，在古籍收藏上不免多費金錢，在考察板片轉移存亡時難免張冠李戴，在探討刻書機構之具體特點時不免論據出錯，嚴重者在古籍著録時誤斷版本、整理出版時誤選底本，不免貽誤後學，爲害匪淺。盜版書的鑒別，其著重點不在於版刻年代，而在於區別它是否爲原刻本，故而在鑒別時應尤其加以小心。筆者依據實際經驗，認爲鑒別盜版書最有效方法爲以下三種：

（一）防僞印章鑒別

古代刻書不易，往往需要較大的金錢投入，而刊刻越是精美，成本也越發水漲船高。因此，所刊書籍在發行售賣時，不能不考慮成本回收的現實問題。爲了宣示版權、防止盜版，不少刻書機構都專門設計了防僞印章，而這也成爲鑒別盜版書的一個重要標志。例如寶印齋所刊《宣和印史》，書末聲稱"恐有贗本，用漢佩雙印印記，慧眼辨之"，其所設計的漢佩剛卯、嚴卯雙印，在不大的面積上鐫刻了六十餘字，每刷印一部書時都將此印鈐蓋於書末預留的空白處，大幅度增加了盗版的難度。清政府鼓勵各地翻刻内府本、殿本圖書，而各省翻刻的方式不同，有相當一部分屬於影刻，字體或板式與宮廷本差別不大。但筆者注意到，内府奉敕刊刻圖書時，往往會在御制序跋後套色皇帝私印（如"康熙辰翰""體元主人""惟精惟一"等），翻刻本則要麼去掉印章，要麼墨色刷印，這也成爲區別内府原刻與翻刻本的重要手段。

部分防僞印章文字與牌記類似，兼有廣告宣傳作用，是用印泥鈐蓋在封面頁上，而非與板片一體刷印。清刊《同人堂春秋左傳杜林全本》，封面頁就有類似方形大印章一個，四行六十字，注明"本坊不惜重貲購求原本"云云，仿刻難度不低。而絶大多數的防僞印章只是專門設計的花紋、與封面頁堂號一致的大印章、刻書者私人印章之類，未必皆如寶印齋、同人堂這般繁複。如三樂齋早期所刊行的《龍門禮記》等書，封面頁同時鈐有魁星踢斗圖案的圓形紅印，以及"三樂齋圖書"的方形紅印。在遭遇盗版之後，乾隆二十六年（1761）三樂齋重鎸《聞式堂唐詩類釋》的封面頁上還蓋有大紅印章一枚，内稱："近有喪心無恥奸徒，暗謀翻刻，字畫舛錯，賜顧者須認本齋原板字樣，庶無訛錯濛混之悞。三樂齋謹白。"海録軒本《文選》實際上也曾使用過這種防僞手段，其原刻本在封面頁"海録軒藏板"處鈐蓋有"海録軒"圓形朱文大印、"長州葉氏圖書"方形白文大印，盗版者雖多，但均無此防僞印章，故可由此確定出何爲海録軒《文選》之原刻本。

（二）根據板裂繫聯版本

木板保存不易，一套板片使用既久，難免會有個別板片出現裂痕。同一套板片，按刷印時間的先後排序，越早刷印者板裂越少，其裂痕也越小；後來刷印者，其原有的裂痕位置不會消失，而裂痕尺寸則會更爲嚴重，乃至出現許多新的裂痕。某塊板片裂痕嚴重時，前人或許會替換爲新板片，但新板片往往與舊板片差別較大，識別較易，而且這種個別的抽換並不會影響到其他板片的板裂狀況。凡具有相同板裂者即可認定爲出於同一源頭，如此則可將所有待鑒別之書進行分組，同一組内一本真則皆真，其他組皆假；一本假則皆假，更於其它組尋找真本。

尤其應當注意的是，此法並非僅可用於較明顯之板裂，凡板框、欄綫上的細小缺口、個別字形的筆劃缺損，均可套用此法鑒別。而且此法無須長期經驗，亦不依賴於學問高低，簡便易懂，結論可靠。

（三）標準本比對

此法雖較爲機械，但亦是鑒別盗版書最有效的辦法之一。當某一藏本被公認爲確定無疑的原刻本之後，鑒定者可持此本爲基准，逐一比對其餘諸本的狀況。在排除先入爲主的偏見後，一筆一劃地比對其字體、板裂等項，再相似的字體、再細微的板裂都將無所遁形。筆者在調查明代《歐陽南野先生文集》的不同版本時，就採用了這一方法，發現梁汝魁刊本之目録將"劉晴川"之"川"字誤爲"用"字，而跋語中"等"字頭上的兩點方向與原刻本不符。[①] 此法耗費時間較多，但所得結論同樣十分可靠。

三、餘論

目前各大圖書館在登記版本時，所依賴的主要是封面頁、牌記、序跋、堂號等項，只有當這類明確的出版項缺失時（如卷首、卷末殘缺，又或僅存整部書中的某些冊），才會花費時間去核對其版本，而核對的方法又往往是比對存有上述出版項之版本，照此登記。實際上，由於本文所述之公開盜版現象的存在，這種傳統的做法往往會將大量的盜版書登記爲原刻書，其刊刻時間、發行機構都會因而致誤，海録軒本《文選》就是其中一個較有代表性的例子。

筆者建議，在登記版本時，不妨先按照板裂、板框上的細小缺口、個別字形的筆劃缺損等難以作僞的物理項目，將同書的不同版本進行繫聯分組。同組内的書必定出自同一套板片，一旦某組内的某一本書被確定爲原刻，則可斷定其餘組皆非原刻；而同組内的書籍，又可以根據板裂等項的嚴重狀況，按刷印時間的先後順序進行排列。研究者在核對某書版本時，將不再需要奔赴各大圖書館逐一核對，只需要在各組内分別比對一種，即可確定此書與哪一組源出同板。當類似的資料庫越來越充實之後，即使某種書在各大圖書館藏有成千上萬種，我們都可以準確區分哪幾百種是使用同一種板片刷印，甚至有可能區分出哪些是屬於同一板的同一批次刷印。類似的鏈條一旦形成，不僅大大節約版本鑒定的時間，而且對研究板片的流通、書籍的發行量等項，都將起到不可替代的作用。

王傳龍：廈門大學人文學院中文系助理教授

---

① 王傳龍：《〈歐陽德集〉校點指瑕》，《儒家典籍與思想研究》2013 年第 5 輯，第 276 頁。

校　勘　版本目録學研究第九輯

《禮記正義》校讀記 [1]

郜同麟

　　本文是筆者在研讀《禮記正義》過程中所做的札記，以校勘爲主，所涉及的内容包括經、注、疏和《經典釋文》。本文所據《禮記正義》無特殊説明的均引自北京大學出版社 2014 年影印日本足利學校舊藏南宋紹熙三年（1192）兩浙東路茶鹽司刊本（簡稱“足利本”），並參考了“再造善本叢書”影印潘宗周舊藏宋元遞修本（簡稱“潘本”）、乾隆四年（1729）武英殿校刊本“十三經注疏”（簡稱“殿本”）、中華書局 2009 年影印清嘉慶江西府學刊“十三經注疏”（簡稱“阮本”）、《四部叢刊三編》影印日本東洋文庫藏《禮記正義》單疏寫本（簡稱“單疏寫本”）和《四部叢刊三編》影印日本金澤文庫舊藏南宋刊《禮記正義》單疏本（簡稱“單疏本”）。

　　1.《曲禮上》“太上貴德”，疏引熊安生云：“此云‘太上貴德’，鄭云‘帝皇之世’，則帝皇以上皆行德也。所以《中候·握河紀》云：‘皇道帝德，非朕所專。’”《校勘記》：“專，惠棟校宋本作‘事’，此本‘事’誤‘專’，閩、監、毛本同。”[2]

　　按：“惠棟校宋本”即今國家圖書館所藏八行本，該本此處顯係補版，足

---

　　① 本文初稿完成後，因篇幅較大，故分爲兩部分，其中與寫本文獻關係較大的條目以《淺談寫本文獻學在傳世文獻校勘中的作用——以〈禮記正義〉爲例》爲題發表於《中國經學》第 21 輯，此處刊出的部分則主要與經義及孔疏體例有關。

　　② 《禮記注疏校勘記》，《清經解》第 5 册，上海書店，1988 年，第 635 頁。

利本正作"專"，與十行本系統相同，是"惠棟校宋本"誤而餘本不誤。《周禮·地官·師氏》"以三德教國子"，賈疏引《握河紀》亦作"專"①，益證此處不誤。賈疏後文又曰："案此諸文言之，此至德……皆是燧皇已上無名號之君所行。"其義與前揭孔疏大致相同，皆謂帝皇以上皆行德，故引堯稱道德非己所專爲證。

2.《曲禮上》"自稱曰'老夫'"，鄭注："亦明君貪賢。"《校勘記》："閩、監、毛本同，岳本同，惠棟校宋本'貪'作'尊'，嘉靖本同，《儀禮經傳通解》同。案《考文》引古本、足利本亦作'尊'。"②呂友仁："互注本作'尊'，孫詒讓《校記》云當作'尊'，揆諸文義，作'尊'近是。"③

按：足利本、潘本均作"貪"，所謂"惠棟校宋本'貪'作'尊'"，乃惠棟以己意校之，非惠棟所見本如此。下疏云："必稱'老'者，明君貪賢之故，而臣老猶在其朝也。"正明"貪賢"之義，謂臣雖老，而君猶貪其賢而用之。《公羊傳·成公十五年》"老夫抱之"，何休引此《曲禮》以爲說，徐彦疏引鄭玄注，亦作"貪賢"，益證今本不誤。

3.《曲禮上》"葱渫處末"，疏："案《公食大夫禮》……黍稷六簋設於俎西，黍簋當牛俎西，其西稷，稷西黍，黍南稷，稷東黍，黍東稷，屈爲兩行。"呂友仁《校點本〈禮記正義〉諸多失誤的自我批評》："'稷西黍，黍南稷，稷東黍，黍東稷'，據敖繼公《儀禮集說》和吳廷華《儀禮章句》，疑當作'稷南黍，黍東稷，稷南黍，黍西稷'。"④

按：《儀禮·公食大夫禮》："宰夫設黍稷六簋于俎西，二以並，東北上，黍當牛俎，其西稷，錯以終，南陳。"⑤此處僅稱"二以並"，並未言是東西嚮二行還是南北嚮二行。呂友仁所引敖繼公、吳廷華皆以爲南北嚮二行。胡培翬《儀禮正義》亦持是說，云："二以並，謂一黍一稷，東西並列也。錯以終，南陳，謂交錯陳之，自北而南爲三列也。若以三簋爲一列，南北二列，則與'二以並'之文不合，且是西陳，非南陳矣。"⑥此爲一說，但也有不少學者認爲"二以並"指東西嚮二行。楊復《儀禮圖》卷九《公設醯醬大羹飯粱食賓圖》所畫正是東

---

① 《十三經注疏》，中華書局，2009年，第1574頁。

② 《禮記注疏校勘記》，第635頁。

③ （漢）鄭玄注，（唐）孔穎達正義，呂友仁整理：《禮記正義》，上海古籍出版社，2008年，第41頁。

④ 呂友仁：《校點本〈禮記正義〉諸多失誤的自我批評》，《儒家典籍與思想研究》第六輯，北京大學出版社，2014年。以下簡稱"自我批評"。

⑤ 《十三經注疏》，第2338頁。

⑥ （清）胡培翬：《儀禮正義》，《清經解續編》第3冊，上海書店，1988年，第669頁。

西嚮二列①。明代郝敬《儀禮節解》云："黍當牛俎之西，黍西稷，稷西又黍，交錯以終，此北三簋，終一列也。南陳者，東南稷，稷西黍，黍西又稷，此南三簋，又終一列也。"②姚際恒《儀禮通論》亦同此說③。是宋以來兩說並存。而孔穎達所用正爲後一說，未可據敖繼公等說改孔疏。鄭珍《儀禮私箋》已認識到孔疏與敖、吳說之異，云："賈氏此疏云：'簋蓋兩兩相重，各當其簋西，爲兩處。'知賈、孔諸儒其說是一，並以爲東西兩行，南北三行。敖氏、吳氏並謂'錯以終，南陳'爲稷南黍，黍東稷，稷南黍，黍西稷，則是南北兩行，東西三行，於經文'二以並'句似合，終不若古說爲當。"④

4.《曲禮上》"內事以柔日"，疏引崔靈恩曰："五時迎氣，各用其初朔之日，不皆用辛。"單疏寫本"朔"作"節"。

按：作"節"是。"初節"，即當季第一個節氣，指立春、立夏、立秋、立冬。《月令》孟春"立春之日，天子親帥三公、九卿、諸侯、大夫，以迎春於東郊"，孟夏"立夏之日，天子親帥三公、九卿、大夫，以迎夏於南郊"，孟秋"立秋之日，天子親帥三公、九卿、諸侯、大夫以迎秋於西郊"，孟冬"立冬之日，天子親帥三公、九卿、大夫以迎冬於北郊"，此即崔氏所云四時以初節迎氣之事。

5.《曲禮上》"卜筮不相襲"，疏引王肅曰："三筮及三卜不相襲三者，初各專其心也。"單疏寫本"三筮及三卜不相襲三者"作"三筮乃三卜，不相襲者"。

按：前"卜筮不過三"下疏引崔靈恩曰："若大事龜筮並用者，先用三王筮，次用三王龜，始是一也，三如是乃爲三也。""先用三王筮，次用三王龜"即王肅"三筮乃三卜"。又下經"龜爲卜，筴爲筮"，疏云："龜處筮後，龜覆於筮。"亦筮而後乃卜之意。疑王肅注當作"三筮乃三卜，不相襲三"，謂三筮之後乃三卜，而非筮而卜，卜而筮，如是相因而三。故後稱"初各專其心"，謂專心於筮、專心於卜。

6.《曲禮下》"天子祭天地"，疏："知方岳之神是崑侖者，案《地統書·括地象》云：'地中央曰崑侖。'又云：'其東南方五千里曰神州。'"浦鏜校云："'記'誤'統'。"⑤呂友仁校云："《隋書·經籍志·地理類》云：'齊時，陸澄聚一百六十家之說，編而爲部，謂之《地理書》。任昉又增八十四家，謂之《地記》。'然則，與其云'記'誤'統'，不如云'理'誤'統'也。"

按：《通典》卷四十五曰："先儒皆引《禹受地統書》云'昆侖東南地方

---

① 楊復：《儀禮圖》，《景印文淵閣四庫全書》第 104 冊，臺灣商務印書館，1986 年，第 160 頁。
② （明）郝敬：《儀禮節解》，《續修四庫全書》第 85 冊，1995 年，第 681 頁。
③ （清）姚際恒：《儀禮通論》，北京：中國社會科學出版社，1998 年，第 323 頁。
④ （清）鄭珍：《儀禮私箋》，《清經解續編》第 4 冊，上海書店，1988 年，第 323 頁。
⑤ 舊題（清）沈廷芳：《十三經注疏正字》，《景印文淵閣四庫全書》第 192 冊，第 590 頁。

五千里，名曰神州'是也。"① 則此書本名《禹受地統書》，簡稱"地統書"，與《地理書》《地記》無涉，浦、呂之校非。

7.《曲禮下》"婦人之摯，椇、榛、脯、修、棗、栗"，疏："脯，膊肉無骨而曝之。"阮本"膊"作"搏"。

按：當以"膊"字爲是。《左傳·成公二年》"膊諸城上"，杜預注："膊，磔也。"② 孔疏之"膊"即與此義近。《説文·肉部》："膊，薄脯，膊之屋上。"③《釋名·釋飲食》"膊，迫也，薄椓肉迫著物使燥也。"畢沅曰："謂切薄肉暴之屋上也。"④《急就篇》顏師古注："膊而乾者謂之脯。"⑤ 是古多用"膊"字。古或"膊脯"連言，《春秋繁露·求雨》"具清酒、膊脯"⑥ 是也。又，不唯曝肉稱"膊"，曝魚亦可稱"膊"，《漢書·貨殖傳》"鮿鮑千鈞"，顏師古注："鮿，膊魚也，即今不著鹽而乾者也。"⑦ 是此處當以"膊"爲本字。

8.《檀弓上》"於是封之，崇四尺"，疏："其父梁紇雖爲大夫，《周禮》公侯伯之大夫再命，與天子中士同。"殿本《考證》："'梁'上脱'叔'字。"

按："叔梁紇"可省稱"梁紇"，此恐非脱字。《左傳·昭公七年》"聖人之後也"，疏引《孔子家語·本姓》："伯夏生⑧梁紇，梁紇即生孔子。"⑨《史記·孔子世家》"紇與顏氏女野合而生孔子"，索隱引《孔子家語》云："梁紇娶魯之施氏，生九女。"⑩ 索隱下文又引《家語》云："生三歲而梁紇死。"⑪ 皆省"叔"字。

9.《檀弓上》"夫子制於中都"，疏："三卿之下則五小卿爲五大夫，故《周禮·太宰職》云諸侯立三卿、五大夫也。"殿本《考證》齊召南云："按《太宰職》云'設其參，傅其伍'，注云：'參，謂卿三人。伍，謂大夫五人。'此文當作'大宰職注云'，刊本誤脱'注'字耳。"

---

① （唐）杜佑：《通典》，中華書局，1988 年，第 1256 頁。《通典》原校："'統'，北宋本、傅校本、明抄本皆作'説'。"與此互證，則皆當以"統"字爲是。

② 《十三經注疏》，第 4110 頁。

③ （漢）許慎：《説文解字》，北京：中華書局，1963 年，第 89 頁。

④ （漢）劉熙撰，（清）畢沅疏證，（清）王先謙補：《釋名疏證補》，中華書局，2008 年，第 140 頁。

⑤ （漢）史游撰，（唐）顏師古注，（宋）王應麟補注，（清）錢保塘補音：《急就篇》，《叢書集成初編》第 1052 册，第 203 頁。

⑥ （清）蘇輿：《春秋繁露義證》，中華書局，1992 年，第 427 頁。

⑦ （漢）班固：《漢書》，中華書局，1962 年，第 3689 頁。

⑧ 生，原作"即生"，據《校勘記》删"即"字。

⑨ 《十三經注疏》，第 4453 頁。今《四部叢刊》本《孔子家語》作"叔梁紇"。

⑩ （漢）司馬遷：《史記》，中華書局，1959 年，第 1906 頁。

⑪ 上書第 1907 頁。

《禮運》"喜、怒、哀、懼、愛、惡、欲"，疏："案昭二十五年《左傳》云，天有六氣，在人爲六情，謂喜、怒、哀、樂、好、惡……案彼傳云喜生於風，怒生於雨，哀生於晦，樂生於明，好生於陽，惡生於陰，其義可知也。"《校勘記》："閩、監、毛本同。浦鏜云：'按此出賈逵注，傳當作注字誤。'"①

《孔子閑居》"天有四時，春秋冬夏，風雨霜露，無非教也"，疏："神氣風霆亦天之所有，故《春秋》云'天有六氣'。"殿本《考證》齊召南曰："按'春秋'下脱'左傳'二字。"

按：古人引書稱名多不嚴謹，或引注而稱經，或引傳而稱經，不一而足②，以上各家之校恐均非。

10.《檀弓下》"邾婁定公之時，有弑其父者"，鄭注："定公，貜且也，魯文十四年即位。"撫本、纂圖本、阮本均同，伯二五○○《禮記注》寫卷"四"作"三"。許建平師曰："邾文公於魯文公十三年卒，由於爭立太子，定公之立已在魯文公十四年。寫卷'十三年'之説可疑。"③

按：《春秋》文公十三年五月，"邾子蘧蒢卒"，文公十四年七月，"晉人納捷菑于邾，弗克納"。《左傳·文公十四年》："文公卒，邾人立定公。"④據傳文，則似邾文公卒後邾人即立定公，當在魯文公十三年。經傳未明言邾定公即位之年，而先儒多以爲魯文公十四年即位⑤，蓋以春秋之時多踰年即位改元。《公羊傳·文公九年》："以諸侯之踰年即位，亦知天子之踰年即位也。"⑥即其義。宋程公説《春秋分記》卷八十於邾定公下云："文十三年嗣立，明年改元。"⑦亦用此義。但《左傳》書"即位"多非正月，如隱公三年"八月庚辰，宋穆公卒，殤公即位"，隱公四年"冬，十二月，（衛）宣公即位"，文公十四年"夏，五月，（齊）昭公卒，舍即位"⑧，此類之例極多。《曲禮下》"天子未除喪，曰'予小子'"，疏："又准《左傳》之義，諸侯薨而嗣子即位，凡有三時：一是始喪，即適子之位；二是踰年正月，即一國，正君臣之位；三是除喪而見於天子，天子命之嗣列爲諸侯之位。"前面所舉的幾種書"即位"的例子可能皆屬第一種情況。此處鄭注若作"魯文十三年即位"，蓋亦指貜且得立，非指踰年即位。總之，此處敦煌

---

① 《禮記注疏校勘記》，第 700 頁。
② 詳參邵同麟撰：《宋前文獻引〈春秋〉研究》，中國社會科學出版社，2015 年，第 37—41 頁。
③ 張涌泉主編：《敦煌經部文獻合集》，中華書局，2008 年，第 978 頁。
④ 《十三經注疏》，第 4020—4024 頁。
⑤ 見《左傳·成公十七年》孔疏。
⑥ 《十三經注疏》，第 4927 頁。
⑦ （宋）程公説：《春秋分記》，《景印文淵閣四庫全書》第 154 册，第 993 頁。
⑧ 《十三經注疏》，第 3741、3746、4024 頁。

本作“三”可能正存古經説，未必爲誤字。

11.《王制》“制，三公一命卷”，疏：“虞、夏之制，天子祭服自日、月而下十有二章，故《尚書·皋陶》云‘予欲觀古人之象……’”殿本《考證》：“‘云’字上脱‘謨’字。”

按：古人引《尚書》，《皋陶謨》或省稱“皋陶”。《曲禮上》“大上貴德”，疏云：“以此言之，則《周禮》‘三德’‘六德’，及《皋陶》‘九德’，及《洪範》‘三德’，諸經傳道德皆有分域，小大殊名，不足怪也。”“九德”即《皋陶謨》所稱“亦行有九德”。《儀禮·覲禮》“四帛，皆束帛加璧”，賈公彦疏：“《皋陶》云‘外薄三海’。”① “外薄四海”見今僞古文《尚書》之《益稷》，於今文二十九篇則屬《皋陶謨》。《漢書·薛宣傳》：“故《皋陶》曰：‘知人則哲，能官人。’”顏師古注：“《虞書·皋陶謨》之辭也。”② 此文見《皋陶謨》，爲禹之言。由此可見，古人引《皋陶謨》多或稱“皋陶”，殿本不知此例而誤校。

12.《王制》“布帛精麤不中數，幅廣狹不中量，不粥於市”，疏：“鄭注《周禮》引逸《巡守禮》幅廣四尺，八寸爲尺，鄭注‘四’當爲‘三’，則帛廣二尺四寸。”《校勘記》：“‘幅廣四尺，八寸爲尺’，閩、監、毛本同，惠棟校本二‘尺’字皆作‘咫’，是也。”③

按：孔疏所引鄭注爲《周禮·内宰》注，彼文云：“純制，《天子巡守禮》所云‘制幣丈八尺，純四䣛’與？”則作“䣛”。賈公彦《周禮注疏》引《鄭志》云：“咫八寸，四咫三尺二寸，又大廣。‘四’當爲‘三’，三八二十四，二尺四寸，幅廣也。”④ 改用“咫”字，是鄭注之“䣛”即“咫”字異寫。惠棟改前揭孔疏之“尺”爲“咫”，自然文理更通。

然而此處“尺”却未必是誤字。《説文·尺部》：“咫，婦人手長八寸謂之咫，周尺也。”又《夫部》：“夫，丈夫也……周制以八寸爲尺，十尺爲丈，人長八尺，故曰丈夫。”⑤ 又《王制》下文“古者以周尺八尺爲步，今以周尺六尺四寸爲步”，疏：“古者八寸爲尺，今以周尺八尺爲步，則一步有六尺四寸。”是皆以爲周尺八寸。則前揭孔疏所説“幅廣四尺，八寸爲尺”亦謂周尺，與下“二尺四寸”之“尺”不同。《禮記正義》各本皆作“尺”，且作“尺”本通，惠氏之校似非。

13.《月令》篇題下疏引《説題辭》：“星精陽之榮也。陽精爲日，日分爲星，故其字日下生也。”《校勘記》：“浦鏜校云：‘陽精字誤倒。’案《爾雅》疏亦

---

① 《十三經注疏》，第 2360 頁。
② 《漢書》，中華書局，1962 年，第 3392 頁。
③ 《禮記注疏校勘記》，第 672 頁。
④ 《十三經注疏》，第 1476 頁。
⑤ 《説文解字》，第 175、216 頁。

作‘陽精’。"①

按：浦鏜及《校勘記》之説皆誤。《北堂書抄》卷一五〇引《説題辭》曰："星之爲言精也，陽榮也。"②《藝文類聚》卷一③、《初學記》卷一④、《白氏六帖》卷一⑤所引同。是"精"乃"星"之音訓，此句則當斷作"星，精，陽之榮也""精陽"二字不可倒，《爾雅》疏實誤。

14.《月令》仲春"天子乃鮮羔開冰"，疏："云‘西陸朝覿而出之’者，西陸，昴也，鄭康成以爲四月之時，日在昴畢之星朝見東方，於時出冰，以頒賜百官。"孫詒讓"昴畢"改作"畢昴"，云："疑當作‘日在畢’，句，‘昴之星朝見東方’。"⑥

按：孫説未必是。《左傳·昭公四年》"西陸朝覿而出之"，杜預注："謂夏三月，日在昴畢。"⑦正作"昴畢"。《太常因革禮》卷八十"春分開冰薦太廟"條引《左傳》此文，又引鄭玄曰："四月之時，日在昴，昴畢朝見東方，於時出冰，以頒賜百官。"⑧所引與前揭孔疏同，亦作"昴畢"。則疑孔疏"昴畢"二字不誤，而"日在"下當有脱文，或如《太常因革禮》所引脱一"昴"字，或脱"昴畢"二字⑨。

杜預以爲"西陸朝覿"在三月，鄭玄以爲在四月者，《左傳正義》："杜以西陸爲三月日在大梁之次，清明節，穀雨中。《三統曆》云：‘大梁之初，日在胃七度，爲清明節；在昴八度，爲穀雨中；終於畢十一度。’是夏之三月，日在昴畢。"是杜預蓋據《三統曆》，而鄭玄可能受《周禮》影響。《周禮·天官·凌人》"夏頒冰"，鄭玄即引《左傳》此文爲釋。又《左傳正義》引鄭玄答孫皓云："西陸朝覿，謂四月立夏之時，《周禮》‘夏頒孫’是也。"是鄭玄正據《周禮》釋《左傳》⑩。

15.《月令》仲春"天子乃鮮羔開冰"，疏："案《月令》季冬藏冰，《詩·豳風》‘三之日納于凌陰’，三之日是建寅之月，不同者，鄭注‘豳地晚寒’，所以校一

---

① 《禮記注疏校勘記》，第 674 頁。

② （唐）虞世南：《北堂書抄》，《唐代四大類書》第一册，清華大學出版社，2003 年，第 685 頁。

③ （唐）歐陽詢：《藝文類聚》，上海古籍出版社，第 11 頁。

④ （唐）徐堅等著：《初學記》，中華書局，1962 年，第 11 頁。

⑤ （唐）白居易：《白氏六帖事類集》，《唐代四大類書》第三册，第 1944 頁。

⑥ （清）孫詒讓著，雪克輯校：《十三經注疏校記》，中華書局，2009 年，第 448 頁。

⑦ 《十三經注疏》，第 4416 頁。

⑧ （宋）歐陽修：《太常因革禮》，《叢書集成初編》第 1045 册，商務印書館，1936 年，第 384 頁。

⑨ 若日在昴，則畢星不能朝見，既稱"昴畢之星朝見"，則似當作"日在昴畢"。

⑩ 另外，鄭玄謂四月日在昴畢，可能也受了當時實際觀測的影響。《續漢書·律曆志》謂穀雨日在昴二度，立夏日在畢六度（第 3078 頁）。《續漢書·律曆志》所據是章帝時的四分曆，那麼至鄭玄之時，謂四月初日在昴畢似乎没有問題。至唐月令，則已云立夏日在昴。

月也。"孫詒讓:"'注'當作'志'。此《鄭志》答孫皓語。《詩·豳風·七月》正義及《周禮·天官叙官》正義,又《凌人職》正義,並引《鄭志》引此略同。鄭《詩》《禮》注無此語。"①

按:孫說非。《詩經·豳風·七月》"七月鳴鵙",鄭玄箋:"伯勞鳴,將寒之候也,五月則鳴。豳地晚寒,鳥物之候從其氣焉。"②前揭孔疏所謂"鄭注"當指此,而非前文引"三之日納于凌陰"之注。古人引書,或引此處之經而引彼處之注,經注不完全對應③,但不可以之爲誤。

16.《月令》仲夏"螳螂生",疏:"案《釋蟲》云'不過,蟷蠰,其子蜱蛸'……李巡云:'其子名蜱蛸。'則螵蛸,故云'螵蛸母'。"浦鏜《正誤》:"'一名'二字誤'則'。"④呂友仁《自我批評》:"浦校與《爾雅·釋蟲》邢疏合。"

按:《爾雅注疏》此處既未引《禮記正義》,亦未引李巡注,呂氏引以爲證,恐非是。此處"則"字不當改。孔疏多於引書後稱"則某",意即所引之文即某。如《明堂位》"山節藻梲",疏:"《釋宮》云'栭謂之楶',李巡云:'栭,今欂盧也。'則今之斗栱。"亦其例。

17.《月令》仲夏"游牝別群",鄭注:"孕妊之,欲止也。"阮本、撫州本、纂圖本均同。《玉燭寶典》卷五引鄭注作:"孕任之類,欲止之也。"⑤

按:今本鄭注不可解,疑《玉燭寶典》所引者是。"孕任之類",即釋所別者。"欲止之",謂止而不使復游。前季春"游牝于牧",鄭注:"其牝欲游,則就牧之牡而合之。"此謂"游牝別群",正謂別游牝與牡,欲止之使不復游。《玉燭寶典》後又引蔡邕《月令章句》云:"季春游于牧,至此積三月,孕任者足以定,定則別之於群,絆而授馬長,所以全其駒。"⑥正釋此事。《呂氏春秋·仲夏紀》"游牝別其群",高誘注:"是月,牝馬懷妊已定,故放之則別其群。"⑦正鄭注所謂別"孕妊之類"。沈文倬《"執駒"補釋》:"平時公母馬分群飼養,在夏正三月,'牧師'要合公馬,當母馬發情時,將母馬就公馬於牧地進行交配;孕妊後,重又與公馬分開。"⑧所言至當。今本鄭注誤脫二字,致不可解。

18.《月令》孟冬"天子乃祈來年于天宗",疏:"案《異義》:'六宗,賈逵

---

① 《十三經注疏校記》,第448—449頁。
② 《十三經注疏》,第832頁。
③ 詳參《宋前文獻引〈春秋〉研究》,第46頁。
④ 《十三經注疏正字》,《景印文淵閣四庫全書》第192册,第627頁。
⑤ (隋)杜臺卿:《玉燭寶典》,藝文印書館,1970年,第311頁。
⑥ 《玉燭寶典》,第316—317頁。
⑦ 王利器:《呂氏春秋注疏》,巴蜀書社,2002年,第487頁。
⑧ 沈文倬:《宗周禮樂文明考論》,杭州大學出版社,1999年,第522頁。

等以爲天宗三，謂日、月、星；地宗三，謂泰山、河、海。'"吕友仁《自我批評》：
"陳壽祺《五經異義疏證》'星'作'星辰'，且加按語云：'《祭法》正義作北辰，
當從之。'按：陳説是也。本節下文有'北辰爲星宗'之文，亦可證。"

按：日、月、星者，賈逵説；日、月、北辰者，古《尚書》説。二説本不相涉，
觀《祭法》疏自明。彼疏云："賈逵云：天宗三，日、月、星也……《異義》：……
古《尚書》説，天宗，日、月、北辰。"陳壽祺所校者亦古《尚書》説，非賈逵
説，吕氏引以爲證，不當。賈逵此説除見本疏及《祭法》疏外，又見於《尚書·堯
典》疏，皆作"日月星"，可知不誤。

19.《曾子問》"父没而冠，則已冠埽地而祭於禰，已祭而見伯父、叔父，
而后饗冠者"，疏："子既答其問，又釋父没加冠之禮，故云：父没而冠，則加冠，
已冠之後，埽地而祭於禰廟，已祭之而見伯父、叔父，見伯叔之後乃饗冠者。"
吕友仁《自我批評》："殿本、庫本上'冠'（引者按，指'加冠'）前有'喪'字。
據上文，疑是。"

按：殿本誤。《雜記下》："已雖小功，既卒哭，可以冠，取妻。"明大功以
上當終喪方可冠、取妻。三年之喪未終喪即因喪而冠，必無是理。經之"父没
而冠"，謂父没出喪之後而冠。疏之"加冠"，即三加緇布冠、皮弁、爵弁，非
加喪冠。陳澔《禮記集説》云："父没有冠，謂除喪之後以吉禮禮冠者。蓋齊衰
以下可因喪服而冠，斬衰不可。"[1] 其説當是。

20.《文王世子》"凡三王教世子"，疏："此一節是第三節中，論三王教世
子禮樂……"《校勘記》："閩、監、毛本同，盧文弨校'三'改'二'，云：'卷
首疏分析甚明，此尚是第二節。'按盧文弨校是也。下'仲尼曰'節疏當同此。"[2]

《文王世子》"仲尼曰：昔者周公攝政……"，疏："此一節是第三節中，覆
説周公教成王爲世子之事……"

《文王世子》"庶子之正於公族者"，疏："此一節是第四節中之上節也。"《校
勘記》："閩、監、毛本同，浦鏜校'四'改'三'，盧文弨校云：'四當作三。'"[3]

按：《文王世子》篇首疏云："此篇之内凡有五節：從'文王之爲世子'下
終'文王之爲世子也'爲第一節……從'凡學世子'至'周公踐阼'爲第二節……
自'庶子之正於公族'至'不翦其類'爲第三節……自'天子視學'至'典于學'
爲第四節……自"世子之記"以終篇末爲第五節。"浦鏜、盧文弨等人的校改依
據即在此。

但值得注意的是，"凡三王教世子"前，即"第二節"中間，有"教世子"

---

① （宋）陳澔：《禮記集説》，鳳凰出版社，2010年，第144頁。
② 《禮記注疏校勘記》，第695頁。
③ 《禮記注疏校勘記》，第695頁。

三字，與前"文王之爲世子也"、下"周公踐阼"形式相同，均爲小節標題，鄭玄注亦云"亦題上事"。似乎除篇首疏的五分法外，可能還有一種六分法，第一節與篇首疏同，從"凡學世子"至"教世子"爲第二節，從"凡三王教世子"至"周公踐阼"爲第三節，第四、五、六節分別對應篇首疏所分之三、四、五節。如此則與前揭三處孔疏可以相合。孔疏雜湊皇、熊二氏之疏，多有前後矛盾之處，前揭之文或正可見其一端。

21.《禮運》"五聲、六律、十二管，還相爲宫也"，鄭注："其管，陽曰律，陰曰呂，布十二辰，始於黄鐘，管長九寸，下生者三分去一，上生者三分益一，終於南呂，更相爲宫，凡六十也。"疏："十二管相生之次，至中呂而帀。"殿本《考證》齊召南曰："按當作'至南呂而畢'。蓋終於南呂，此司馬遷、劉歆、班固之説，而康成所本也。若終於中呂，則京房之説，非康成之意，故下文備引京房律呂相生本末，以辨其異。"

按：齊説誤。"至中呂而帀"者，十二管相生之次。"終於南呂"者，十二管迭相爲宫，第十二宫爲中呂宫，中呂上生黄鐘，又下生林鐘，又上生大簇，又下生南呂爲角，《史記·律書》稱"音始於宫，窮於角"[1]，中呂宫以南呂爲最末，是鄭注"終於南呂"之意。二者本不相涉，齊氏妄作牽合。

齊氏以爲"終於南呂，此司馬遷、劉歆、班固之説"，似又非。《史記·律書》《漢書·律曆志》均未如孔疏下文列十二管迭相爲宫之次。《漢書》列十二律上生下生之次，仍是至中呂而帀。

齊氏又以爲終於中呂是京房之説，且謂京房與司馬遷、劉歆、班固之異在於此，則更非。孔疏下文所引前一説，蓋即鄭玄所本，謂黄鐘下生上生，至中呂而帀，中呂又上生黄鐘，如是輪回。如是六十律則是十二律呂迭相爲五聲。依京房之説，中呂上生不得黄鐘[2]，乃得執始，如是下生上生得六十律，終於南事而無所生。京房之六十律則各不相同。

綜上，關於六十律，有終於南呂（鄭玄説）、終於南事（京房）兩説。至於十二律呂相生之次，則各家均以中呂爲終，並無歧説。

22.《禮運》"五聲、六律、十二管，還相爲宫也"，疏引京房六十律説，《續漢書·律曆志》[3]《五經算術》[4]亦載其説，三處所載律長多有歧異。齊召南、盧

---

① 《史記》，第 1251 頁。

② 依下生三分去一、上生三分益一計之，中呂上生得黄鐘的 524288/531441 倍，即京房所謂執始律長八寸八分小分八弱，小於黄鐘之九寸。

③ （南朝宋）范曄：《後漢書》，中華書局，1965 年，第 3002 頁。

④ （北朝北周）甄鸞撰，（唐）李淳風注：《五經算術》，《景印文淵閣四庫全書》第 797 册，第 213 頁。

文弨多據二書校孔疏，然所校似略有不當之處。又，各書稱"强""大强""微强""弱""微弱"等語似均無體例可循，盧文弨欲規範這一組術語，亦屬不必。今分述於下：

"色育……律八寸八分小分八微强。"阮本作"九寸九分分微强"，《續漢書》作"八寸九分小分八微强"，《五經算術》同，殿本《考證》以爲《續漢書》是。今計之，色育律長約八點九八一寸，《續漢書》是，孔疏"八分"當作"九分"。

"執始……律八寸八分小分八弱。"《續漢書》作"八寸八分小分七大强"，《五經算術》同，殿本《考證》《校勘記》引盧文弨説皆以爲《續漢書》是[1]。今計之，執始律長約八點八七九寸，孔疏自通。刑始律六點八二八，孔疏稱"六寸八分小分三弱"；南事律長六點三〇八，孔疏稱"六寸三分小分一弱"；謙待律長五點九八七，孔疏稱"五寸九分小分九弱"；閉掩律長四點九二七，孔疏稱"四寸九分小分三弱"；遲内律長四點六七七，孔疏稱"四寸六分小分八弱"。由此可知少零點二三之小分皆可稱"弱"。

"質末……律八寸五分小分二强。"《續漢書》同，《五經算術》"强"作"半强"。《校勘記》引盧文弨説，以《五經算術》爲是。今計之，質末律長約八點五二五一寸，是作"半强"與此較合。然孔疏此處並無"半强"之説，如分否律長八點三一四六，孔疏稱"八寸三分小分一强"，《續漢書》《五經算術》均同，《校勘記》引盧文弨以爲當作"少强"；變虞律長七點〇一五三，孔疏稱"七寸小分一强"，《續漢書》《五經算術》皆作"半强"；分積律長五點三九四八，孔疏稱"五寸三分小分九强"，《五經算術》同，《續漢書》作"半强"，《校勘記》引盧文弨以爲當作"少强"。是孔疏皆不稱"半强"，《續漢書》《五經算術》之"半"字亦或有或無，不成體例，而盧校或改作"半强"，或改作"少强"，似均屬不必。

"分否……律八寸三分小分一强。"《續漢書》《五經算術》均同，《校勘記》引盧文弨校云："當作小分一少强。"今計之，分否律長八點三一四五寸，近於半强，不可言"少强"，盧説誤。盧文弨將小於半小分者皆稱"少强"，恐古書無此例。又如否與律長五點六八三，孔疏稱"五寸六分小分八强"，《續漢書》《五經算術》均同，《校勘記》引盧文弨云"'强'上當有'少'字"；無射律長四點九九四，孔疏稱"四寸九分小分九强"，《續漢書》《五經算術》均同，《校勘記》引盧文弨云"'强'上當有'少'字"。此類之校皆屬不必。

"陵陰……律八寸二分一少弱。"《校勘記》"監、毛本作'八寸二分小分一弱'"，《續漢書》《五經算術》同。今計陵陰律長八點二〇三寸，與監、毛本及《續漢書》《五經算術》之説合。

---

① 《禮記注疏校勘記》，第 700 頁。

“時息……律七寸八分小分九强。”《校勘記》：“監、毛本‘强’上有‘少’字。盧文弨校云‘少’字衍。”《續漢書》作“七寸八分小分九少强”，《五經算術》同。今按，孔疏僅未育一處稱“少强”，《續漢書》除此處亦僅未育稱“少强”，今亦未可定“少”字是否當有。

“屈齊……律七寸七分小分九强。”《校勘記》：“監、毛本‘强’作‘弱’。”《續漢書》《五經算術》皆作“弱”。今計屈齊律長七點七八六寸，是當作“小分九弱”，《續漢書》《五經算術》是。

“南授……律七寸小分九大强。”《校勘記》引盧文弨校云“大當作半”。《續漢書》亦作“大”，《五經算術》作“太”。今計南授律長七點〇九六三寸，似不必改作“半强”。又依前論，孔疏無“半强”之説。盧文弨欲將半小分至零點七小分者皆稱“半强”，恐古書並無此例。如依行律長六點七三五九寸，孔疏稱“六寸七分小分三大强”，《續漢書》亦作“大”，《五經算術》作“半”，《校勘記》引盧文弨説，據《五經算術》校改作“半”；盛變律長六點二三五九寸，孔疏稱“六寸二分小分三大强”，《續漢書》同，《五經算術》“大强”作“半强”，《校勘記》引盧文弨説，據《五經算術》校改作“半”。此類之校皆似不必。

“内負……律六寸四分小分八强。”《續漢書》同，《五經算術》“强”作“微强”。《校勘記》引盧文弨説，據《五經算術》校改。今計内負律長六點四八一寸，是可稱“小八分微强”。然此六十律中亦有多十分之一小分而不稱“微强”者，如分劻律長八點六四一，孔疏稱“八寸六分小分四强”，《續漢書》同，《五經算術》作“微强”。今亦未知此處之“微”字是否當補。

“離躬……律六寸一分小分五微强。”《續漢書》《五經算術》均同。《校勘記》引盧文弨云：“‘微’字衍。”今計離躬律長六點一五二寸，稱“小分五微强”未嘗不可。盧氏欲將“微强”限定於零點一小分左右，恐古人並無此例。

“安度……律五寸八分小分四弱。”《續漢書》同，《五經算術》“弱”作“微弱”。《校勘記》引盧文弨説，據《五經算術》校改。今計安度律長五點八三九六，是可稱“微弱”。然此文“微”字亦或有或無，中吕律長六點六五九二，孔疏稱“六寸六分小分六弱”，《續漢書》同，《五經算術》作“微弱”；制時律長六點〇六九一，孔疏稱“六寸小分七弱”，《續漢書》同，《五經算術》作“微弱”；去滅律長五點九一九二，孔疏稱“五寸九分小分二弱”，《續漢書》《五經算術》同。是各書多不一致，此處似亦不必補“微”字。

“期保……律四寸七分小分九微强。”《續漢書》同，《五經算術》“微强”作“半强”。《校勘記》引盧文弨説，據《五經算術》校改。今計期保律長四點七九五四寸，則不應稱“微强”，盧説或是，亦或“微”字衍。

“遲時……律四寸五分小分五弱。”《校勘記》：“監、毛本‘弱’作‘强’。”《續漢書》《五經算術》均作"强"。今計遲時律長四點五五二寸，則作"强"是。

23.《禮器》"天子之豆二十有六，諸公十有六，諸侯十有二，上大夫八，下大夫六"，鄭注："豆之數，謂天子朔食，諸侯相食，及食大夫。《公食大夫禮》曰：'宰夫自東房薦豆六，設于醬東。'此食下大夫而豆六，則其餘著矣。《聘禮》：'致饔餼於上大夫，堂上八豆，設于户西。'則凡致饔餼，堂上之豆數亦如此。"孔疏："案《公食大夫禮》亦有上大夫八豆之文，必引《聘禮》上大夫者，此以《公食大夫》是食禮，《聘禮》上大夫是致饔餼禮，欲見食與饔餼堂上豆數同，故鄭此云'凡致饔餼，堂上豆數亦如此'，謂亦如此食下大夫之禮。"《校勘記》謂孔疏末句"閩、監、毛本'下'作'上'是也"①。

按：《校勘記》之説非。鄭注已引《聘禮》致饔餼於上大夫之數，不可再説上大夫致饔餼如食上大夫。鄭注本意蓋引《聘禮》以證致饔餼之豆與食禮豆數同，自天子至下大夫皆然。因《禮器》僅稱豆數，不言何禮，鄭注以爲皆食禮，故於後又論致饔餼禮豆數與食禮同。鄭注前既引公食下大夫之豆六，故孔疏特稱"如此食下大夫之禮"，與前呼應。《校勘記》昧於鄭注、孔疏本意而誤作校勘。

24.《郊特牲》"尊賢不過二代"，疏："案《異義》：《公羊》説，存二王之後，所以通天三統之義，引此文。古《春秋》左氏説，周家封夏、殷二王之後以爲上公，封黄帝、堯、舜之後謂之三恪。許慎謹案云：治《魯詩》丞相韋玄成、治《易》施讎等説引《外傳》曰'五王之樂可得觀乎'，知王者所封五代而已，而與《左氏》説同。鄭駁之云：'所存二王之後者，命使郊天以天子之禮，祭其始祖受命之王，自行其正朔服色。恪者，敬也，敬其先聖而封其後，與諸侯無殊異，何得比夏殷之後？'"阮本"五王之樂""五"作"三"。《校勘記》云："'而與《左氏》説同'，閩、監、毛本同，盧文弨校云：'而當作不。'"②陳壽祺《五經異義疏證》亦謂"而"當作"不"③。

按：阮本作"三"既非，盧氏改"而"作"不"亦誤。五王，合二王、三恪而言，故謂與《左氏》説同。鄭駁云："恪者……與諸侯無殊異，何得比夏殷之後？"亦謂三恪不可與二王相並，若許慎本作三王，鄭玄所駁反不可解。《玉海》卷四二、卷一三四兩引此文，皆作"五王"④；魏了翁《禮記要義》⑤卷十一

---

① 《禮記注疏校勘記》，第 703 頁。
② 《禮記注疏校勘記》，第 709 頁。
③ （清）陳壽祺：《五經異義疏證》，上海古籍出版社，2012 年，第 158 頁。
④ （宋）王應麟：《玉海》，江蘇古籍出版社、上海書店聯合出版，1987 年，第 795、2480 頁。又參武秀成、趙庶洋：《玉海藝文校證》，鳳凰出版社，2013 年，第 367 頁。
⑤ （宋）魏了翁：《禮記要義》，《四部叢刊續編》本，卷十一，第 16 頁。

引此文，亦作"五王"，作"而"。

《五經異義》體例，於"謹案"前羅列異説，於"謹案"後下按斷。若從某説，多於"許慎謹案"後稱"同某義""從某説"，如《曲禮上》"刑不上大夫"，疏："《禮》戴説'刑不上大夫'。古《周禮》説士尸肆諸市，大夫尸肆諸朝，是大夫有刑。許慎謹案：《易》曰：'鼎折足，覆公餗，其刑渥，凶。'無刑不上大夫之事。從《周禮》之説。"《禮器》"夏父弗綦逆祀而弗止也"，疏："《公羊》董仲舒説躋僖公'逆祀，小惡也'。《左氏》説爲大惡也，許君謹案：同《左氏》説。"此類之例極多。若需引他證以證成某説，則於引例後稱"與某説同"，前揭之疏是其例，又如《周禮·大宗伯》"以禋祀祀昊天上帝"，疏："《春秋》'魯郊祭三望'，言郊天。日、月、星、河、海、山，凡六宗。魯下天子，不祭日月星，但祭其分野星，其中山川，故言三望，六宗與古《尚書》説同。"① 從現有的《五經異義》佚文來看，"謹案"後從未言"不與某説同"者。由此亦可見盧氏之校非。

25.《玉藻》"玄端而朝日於東門之外"，疏引《五經異義》説明堂之制，又引《駁五經異議》云："玄之聞也，《禮》戴所云雖出《盛德記》及其下，顯與本異章。九室、三十六戶、七十二牖，似秦相吕不韋作《春秋》時説者所益，非古制也。"《校勘記》引盧文弨校云："'本異章'疑是'本書異'。"② 陳壽祺《五經異義疏證》則改作"本章異"③。

按：盧、陳之校均非。"與本異章"者，謂《五經異義》所引《盛德記》文與《盛德記》本文異章，文義不連續。今本《大戴禮記》多《盛德》爲第六十六篇，《明堂》爲第六十七篇，與《盛德》並列，如《四部叢刊》本、王聘珍《大戴禮記解詁》均同。孔廣森《大戴禮記補注》則合《明堂》入《盛德》，而於篇末補"凡二章"一句，亦以爲二者異章。鄭玄云"與本異章"者，謂《明堂》與《盛德》本文異章，可能是吕不韋所增益，故不可信據。盧、陳不明此義而誤校。

又《明堂位》篇名疏亦引此文作："戴禮所云，雖出《盛德篇》。云九室、三十六戶、七十二牖，似秦相吕不韋作《春秋》時説者蓋，非古制也。"脱"顯與本異章"一句，又誤"益"作"蓋"④，致不可讀。

26.《玉藻》"大夫側尊用棜，士側尊用禁"，疏："側謂旁側，在賓主兩楹間旁側夾之，又東西橫行，異於君也。君側尊近於君，南北列之，則《燕禮》所云者是也。大夫、士側尊者，《鄉飲酒義》云：'尊於房戶之間，賓主共之也。'據大夫、士也。"《校勘記》："（君側尊）閩、監本作'若'，惠棟校宋本同，衛

---

① 《十三經注疏》，第 1635 頁。

② 《禮記注疏校勘記》，第 716 頁。

③ 《五經異義疏證》第 85 頁。

④ 此處浦鏜已校（《十三經注疏正字》，《景印文淵閣四庫全書》第 192 冊，第 681 頁）。

氏《集說》同，此本‘若’誤‘君’，毛本同。"①阮本即據此改作"若"。

按：《校勘記》非是，潘本孔疏作"君"不作"若"，惠棟誤校。此處"君"字恐不誤，而"側"字似衍。孔疏前句稱大夫、士側尊"在賓主兩楹間旁側夾之，又東西橫行，異於君"，故下句釋君尊之制。《燕禮》："司宮尊于東楹之西，兩方壺，左玄酒，南上。公尊瓦大兩，有豐。"②所載即此事。又《大射》："司宮尊于東楹之西，兩方壺，膳尊兩甒在南，有豐。"鄭注："膳尊，君尊也……酒在北，尊統於君，南爲上也。唯君面尊，言專惠也。"③《大射》之"膳尊"即《燕禮》之"公尊"，亦即"君尊"。又《曲禮》"拜受於尊所"，孔疏："陳尊之所，貴賤不同。若諸侯燕禮、大射，設尊在東楹之西，自北嚮南陳之。酌者在尊東，西嚮，以酌者之左爲上尊。尊面有鼻，鼻向君，示君專有此惠也。若鄉飲酒及卿大夫燕，則設尊陳於房戶之間，東西列尊，尊面嚮南，酌者嚮北，以西爲上尊。時主人在阼，西嚮，賓在戶西牖前，南嚮，使賓主得夾尊，示不敢專惠也。"其說燕禮、大射與鄉飲酒陳尊之異甚明。燕禮、大射之時，君席在阼階上，陳尊於東楹之西，以南爲上，君尊最處南，是"君尊近於君，南北列之"也。若鄉飲酒或其他賓主敵者飲食之禮，尊在房戶之間，主在阼階，賓在戶牖之間，是賓主夾尊，尊在旁側，故稱"側尊"④。故燕禮之尊不可稱"側尊"，更無"君側尊"之說，是"側"字當衍。

27.《玉藻》"君子狐青裘豹褎，玄綃衣以裼之"，孔疏引皇侃云："凡六冕及爵弁無裘。"孫詒讓《十三經注疏校記》曰："皇云'凡六冕'，'六'當作'五'，如作大（六？）冕，則裘冕亦云無裘，皇必不如此憒憒也。"又曰："今細審'無'當作'羔'，'六'不當改'五'，余初校誤。依後疏則孔所見已誤作'無'。"⑤孫詒讓於《周禮正義》又申此說。

按：孫說疑誤。孔疏下文云"又祭服無裘，文無所出，皇氏之說非也"，孫氏即據此謂"依後疏則孔所見已誤作'無'"。然孔疏引皇說列無裘祭朝之次序云："先加明衣，次加中衣，冬則次加袍繭，夏則不袍繭，用葛也，次加祭服。"是中衣上加袍繭，與下述朝服中衣上加裘顯異，則似皇侃本作"無裘"，與後疏所引熊氏、劉氏之說不同。

又疑此處"六"爲"玄"字之誤。《玉藻》稱"君子"，鄭注云："君子，大

---

① 《禮記注疏校勘記》，第717頁。

② 《十三經注疏》，第2194頁。

③ 《十三經注疏》，第2225頁。

④ 此用孔疏原說。實則疑"側尊"與"面尊"相對，燕禮君面尊，鄉飲酒則尊在賓主之側。陳澔《禮記集說》引馬睎孟曰："面尊則不側，側尊則不面。"（第237頁）其說是。

⑤ 《十三經注疏校記》，第487—488頁。

夫、士也。"大夫祭服自玄冕以下，士祭服則自爵弁以下。《周禮·司服》云"卿大夫之服，自玄冕而下如孤之服……士之服，自皮弁而下如大夫之服"[①]，是也。《玉藻》下文云"一命緼韍幽衡，再命赤韍幽衡，三命赤韍葱衡"，鄭玄注："此玄冕、爵弁服之韍，尊祭服，異其名耳。"亦單列玄冕及爵弁。蓋皇侃此處僅述大夫、士之祭服與朝服，本不論絺冕服以上，不含大裘冕。刊本孔疏因後熊氏、劉氏之説均稱"六冕"，而誤"玄"作"六"。然無確據，姑備一説。

28.《玉藻》"肩、革帶博二寸"，鄭注："凡佩，繫於革帶。"疏："以韍繫於革帶，恐佩繫於大帶，故云然。以大帶用組約，其物細小，不堪縣韍、佩故也。"吕友仁《自我批評》："'組'，殿本、庫本及衛氏《集説》作'紐'，是，可據改。'紐約'，略似今日之皮帶扣。"

按：大帶爲絲制，吕氏以皮帶喻之，至爲不當。衛氏《集説》及殿本作"紐約"，乃因上經"並紐約用組"而誤。此處疏"以大帶用組約"者，謂大帶以組爲紐約，正前經"紐約用組"之義。

29.《明堂位》"拊搏、玉磬、揩擊、大琴、大瑟、中琴、小瑟，四代之樂器也。"《釋文》出"大琴"，云："徐本作'瑟'。"[②]

按：據《釋文》，則似其所見本無"大瑟"二字，徐本則有"大瑟"而無"大琴"。又或《釋文》有訛字，疑不能明。

30.《喪服小記》"親親以三爲五，以五爲九"，孔疏："'以五爲九'者，己上祖下孫，則是五也。又以曾祖故親高祖，曾孫故親玄孫，上加曾、高二祖，下加曾、玄兩孫，以四籠五，故爲九也。"《禮記子本疏義》"曾祖"之"曾"作"緣""曾孫"之"曾"作"藉"。

按：《禮記子本疏義》是。據孔疏，所謂"三"，指父、己、子三代。"以三爲五"，即"以父上親祖，以子下親孫"，是"五"指由祖至孫五代，不含曾祖、曾孫，則"以五爲九"不當由曾祖、曾孫上推下推。所謂"以五爲九"，指因"爲五"親祖而親祖之五代，即上親祖之祖；因親孫而親孫之五代，即下親孫之孫。《禮記子本疏義》作"緣祖故親高祖，藉孫故親玄孫"，其義極明。

31.《喪服小記》"旁殺"，孔疏："'旁殺'者，世叔之屬是也。父是至尊，故以三年，若據祖期斷，則世叔宜九月，而世叔是父一體，故加至期也。"《禮記子本疏義》無"據祖"之"祖"字，"是父"作"是父祖"。

按：《禮記子本疏義》是。孔疏之意，父本服是期，《三年問》謂"至親以期斷"是也，因父是至尊，故加至三年，《三年問》謂"加隆焉爾也，焉使倍之，

---

① 《十三經注疏》，第 1690 頁。
② （唐）陸德明：《經典釋文》，中華書局，1983 年，第 191 頁。

故再期也”是也。“據期斷”，謂據父之本服期斷，非謂據祖期而斷。且本段疏釋“旁殺”，自然因由父旁殺至叔，不應由祖下殺至叔。後疏又云“又祖是父一體，故加至期，而祖之兄弟非己一體，故加亦不及，據於期之斷殺，便正五月”，是據祖之本服九月而旁殺，叔祖當五月。是旁殺當據祖以斷叔祖，不當據祖以斷叔。蓋下文本作“世叔是父祖一體”，刊本誤將“祖”字乙於“期”字上。

32.《喪服小記》“庶子不祭祖者，明其宗也”，鄭注：“凡正體在乎上者，謂下正猶爲庶也。”孔疏：“正體，謂祖之適也。下正，謂禰之適也。雖正爲禰適，而於祖猶爲庶，故禰適謂之爲庶也，五宗悉然。”《禮記子本疏義》“故禰適”之“禰”作“祖”。

按：兩作皆可通，《禮記子本疏義》似更善。“祖適謂之爲庶”，即祖適謂禰適爲庶，亦即鄭注所謂正體謂下正爲庶。

33.《喪服小記》“親親，尊尊，長長，男女之有別，人道之大者也”，孔疏引皇侃云：“親親，結上‘以三爲五’；尊尊，結上‘王者禘其祖之所自出’；長長，結上‘庶子不祭祖’。”《禮記子本疏義》“不祭祖”作“不祭殤”。

按：《禮記子本疏義》是。前經稱“庶子不祭祖者，明其宗也”，疏云“此一節並論尊祖敬宗之義”，是“庶子不祭祖”乃是敬宗。又前經云“尊祖故敬宗”，是敬宗由於尊祖，則“庶子不祭祖”亦是尊尊，而非長長。“庶子不祭殤”所以爲“長長”者，《禮記子本疏義》云：“幼由長長而見。且前唯云幼，故此唯云長，互相成。”

34.《喪服小記》“從服者，所從亡則已”，疏：“其中又有妾攝女君爲女君黨，各有義故也。”《禮記子本疏義》作“其中又有妾攝女君不服女君黨，及君亡猶服君妻，並各有義故也”。

按：孔疏原文句意不明，似有脫誤，且“妾攝女君爲女君黨”總是一事，下“各”字亦無着落，當以《禮記子本疏義》爲是。“妾攝女君不服女君黨”者，《雜記上》：“女君死，則妾爲女君之黨服。攝女君，則不爲先女君之黨服。”“君亡猶服君妻”，《喪服》齊衰不杖期章“爲君之父母、妻。”傳曰：“妻則小君也。”賈疏云：“欲見臣爲小君期是常，非從服之例。”[1] 賈氏之義，蓋謂君本爲君之妻服期，是臣從服，則當降一等服大功，今即服期，則非從服之例。又胡培翬《儀禮正義》引馬氏曰：“妻則小君，服母之義，故期也。”[2]《喪服四制》謂“資於事父以事君，而敬同”，則於君妻有服母之義。既非從服之例，有服母之義，故君亡猶爲服君妻。此二者皆從服之變例，故皇侃引之云“並各有義”。

---

① 《十三經注疏》，第 2400 頁。
② （清）王堯謙編：《儀禮正義》，《清經解續編》第 3 冊，第 697 頁。

35.《喪服小記》"故期而祭,禮也,期而除喪,道也,祭不爲除喪也",鄭注:"此謂練祭也。"《禮記子本疏義》"練"作"練祥"。

按:皇侃、孔穎達所據本似皆當作"練祥"。《禮記子本疏義》云:"期而祭,謂小、大二祥之月並是親亡之正月。"又云:"唯大、小二祥之祭以周爲期,故兼有正月存親之義。"是皇侃所據鄭注當即作"練祥",故皇疏每稱"小大二祥"。孔穎達所據本或亦作"練祥",孔疏云:"此除喪謂練時除喪也,男子除首経,女子除要帶,與小祥祭同時,不相爲也。若至大祥除喪,此除喪亦兼之也。大祥祭除喪亦與大祥同日不相爲,元意各別也。"又云:"祭雖不爲除喪,除喪與祭同時。摠而言之,練祭、祥祭亦名除喪也。"亦兼言大祥、小祥。郭嵩燾《禮記質疑》云:"期,通一期、再期言之;祭,通練、祥、禫言之;除喪,通除首経、要帶、衰杖即吉言之……似未宜據一'期'字,專主練祭言之。"[1]除祭兼禫祭外,其説大致與皇、孔之説同。

但只作"練祭"之鄭注似由來已久。《儀禮·士虞記》"朞而小祥,曰'薦此常事'",賈疏引經注,正作"練祭",且謂"以是謂小祥祭謂常事也"[2]。則賈公彦所據鄭注當已作"練祭"。又《隋書·帝紀二》載隋文帝仁壽三年六月甲午詔,引此"朞祭,禮也,朞而除喪,道也",且云:"以是之故,雖未再朞,而天地一變,不可不祭,不可不除,故有練焉,以存喪祭之本。"[3]則似亦謂此"期祭"僅稱練祭[4]。今各本《禮記》鄭注皆作"練祭",則當即此類版本之流。而刊本以此配孔疏,則有注、疏齟齬之嫌。

36.《喪服小記》"大功者主人之喪,有三年者,則必爲之再祭",孔疏引皇侃曰:"死者有三年之親,大功主者爲之練、祥。若死者有期親,則大功主者爲之至練。若死者但有大功,則大功主者至期,小功、緦麻至袝。若又無期,則各依服月數而止。"

按:此段疏全不可讀。既云"若死者有期親,則大功主者爲之至練",又云"若死者但有大功,則大功主者至期",練祭即在期,二者有何分別?且後稱"若又無期,則各依服月數而止",大功在期之下,則當至九月,而前又稱"若死者但有大功,則大功主者至期"。《禮記子本疏義》云:"鄭差大功主喪,爲有三年者至大祥,則小功、緦麻爲有三年者主喪則爲至期矣。若死者但有朞者,則

① (清)郭嵩燾:《禮記質疑》,岳麓書社,1992年,第406—407頁。
② 《十三經注疏》,第2548頁。
③ (唐)魏徵、(唐)令狐德棻:《隋書》,中華書局,1973年,第49頁。
④ 此詔主爲廢期喪十一月之練,其説已與《禮記·雜記》抵牾,故其説是否代表主流禮學觀點,似有疑問。又此詔所論者爲練祭,也有可能引此經而偏指練祭之一端,非謂"期祭"僅指練祭。

大功主之至幮，小功、緦麻至袒。若又無幮，則各依月數而止。"可補孔疏之誤①。

37.《大傳》"公子有宗道，公子之公，爲其士大夫之庶者，宗其士大夫之適者，公子之宗道也"，鄭注："公子唯己而已，則無所宗亦莫之宗。"鄭注"莫之宗"，伯三三八○《禮記注》作"無宗之也"。

按孔疏曰："云'公子唯己而已，則無所宗亦無之宗'者，'無所宗'則前經云'有無宗'也，'亦無之宗'者，則前經云'亦莫之宗'。鄭於此注遥釋前耳。"是疏述注作"無之宗"。孔疏所謂前經，指前"有無宗亦莫之宗"，伯三三八○"無宗"作"無之宗"，許建平師曰："《正義》云：'"有無宗亦莫之宗"者，公子唯一，無他公子可爲宗，是"有無之宗"，亦無他公子來宗於己，是"亦莫之宗"也。'則孔氏所見本有'之'字。其標起止無'之'字，當是後人所删。"② 其說是。若前作"有無之宗亦莫之宗"，此處鄭注"無所宗亦莫之宗"與之呼應，則"莫之宗"不當作"無之宗"，似當以敦煌本作"無宗之"爲是。無宗之，即無人宗之，正"莫之宗"之義。《通典》卷七十三引此經，又引王肅注曰："亦莫之宗，謂君有一弟爲宗，無宗之者也。"亦以"無宗之"釋"莫之宗"。孔疏述鄭注當亦本作"無宗之"，後人因受"莫之宗"影響而誤作"無之宗"，不知"無之宗"即前"無所宗""無所宗亦無之宗"句意重複，不通之甚也。

38.《雜記上》"客使自下由路西"，鄭注："自，率也。下謂馬也，馬在路之下。"孔疏："自，率也。下猶馬也。由，在也。"《校勘記》："浦鏜校'猶'疑'謂'，'在'作'左'。按衛氏《集説》亦作'由左'也。"③

按：浦校非是。孔疏此處並非引鄭玄注，不必字字與鄭注相同。實際上，孔疏在釋經時用鄭注之文，多有略作改動者，如《曲禮上》"行修言道，禮之質也"，鄭注"質猶本也"，孔疏"質，本也"；又"是以君子恭敬、撙節、退讓以明禮"，鄭注"撙猶趨也"，孔疏"撙者，趨也"；《檀弓上》"布幕"，鄭注"幕，所以覆棺上也"，孔疏"幕者，謂覆殯棺者也"。此類之例極多，不煩一一列舉，要之，前揭孔疏作"猶"當非誤字。

至於孔疏之"在"，則絶不可改作"左"。孔疏下文云："客之從者率馬設在車之西也。"正以"在"對應釋經之"由"。"由，在"之訓雖未必是，然孔疏本文如此，不可輕改。

39.《雜記上》"士喪有與天子同者三，其終夜燎，及乘人，專道而行"，孔疏："《既夕禮》云'屬引'，鄭引'古者人引柩'。"《校勘記》引浦鏜校"鄭引"之

---

① 郭嵩燾《禮記質疑》於此段孔疏有駁（第408頁），此皇侃原疏正可答郭氏之駁，此不贅述。
② 張湧泉主編，許建平、關長龍等撰：《敦煌經部文獻合集》，中華書局，2008年，第994頁。
③ 《禮記注疏校勘記》，第743頁。

“引”改“注”①。

　　按：浦校當非。鄭注之文或前有所本，但未明引，孔疏引注仍稱“鄭引”。如《檀弓下》“萬入，去籥”，鄭注“萬，干舞也；籥，籥舞也”，孔疏：“然鄭引‘萬，干舞；籥，籥舞’雖是傳文，鄭剪略其事，不全寫傳文。”《王制》“公侯田方百里，伯七十里，子男五十里”，鄭注“殷有鬼侯、梅伯”，孔疏：“鄭引此者，證殷有侯、有伯。”此皆與前揭疏同例，是“引”字當不誤。

　　40.《雜記下》“外宗爲君、夫人猶内宗也”，鄭注：“外宗，謂姑姊妹之女、舅之女、從母皆是也。内宗，五屬之女也。”孔疏：“又《周禮》外宗、内宗謂外内之女，而崔氏云：‘鄭注特牲云女者，女有出適，嫌有降理，故舉女不言男。’其義亦非也。”

　　按：各本孔疏均同，但崔氏所引“鄭注特牲”並不見於今《儀禮·特牲饋食禮》鄭注。今疑“牲”字衍，“鄭注特云女”，謂鄭注釋外宗、内宗僅云女，不言男。

　　41.《緇衣》“故君子多聞，質而守之；多志，質而親之；精知，略而行之”，孔疏：“‘多志，質而親之’者，謂多以志意博交汎愛，亦質少而親之。”《校勘記》：“閩、監本同，惠棟校宋本‘少’作‘守’，毛本同。”② 潘宗周曰：“‘守’字承上句，此本已誤，毛以意改正，與惠校宋合。”③

　　按：毛本、惠校、潘校均誤。經文此三句並列，“多志”非承“多聞”而來，“質”又何必承上句釋作“質守”？且經僅作“質”，疏作“質守”，此增字解經，至爲不當。考此處鄭注云“質猶少也”，孔疏作“質少”，正用鄭注意。孔疏釋經，多化用鄭注，將經之被釋字與鄭注釋字合並爲雙音詞。如《禮器》“故君子樂其發也”，鄭注“發猶見也”，孔疏：“既須外接，故所行事樂得其禮迹發見於外也。”有時這一“雙音詞”可能並不存在，但孔疏仍然這樣用。如《曲禮上》“君子欠伸，撰杖屨”，鄭注“撰猶持也”，孔疏：“若倦則自撰持之也。”《禮運》“後聖有作”，鄭注“作，起”，孔疏：“謂上古之後，聖人作起。”其它文獻中未見有“撰持”“作起”之詞，但不嫌孔疏如此用。前揭孔疏亦屬此例，“少”字不誤。

　　42.《服問》“唯君所服服也”，孔疏引《五經異義》：“故《春秋》左氏説……”《校勘記》：“《通典》‘故《春秋》’作‘古《春秋》’。”④

　　按：今本《通典》卷七十二引此《五經異義》，亦作“故”⑤。《五經異義》凡

---

　　①　《禮記注疏校勘記》，第 743 頁。
　　②　《禮記注疏校勘記》，第 768 頁。
　　③　潘宗周：《禮記正義校勘記》，1928 年刻本，卷下第 56 頁上。
　　④　《禮記注疏校勘記》，第 769 頁。
　　⑤　《通典》，第 1975 頁。

稱“今某經説”“古某經説”，皆謂今文經説、古文經説，故作“古”義長。然古、故本古今字，文獻中亦多通用，孔疏引《五經異義》亦有作“故某經説”者，如《曲禮下》“涖牲曰盟”，孔疏引《異義》：“今《春秋》公羊説，古者不盟，結言而退……故《春秋》左氏云：《周禮》有司盟之官，殺牲歃血，所以盟事神明。”《昏義》篇名疏引《異義》：“戴説，男三十、女二十有昏娶，合爲五十，應大衍之數目，天子達於庶人，同一也。故《春秋》左氏説，國君十五而生子，禮也。”

43.《鄉飲酒義》“尊有玄酒，貴其質也”，孔疏：“北面設尊，玄酒在左，謂在酒尊之西也。所以設玄酒在西者，地道尊左，貴其質素故也。”單疏本、阮本“尊左”作“尊右”。

按：“地道尊右”又見《曲禮上》疏、《檀弓上》疏、《王制》疏，《毛詩正義》《周禮注疏》《儀禮注疏》中均習見此文。然前文云“玄酒在左”，又云“玄酒在西”，則此處必不可改作“尊右”。考禮儀中亦或尊左，如《曲禮上》“席南鄉北鄉，以西方爲上；東鄉西鄉，以南方爲上”，鄭注：“坐在陽則上左，坐在陰則上右。”《曲禮下》：“執主器，操幣、圭璧，則尚左手。”唯不言“地道尊左”。疑孔疏“尊左”二字不誤，所誤者“地”字耳。《白虎通·嫁娶》：“質家爲天尊左，文家法地尊右。”[1] 孔疏既云“貴其質素”，則似“地道”當作“天道”，謂玄酒質素而在左，法天道質而尊左之義。又或孔疏此處有脱文，今無確據，疑不能明。

郜同麟：中國社會科學院文學研究所副研究員

---

[1] （清）陳立：《白虎通疏證》，中華書局，1994 年，第 471 頁。

江永《禮書綱目》校勘管窺[①]
——以《大戴禮記》爲中心

蘇正道

　　禮書編撰講究體系構建和材料排陳。江永《禮書綱目》在朱子《通解》的基礎上進行增訂，完成了對朱子禮學體系的重塑，即由朱子“内聖外王”的理學體系，向《周禮》“吉凶軍賓嘉”的古禮體系轉變。在這一體系的構建工作完成後，其剩餘的首要工作便是對所需禮學材料的甄別、裁選和使用。由於古書轉钞流傳日久，發生“魯魚亥豕”的錯誤不可避免。爲保證所編禮書“藉古禮以資考核”目的的實現，需要對入選材料進行甄別，尤其是那些在流傳過程中發生殘缺、與傳統記載相近却略異，且有衆多版本行世的古書，如《大戴禮記》《月令》《孔子家語》等。對這些書籍相關入選材料進行校勘，是禮書編撰的核心内容，它決定著所編禮書的學術價值和編撰成敗。本文試以《大戴禮記》爲中心，管窺江永禮書編撰的校勘成就，草率成文，求正於方家。

　　現存《大戴禮記》共十三卷三十九篇，其所保存的先秦至漢代禮學資料，是研究儒家禮樂文化的重要文獻，也是校勘存世儒家經典的有力證據，因而受到學者廣泛歡迎。朱熹就是其中之一。雖然朱子認爲“《大戴禮》本文多錯，注尤舛誤”，又“冗雜，其好處已被小戴採摘來做《禮記》了”，但堅持“然尚有零碎好處在”。[②] 其好處之一便是可用作編撰禮書的材料。這與朱熹的

---

　　① 基金項目：四川省社會科學研究“十三五”規劃 2017 年度課題“江永《禮書綱目》與清初學術”（SC17C049）。

　　② （宋）黎靖德編：《朱子語類》卷 88，《朱子全書》第 17 册，上海古籍出版社，安徽教育出版社，2002 年，第 2995 頁。

禮書編撰思想有關。朱子認爲禮書編撰應該"以《儀禮》爲經，而取《禮記》及諸經史雜書所載有及於禮者，皆附本經之下，具列注疏、諸儒之説。"①《大戴禮記》便是所謂"經史雜書"之一。在朱子禮書的前期設計中，他和門人商討有關《儀禮附記》編纂事宜，便提出"《大戴禮》亦合收入，可附《儀禮》者附之，不可者分入五類。"②而在最後的成書中，《通解》較完整地選用了《大戴禮記》中《夏小正》《保傅》《曾子事父母》《武王踐阼》《明堂》《投壺》《公冠》七篇，其間或用《大戴禮記》原本或用他本，或整篇引用或割裂截取，或有注或無注，或全用盧注或自作注，進行了整理。③其後，黄榦《通解續》引用了《大戴禮記》之《諸侯遷廟》和《諸侯釁廟》，但全依盧注。楊簡、吳澄也都措意過《大戴禮記》研究。④但這些只是序幕，《大戴禮記》的研究在清代達到高峰，不僅戴震、盧文弨對錯誤百出的《大戴禮》經文進行校勘，而且孔廣森、王聘珍也對單傳的盧注進行了增補。但江永對《大戴禮記》的校勘成績却常被忽略。

江永《大戴禮記》校勘見存於《禮書綱目》，主要對《公冠》《投壺》《保傅》《夏小正》等四篇進行校勘。相較朱子禮書，江氏不僅對經文進行了校勘，亦對注釋進行了校理，還補校了朱子未備之處。兹論如下。

《公冠》。《公冠》爲通行本《大戴禮記》第十三卷，清代以前本子多作"公符"，爲刊刻之誤。⑤《禮書綱目》卷三《冠昏記》補記"天子諸侯冠禮"，采選《大戴禮記·公冠》及盧辨注，但江永沿襲朱子之誤，以爲鄭玄注。本篇以通行本《大戴禮記·公冠》篇作爲底本，對勘《孔子家語·冠頌》"孔子答懿子問諸侯之冠"部分，一共進行了十四處校釋，兹列於下。⑥

---

① 《儀禮經傳通解》卷首《乞修三禮札子》，《朱子全書》第2册，第25頁。

② 《晦庵先生朱文公文集》卷50《答潘恭叔》，《朱子全書》第22册，第2313頁。

③ 朱熹《儀禮經傳通解》對《大戴禮記》的具體校勘工作，見孫顯軍：《朱熹的〈大戴禮記〉研究》，《蘇州大學學報》（哲學社會科學版）2009年第1期，第70—72頁。

④ 楊氏《大戴禮記》研究主要體現在《先聖大訓》中，其突出特點是將《大戴禮記》放到儒家思想特別是心性思想的語境中加以關注，提升了《大戴禮記》的思想意義。孫顯軍：《楊簡的〈大戴禮記〉研究》，《徐州師範大學學報》（哲學社會科學版）2009年第4期，第63—66頁。吳澄撰有《踐阼篇集節》，另收入《投壺》《公冠》《遷廟》《釁廟》《朝事》五篇爲《儀禮逸經》，還有《校正大戴禮》三十四卷，可惜不傳。引自（清）孔廣森撰：《大戴禮記補注》，王豐先點校，中華書局，2013年，《校點説明》第3頁。

⑤ 通行本《大戴禮記》錯誤嚴重，不僅"公冠"作"公符"，其注釋亦有問題，如"迎賓揖升自阼立于席"，盧辨注本爲"公堂深異於士"，而宋本《大戴禮記》作"入堂深異於上"，是明顯的"魯魚豕亥"之誤。參閱《大戴禮記》卷13《公符》，1頁A面，《四部叢刊》影印無錫孫氏小綠天藏明袁氏嘉趣堂刊本。

⑥ （清）江永：《禮書綱目》卷3，叢書集成續編本經部第11册，第228頁。

1. "公冠自爲主"，《家語》作"公冠"，則以卿爲賓，無介，公自爲主。

2. "迎賓，揖升自阼，立于席"，《家語》席下有"北"字。

3. "既醴，降自阼"，《家語》此句上有"其醴也，則如士，饗之以三獻之禮"字。

4. "其餘自爲主者，其降也自西階以異"，《家語》作"諸侯非公而自爲主者，其所以異，皆降自西階。"①

5. "其餘皆公同也"，《家語》無此句。

6. "公玄端與皮弁皆韠"，《家語》無"公""皆韠"字，下有"異"字，疑是"韠"字之誤。

7. "公冠四加玄冕"，盧注："四"當爲"三"，"玄"當爲"袞"字之誤。江校：《家語》"冕"下有"祭"字。

8. "饗之以三獻之禮"，《家語》屬上文。

9. "無介"，《家語》在"卿爲賓"之下。

10. "無樂"，盧注：亦饗時也。冠者成人代父，始宜盡孝子之感，不可以歡樂取之。孔子曰："取婦之家，三日不舉樂，思嗣親也。"然則冠禮一舉樂可也。《春秋左氏傳》曰："以金石之樂節之"，謂冠時爲節也。② 江永以爲注"一"下疑脫"日不"二字。

11. "皆玄端"，《家語》無"無樂皆玄端"字。

12. "其酬幣朱錦采，四馬，其慶也同。"《家語》作"其酬幣于賓，則束帛乘馬"，無"其慶也"字。

13. "天子僎焉，太子與庶子，其冠皆自爲主。"盧注：王侯自主之，重言天子，誤也。江校："天子"以下《家語》作"王太子庶子之冠擬焉，皆天子自爲主。"案鄭注，"重言天子"恐皆下本有"天子"字，一本作"重言太子"。

14. "其禮與士同，其饗賓也皆同。"③《家禮》作"其禮與士無變"，"饗"下有"食"字。

從以上校釋可以看出，江永校勘的突出特點，是以對勘方式對《大戴禮記》原文進行補脫，還對《大戴》《家語》二書相關部分進行了比勘，並且對"鄭玄注"（實爲盧辨注）進行削減和校注。如《大戴》經文"公玄端與皮弁皆韠"，盧注：

---

① 《孔子家語》標點參閱楊曉芬等整理本，《傳世藏書》子庫《諸子》第 1 冊，海南國際新聞出版中心，1996 年，第 633 頁。

② 標點參閱（清）王聘珍：《大戴禮記解詁》，中華書局，1983 年，第 248 頁。王聘珍節略盧辨注，並未對"一"字下是否缺略作考究。

③ "其饗賓也皆同"，《四庫》抄本爲"饗賓也皆同"，缺略"其"字。

"玄端緇布冠及玄冠之服也",且引《玉藻》"始冠緇布之冠"條進行詮釋。① 江永則直接刪去了《玉藻》引文及其詮釋。清代《大戴禮記》校注者們多承其意,如王聘珍《釋詁》亦節略盧辨注。② 江永對《大戴禮記》注文進行的校對,採用理校方式,體現著對《通解》校勘的繼承。如第十條,江永疑注"一"下疑脫"日不"二字。江永的觀察承朱子而來,同例還有《通解》在《昏義》章下附《孔子家語·冠頌》"邾隱公既即位將冠"章,朱熹以爲"'其禮如世子之冠'下本有'冠於阼'以下四句,與上章同而有誤字,又與上下文無所屬,疑記者妄附益之。"③ 朱子校勘結論亦多爲江永承繼。如《家語》"升自阼,立于席北",朱熹按:《大戴禮》無北字。又"其醴也,則如士,饗之以三獻之禮",朱子按:《大戴禮》無"其醴也"三字。④ 江氏均承其說。此外,《通解》常在引注疏後,對異義處以"今按"的方式闡述己見。江永對盧辨注的處理亦復如是。儘管江永《公冠》篇的校勘上承繼朱子爲多,但他亦有創新處。這主要表現在補朱熹校勘之未備上。如《家語》"玄端與皮弁",朱子按:《大戴》作"公玄端與皮弁皆韠",而將"異"字屬下篇。⑤ 而江永以爲"公玄端與皮弁皆韠",《家語》無"公""皆韠"字,下有"異"字,疑是"韠"字之誤。⑥

《投壺》。《投壺》記載於《禮記》中,爲今本《儀禮》所無,蓋從《逸禮》中選錄而來,因抄錄有刪節,與《大戴禮記》所記互有詳略,文字亦多歧異處。投壺禮因爲留有文字記載,而成爲爲數不多可以大體被瞭解的逸禮之一,因而在禮書編撰中受到廣泛使用。它不僅被朱子《通解》收進"鄉禮""以繼《士相見禮》之後",⑦ 也被江永《綱目》歸入"嘉禮"中。江氏用通行本《禮記》作底本,用《大戴禮記》作校本,在朱子校勘基礎上,對《投壺》篇進行了深入研究,共留存十五條校記,茲列如下。⑧

1."主人請曰:'某有枉矢哨壺,請以樂賓。'賓曰:'子有旨酒嘉肴,某既

---

① 《大戴禮記》卷13《公符》,1頁A—B面,《四部叢刊》影印無錫孫氏小綠天藏明袁氏嘉趣堂刊本。此書《玉藻》引文較通行本《禮記》微異,阮元仿宋刻本作"始冠緇布冠,自諸侯下達,冠而敝之可也"。《禮記正義》卷29,(清)阮元校刻:《十三經注疏》(清嘉慶刊本),中華書局,2009年,第3冊第3199頁。

② (清)王聘珍:《大戴禮記解詁》,中華書局,1983年。

③ 《儀禮經傳通解》卷1,《朱子全書》第2冊,第72—73頁。

④ 《儀禮經傳通解》卷1,《朱子全書》第2冊,第74頁。

⑤ 《儀禮經傳通解》卷1,《朱子全書》第2冊,第74頁。

⑥ (清)江永:《禮書綱目》卷3,叢書集成續編本,第228頁。

⑦ (宋)朱熹:《篇第目錄序題》,《儀禮經傳通解》,《朱子全書》第2冊,第34頁。

⑧ (清)江永:《禮書綱目》卷12,叢書集成續編本,第301—302頁,其中第1—10條見301頁,第11—15條見302頁。《大戴禮記》見《四部叢刊》影印明刊本,卷12第7頁A面。

賜矣，又重以樂，敢辭。'"《大戴禮·投壺篇》曰"請樂賓"，無"以"字，又無"某既賜矣""哨"皆作"峭"。

2. "主人曰：'枉矢哨壺，不足辭也，敢固以請。'賓曰：'某既賜矣，又重以樂，敢固辭。'"《大戴》無上"固"字。"某既賜矣"作"某賜旨酒嘉肴"。

3. "主人曰：'枉矢哨壺，不足辭也，敢固以請。'賓曰：'某固辭不得命，敢不敬從。'"《大戴》作"賓對曰"。

4. "賓再拜受，主人般還曰：'辟。'"《大戴》"辟"皆作"避"。

5. "籌室中五扶，堂上七扶，庭中九扶。"《大戴》云"籌八分，堂上七扶，堂中五扶，庭下九扶。"

6. "矢以柘若棘，毋去其皮。"《大戴》"毋"作"無"，"皮"下有"大七分"字。①

7. "司射進度壺，間以二矢半，反位，設中，東面，執八算，興。"《大戴》無"間以二矢半"五字，又無"東面"及"興"字。

8. "算多少視其坐。"《大戴》"算"上有"既算"字。

9. "請賓曰：'順投爲入，比投不釋，勝飲不勝者。正爵既行，請爲勝者立馬，一馬從二馬，三馬既立，請慶多馬。'請主人亦如之。"《大戴》"請"下有"於"字，"曰"下"有奏投壺之令曰"字，"釋"下有"算"字，"不勝"下無"者"字，"立馬"下無"一馬從二馬"字，"慶"上無"請"字。

10. "魯令弟子辭曰：'毋憮，毋敖，毋偝立，毋踰言。偝立踰言有常爵。'薛令弟子辭曰：'毋憮，毋敖，毋偝立，毋踰言，若是者浮。'"《大戴》魯命弟子辭曰："無荒，無憼，無倨立，無踰言。若是者，有常爵"，無"薛令弟子"以下。

11. "司射、庭長，及冠士立者，皆屬賓黨；樂人，及使者、童子，皆屬主黨。"《大戴》"司射"上有"堂下司正"字，"使者"在"童子"之下。

12. "命酌曰：'請行觴。'酌者曰：'諾。'"《大戴》無"命酌"至"行觴"六字，別云"舉手曰：諾勝者之弟子爲不勝者酌。"

13. "當飲者皆跪奉觴，曰：'賜灌。'勝者跪曰：'敬養。'"《大戴》"當"上有"已酌皆請舉酒"六字，"觴"作"觚"。

14. "正爵既行，請立馬，馬各直其算，一馬從二馬，以慶。慶禮曰：'三馬既備，請慶多馬。'賓主人皆曰：'諾。'"《大戴》"正"上有"司正曰"字，"請"下有"爲勝者"字，"備"作"立"。

15. "正爵既行，請徹馬。"《大戴》此下有"周則復始"字。

---

① （清）江永：《禮書綱目》卷12，叢書集成續編本，第301頁。此條與朱子校勘同，朱子曰："皮"下有"大七分"字，見《儀禮經傳通解》卷6，《朱子全書》第2冊，第255頁。

而朱子《通解》亦據《禮記·投壺》，引《大戴禮記》作了校勘，一共五條，另引《大戴禮記》原文一條，分別如下。①

1. "請投"附《記》："降揖，其阼階及樂事，皆與射同節。"自注：引自《大戴禮記》。

2. "矢以柘若棘，毋去其皮。"朱熹注："皮"下《大戴》有"大七分"字。

3. 卒投，司射執餘筭曰："左右卒投，請數。"二筭爲純，一純以取，一筭爲奇，遂以奇筭告曰："某黨賢於某黨若干純。"奇則曰奇，鈞則曰左右鈞。朱注：《大戴》有"餘"字。"遂以奇筭告"，一本此句上更有"有勝者司射"五字，誤。

4. "命酌曰：'請行觴。'酌者曰：'諾。'"朱注：《大戴》無"命酌"至"行觴"六字，別云"舉手曰請諸勝者之弟子爲不勝者酌。"

5. "當飲者皆跪，奉觴曰：'賜灌。'勝者跪曰：'敬養。'"朱注：《大戴》此上有"以酌皆請舉酒"六字。

6. "正爵既行，請立馬，馬各直其筭，一馬從二馬以慶，慶禮曰：'三馬既備，請慶多馬。'賓主人皆曰：'諾。'"朱注：《大戴》"正"上有"司正曰"三字，"請"下有"爲勝者"三字。

比較朱熹、江永二人校勘，江校顯較朱子爲詳。江永幾乎對《投壺》逐段作了校勘，因此數量上較朱熹校勘多出九條。從所校勘的內容上看，朱子所校五條中，爲江永吸收者有四條。其中近於完全相同者二條，分別是江氏第6條與朱熹第2條，江氏12條與朱熹第4條。其中江氏第12條所引"諸勝者之弟子爲不勝者酌"較朱子所引少一"請"字。揆之明代通行本《大戴禮記》，江氏爲勝。②另外，江氏校勘第13條較朱熹第5條多"觴"作"瓠"一例，第14條較朱熹第7條多"備"作"立"一條。這些都是江氏後出轉精的證據。值得注意的是，朱子校勘的第3條"《大戴》有餘字"。儘管朱子此處指代不明，但他所提供的"一本此句上更有'有勝者司射'"等信息，雖未被江永採納，却給我們提供更多參考，具有學術價值。總之，江永對《投壺》篇的校勘，在朱熹原校的基礎上，進行了深入開掘，幾乎全篇、逐段地進行了校勘，爲後來學者有關《大戴禮記》的校注奠下堅實基礎，應予肯定。

《夏小正》。《夏小正》是存世的古老曆書，被收入《大戴禮記》第四十七篇。儘管它只有傳文，但却是時令類著述的濫觴。《隋書·經籍志》記載"《夏小

---

① 《儀禮經傳通解》卷6，《朱子全書》第2冊，第254—259頁。

② 筆者所據版本爲《四部叢刊》影印無錫孫氏小綠天藏明袁氏嘉趣堂刊本，本書代表了明代刊本錯舛百出的弊病，因此只能作不同版本的比照，因無宋代刊本參照，所以不作朱、江二人所引品質優劣的評判。

正》一卷，戴德撰"，①至宋代傅崧卿以四時分四卷編校此書，經文後附戴德傳文，定名《夏小正戴氏傳》。《宋志》記載"《夏小正戴氏傳》四卷，傅崧卿注"，②即爲是本。朱熹編撰禮書時，便以通行本《夏小正》編入"王朝禮"中，並用傅本、通行本、《大戴禮記》本進行了校正。③江永《綱目》幾乎全采朱校，歸入"通禮"曆法一類。其依據朱子所作校勘如下：

1.正月："獺祭魚"，傅本"獺"下有"獸"字。"其必與之獻""與"疑作"謂"，"獻"傅作"獸"。"獺祭魚謂之獻"，傅作"獸祭"。④

2.二月："或曰夏有暑祭"，（夏），《大戴》作"憂"。"喜羔羊之爲生也"，（喜），傅本作"善"。"堇，采也"，《大戴》作"采色"。"摻泥而就家，人人内也"，（前"人"），《大戴》作"入"。

3.三月：伏者，非亡之辭也"，（亡），《大戴》作"忘"。"委楊"，（委），一作"萎"。"言自卑事者始也"，傅本云：當云"事自卑者始"，或無"也"字。

4.五月："乃瓜"，傅本"瓜"上有"衣"字。"乃者，急瓜之辭也"，（乃），傅云一本（上）有"衣"字；（瓜），傅云一作"衣"。⑤"頒馬，分夫婦之駒也"，（分夫婦），一作"大夫卿"。

5.六月："煮桃。桃也者，杝桃也。杝桃也者，山桃也，煮以爲豆實也"，傅本"杝"作"柂"，……"諱煞之辭也"，傅本有"言"字。

6.七月："漢案户。漢也者，河也"，大戴無此三字。⑥"葦未秀爲蘆"，傅本"秀"皆作"莠"。

7.八月："離群而善而之"，傅本無此（後）"而"字，"或曰：人從人從也者"，《大戴》無此（前）"從"字。

8.九月："榮鞠，樹麥。"《大戴》無"樹麥"字。傅云："或曰：傳文也。"⑦"辰繫於日"，傅本注無此字，疑八月"辰則伏"之類，寫時脱也。

---

① （唐）魏徵等撰：《隋書》卷32《經籍一》，中華書局，1973年，第4冊第922頁。

② （元）脱脱等撰：《宋史》卷205《藝文四》，中華書局，1977年，第15冊第5023頁。

③ 關於朱子校正《夏小正》的簡短介紹，見孫顯軍：《朱熹的〈大戴禮記〉研究》，《蘇州大學學報》（哲學社會科學版）2009年第1期，第71頁。

④ （清）江永：《禮書綱目》卷54，叢書集成續編本，第672頁。"傳"，《綱目》（四庫抄本及廣雅書局本）均作"傳"，《通解》四庫本時作"傳"，時作"傅"（下有"云"字時），《朱子全書》整理本全作"傅"。由於朱熹據單行本《夏小正》爲底本，採用傅本的可能性最大，但兩者區別不大，傅本可視爲傳本之一。

⑤ （清）江永：《禮書綱目》卷54，叢書集成續編本，第673頁。"傳云"當"傅云"，《儀禮經傳通解》卷26，《朱子全書》第3冊，第910頁。

⑥ 即"漢案户，漢也。"《大戴禮記》卷2《夏小正》，8頁B面，《四部叢刊》影印明刊本。

⑦ （清）江永：《禮書綱目》卷54，叢書集成續編本，第674頁。"傳云"當爲"傅云"。

9. 十月："若日之長也玄"，張氏云："若夏日之長"。（玄），傳本注無"玄"字，傳作云，疑屬上則然，亦非也。

江永對於《夏小正》的校勘，選擇單行本作底本，用《大戴禮記》作比勘。比較江永和朱子的校注，可以看出《綱目》並非以原本進行勘驗，而是在《通解》校勘的基礎上，有所繼承和挹揚。儘管江永所校條目襲自《通解》，但他並非盲從，而是有所增删、取捨。如"五月"條，"乃者，急瓜之辭也"，朱注："瓜"，《詩》云一作"衣"，[1] 爲江永所不取。又"九月"條，"熊羆、貊貉、䶂鼪則穴"，朱注：《大戴》"穴"作"大"，非。[2] 江永亦不取此説。此外，江永增輯了更多資料，有功於《大戴禮記》校勘研究，如"十月"條，江氏校注："若日之長也玄"，張氏云："若夏日之長"。我們亦可看出，《綱目》即使幾乎通篇採用《通解》校勘，但江永亦進行了仔細的審查和對校，並不盲從。這種細緻的比勘工作，是江氏禮書編撰取得成功的重要保障。

《保傅》。《保傅》爲今本《大戴禮記》第四十八篇，主要取自賈誼《新書》，但內容上進行了擴展。[3] 朱子將其收入《學禮》，江永禮書則取材《漢書·賈誼傳》，置於"通禮"類，並對勘《大戴禮記·保傅》及盧辨注（江氏誤隨朱熹以爲鄭玄注）、《漢書》顏師古注、朱子《通解》等，作了二十四條校記。[4]

江氏校勘以《漢書·賈誼傳》爲底本，以《大戴禮記》作校本，進行有關誤字、脱字、衍字的勘驗。誤字如"賈誼曰：古之王者太子乃生，因舉以禮"，江氏引《大戴禮·保傅篇》"迺"作"乃"，後同，"以"作"之"。[5] "孝子之道也，故自爲赤子而教固已行矣"，江氏引《大戴》"而"作"時""已"作"以"。"師導之教訓"，江氏引《大戴》"訓"作"順"等。脱字如"故乃孩提有識，三公、三少固明孝仁禮義以導習之"，江氏引《大戴》證無"乃""有識"三字，"之"下有"也"字等。衍字如"夫習與正人居之，不能毋正，猶生長於齊，不能不齊言也"，江氏以爲《大戴》"居"下無"之"字等。[6]

此外，江氏還引鄭玄注（實爲盧辨注）和朱子校勘進行對校。如"有司齊肅端冕，見之南郊，見於天也"，江氏引《大戴》"齊肅"作"參夙興"。鄭曰：

---

① 《儀禮經傳通解》卷 26，《朱子全書》第 3 册，第 910 頁。

② 《儀禮經傳通解》卷 26，《朱子全書》第 3 册，第 913 頁。

③ 余嘉錫説："《大戴禮記》取《新書保傅》《傅職》《胎教》《容經》四篇，合爲《保傅篇》。"余嘉錫：《四庫提要辨證》卷 10《子部一》，雲南人民出版社，上册第 464 頁。

④ 24 條校注見江永：《禮書綱目》卷 68，叢書集成續編本，第 821—822 頁。

⑤ （清）江永：《禮書綱目》卷 68，叢書集成續編本，第 821 頁。另外需指出，"因舉以禮"，《大戴禮記》《漢書·賈誼傳》《通解》、四庫全書本《禮書綱目》均作"固舉以禮"，廣雅書局刻本爲誤。

⑥ 以上均見江永：《禮書綱目》卷 68，叢書集成續編本，第 821 頁。

參職謂三月朝也。朱子曰：參乃齊字之誤，其下當脱"一"字，而注文"職"字亦誤。"進善之旌"，江氏引《大戴》"旌"作"旂"，又引鄭玄"堯置之令，進善者立於旂下也"。江氏的對校，提高了校勘的準確性。①

比較《綱目》與《通解》關於此篇的校勘，我們可以發現，江氏校記幾乎全部襲自朱子《通解》。僅"化與心成，故中道若性"和"夫三代之所以長久者，以其輔翼太子有此具也"兩條，江氏分別增入"《漢書》《大戴》皆有'三代之禮'一段，今見《朝廷禮篇》及又《漢書》《大戴》皆有"及秦不然"一段，今删去"。②即使如此，筆者以爲江永此篇的校勘，仍有兩個特色值得注意。

第一是底本的選用。江永追隨朱子禮書，選擇《漢書·賈誼傳》而不是《大戴禮記·保傳》來作爲底本，在校勘學上有重要意義。校勘版本的選擇一般爲最古版本，這樣可以從源溯流，理清材料的來龍去脈。《大戴禮記·保傳》抄自賈誼《新書》，在《漢書》本傳中保存了大量原始文獻。選擇《漢書》本傳作爲底本，而用《大戴禮記》作校勘，不僅可以理清材料時間上的先後順序，而且可以開掘補充現有文獻材料，豐富《大戴禮記》研究。

第二，江永將《漢書》顏師古注、《大戴禮記》"鄭玄"注（實爲盧辨注）、朱子按語連綴排列。如"士傳民語，習與智長，故切而不媿"條，江氏相繼引據"《大戴》'媿'作'攘'。鄭曰：量知受業，故雖勞能授也。《漢書》作'媿'，顏曰：每被切磋，故無大過可恥媿之事。朱子曰：此文《漢書》爲是，而顏説亦非其意。但謂習聞規誨，與智俱長，故諫之雖切，亦能受之而不媿恨也。"③這種表面上的案而不斷，實際上爲後來學者的進一步研究提供了廣泛材料，具有非常高的學術價值。

《家語》校勘。《禮書綱目》對《孔子家語》的校勘，主要附錄在《冠昏記》中。江永對《家語·冠頌》作了十三處校訂，其中附錄一條。值得注意的是，江永採用《大戴禮記·公冠》作底本，以《孔子家語·冠頌》作校本。這一做法改變了朱熹以《家語》爲底本，以《大戴禮記》爲校本，而造成源流不分的狀況。江氏的校勘，不僅有字詞的分辨，也有字句連屬的判別，還有與衆多其他版本的比對，爲清代以後學者的《大戴禮記》校勘工作打下堅實基礎，前已述。

《月令》校勘。《月令》見於今本《禮記》，在《吕氏春秋》《淮南子·時則訓》，以及後來的時令類書籍中被反復徵引。因此，對編入禮書的《月令》的校勘，《吕氏春秋》《淮南子》和《唐典》中的相關材料成爲絶好的校本。朱熹便是利用這些材料，在《月令》校勘中取得了突出成就。江永禮書關於《月令》的校勘幾

---

① （清）江永：《禮書綱目》卷 68，叢書集成續編本，第 821 頁。
② （清）江永：《禮書綱目》卷 68，叢書集成續編本，第 821 頁。
③ （清）江永：《禮書綱目》卷 68，叢書集成續編本，第 821 頁。

乎完全襲用朱熹《通解》，並進行了逐一校正，幾乎一字未改。① 江永在本篇的校勘中反復引朱子之語表示其一貫態度，如"命太尉贊桀俊，遂賢良，舉長大"，引朱子曰："後章'養壯佼'字當屬此，'長大'之下蓋簡錯也。"② 又"止聲色，毋或進。"引朱子曰："止聲色，蓋亦處必掩身毋躁之義。若以止樂言，則拘矣。《月令》之說固多有未安，而此難以爲非也，注文蓋失其指矣。"③ 從中我們亦可看出朱子《月令》校勘成績的卓著。

江永對於《大戴禮記》《家語》《月令》等篇所作的校勘，相較《綱目》龐大的篇幅，所占比例很少。江永的校勘理念和實踐，如用不同書目的相關材料進行對校，而且不僅於經文本身進行校勘，還對經文注釋加以關注，指摘其錯誤，並加改正，都源自朱子禮書的實踐，因襲朱校不少。但是難能可貴的是，江永並非單純地抄謄《通解》，而是對於朱子禮書的幾乎每條校正重新進行勘驗，並補其未備。江氏校勘最大的學術意義，是對所補"冠禮"底本的選擇。他以先出的《大戴禮記·公冠》爲底本，用《家語·冠頌》作校本，將朱子顛倒的源流關係反正。江氏在朱熹校勘、注釋的細節中進行補正，表現出他並非一味盲從，而是有所增刪和取捨的態度。如前舉校勘《家語》的例子，對於經文"玄端與皮弁"，朱子以爲《大戴》作"公玄端與皮弁皆韠"，而將"異"字屬下篇，而江永以爲《家語》"異"字疑是"韠"字之誤。④ 在幾乎全部襲自《通解》的《夏小正》校勘中，朱熹"瓜，《詩》云一作衣"的注解爲江永所不取。⑤ 可以説，無論校勘的理論性，還是實踐性，江永都展現出承學朱子而不盲從的特色。

蘇正道：四川文理學院文學與新聞學院講師
安徽大學哲學系博士後流動站研究人員

---

① 筆者比較了朱熹和江永關於《月令》的校勘，發現江永校勘幾乎全部襲自朱子，文長不具引。參閱（宋）朱熹：《儀禮經傳通解》卷 26，《朱子全書》第 3 冊第 917—963 頁。（清）江永：《禮書綱目》卷 55，叢書集成續編本，第 680—693 頁。

② 《儀禮經傳通解》卷 26，《朱子全書》第 3 冊，第 932 頁。

③ 《儀禮經傳通解》卷 26，《朱子全書》第 3 冊，第 936 頁。

④ （清）江永：《禮書綱目》卷 3，叢書集成續編本，第 228 頁。

⑤ 《儀禮經傳通解》卷 26，《朱子全書》第 3 冊，第 910 頁。

人　物　版本目錄學研究第九輯

元儒保八生平與著述新考[*]

謝　輝

保八爲元代爲數不多的有完整易學著作傳世的少數民族學者，同時在武宗朝曾參與尚書省改革，在元初政治中也有一定地位。但《元史》未爲其立傳，其生平與著述情況，歷代史籍記載均較爲簡略。今人陳少彤《保巴生平、著作及其哲學思想》（《孔子研究》1988 年第 1 期），較爲詳盡地探討了保巴（保八）的字號、族氏、生平、著作年代與存佚等問題。李鳴飛《元武宗尚書省官員小考》（《中國史研究》2011 年第 3 期）發掘了一些新史料，由此對保八的生平作出了更進一步的考察。但仍有不少問題未能厘清，有必要在前人研究的基礎上，對其再進行一番探討。

一、保八生平新考

關於保八的字號，學者多據黃虞稷《千頃堂書目》"其書有方回、牟𪩘序，稱之爲普庵者其號，曰公孟者其字也"[1]，謂其字普庵，號公孟。今見牟𪩘與另一闕名序言，其中有提及"普庵"處。如署名牟𪩘之序文云："普庵傳聖人之全經，以善其用於今日。"[2] 然未見所謂"公孟"者。或黃氏所見本與今傳本不同，

---

* 基金專案：國家社科基金青年項目"元代朱子易學研究史"（14CZS050）。

[1] （清）黃虞稷：《千頃堂書目》，上海古籍出版社，2001 年版，第 16 頁。

[2] （清）陸心源：《皕宋樓藏書志》，《續修四庫全書》第 928 册，上海古籍出版社，2002 年版，第 37 頁。

則不可得而知。

保八在元代久居洛陽，今傳元刻本《周易繫辭述》卷端題"洛陽後學保八述"可證。但關於其早年的活動情況，却缺乏相關記載。陳少彤據任士林《易體用序》題"爲保八侍郎作"，及保八《進太子牋》署"太中大夫前黃州路總管兼管內勸農事"，結合元代官制，推測保八於至元七年至十三年（1270—1276）間任侍郎，至元十四年至十七年（1277—1280）間任黃州路總管，至元十八年至大德十一年（1281—1307）任太中大夫①。但仔細推究起來，其推測還存在著一些問題。例如，陳氏據《元史》"（至元）十四年，立總管府，十八年，又爲黃蘄州宣慰司治所"②，推斷黃州路總管府僅在至元十四年至十七年設立，因謂保八任黃州路總管不出此四年。但所謂"又爲黃蘄州宣慰司治所"，實指黃州爲宣慰司駐地，並非撤總管府。宣慰司和總管府在元代爲上下級關係，無以此代彼之理。故其說尚有修訂的餘地。保八易學著作卷前佚名序言中，有一段比較值得注意的記述：

　　　　"今普庵天稟靈秀，沈機探索，磅礴羲皇，夢寐周孔，殆三十年。注《易》成編，攜至西浙，不恥下問，因以九卦相與磨礪，軒豁洞悟，又且十年。"③

從口吻來推斷，此應該是某人爲保八所作序文的一部分。文中提及保八讀《易》近三十年，下文亦云："余三十年有志易學，非不能馳驅禄仕，懼學未至，不敢中道而畫，於是持誠敬心，株守斗室，取諸家易書，置於座右，日積月纍，若將有見焉。"④與其能相互印證，應是可信的。以保八二十歲有志於讀《易》計算，則約在五十歲時方有所撰述。此時保八可能在浙西一代爲官，故序文云"攜至浙西"。爲保八作序的任士林爲奉化人，多活動在杭州一帶，牟巘則久居湖州。上引黃虞稷說，謂尚有方回序，方與牟巘有交往，晚年也生活在杭州。保八應正是在浙西爲官，方能結識諸人。序文下有"又且十年"之語，可見保八從居於浙西至著述最終完成，中間又隔十年，其年當已六旬。此序文未署寫作時間，而牟巘序署大德十一年（1307），此序不會相差太遠。因至大四年（1311）保八即被殺，如以大德十一年計算，則是年保八六十歲，被殺時六十四歲，比較合理。故可以大德十一年左右向前倒推十年，知保八之居於浙西，大致應在至元末到大德初的一段時間。

浙西之後，保八的仕履並不十分清楚，但可知其在獻書太子之前，尚做過

---

① 陳少彤：《保八生平、著作及哲學思想》，《孔子研究》1988年第1期，第106—108頁。
② （明）宋濂等：《元史》，中華書局，1976年版，第1410頁。
③ （清）陸心源：《皕宋樓藏書志》，《續修四庫全書》第928冊，第38頁。
④ （清）陸心源：《皕宋樓藏書志》，《續修四庫全書》第928冊，第38頁。

一任黄州路總管。今傳《進太子牋》，自《繡谷亭薰習錄》《新元史》至今人李鳴飛，均以太子爲仁宗①，其說可信。文中云："光奉詔書，甫正貳儲之位。"② 可見當是仁宗剛剛立爲太子之時，即大德十一年（1307）或稍後。末題"太中大夫前黄州路總管兼管内勸農事"③，按古人署銜云"前"者，皆是解職後語，如方回《寄題暢上人文溪別業詩》作於大德九年（1305），序文題"通議大夫前建德路總管兼府尹"④，即遠在其至元十八年（1281）因事去職之後⑤，保八的情況應也是如此。其獻書仁宗，蓋亦含有謀求復職的目的。由以上的分析，可大致推斷保八大德十一年前的活動軌迹爲：至元末大德初約五十歲時在浙西任官，其後任黄州路總管而罷歸，太中大夫則爲其授黄州路總管時所帶散官。至於任士林序所稱"侍郎"，則不能確定在何時。或是在浙西之後内召爲侍郎，又出任黄州，或是獻書仁宗後得復職爲侍郎。任士林卒於至大二年（1309），如保八大德十一年獻書後即得復職，也還有作序的可能。

至大二年之後，保八的事迹在《元史》中有了記載。據此可知，至大二年七月十五日，武宗詔保八與乞台普濟、塔思不花等議立尚書省事。二十五日，保八上言"請立尚書省，舊事從中書，新政從尚書"⑥，並提出尚書省官員的人選建議，武宗從之。八月三日，正式立尚書省，保八爲右丞⑦。三年（1310）九月十二日，保八遙授平章政事⑧。四年（1311）正月八日，武宗崩。十日，仁宗罷尚書省，以保八等人交塔思不花等參鞫。十四日，保八被殺，距武宗去世僅隔六日⑨。蕭啓慶先生認爲，治《易》之保八"是否即武宗時任尚書右丞之保八，已不可確定"⑩，對二者是否爲一人還存有懷疑。李鳴飛據危素《臨川吳文正公年譜》載至大二年（1309）"中書省政多循習故常，好大喜功，乘間而起，立

① （清）吳焯：《繡谷亭薰習錄》，《清人書目題跋叢刊》第 10 册，中華書局，1995 年版，第567 頁。柯邵忞：《新元史》，上海古籍出版社，1989 年版，第 912 頁。李鳴飛：《元武宗尚書省官員小考》，《中國史研究》2011 年第 3 期，第 158 頁。

② 保八《進太子牋》，《易源奧義》卷首，《中國易學文獻集成》第 60 册，國家圖書館出版社，2013 年版，第 319 頁。

③ 保八《進太子牋》，《中國易學文獻集成》第 60 册，第 320—321 頁。

④ （元）方回：《桐江續集》，《景印文淵閣四庫全書》第 1193 册，臺灣商務印書館，2008 年版，第 594 頁。

⑤ 方回去職時間見《先君事狀》，《全元文》第 7 册，江蘇古籍出版社，1998 年版，第 394 頁。

⑥ 宋濂等《元史》，第 513 頁。

⑦ 宋濂等《元史》，第 514 頁。

⑧ 宋濂等《元史》，第 526 頁。

⑨ 宋濂等《元史》，第 537 頁。

⑩ 蕭啓慶：《元代蒙古人的漢學》，《内北國而外中國：蒙元史研究》，中華書局，2007 年版，第 595 頁。

尚書省，以奪其政權，其丞轄嘗通洪范易經之義"①，以爲此丞轄即指右丞保八，從而指出："除非同一時間，朝中有同名同姓之人，且二人均通《易經》，否則此保八應即武宗的尚書省右丞。"② 其説甚確，足釋蕭先生之疑。或謂此丞轄爲劉楫③，按《元史》，劉楫確曾任尚書左丞、商議尚書省事④，也可稱丞轄。但劉敏中爲劉楫所撰墓誌銘，僅説其"始學世務吏能，洞若夙習"⑤，未言通儒家經典，更未及治《易》事。相比之下，還是以此丞轄爲保八之説較妥。

距保八被殺三十多年後的至正四年（1344），有名爲火魯忽達者爲保八立碑，文云："大元贈光禄大夫河南江北等處行中書省平章政事、柱國、追封冀國公、謚文潛保八公之墓。維至正歲次甲申（闕三字）卯，男火魯忽達立石。"⑥ 蕭啓慶先生認爲："其墓碑係立於至正四年，卒年當在此前不久，時代太晚，與《易體用》作者並非一人。"⑦ 但細加考察，未必如此。理由有三：

首先，保八之碑雖立於至正四年，但其人並不一定卒於此前不久，完全有可能是在逝世多年之後，又予追封立碑。武宗朝參與尚書省改革而被殺的大部分官員，後都獲得了平反。如三寶奴於天曆元年（1328）予發還家資及制命，並召二子入侍⑧，後又贈竭忠宣力守義佐治功臣、太傅、開府儀同三司、柱國郢城王，謚榮敏⑨。脱虎脱於至順二年（1331）詔還其家資⑩。樂實後追謚武敏，並於元統三年（1335）立碑，虞集爲撰碑文⑪。以此類比，則保八後得追封立碑，不是没有可能的事情。

其次，從地域上來看，保八立碑地在河南寶豐縣曹鎮，其地在元代廢入梁縣，屬南陽府汝州⑫。而元刻《周易繫辭述》卷端保八自署洛陽人，洛陽在元代屬河南府路。二地相距不遠，如保八舊居寶豐，後遷洛陽，亦並非無可能。

① （元）吴澄：《吴文正公集》，《元人文集珍本叢刊》第 3 册，新文豐出版公司，1985 年版，第 23 頁。
② 李鳴飛：《元武宗尚書省官員小考》，《中國史研究》2011 年第 3 期，第 158 頁。
③ 白壽彝主編《中國通史》第八卷，上海人民出版社，2015 年版，第 1348 頁。
④ 宋濂等《元史》，第 514 頁。
⑤ （元）劉敏中：《資德大夫尚書左丞商議尚書省事劉公墓銘》，《劉敏中集》，吉林文史出版社，2008 年版，第 75 頁。
⑥ （清）武億、（清）陸蓉：《嘉慶寶豐縣志》卷十八，清嘉慶二年刻本。
⑦ 蕭啓慶：《元代蒙古人的漢學》，《内北國而外中國：蒙元史研究》，第 595 頁。
⑧ 宋濂等《元史》，第 713 頁。
⑨ （元）馬祖常：《尚書左丞相某封謚制》，《馬祖常集》，吉林文史出版社，2010 年版，第 162 頁。
⑩ 宋濂等《元史》，第 783—784 頁。
⑪ （清）錢大昕：《潛研堂金石文跋文》，《嘉定錢大昕全集》第 6 册，江蘇古籍出版社，1997 年版，第 524 頁。
⑫ 宋濂等《元史》，第 1405 頁。

最後，從火魯忽達的生平來推斷，也能夠側面證實保八的身份。火魯忽達《正德松江府志》有傳，文曰：

> 火魯忽達，漢名魯得之，西域康里人，平章冀國公保八子也。性重厚，安貧好學，弱冠爲館甥於小蒸曹氏，挈家入燕中，乙亥大都鄉試，以父蔭授晉寧治中，改監長興州，秩滿，仍居小蒸，歷漕運萬户，浙東元帥，入爲利用監大卿以卒。子企賢，由直省舍人仕至吏部尚書。[1]

"小蒸曹氏"爲曹知白，貢師泰記曹氏有女五人，"次適常德路達魯花赤火魯忽歹"[2]，可爲印證。而所謂"館甥"實際是贅婿。元代贅婿情況雖然比較普遍，但入贅者多是家庭貧困，有的還是父母早亡，如僉福建閩海道提刑按察司事唐圭之父唐聚，年十二而孤，"既冠，出贅於張氏"[3]。傳文曰"安貧好學"，也可見火魯忽達早年家境是比較貧困的。如果其父別爲一人，仕至高官而善終，似乎家道不應如此之差。但如其父即是武宗朝被殺之保八，則比較合理。蓋火魯忽達爲保八晚年所得之子，少年時其父即被殺，家資遭籍没，故家道中落，不得不出爲贅婿。其後舉家北歸，並於元統三年（1335）參加大都鄉試，以父蔭得官。楊維楨謂其"嘗游成均，兩膺鄉薦"[4]，可見還曾入國子監讀書，也應是因其父之緣故。蓋彼時保八已獲平反，故得蔭其子。火魯忽達卒年不很清楚，據上述貢師泰、楊維楨等記載可知，其於至正五年至十一年（1345—1351）任長興州達魯花赤，至正十五年（1355）時已爲常德路達魯花赤，十六年（1356）後爲漕運副萬户[5]，其後還曾任浙東元帥與利用監卿，應是卒於元末。假設保八被殺的至大四年（1311），火魯忽達年十餘歲，則到元末六七十歲，也比較合理。

綜合上文的考察，可以大致勾勒出保八的生平如下：保八爲康里人，居於洛陽，曾任官於浙西，後任黃州路總管、侍郎，仕至尚書右丞，因參與尚書省改革，而於至大四年被殺。其後可能於文宗朝得以平反追封，並於至正四年（1344）由其子火魯忽達爲其立碑。元代多數遷居中土的康里人，都是在元太祖時期被擄歸者，如不忽木世爲康里部大人，其父燕真，即是十餘歲時爲太祖所

① （明）陳威、（明）顧清：《正德松江府志》，《四庫全書存目叢書》史部第 181 册，齊魯書社，1996 年版，第 820 頁。
② （元）貢師泰：《貞素先生墓誌銘》，《貢氏三家集》，吉林文史出版社，2010 年版，第 391 頁。
③ （元）胡祗遹：《唐僉事先德墓誌銘》，《胡祗遹集》，吉林文史出版社，2008 年版，第 386 頁。
④ （元）楊維楨：《長興州重修學宫記》，《兩浙金石志》，浙江古籍出版社，2012 年版，第 438 頁。
⑤ （元）卓説：《移建海道都漕運萬户府記》，《天一閣明州碑林集錄》，上海古籍出版社，2008 年版，第 58 頁。

據①。保八的情况可能也是如此。康里人漢化程度較深，亦多崇儒學，如不忽木曾師事許衡，其子康里回回"好讀《易》"②。而保八更是因其易學著作，而成爲康里部儒學代表人物。

二、保八易學著作新考

保八的易學成就，在元西域人中可謂頗爲突出。但對於其易學著作的數量、名稱、版本等基本問題，則尚未完全厘清，有必要逐一加以考察。

首先，在保八易學著作的數量方面，較值得討論的是《周易尚占》的問題。據《千頃堂書目》記載，保八著有"《周易原旨》六卷，又《繫辭》二卷，又《易原奥奥義》一卷，又《周易尚占》三卷"③，其中《周易尚占》不知爲何書。此後朱彝尊《經義考》也將《周易尚占》歸爲保八著作，並注曰："佚。"④至於《四庫全書總目》則提出質疑：

> 考陳繼儒彙《秘笈》中，有《周易尚占》三卷，書名與卷數並符。書前又有大德丁未寶巴序，人名亦合。然序稱爲瑩蟾子李清庵撰，不云寶巴自作。其書乃用錢代蓍之法，以六爻配十二時、五行、六親、六神，合月建日辰以斷吉凶，亦非尚占之本義。序文鄙陋，尤不類讀書人語。蓋方技家傳有是書，與寶巴佚書，其名偶合，明人喜作偽本，遂撰寶巴序文，以影附之。不知寶巴說《易》，並根柢宋儒，闡發義理，無一字涉京焦讖緯之說，其肯以此書當古占法哉？⑤

四庫館臣所述《周易尚占》，其本今日尚可得見。卷前保八序文云："今瑩蟾子李清庵下一片工夫，分析爻辭，深得《易》理之趣。言雖樸素，不事浮華，若非閑中日月，靜裏乾坤，孰能臻此？聯篇鋟梓，以廣其傳，貴無隱爾。"⑥ "瑩蟾子李清庵"爲李道純，乃元代著名道教人物。玩其序文，乃李氏撰爲此書，而保八爲之序刻，確非保八自作。序文中所謂"旨趣與市肆間卜筮之書大同小

---

① （元）趙孟頫：《故昭文館大學士榮禄大夫平章軍國事行禦史中丞領侍儀司事贈純誠佐理功臣太傅開府儀同三司上柱國追封魯國公謚文貞康里公碑》，《趙孟頫文集》，上海書畫出版社，2010 年版，第 138 頁。

② （元）吳澄：《時齋記》，《元人文集珍本叢刊》第 3 册，第 400 頁。

③ （清）黃虞稷：《千頃堂書目》，第 15 頁。

④ （清）朱彝尊：《經義考》，中華書局，1998 年版，第 252 頁。

⑤ （清）永瑢等：《四庫全書總目》，中華書局，2003 年版，第 23 頁。

⑥ （元）李道純：《周易尚占》，《四庫全書存目叢書》子部第 65 册，第 769 頁。

異”①云云，也確實不類讀書人語，且多有前後抵牾者。如上引“下一片工夫分析爻辭”等語，此書通篇皆講以納甲法占筮，於卦爻辭全無涉及，何得云“分析爻辭”？李道純所長在於丹法，其現存著作中未見有關於占筮的內容，則此書是否爲李氏所著尚需存疑，更不可能爲保八之作。

但需要指出的是，保八可能確實與李道純有過一定交往，此可以從二人易學思想的相似之處得到證實。如保八曾有“三易”之說，即天易、聖易、心易②，而李道純亦曰：“三易者，一曰天易，二曰聖易，三曰心易。天易者，易之理也。聖易者，易之象也。心易者，易之道也。”③二者說法高度一致，似非巧合。李道純生活在至元、大德年間，多活動於南京、揚州一帶④，距浙西不甚遠，時間地域均能與保八相合。由此可推斷，有可能保八確實曾爲李道純某書作序，明人取而改竄之，以冠於《周易尚占》之首，未必如四庫館臣所說“明人喜作僞本，遂撰寶巴序文以影附之”那麼簡單。

既然今傳《周易尚占》不可信，那麼保八曾撰《周易尚占》之說，又起於何處？查今傳保八易學著作佚名序文，揆其語氣，其中一部分當是保八自序。序末云“遂述易原本經尚占繫辭說卦序卦雜卦於後”⑤，首次出現了“尚占”之名。今按，此段文字當分三部分：“易原”即今所傳《易源奧義》；“本經尚占”當連讀，指今傳《周易原旨》之上下經部分；“繫辭”以下，則爲四篇《易傳》部分。之所以將上下經稱爲“本經尚占”，可能是爲了表達重視占筮之意。保八受朱子“《易》本卜筮之書”觀點的影響，在其著作中常以占筮解《易》，如乾卦初九爻下即云：“此爻其象爲潛龍，其占爲勿用。”⑥可見其對占筮的重視。總之，此處“尚占”並不是一個獨立的書名。牟巘序謂“普庵於《易》爲圖像、爲原旨見示”⑦，“圖像”蓋即《易源奧義》，“原旨”即《周易原旨》，而未提到“尚占”，可以爲證。所謂《周易尚占》，很可能是後人誤讀保八序文而傳訛，實則並無其書。

其次，關於保八易學著作的內容與名稱。保八的易學著作可分三部分，即《易源奧義》一卷、《周易原旨》六卷、《繫辭》二卷。三部分彼此關聯，構成一個有機的整體。其中《易源奧義》包括先天、中天、後天等圖式與《易源心法》等內容，大致相當於宋元時期很多易學著作卷前均有的易圖與綱領部分。《周易

① （元）李道純：《周易尚占》，《四庫全書存目叢書》子部第 65 冊，第 769 頁。
② （元）保八：《易源奧義》，《中國易學文獻集成》第 60 冊，第 357 頁。
③ （元）李道純：《李道純集》，岳麓書社，2010 年版，第 13 頁。
④ 李大華：《李道純學案》，齊魯書社，2010 年版，第 1—6 頁。
⑤ （清）陸心源：《皕宋樓藏書志》，《續修四庫全書》第 928 冊，第 39 頁。
⑥ （元）保八：《周易原旨》，《中國易學文獻集成》第 60 冊，第 373 頁。
⑦ （清）陸心源：《皕宋樓藏書志》，《續修四庫全書》第 928 冊，第 37 頁。

原旨》注上下經及附於經文之《彖傳》《象傳》《文言傳》,爲其著述之主體。《繫辭》則解《繫辭》《説卦》《序卦》《雜卦》四篇《易傳》。之所以要將《原旨》與《繫辭》加以區分,應是受了王弼、程頤不注《繫辭》以下的影響。故臺灣藏抄本於上下經部分卷端皆題"周易原旨卷之某",而至於四篇《易傳》部分,則僅題"繫辭上""繫辭下",還是有比較明顯的區別。但此種區別,更多的是爲了表達保八重上下經而輕《繫辭傳》以下的態度,並不意味著將二者截然分離。故《四庫全書》將《繫辭》直接並入《原旨》固然不妥,而李致忠先生認爲《繫辭》二卷"獨立成書"①,似也言之太過。

除了此三名之外,保八的易學著作還有一總名,即所謂"易體用"。元任士林作有《易體用叙》,文曰:"《易體用》者,貳卿保公所著……蓋《易》之爲道,遠而天地之始終,近而一日之旦夜,大而天下國家之經綸,小而一身之進退得失,體而用之,無不在是……夫然則體之吾身,措之日用,而後簡易之理得,此《體用》一書所由作也。"②臺灣藏抄本卷前,有署名牟巘的《普庵易體用序》,也以"易體用"稱之。之所以稱此名,乃因保八於《周易原旨》部分的各卦卦爻辭下,除注出本義外,多以"君子體而用之"的形式,注明其推之於人事的引申義。陸心源謂:"《原旨》每爻之後以'君子體而用之'句居首,以明每爻之用,故又名《易體用》。"③其説甚是。由此亦可見《周易原旨》在保八易學著作的三個部分中,實處於中心地位。但此名並不通行,自《文淵閣書目》以下,即未見此名。

最後,關於保八易學著作的版本,據目前所知,除了《繫辭》二卷有内閣大庫舊藏之元刻本,題《周易繫辭述》之外,其餘傳世諸本皆爲抄本,而抄本又可分爲兩個系統。一系以《四庫全書》本爲代表,該本按照清代改譯之名,改"保八"爲"保巴",並將《繫辭》二卷並入《原旨》,形成《易源奧義》一卷、《周易原旨》八卷的卷帙排列,卷前有《進太子牋》。據《四庫全書總目》記載,此本乃出於内府藏本④。按清廷開四庫館時,自各地採集的保八易學著作至少有兩部,一爲《兩江第二次書目》所載《周易原旨》三本⑤,一爲《浙江省第四次鮑士恭呈送書目》所載《周易原旨》八卷三本⑥。又《浙江採集遺書總錄》著錄"《周易原旨》六卷《易源奧義》一卷,寫本"⑦,不知是否即鮑家進呈者。而館

①　李致忠:《昌平集》,上海古籍出版社,2012年版,第331頁。

②　(元)任士林:《易體用叙》,《全元文》第18册,第359—360頁。

③　(清)陸心源:《儀顧堂書目題跋彙編》,中華書局,2009年版,第262頁。

④　(清)永瑢等:《四庫全書總目》,第23頁。

⑤　吳慰祖:《四庫採進書目》,商務印書館,1960年版,第49頁。

⑥　吳慰祖《四庫採進書目》,第88頁。

⑦　(清)沈初:《浙江採集遺書總錄》,上海古籍出版社,2010年版,第7頁。

臣不知爲何，未採用進呈之本，所用內府藏本，詳情亦不得而知。另一系則以今藏臺灣"國家圖書館"的抄本爲代表。該本未改"保八"之名，亦未將《繫辭》合入《原旨》，各卷前皆題"洛陽後學保八述"，與元刻同，足見其來源甚古。尤其值得注意的是，該本卷前除《進太子牋》之外，尚有題"丙午明年春熟食日陵陽牟巘跋年八十有一"的《普庵易體用序》，以及另一篇未署作者的序文，未見於四庫本。在該本卷末，抄錄有《四庫全書總目》《文淵閣書目》等數條相關著錄，又有跋文一篇，文曰：

> 《易源奧義》一卷《周易原旨》六卷《繫辭》二卷，寫本。元洛陽保八撰。首有保八《進太子牋》，又有序，稱浙西來者，後闕。並佚名保八自序合接寫，疑方回序也。又有大德丙午年巘後跋。諸家書目止云"佚《周易尚占》三卷"，未及言《繫辭》二卷，惟《千頃堂書目》載之。今觀保八自序云"首述易原本經尚占繫辭說卦序卦雜卦於後"，豈《繫辭》二卷，即《尚占》也？此本開卷有"曾在李鹿山處"朱文印。考李馥字（原闕）人，康熙（原闕）進士，官至（原闕）。又案：錢大昕跋牟巘《陵陽集》：其子應復編。巘集跋稱至元丙子杜門隱居，凡三十六年，八十五以終。是以巘之卒於元至大四年辛亥，當生於宋寶慶三年丁亥矣。今跋是書在大德丙午年，巘年已八十一。予以前歲購沈守正《易小傳》，後《繫辭補注》一卷，澹生堂抄本。今甲戌歲，又得是書，後亦《繫辭》二卷，可爲佚而復出者，可成雙璧矣。近汪主事繼培有札來云，其書未及插架也。

此跋文字跡頗潦草，且中多塗改，但仍十分重要。跋文中提及此本爲李馥舊藏，而作跋者在前年曾購得澹生堂抄本《易小傳》。今按《吳興叢書》本《易小傳》卷末，有鳴野山房主人沈復粲跋，曰："此本係吾越前明祁氏澹生堂抄藏……嘉慶辛未得於四明許氏。"[1] 正在此跋提及的"甲戌歲"前二三年。是此本乃李馥、沈復粲遞藏，可謂流傳有序。此外又有日本靜嘉堂文庫藏抄本，乃陸心源舊藏。陸氏《皕宋樓藏書志》謂"朱竹垞舊藏"[2]，《靜嘉堂秘笈志》又謂有"拜經樓吳氏藏書印""吳兔床書籍印"等藏印[3]。檢《竹垞行笈書目》有《周易原旨》三本[4]，《拜經樓藏書題跋記》亦有《周易原旨》舊抄本三冊八卷[5]，則

---

① （宋）沈諴：《易小傳》卷末，民國十一年（1922）嘉業堂刻《吳興叢書》本。

② （清）陸心源：《皕宋樓藏書志》，《續修四庫全書》第 928 冊，第 36 頁。

③ （日）河田羆：《靜嘉堂秘笈志》，《日本藏漢籍善本書志書目集成》第 5 冊，北京圖書館出版社，2003 年版，第 158 頁。

④ （清）朱彝尊：《竹垞行笈書目》，上海古籍出版社，2010 年版，第 380 頁

⑤ （清）吳壽暘：《拜經樓藏書題跋記》，上海古籍出版社，2007 年版，第 3 頁。

此本在歸於陸氏之前，又經朱彝尊、吳騫遞藏。此本卷前亦有牟巘及佚名序文，陸心源且全載其序文於《皕宋樓藏書志》中，可見與臺灣藏本屬於同一系統。北京大學圖書館藏李盛鐸舊藏抄本，卷前有牟巘序[1]，也大致可歸入此系統。

將以上兩個系統的抄本加以比較，可以看出，臺灣藏抄本一系有一明顯優勢，即卷前多出的序文。這些序文至少有部分內容是可靠的，其原因在於，未署名序文"人生天地間"至"甲乙丙丁戊"約二百字，又見於元刻《周易繫辭述》卷首[2]。但其問題在於，諸序跋多顛倒錯亂，或殘缺不全。如上文所舉"人生天地間"一段，按元刻本之頁碼，本應爲某序之首，而抄本於此前則多出"易謂太極生兩儀四象八卦"云云一大段文字，且其中"非不能馳驅祿仕，懼學未至，不敢中道而畫""夫大哉乾元，至哉坤元，能盡元之理"等語[3]，又重出於本序之末，羼亂痕跡顯然。又如，署名牟巘序文中，有"世祖皇帝用乾元以統天，用坤元以疆地""今帝道爲皇，元運方啓，河爲之戴九之象，地爲之滿百之莖"等語[4]，而牟氏終身不臣元，入元後作序且多題干支，不言年號，此語絕非出於牟氏之口，故陸心源謂"其前半似保八自序，恐非巘作"[5]。又牟氏序末有"予病耄愓塞，驚嘆之餘，書於虛谷方公之末"等文[6]，可見尚有方回序，或亦羼於其中，陸心源亦疑"缺名序前半，語氣似方回，後半似自序。《千頃堂書目》稱有方回序，惜已與自序羼亂，無善本正之"[7]。由序文之錯亂，可知此本至少不會是直接自元刻抄出，而是一迭相傳抄之本。臺灣另藏有抄本《易源奧義》一部，末有牌記"至元二年建安勤有書堂刊"，故前人多以爲影元抄本[8]。然今按此本序跋之羼亂，與前本皆同，且於後一篇闕名序文之末妄加"方回序"三字，學者頗有受其誤導者[9]，其實並不足信。

除了序跋存在諸多問題之外，內容方面，臺灣藏抄本一系亦不很可靠。將此本與四庫本相比較，可見出入甚多，而異同處又多以四庫本較合於早出之本。例如，兑卦《大象傳》下，四庫本保八注文曰：

① 李盛鐸著，張玉範整理《木犀軒藏書題記及書錄》，北京大學出版社，1985 年版，第 57 頁。

② （元）保八：《周易繫辭述》，《中國易學文獻集成》第 61 冊，第 463—466 頁

③ 序文內容參見（清）陸心源撰：《皕宋樓藏書志》，《續修四庫全書》第 928 冊，第 38—39 頁。

④ 序文內容參見（清）陸心源撰：《皕宋樓藏書志》，《續修四庫全書》第 928 冊，第 37 頁。

⑤ （清）陸心源：《儀顧堂書目題跋彙編》，第 262 頁。

⑥ 序文內容參見（清）陸心源撰：《皕宋樓藏書志》，《續修四庫全書》第 928 冊，第 37 頁。

⑦ （清）陸心源：《儀顧堂書目題跋彙編》，第 262 頁。

⑧ 臺北"中央圖書館"特藏組《"國立中央圖書館"善本書目》，中華叢書委員會，1958 年版，第 2 頁。

⑨ 如黃沛榮《元代易學平議》以此序出於方回，可能即是受該本影響。見《元代經學國際研討會論文集》，中國文哲研究所籌備處，2002 年版，第 184—185 頁。

君子體而用之，麗澤者，二者相附麗也。兩澤相麗，交相浸潤，互有滋益之象。故君子觀其象，而以朋友講習。朋友講習，互相益也。先儒謂天下之可説，莫若朋友講習。朋友講習，固可説之大者，然亦當明相益之道。①

此段注文又見於《永樂大典》②，而《大典》很可能引自元刻，除"二者"之"者"作"澤"之外，其餘全與四庫本同。臺灣藏抄本則將"兩澤相麗，交相浸潤"句中的"兩澤相麗"與"朋友講習，互相益也"句中的"朋友講習"共八字略去，又將"先儒謂天下之可説，莫若朋友講習。朋友講習，固可説之大者"一句，改成"先儒謂朋友講習，固天下可説之大者"。又如，《序卦傳》"有天地然後有萬物"至"然後禮義有所錯"一段，四庫本於段後注曰："天地萬物之本，夫婦人倫之始，所以上經首乾坤，下經首咸，繼以恒也。"又於"然後有夫婦"句下有小字雙行夾注："咸兌上艮下，男下女，夫婦之象。"③ 元刻《周易繫辭述》全同④。而抄本則將文中夾注挪到段末，接於"繼以恒也"句下。甚至元刻的一些錯誤，都被四庫本忠實地繼承下來。如《序卦傳》上下篇之末，元刻《周易繫辭述》分別注曰："右上篇三十四卦。""右下篇三十卦。"⑤ "三十四"與"三十"實當互易，四庫本即承其誤，至抄本則加以改正。

由上文所述，可見在保八易學著作的諸多傳本中，以源出於內府藏本的四庫本，較爲接近元刻之本來面貌。而臺灣藏抄本一系，雖然保存了一部分重要的序跋資料，但其文字在傳抄過程中，已經發生了很多變化，需謹慎對待。

謝輝：北京外國語大學國際中國文化研究院助理研究員

---

① （元）保八：《周易原旨》，《中國易學文獻集成》第 61 册，第 201 頁。
② 《永樂大典》，中華書局，1986 年版，第 6841 頁。
③ （元）保八：《周易原旨》，《中國易學文獻集成》第 61 册，第 445 頁。
④ （元）保八：《周易繫辭述》，《中國易學文獻集成》第 61 册，第 609 頁。
⑤ （元）保八：《周易繫辭述》，《中國易學文獻集成》第 61 册，第 609、613 頁。

林汲山房佚文輯考

歴城周永年舊有《林汲山房遺文》一册，録文凡二十二篇，尹承、申斌《周林汲先生年譜》集外文目録所載二十六篇，今復參考二家所未録或《年譜》雖列有文目而未見原文者，輯得周永年遺文凡十二篇，各附考証，名曰《林汲山房佚文輯考》。

1.《儀禮讀本序》

《儀禮》者，《戴記》之綱也。儀詳其制，記明其義。義與制相輔而行，猶驂靳耳。然《儀禮》不以取士，何也。道無古今，禮有沿革。明其道者，禮以義起，失其義者，數且空陳，此《戴記》之所以獨列五經也。雖然數典者，勿忘其祖；沿瀾者，貴討其源，讀《戴記》而不讀《儀禮》，何以稱通經哉。余曩偕同里諸君子，樂群敬業，商訂經義，至今往來於心，未能忘也。自奉部檄徵赴石渠，校四庫書，縹緗雲集，藜光乙火，焖焖長明，雖見聞稍增而日不暇給，時以疏漏爲懼。頃於郵邸接鄭君秋池、逯君南軒、程君敬方書，並寄所鎸《儀禮讀本》，而囑余弁其首。於戲，方今文明日啓，著述之家，日新月異，其說純疵各半，折衷爲難。是編原本張稷若先生《鄭注句讀》而加以裁簡，詞約義明，兼附《戴記》中《冠義》等篇於其後，以明制與義並行之意。微哉，三君子之旨乎。昔老泉之作《易傳》曰：經之不明，由諸儒以附會之說亂之。夫文士逞辨，竪一議者，必立一敵。兹書之旨，殆善用紫陽之說而不著議論者，與其有功於禮經爲何如耶。乾隆癸巳重陽歴下周永年題。

文見《儀禮讀本》卷首。《儀禮讀本》四卷，清歷城鄭銘撰，清乾隆三十八年刻本，山東師範大學圖書館藏。〔宣統〕《山東通志·藝文志》著録、〔民國〕《續修歷城縣志》節録。案乾隆癸巳重陽，即乾隆三十八年九月九日。是時周永年在四庫館校輯《四庫全書》，即序中所云："奉部檄徵赴石渠，校四庫書"。鄭銘《儀禮》之學，本自張爾岐《儀禮鄭注句讀》，又得德州梁鴻翥指點。乾隆三十八年春，梁鴻翥館於周永年家，鄭銘嘗從之學。鄭銘《儀禮讀本自序》云："今年春，陵州志南梁先生假館林汲師家，好古通經，六籍淹貫。余就教之餘，以《鄭注句讀》一書，求其指示。爲欣然點筆，凡必讀者，標以圈，可不讀者，以點記之。節目畢備，而文義可通，以便誦讀。間有難解字句，因撮鄭注、賈疏與穆若先生之説，略爲解釋。又摘《禮記·冠義》諸篇以附其後。"① 梁鴻翥，字志南。家貧好學，不屑屑章句。每治一經，案上不更列他書，遇有疑義，積日累月思之，必得解而後已。所著《周易觀運》《尚書義》《書經續解》《春秋辨義》《春秋義類》及《儀禮綱目》《詩經、周官、禮記辨義》共計近百卷，皆未刻，歷城周翰林永年收藏之。撫其兄之遺孤，教之甚嚴，而恤之甚至。嘗患癩，茵蓐皆親爲澣濯。性狷介，友戚周以財物，修脯偶有餘，必償之。以優行貢成均。年五十九卒。無子。優於學而嗇於遇，誠通儒也。後之人必有欽其經學，而私淑之者② 。鄭銘，字秋池。歷城人。乾隆三十二年優貢。嘗參修〔乾隆〕《歷城縣志》，任採訪。

2.《重修仲夫子祠記》

余自庚辰越庚寅、辛卯恩科連次北上，皆渡石門橋，橋旁有仲由夫子宿處碑記，心嘗疑之，顧第弗深考。據《春秋傳》：齊侯鄭伯盟於石門。石門當在齊境，趙地何有焉。及考《雜記》，石門在盧縣故城西南，濟水之門，然又無盛迹可尋。即肥邑乘石門去長清六十之説，亦缺有間矣。夫聖賢托足，地與俱韵，石門一宿，竟與蔓草荒烟同其落寞，可勝慨歟。每欲求之無緣。癸巳春晚際燒燭檢書，家僮報客至，乃余友王子伯遷也。叩來意，即述陳子欽若諸人有修石門建祠勝舉，詳其地在馬頰河北岸，五龍潭上流，父老相傳，規模闊大，皆鑿鑿可據。嗚呼，所度之石門橋，抑何偪與。《春秋》與《雜記》、邑乘所載，豈欺我哉。余故援筆樂爲之記云。

文見（清）凌紱曾修，邵承照纂〔光緒〕《肥城縣志》卷之二，清光緒十七年刻本。癸巳春晚者，當是乾隆三十八年春，是時周永年尚未奉旨

---

① （清）毛承霖纂修：《續修歷城縣志》卷二十二，第4頁。
② （清）王道亨修、張慶源纂，〔乾隆〕《德州志》卷九，清乾隆五十三年（1788）刻本。

入京辦理《四庫全書》。周永年云："自庚辰越庚寅、辛卯恩科連次北上。"當是參加乾隆二十五年庚辰順天鄉試，中副貢。乾隆三十五年庚寅赴順天鄉試中舉。乾隆三十六年辛卯恩科中試成進士。案《論語·憲問》："子路宿於石門。晨門曰：奚自。子路曰：自孔氏。曰：是知其不可而爲之者與。"石門，《後漢書》引鄭玄注："魯城外門也"。《闕里文獻考》記"在魯城東"。事往時異，石門之迹，傳聞傳會，在處有之，如《在園雜志》卷二："燕趙道上有石碑，勒'子路宿處'。土人名其地曰：石門。"① 肥城亦有石門，〔光緒〕《肥城縣志》卷二《石門》條云："今邑西北境有石門，建仲夫子祠。其地東北去長清六十餘里，東去大清河十餘里，或傳爲子路宿處云。"② 周永年所記之石門，爲肥城之石門。

3.《皇清誥授奉直大夫刑部江西司員外郎加一級霖村馬君墓誌銘》

馬君諱雲龍，字霖村，號菊圃。先世由諸城遷齊河。六世祖諱朝才，明表揚孝子，賜冠帶，我朝建坊旌表，崇祀忠孝祠。祖諱紹舜，舉鄉大賓，誥封朝議大夫、刑部山西司郎中。父諱淳，辛酉科舉人，誥授朝議大夫、刑部山西司郎中。子二，君居長。生而端凝，受業於劉軒來先生，愛其文有湛深之思。歲丙戌入泮，旋食餼。庚寅薦而未售，援川運例，捐大理寺寺丞，分發行走。而攻苦不懈，未補職之前，丁酉、己亥就試北闈，皆受房考之知，而弗可遂其志。繼以廉能保舉，授興平倉監督。洗手從事，盡裁陋規。年久倉穀多陳因短少，捐俸完補。曰：吾不補，恐異日爲後人累也。乙巳推升刑部江西司員外郎，仍兼領倉事。丙午以大計一等引見，奉旨加一級。夙興夜寐，推情合律，盡心平反。詎意於三月廿一日偶染時疫，越十日竟至不起。君好讀書，喜吟咏。而天性肫摯，事親曲意承志，居喪力遵古禮，三年不居於內。甲午方治葬事，而鄰寇忽起，君晝則登城守陴，夜則寢宿於柩側，遇變而鎮定如常人，皆以爲難。余與君先後受業於申清川先生之門，猶憶戊戌歲五月十五日，君倉猝詣余曰：吾師殁於蜀中矣。余哭失聲，相對慘沮者久之。君之篤於師友之誼，此其一端也。君卒於乾隆五十一年丙午四月初一日卯時，得年四十有二歲。初娶長山袁清慤公長女，有淑德，未及一載而殁。繼娶李氏，吾邑州同知李公佺之仲女也，勤儉孝慈，年三十有八歲而先君以殁。皆誥贈宜人。子二，麟圖，邑庠生，次麟書，皆李宜人出。今將以五十三年戊申十一月之二日窆於謝莊之新阡，來乞銘。銘曰：驥足方騁於康莊兮，胡遽使之先傾。豈大冶之無心，子抑成數之有虧盈。吁嗟乎，未仕而克敦夫內行，子既仕而克揚其名。衆皆受命於天兮，君固無忝於所生。

---

① （清）劉延璣：《在園雜志·卷二》，中華書局，2005 年，第 60 頁。
② （清）凌紱曾修、邵承照纂，〔光緒〕《肥城縣志》卷之二，清光緒十七年（1891）刻本。

賜進士出身文淵閣校理翰林院編修加三級歷城愚表弟周永年頓首拜撰文，賜進士及第翰林院編修加三級年家眷姻弟汪鏞頓首拜書丹，賜進士出身翰林院編修加三級年家眷姻弟朱攸頓首拜篆蓋。

此文據拓片，墓誌原石出土於青州。此文作於乾隆五十三年。馬雲龍與周永年同受業於歷城申士秀。

4.《圖裕軒先生小傳》

先生諱圖鎝布，字裕軒，姓佟氏，滿洲鑲紅旗人。父薩克思哈，寧夏駐防協領。先生戊辰進士，官至翰林院侍讀學士。癸酉爲四川正考官，庚辰爲山東副考官，皆稱得人。年未五十，以氣怯引疾，爲圃八寶山之東，有水木之勝，春秋佳日則約同志三五人於水畔花間，藉草而坐，澹然忘歸。愛與田父釋子游行，既倦，輒憩古寺中，或信宿始返。晚年更躭禪寂，即舍旁辟地爲園，閉關獨坐，研究內典。嘗謂余曰：《金剛經》言一切福德不及受持此經，蓋一切福德，身受之，故可窮；持經，福德心受之，故無窮也。余聞之，豁然有省。士大夫談禪者，往往以資口耳見聞所及，惟瑞金羅氏有高、長洲彭氏紹升，博通教典，持誦精勤，北方則吾鄉劉氏應麟及先生而已。歲甲辰於西山之麓，築草庵塑大士像而自爲生壙於旁，謂諸同人曰：庵既建，吾無事矣。果以次年八月廿八日卒。余前數月出都時，先生尚無恙。一日偶病暑□□移□庵中，戒家人毋得至前，惟名□□侍疾，□不復食飲，靜坐月餘，灑然而逝，年六十有八。無子，遺產多施諸叢林，近城郭者分給親族。有詩若干卷，清平劉給事湄爲刻之，並爲經理祠墓，給事即庚辰所得士也。賜進士出身文淵閣校理翰林院編修館後學歷城周永年撰，賜進士及第尚書房行走翰林院編修館後學天津邵玉清書丹。

文據北圖藏拓片。石在門頭溝戒臺寺①。首題：圖裕軒先生小傳，周永年撰文，邵玉清書丹。《藤陰雜記》："延寧庵，荒刹也。圖裕軒學士鎝布，默坐庵中而逝，即葬庵側。朱石君尚書珪表墓，周編修永年作傳，勒石庵右祠堂。學士曾以田四百餘畝施諸戒壇，亦建祠祀，門下士劉鴻臚湄作記，稱先生早入詞林，屢司文柄，年未五十，引疾不仕。性躭禪悅，恒信宿蕭寺，徜徉二十年，灑然而逝。鴻臚刻其遺集，並懼延寧小刹，久而就湮，復勒石戒壇名勝地，以不朽先生，其風義有不可及者。"② 劉湄，乾隆二十五年庚辰科舉人，時圖塔布爲山東副考官。

---

① 徐自强編：《北京圖書館藏北京石刻拓片目錄》，書目文獻出版社，1994年，472頁。
② （清）戴王路：《藤陰雜記》卷十二，上海古籍出版社，1985年，第137—138頁。

5.《皇清例授中憲大夫刑部陝西清吏司郎中加二級鐵夫府君行實跋》

周永年曰：嘗讀《宋書·孝義吳逵傳》，竊有意乎其爲人也。《傳》曰：逵，吳興烏程人，經饑饉疾疫，父母兄弟姬及群从小功之親，男女死者十三人。逵期年中成七墓葬十三棺，鄰里嘉其志義。太守王韶之臨郡，與同縣潘綜並察孝廉，並贈以詩曰：“美哉茲土，世載英髦。”又曰：“仁義伊在，惟吳惟潘。”夫仁義在人自立，何地無賢。今觀中憲公父子世篤行誼，葬其宗從之無主者十二棺。中憲，歸安人，即烏程分縣，豈非地靈門慶，與休文所書有曠世同符者邪。而世言古今人不相及，則何也。

文見清吳蘭庭撰《胥石文存》，民國吳興劉氏刻《吳興叢書》本。《皇清例授中憲大夫刑部陝西清吏司郎中加二級鐵夫府君行實》乃吳蘭庭爲其父吳聯珠所撰之行述。聯珠，雍正七年舉人，乾隆元年進士。康熙四十年生，乾隆十九年卒。文末署：“賜進士出身翰林院編修歷城周永年填諱”。乾隆四十年四月，周永年被特授翰林院編修，文淵閣校理，充四庫全書纂修館纂修兼分校官，此跋當作於乾隆四十年四月之後。蘭庭，乾隆三十九年舉人。

6.《青章朱公墓誌銘》

公姓朱氏，諱續經，字青章，號豫堂。始祖子池，明永樂間自宿州徙平陰。曾祖鼎泰，工部尚書鼎延弟，觀城縣訓導。祖景雍，拔貢生。父作元，雍正元年（1723）癸卯進士，祁門縣知縣。祖、父俱誥贈如公官。子四人，伯續暉，癸丑進士，貴州清軍糧驛道。仲即公，公幼穎異而謹飭，同輩有嬉戲者，見之輒歙容。年十七入邑庠，甲辰舉於鄉，癸丑考取內閣撰文中書舍人。乾隆元年（1736）丙辰遷侍讀。乙丑考取御史，補協理陝西道福建道試監察御史。丙寅春，歷陳三疏，一請精闈墨之選，以正文體，端士習；一河澗天津被旱，州縣已緩徵而有司因積年舊逋，含糊差催，請俱停止；一法司會核之案，兩議並陳者，不得加夾片申說，皆蒙諭旨。旋聞母尹恭人得癇疾，懇請歸養。癸酉、甲戌連丁父母憂。丙子補江南道御史，己卯轉河南道。秋充順天鄉試監試。冬巡視儀漕務，歸，疏陳彭河口以下，小關以上，沙磧淤塞，幫丁盤剝苦累狀，得旨會議興修。冬稽察大西倉事，旋視通州漕務。辛巳移駐天津，歲饑，因疏請用穀碾米以賑不如以穀折米，民得實惠，即糠粃亦於饑饉有濟。又春麥萌芽，暴風或激水侵損，有司以曾經種麥不在周恤之例，請一體借給籽種一疏，民宜隨在收恤，不得拘以本籍。皆得旨准行。冬巡視北城，遷鴻臚寺少卿。甲申夏，遷光祿寺少卿，秋轉通政司參議。丁亥，遷鴻臚寺卿。戊子稽察左翼覺羅宮學。己丑冬緣事降級。庚寅補鴻臚寺少卿。辛卯遷光祿寺少卿，冬以疾請假，壬辰春回籍，居長清別墅。癸巳四月十八日，年六十有九，以疾卒。公頎長白晳美髯髯，退然如不勝衣，而義勇必赴，不可回沮。屢出視漕，餽贈一無所受。居諫垣，其條陳皆民生至計，未嘗掇拾瑣務。性孝友，初祁門公歿時，母夫人亦病，忍淚更衣與諸兄弟入侍。既母夫人亦歿，晝夜哭泣，哀動閭里，籍藁食疏三年，居於喪次，以此得足疾。季弟歿於盜，公籲請於當事，密設法擒之，卒伏誅。遺孤數人，撫養無異所生。喜聚書，搜羅秘本及古金石文字，積至數萬卷。尤嗜宋元明諸儒撰述，雖重本亦收。或問之，曰：「吾家子姓衆多，冀其各守一編，或可藉以寡過也。」余以鄉里後進，每過公寓舍，雖盛暑嚴寒亦手一編，丹黃不倦，客至則相校勘以爲樂。歸里後，嘗訪公於長清，爲余啓鑰，登樓縱觀所儲，且曰：「子借書之局，何時可成？吾當與子結鄰於山中矣。」執意甫逾年而即聞公之歿耶。配邵恭人，子二，長觀光，邵恭人出，邑廩生。次希光，府增生，以弟之子爲子者。女子二，長邵恭人出，次側室張氏出。孫一，衍綬，觀光出。孫女二，婚娶皆名族。歲丁酉觀光兄弟將以四月初二日葬公於長清縣邢家莊東之新阡，來乞銘。銘曰：學綜墳典函雅故，敬行所聞慎跬步。迴翔臺閣瞻建樹，民饑民寒縈寐寤。十未二三形措注，憶昔道出茌山路。縱橫插架羅竹素，東望新城池北庫。感喟聚散猶旦暮，相約貯之林深處。名山石室與呵護，嗟哉今乃銘公墓。

文見（清）喻春林撰、朱續孜編纂，〔嘉慶〕《平陰縣志》卷十七，清刻本。作於乾隆四十二年。鄭偉章《文獻家通考》所載藏書家「平陰朱氏」不知爲何人，當爲此朱續經也。

7.《九皇新經注解跋》

此書疑黃冠者流假諸上真之語，以明內丹鼎器藥物之旨，故文詞間涉鄙俗，而意義頗有可採，然不得其解，閱之多似房中家言。昔人云道自房中得之，而非御女之術。則《參同》之淑女好逑，《悟真》之坤位乾家，疑別有旨在，而妄庸人乃盡竊以文其私說。所謂差之毫釐，謬以千里也。夫吾人遭際盛世，沐君親之澤，得優游以從事性命之途，寧非厚幸。而往往爲邪宗所誘，陷於左道，訖受其殃，養生而反以戕生，蓋大可憫也。則此書之似房中，而非今人所謂房中，亦在讀書善辨而已。丁丑中元前一日，林汲子周永年題於千岩萬壑書屋。

文見《九皇新經注解》卷首。《九皇新經注解》二卷附《大女金丹訣》一卷《五運六氣》一卷，題孚佑大帝呂純陽注，清抄本。山東省圖書館藏。

8.《毅齋公奏議遺集序》

明天津巡撫東平杜毅齋先生歿將二百年矣。其六世孫雪舫出其《遺集》，問序於余。按公之生平略見於《山東通志》《泰安府志》，而皆本於泰安王平子侍郎所爲傳。侍郎，公門人也。其劾逆閹以救楊忠烈一疏，傳中採摘數語，可謂

得其要領。今集中所存者，顧非此篇，蓋公之文散軼者多矣。獨怪當日楊、左
獄起，天下賢士大夫攘臂而爭者，多被其禍，而公竟以身免。傳謂緹騎已至德
州，而莊烈帝即位，則公之得免於禍，亦天幸也。或謂公未嘗歸東平，卒於德
州，因葬焉，而有爲之立嗣者。按傳中言莊烈帝嗣位，起公補戶部，冊封琉球，
晉秩太僕，又巡撫天津，二載而後歸，獨不及卒於德州之事。雪舫又謂公墓誌
亦平子侍郎所作，及取閱，公於莊烈帝十二年自天津以疾歸，未周歲捐館，然
則謂公卒於德州，此傳者之誤也。雪舫又謂公有《飛雨樓集》《梅花百咏》，余
修府志時曾見之，余亦不可復尋。余嘗謂書之出也，顯晦有時，而精神所感召，
久而自遇。杜氏子孫，其敬守此一綫，多録副本，人守一編，以俟珠光劍氣之
自合，而再於明季遺文，參伍考證，俾公之大節彰灼以傳於後，而讀斯集者，
亦無殘缺不完之憾矣。賜進士出身文淵閣校理翰林院編修後學周永年撰。

　　　　文載《東原杜氏族譜》卷首，民國排印本，濟南市圖書館藏。杜毅齋
　　者，東平杜三策。三策，字升之，號毅齋，別號槎仙。萬曆三十一年舉人，
　　天啓二年進士，本年六月改庶吉士，天啓四年六月改兵科給事中。都御史
　　楊漣疏劾魏忠賢專權亂政，被旨切責。三策上疏爲之辯，忠賢矯旨逮三策。
　　緹騎至德州，忠賢伏誅，獲免。崇禎元年起戶科給事中，二年冊封琉球。
　　歷官大理卿，升侍郎、天津巡撫。傳詳見《東林黨籍考》[①]。杜三策《遺集》，
　　今亦不存。

9.《重刊太上感應篇箋注序》

道家之書多出於附托，《隋書》論之詳矣。然鬼神感應之理，具於六經，《周
官》凡以神仕者無數。即如文昌本星名，而道流以爲司文章之命。余嘗由朱竹垞、
王蓼谷之説而進稽之，實本於司中獻民數之祭，而朱、王所論，猶爲未盡。後
世去古遠，不能盡知源流，乃妄相訾議，過矣。元和惠定宇先生，醇儒也，所
著《周易述》《九經古義》《左傳補注》諸書，皆根據三代兩漢之書，以破後來
之紕繆。顧鄭重《太上感應篇》，爲之作注，淄川亡友張廷寀惠夫嘗與先生同客
揚州盧運使官署，言先生晨起必危坐敬誦此篇一過，乃及他書。然則先生實藉
此以檢束身心，故學行著作蔚爲儒宗，而非徒以矜其博雅。往者，秀水盛秦川
極重此書，嘗以原本貽余。秦川之人之學，亦定宇先生之流亞。今濟上王君禮
思復校輯而重刊之，是又秦川之流亞也。鐫既成，屬余爲序，因書其端。時乾
隆五十四年歲次己酉孟冬歷城後學周永年謹撰。

　　　　文見《太上感應篇箋注》一卷，清惠棟注，清道光重刻濟寧王宗敬本。

---

　　①　李桉：《東林黨籍考》，人民出版社，1957年，第82頁。

焦循《里堂書跋》卷二《太上感應篇惠氏注》條："任城王宗敬刻，前有歷城周永年序，注爲元和惠棟作，剌取故書中語文而偶之。"① 焦循所見當爲此書。按王宗敬，字禮思，號未了山人。濟寧人。嘉慶五年舉人。撰有《我暇編》。

10.《痘疹詩賦序》

吾邑汪君立庵，嘗與余談醫，謂張君五雲有《痘疹詩賦》一書，薈萃前賢，參以心得，而皆以韵語行之。學幼科者，得是書而識之於心，以治痘疹諸證，不啻見垣一方矣。癸巳仲秋刊既成，余適來京師，乃郵寄示余。余取而讀之，雖於此事素未嘗習業，而文馴字順，脈絡井然，乃益信立庵之言爲不虛也。夫痘疹之證，三古無有，而順逆生死，判於呼吸。古方多主温補發散，明代以來，乃有專以攻下爲要者。入主出奴，各有得失。此書則辨癥立方，不主故常，補前人之偏，救當時之弊，所關豈淺鮮哉。至若五雲兄之家學淵源，已詳著於大山陳君、永季賈君兩先生序中，兹故不復述云。時大清乾隆三十八年歲在癸巳秋仲中浣書於借書園中，欽賜翰林院庶吉士年家眷弟周永年頓首拜撰。

載《痘疹詩賦》卷首，清張巒撰，清乾隆刻本。又見《中國醫籍通考》、（民國）毛承霖纂修〔民國〕《續修歷城縣志》卷二十九，民國十五年（1926）鉛印本，文字略有出入。此文撰於乾隆三十八年（1773）。

11.《重刻家藏貫珍録序》

《易翼》云：君子多識前言徃行以畜其德。蓋人心易昧，情易放，必有所感觸乃能朗然知悟，瞿然知戒，如夜行之有燭，良馬之有銜也。苐世之人，多師心自用，雖大訓在前，而冥然不顧者多矣。吾鄉張幽光先生著《家藏貫珍録》一册，其目十有四，首之以原天命，終之以攝生，於提躬治家涉世之道，皆類聚經傳，及先儒格言，亦間采二氏之說，名之曰《貫珍》，欲其子孫世守而寶之也。今其子孫，咸能體先生之教，永識弗忘，因舊板散佚，謀重刻以永其傳。余嘗讀司馬温公《家範》，陽[楊]字溪《家訓》，諄切詳盡，可以廉頑，可以砭愚，而其書世不恒見。是録之作，亦猶二公之志也。前言徃行，具在於斯，以之畜德，豈不有餘師哉。因識數語以歸之。乾隆四十三年戊戌孟冬穀旦賜進士出身翰林院編修充四庫館纂修官加二級紀録五次同里周永年拜撰。

文見《家藏貫珍録》卷首，清張潛撰，清道光間重刻本，濟南市圖書館藏②。潛，字幽光，歷城人。

---

① （清）焦循撰，剑建臻點校，《焦循詩文集》，廣陵書社排印本，2009 年，第 606 頁。
② 此文承武元磊師姐代爲校核，以志不忘。

12.《課閒遺稿序》

唐詩初、盛、中、晚之分，始於滄浪，詳於仲宏、庭禮。然《唐音品彙》諸選，雖有明以來群奉爲圭臬，而論者亦或病其拘。蓋詩以宣堙暢滯、發揮性靈爲極則，摹擬剽竊雖工，弗尚也。單縣張君茂初函致其尊甫幼亭先生《遺詩》二卷，屬爲序。余讀之，愛其能直抒胸臆，不爲一切格律聲調之論所束縛，灑然有自得之致。新城《論詩絶句》有云：耳食紛紛説開寶，幾人眼見宋元詩。三復是集，其可以免於耳食之誚也夫。夫乾隆壬辰孟春。

文見（民國）項葆禎修、李經野纂〔民國〕《單縣志》卷九，民國十八年（1929）石印本。此文撰於乾隆三十七年（1772）。《課閒遺稿》二卷，單縣張賡烈撰，乾隆三十年（1765）刻本，山東省圖書館藏。張賡烈，字承恩，號佑亭，賡謨弟，邑諸生。博覽書籍，爲文落落大方，無一語拾人牙慧。子霽亭，先生嘆爲異才，爲詩有古意，乾隆戊寅續修縣志，職任採訪，惜享年不永，賫志以歿。

李振聚：山東大學儒學高等研究院博士

王文進致陳邦福手札考釋

李 軍

中國近代藏書史上留名者，除了南北各大私人藏書家如周叔弢、陳清華等，還有一批值得注意、研究的人物，那就是販售古刻名抄、爲藏書家提供藏品的書商。他們經眼之書，或不輸藏書家，但絕大部分都如煙雲過眼，不留痕迹，沒有著作流傳，其人亦隨時光流逝，同付湮滅。這與書商本身的學養、精力、工作重點有關，也與能否獲得同時代學者的幫助、扶持密不可分。如北京琉璃廠通學齋的孫殿起，著有《販書偶記》《續記》《琉璃廠小志》等，與早期從業時，倫明的指導不無關係。而與之齊名的王文進，也受到著名學者的扶助，有《文禄堂訪書記》《文禄堂書影》等行世。

王文進（1894—1960），又名景德，字晉卿，號揹青，別號夢莊居士。祖籍河北省任邱縣。八歲喪父，十一歲入鄉塾識字，十三歲以家貧輟學。清光緒三十二年（1906）九月，因長兄王文會（子和）設德友堂書肆於京師文昌會館，招至京中學徒。民國十四年（1925），離開德友堂，獨立創設文禄堂於東南園。二十二年（1933），遷址琉璃廠。同年冬赴上海，收購松江韓氏讀有用書齋藏書一批，大部分轉售給周叔弢，善本著録於其《文禄堂訪書記》中。民國三十一年（1942），再遷至廠甸路南，同年排印出版《文禄堂訪書記》。抗戰前，文禄堂就已成爲北方舊書業中的佼佼者。董康（1867—1947）爲其《文禄堂訪書記》作序，稱其爲"今之錢聽默、陶五柳也"。

近數十年間，對於王文進生平情況作介紹的，先後有雷夢水《版本學家王晉卿先生傳略》（見《學林漫録》第9集，1984年）、王玉甫《古舊書業中之佼佼者王晉卿》(《隆福漫筆》，1998 年)、沈津《王文進與〈文禄堂訪書記〉》(《書城風弦録》，2006 年)、趙長海《文禄堂主人——王晉卿》(《新中國古舊書業》，2009 年)等文，各有側重，爲我們提供了較爲詳細的資訊，但對於他的著作情況，除了《文禄堂訪書記》《文禄堂書影》之外，却只知有以下幾種：《古書版本佚存考》《明代刊書總目》《宋元以來刊刻年表》。

其中，《古書版本佚存考》的《首卷總目》，收入 1962 年河北省文化局編印的《古舊圖書業務知識》，首卷考證之書，凡經部四種、史部八種、子部八種、集部五種，可以略窺其大概。其餘兩種，唯有據雷夢水的回憶推知，《明代刊書總目》二十六卷，竟有誤作二十卷，甚至一百二十六卷者[1]；《宋元以來刊刻年表》以天干甲、乙、丙、丁分訂四册，至於全部稿子寫定與否，尚不能確定。

另外，檢國内外藏書機構所藏王文進著作手稿，唯有日本静嘉堂文庫藏有王文進稿本《學齋筆記》一卷。是書每半葉十二行，行字不等，四周單邊，單黑魚尾。卷端首行題"學齋筆記""任邱王文進録存"，下鈐"王文進印"白文圓印、"晉卿"朱文圓印。此係王氏記録經眼古籍善本筆記，每條首行頂格，次行起均低一格，行款、印記、按語雙行小字。將此稿本與正式出版的《文禄堂訪書記》對比，可知其所記只是王氏經眼録之一小部分，且十分簡略，因此推測其筆記手稿不止這一册。

還有一種王氏舊物，從嚴格意義上來説，並不能算王文進的著作，那就是北京師範大學圖書館所藏《文禄堂藏各家手札》不分卷(善 856.1/113.6)。全書十一册，爲王文進收藏友人尺牘，内有周叔弢、李盛鐸、傅增湘、陳清華等人信札。北京大學圖書館的欒偉平曾選擇其中李盛鐸父子信札，撰《李盛鐸李滂父子致王文進信札選注》一文，刊於《藏書家》雜志 2013 年第 17 輯。北京師範大學圖書館的肖亞男選取葉景葵部分，先後與楊健合撰《葉景葵致王文進書札輯注》，收入《四庫文叢》2015 年第三輯；與杜晶雙合撰《合衆圖書館創始人葉景葵致文禄堂主人王文進書札小議》，刊於《圖書館雜志》2017 年第一期。

《文禄堂藏各家手札》是他人寫給王文進信札的彙編，至於他寫給這些藏書家、學者的信札，目前發現者却不太多。在新編的《張元濟全集·書信卷》中，收有王氏民國二十四年(1935)寫給張元濟的信函一通：

> 菊翁大人台鑒：啓者，久疏音問，近維起居安善是祝。兹因朱君幼平所藏，刻未擇就。部目所有宋殘册，亦有朱君一二，又得於李君木齋藏。

---

① 雷夢水《版本學家王晉卿先生傳略》作二十卷，《中國社會科學家辭典》(現代卷)收王晉卿小傳作一百二十六卷。按：孫殿起《琉璃廠小志》、雷夢水《北京琉璃廠坊刻本考略》均著録爲二十六卷，兹從之。

刻值平市金融恐慌，生意可見而知矣。鄙往來銀號數家倒閉，惟收貨支拙，今寄呈數種，懇設法介歸圖書館貯藏，則維持時艱，是至感也。專此。即請署安。王搢青謹啓。七月十五日。（張元濟批注：24 ／ 7 ／ 19復。）

　　倘如不留，祈便交三馬路忠厚書莊代收爲荷。（張元濟批注：托任心白送去。）①

信中提到的朱幼平即歐齋主人朱文鈞（1882—1937），喜蓄碑帖之外，藏古籍善本亦不少，有宋刻唐人別集六種，故名藏書處曰六唐人齋。當時朱氏似乎有意出讓部分藏書予文禄堂，但尚未談定。王文進新得李盛鐸的部分舊藏，由於資金緊張，急於想將藏書中的宋刻殘本，賣給商務印書館，以解燃眉之急。從中可見抗戰以前，受到北平經濟惡化的影響，文禄堂的經營狀況並不如我們想像得那麼好。所謂“鄙目”，應該就是指1935年2月所編印的《文禄堂書籍目》。沈津《王文進與〈文禄堂訪書記〉》曾談及此目，列有四千六百五十二種書。凡撰人姓名、刊刻時代等等，一一標注詳明。略略翻閱，價格最貴的一種是明正德刻本《匏翁家藏集》，要二百六十元；而明成化刻本《趙清獻公文集》，則只五十元，落差甚大。最令人叫奇的是宋刻大字本的《韋蘇州集》，僅標百五十元。

沈津對於宋刻《韋蘇州集》定價的疑惑，或許可以從《張元濟全集》中存張元濟覆函中得到解釋。鑒於當時商務印書館資金也不充裕，張元濟拒絕了王文進的求助：

　　昨奉七月十五日手書，展誦祗悉。承寄示殘宋本五種，計九冊，亦已收到。惟東方圖書館亦以經費不充，不能購收善本，已遵示送交三馬路忠厚書莊代收，即祈鑒察。效力不周，欠仄無似。二十四年七月十九日。
　　王搢青兄交來
　　宋本《歐陽居士集》二冊又目錄、年譜二冊
　　宋小字本《郭樂府詩集》二冊
　　宋本《韋蘇州集》一冊
　　宋本《漢書》一冊
　　宋本《通鑑綱目》一冊
　　共九冊②

從此札無上款、落款看，懷疑是直接從張元濟所擬覆函底稿録出，他寄予王文進的正式信函，不知是否存於《文禄堂藏各家手札》中。覆函後附録有文

①　張元濟：《張元濟全集》第一卷《書信》，商務印書館，2007年，第275頁。
②　張元濟：《張元濟全集》第一卷《書信》，商務印書館，2007年，第275頁。

禄堂送去宋刻殘本的清單，《韋蘇州集》赫然在內，極有可能就是《文禄堂書籍目》中的那一種宋刻大字本。其定價之所以讓人覺得便宜，緣於它並非全本，只殘存一册，照此來看，一百五十元實不便宜。

新近因幫助陳治華先生整理其父陳邦福（1894—1976）留存的遺稿、友朋書札等材料，發現書札中有顧頡剛、陳夢家、葉恭綽、容庚、譚戒甫、林鈞、王文進等四十餘家。內中王文進書札五通，均是上世紀五十年代初寄予陳邦福者。信札全部寫於王氏自製的藍格稿紙上（見圖一），每半葉十行，四周單邊，版心無魚尾。版心上方有"明板書録"四字，下方有"介默庵"三字，應是他專門爲撰寫《明板書録》一稿訂製的稿紙。而在此之前，並未看到有學者提及，王文進還有"介默庵"這一齋號。由於這些信札涉及王文進的晚年境況與著作綫索，具有一定學術價值，爰依次加以考釋，以饗同好。

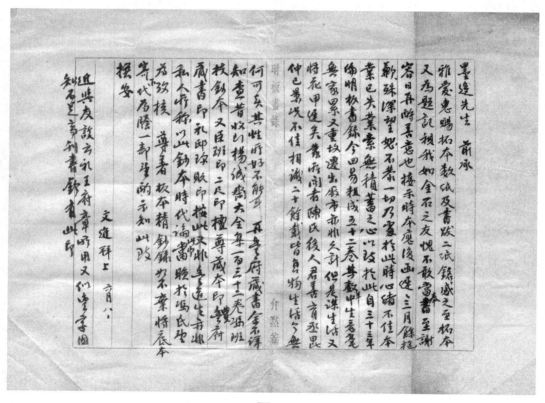

圖一

一

墨迄先生惠鑒：敬讀大札，尊撰宏富，考古有素，欽佩之至。余拙《記》貽笑大方，承謬贊，愧不敢當。今奉全部指正爲感。如易我《經眼録》拜讀，幸甚。近數年業板本日趨不振，苦心研究而不遇時代。如失業，敝店經營不佳，接續無人，已遷出廠肆。近日移居，仍本目錄之癖。自和平後，不出都門，以洪武元年至永曆，三百年中所刻所著，輯爲一目。因昔見明本所記選刊僅數十，故又爲之採及各目二百有餘，專廣明代之見，編爲五十卷。近四易清稿入手，約來年可成。如蒙不棄，望爲指裁是禱。此致撰安。文進拜書。

此函寫於 1951 年 1 月 20 日，從信札所述，陳邦福曾致函稱贊王文進的《文禄堂訪書記》，所以王氏言及"拙《記》"，並寄送全書一部。據沈津《王文進與〈文禄堂訪書記〉》稱，王氏本人學力有限，《訪書記》初稿一味抄撮材料，不得章法，寫成清稿，經劉雲平、顧廷龍、趙元方、潘景鄭諸先生加以修訂成形，才於 1942 年由王氏文禄堂書籍鋪排印出版。信中提到的《經眼錄》，似乎是指陳邦福有類似《訪書記》的古書經眼筆記，王文進將他引爲知己。可惜目前陳邦福後人及公共藏書機構，均未見到陳氏此類著作稿本。

以上信札中對於王文進個人境況的記述，爲我們提供了難能可貴的綫索。建國初期，北京琉璃廠古舊書業凋敝，不少書店都難以爲繼。文禄堂經過抗日戰爭、解放戰爭，仍堅持經營，卻已無當年的盛況。王玉甫曾經看到文禄堂鼎盛時期的場景，"櫃房布置得窗明几净、古色古香，滿堂的經史子集四大類古籍，皆爲明版珍籍，還陳設著何海霞的中堂，張大千、鄭孝胥、康有爲等的字對以及名人山水畫，顯得清幽雅致，使來訪的書友到這裏尋覓、閱覽古籍，品茗、聊天，悠然自得。"[1] 時隔數年，進入上世紀五十年代初，王文進就不得不將家從琉璃廠遷出，以上的情景，恐已不再了。

書店雖已歇業，王文進仍未捨棄版本目錄的癖好，於是專心搜集從明代洪武，一直到明末永曆數百年間，明代的刻書材料，彙編成稿。他利用了明清以來公私收藏目錄兩百餘種，加上他歷年販書的筆記中明代部分，依次排列稱明代刻書的總目。從其描述看，似乎就是孫殿起、雷夢水所説的《明代刊書總目》。但這部稿子，在 1951 年初，已經過四次增删，卷數變爲五十卷，而非二十六卷。後文中王氏會詳細談到此書。

二

墨匋先生惠鑒：承詢《周益公集》，乃臨清徐梧生家物，歸武清曹貫之，原缺十餘册，補全。其後，又爲至德周叔弢所獲。再，宋本見杭州王綬珊

---

① 王玉甫編著：《隆福漫筆》，中國檔案出版社，1998 年，第 211 頁。

藏書，書品潔整，黃細麻紙而印工亦精，惜僅《書稿》，此群碧樓物。尊處文瑞樓抄本，可稱秘笈，黃丕烈又爲跋，詳此，當入圖書館中。而黃跋書相聚一堂，亦可永保。是否示寄，談商前途割愛，而價值非時矣。又，倪雲林手稿，罕見奇籍，而價則難述上下耳。可否示寄，代爲介紹。又東武王漢章，見於天津已二十年，稍有交易，今不知如何。又陳氏後人一陳君善、一陳育丞，皆住北京，時時會談，而景況皆素矣。又，黃縣丁氏無來往。謹此奉上，即請年安。王晉卿拜書。

此札寫於 1951 年二月十日，主要回答陳邦福關於宋人周必大的《周益文忠公集》的版本與收藏問題。信中提到了三種版本：第一種是徐坊、曹貫之、周叔弢遞藏的明黑格抄本；第二種是王綬珊、鄧邦述遞藏的宋刻殘本；第三種是清金氏文瑞樓抄本。

第一種即王氏所販售，著録於《文禄堂訪書記》，今藏北京國家圖書館。《北京圖書館古籍善本書目》著録此書二百卷《年譜》一卷《附録》五卷，内中《省齋文稿》卷一至八、二十五至二十八，《省齋別稿》卷一至四，《玉堂類稿》卷十七至二十，《政府應制類稿奏議》卷一至七，配清末趙氏舊山樓抄本。張本淵跋。四十八冊。九行二十四字，細黑口，黑格，四周雙邊。[1] 與王文進此札以及《文禄堂訪書記》所述，略有不同，對此瞿冕良在《版刻質疑》中早已作辨正：

> 《文禄堂訪書記》卷四有明抄本《周益文忠公全集》二百卷附録五卷，注“武清曹氏補抄三十二卷，版心刊‘舊山樓’三字”，對照《北京圖書館善本書目》卷六，知係配清末趙氏舊山樓抄本二十七卷（與原缺三十二卷數相差五卷）。因兩者均記張本淵跋，故知當是一書。然《文禄堂記》載同治四年張跋，知所缺三十二卷尚待補抄中，則後來書歸舊山樓後，趙氏所補抄可知。所謂“武清曹氏補抄三十二卷”者，未知所據。[2]

瞿氏存有疑問處，想必是王文進誤會所致。此明抄本應該是經由王氏，售予周叔弢，後再轉歸國家圖書館。第二種鄧氏群碧樓藏宋刻本，僅存一冊二卷（卷一八六至一八七），即《書稿》卷一、卷二。有清嚴元照及鄧邦述兩家跋語。十行十六字，白口，左右雙邊[3]。今亦藏國家圖書館，傅增湘曾作比勘，認爲此本與日本靜嘉堂所藏宋刻本（皕宋樓舊物）相同，並據刻工推定，此本係江西

---

① 《北京圖書館古籍善本書目》，書目文獻出版社，1987 年，第 2188 頁。
② 瞿冕良：《版刻質疑》，齊魯書社，1987 年，第 91 頁。
③ 《北京圖書館古籍善本書目》，書目文獻出版社，1987 年，第 2187 頁。

吉州刊本①。《文禄堂訪書記》卷四著録此本，次於明抄本之後，此是王文進經眼之書，而非經手之書。殆1939年與上海集寶齋孫伯淵等合資購買鄧氏群碧樓抄本書的喬景熹，就曾是文禄堂的學徒，只是他在1938年已另設景文閣於廠肆祝家胡同路西。而據周叔弢跋宋刻本《監本纂圖重言重意互注點校毛詩》云，"今年春正月，北平書友王搢青忽郵寄黃氏《毛詩》手跋兩通，蠹痕宛然，正此書所佚者，其徒喬景熹新得之蘇州，當從趙氏散出。合浦珠還，爲之大喜過望，呕命工補綴，裝之首册，雖索值奇昂，亦不違諧價矣。庚辰正月二十日，至德周暹記於自莊嚴堪"②。庚辰爲民國二十九年（1940），可見喬景熹離開文禄堂獨立後，王文進仍替他向熟客販售所得善本，以求善價。

金氏文瑞樓抄本《周益文忠公集》已知國内有兩部：一部藏於北京國家圖書館，三十二册，十行二十一字，白口，左右雙邊。原爲豐順丁氏持静齋藏書，後歸商務印書館涵芬樓，張元濟《涵芬樓燼餘書録》著録。係知不足齋主人鮑廷博舊物，其子鮑士恭進呈《四庫》館，度諸翰林院，有兩處印記，後又散入民間，全書完足，並無抄補；一部藏於南京圖書館，有缺卷，經黃氏士禮居抄補，並有黃丕烈題跋。無疑陳邦福所藏黃跋本，當是後者。據黃跋專家沈燮元丈告，此書上並無陳邦福印記，若非信札中有此一說，後人必不會將此本與陳氏聯繫在一起。陳邦福曾與沈燮元丈爲同事，一齊任職於蘇南文管會，後該機構撤銷，其藏品中，古籍歸入南京圖書館，文物歸入南京博物院。故此，懷疑黃跋本《周益文忠公集》經陳邦福手歸公。除此書外，王文進還提到，陳氏藏有元代名畫家倪瓚（雲林）的手稿，更爲珍貴，可惜目前此書下落不明，也難辨其真贋。究竟積習難改，見此善本，乃有意爲之在京介紹出售，陳氏似未同意，否則黃跋本必定北流。

在此札最後，針對陳氏詢問居住在京津地區的山東舊家子弟消息，如王懿榮之子王漢章，陳介祺四世孫陳育丞（陳阜之子）、五世孫陳君善（陳阜之孫）叔侄，黃縣丁氏後人等情況，王文進回復稱祇和陳氏叔侄二人時常見面，但彼境況亦不佳。

三

墨逸先生：前承雅愛，惠賜拓本數紙，及書跋二紙，銘感之至。拓本又爲題記，視我如金石之友，愧不敢當，奉書至謝，容日再酌善意也。接

---

① 傅增湘：《藏園群書經眼録》，中華書局，1983年，第1231頁。
② 冀淑英：《自莊嚴堪善本書目》，天津古籍出版社，1985年，第110頁。

示時，本應復函，遲遲三月餘，抱歉殊深，望恕不恭。一切乃處於此時，心緒不佳，本業已失業，素無積蓄之心，以致於此。自三十三年編《明板書錄》，今四易稿，粗成五十二卷，其數年中生意毫無，家累又重，故遷出廠市，亦非久計，但是謀生活，又將花甲，遲矣。蒙所問者，陳氏後人君善、育丞昆仲，已景況不佳，相識二十餘載，皆售物生活，今無可賣，其性所好不能耳。再，豐府藏書，余不詳知。查昔收到《楊誠齋大全集》一百三十二卷，馮班校抄本，又臣班印，二尺印，檀尊藏本印，豐府藏書印，禮邸珍玩印。以此抄本時代論，此印當晚於馮氏，望為考核。尊著《板本精抄錄》如不棄，將底本寄下，代為謄一部，望酌示知。此致撰安。文進拜上。

近與友談云，禮王府章所用，又似豐字，因知不足齋刊書鈐有此印。

此札末署"六月八日"，從其敘事看，似與前兩通一樣，都寫於 1951 年，距離二月十日覆函已近四個月，與所謂"遲遲三月餘"相去不甚遠。同時接著上一通信，談到陳氏叔侄（王氏誤為兄弟，恐相交亦不深）生活困難，早年靠售賣家中所藏之物，維持生計，至此已無物可賣，自然益形窘迫。陳邦福當時頻繁與南北各地學者通信，交換各自所藏甲骨文、青銅器銘文、石刻拓片，他尋找陳育丞叔侄，正為聯繫此事。陳邦福往往以自藏拓本先施，就是此札開頭王氏致謝的緣由。

王文進也與陳氏叔侄同病相憐，此時舊書生意衰落，他本人年近六十，無力另謀職業，等於失業，不得已遷出琉璃廠，生活更是無所依靠，加之家累甚重，又沒有積蓄，難免為之發愁，無心情回信。直至 1956 年公私合營，文祿堂並入中國書店，他被聘為顧問，才繼續發揮專業所長，家中生活也得以維持，這已是後話。

他為解答陳邦福所詢豐府藏書一事，舉馮班校抄本《楊誠齋大全集》中各印為例。《文祿堂訪書記》中未見《楊誠齋大全集》，應是從經眼古書之筆記中查檢出此書有關信息。另外，他還談到借閱、錄副陳邦福所撰《版本精抄錄》，或許就是第一通信中提到的《經眼錄》。陳氏素以研究甲骨文、金文等古文字及金石碑版著名，目前所知已刊、未刊稿本中，均無版本目錄類著作。從王氏兩次所言，加上陳氏收藏有黃跋《周益文忠公集》、倪瓚手稿等，有理由相信，他在古書的收藏、鑒賞方面也頗具素養，撰寫相關經眼錄，也順理成章，可惜此類稿本未見發現，有待於未來繼續搜尋。

值得注意的是，在此函中，王文進談到自己編撰《明板書錄》的時間，從民國三十三年（1944）距《文祿堂訪書記》出版一年多之後就已開始，到 1951 年，七年間四易其稿，成書五十二卷。較之第一通之"五十卷"多出二卷，還特意印製了《明板書録》專用的稿紙，用於此稿的寫作與謄清，從其語氣推斷，書稿殺青之期不遠矣。

<h1 style="text-align:center">四</h1>

《明板書録》五十卷，以皇明諸書爲首卷，閨秀爲下卷，凡序跋、行格、刊刻時代、版心室名、刊工人名、卷末圖記等，詳知者皆録。其稱覆宋本、覆元本、内府本、藩府本、經廠本、司署本、郡齋書院本、家刻本、書林本等。其明人專集，以百家姓爲次序，有謚法者列於前，次及先生、居士及堂、齋、樓、閣、軒、園、亭、廬等室名，分次列之。其姓有不接者三分之一，每卷前標記。其他漢、唐專集，仍以本姓者列爲一處。釋、道二家專集，附列釋、道類末，不入集部。又史説部，列史部尾。又傳奇，列於詞部尾。其他繁複名稱，不詳加別白，以書名首尾字同者，分附各類屬之下，其於類不合者略之。又叢書類，見於彙編，繁者不録，其有異同，分別均列之。其專集世代有撰著者，列於一處，或附列。其西國人著作，皆列術數類末，爲附録。

自洪武至永曆，凡二十朝之所刻者、所著不居等次，均録所見，略爲詳備。近代新目採入甚多，昔舊目疑問甚多，其中尚多待補，且須詳校改正。再以三年工作之調整，才爲有效。乃環境如此，恐不能久爲如此。附上稿紙，乞作首序爲永念。

今以汲古閣所藏，輯爲書録。凡宋本、元本、明本、毛抄本、抄校本，以毛氏跋記爲重，並采藏目六十種之異同，附注遞藏印，次序之，亦追源流，總計四百葉有奇。此五類各爲一目。因毛抄各書於十五年前底稿，故又增編之，不遇時耳，爲之一嘆。不日再清，望示序冠首。如有所需，代寫一部奉上，亦可。

此一通雜於信札中，未署日期，從内容看，是王文進向陳邦福介紹《明板書録》的主要内容、體例等概況，並求陳氏爲之撰寫序言。應該另有信札言此事，或已散失，因其時間介於第三通與第五通之間，故次爲第四通。

在未見到《明板書録》原稿之前，此札是瞭解該書概貌最直接、最重要的材料。從分卷上看，他並未按照時間順序排列，而是將"皇明"、閨秀分別置於首尾，沿襲傳統的分類方式。從全書的分類、排序來看，王文進創新處甚多，也有些不盡合理處，以致顯得有些凌亂。如明人別集，按百家姓排列，又有例外，釋、道兩家的別集乾脆附在釋家、道家之後；説史的通俗讀物，不入小説類，而附於史部末，究竟不是雜抄史料的史抄。甚至還説"其他繁複名稱，不詳加別白，以書名首尾字同者，分附各類屬之下，其於類不合者略之”，不免有馬虎偷懶之嫌。

關於《明板書録》收録的範圍，囊括了明代二十朝所刻之書，主要利用新舊目録，抄録條目，然後彙總，重新排序，是一部從目録到目録的著作，其中可能有一部分是王文進販書過程中經眼之物，但所占比重可能並不太大。對於新編目録的重視，是他與時俱進的地方，毋庸諱言。

《明板書録》的介紹，正好抄滿一頁稿紙。王文進又於欄外，録另一種著作的大概，從內容看，主要是對毛氏汲古閣藏書目的彙校、疏注。王氏有《明毛氏寫本書目》一文，刊於 1950 年出版的《周叔弢先生六十生日紀念論文集》，文中所收僅爲毛氏抄本一類，並不涉及所藏宋、元、明等歷代刻本，顯然只是這部《毛氏汲古閣藏書録》草稿的五分之一而已。

在《明毛氏寫本書目》引言中，王氏稱“《汲古閣秘本目》所載抄本一百十種，其外見於各家者百有三十。輯爲專冊，並注流略”[1]，所謂“並注流略”，是在書名下注明宋板影抄或精抄，以及冊數，並附注出處，如“皕宋樓”“天一閣”“天禄琳琅”之屬。與上文中所述“附注遞藏印，次序之，亦追源流”，詳細程度上自然有些差距。毛氏此目之編定，在王文進致函陳邦福之前一年，極有可能就是用“十五年前底稿”，略加增編而成。這一點從《明毛氏寫本書目》分成兩部分，中間有“增編”字樣分隔，可以得到驗證。

茲以占五分之一篇幅的毛抄本二百四十種來計算，用《明板書録》稿紙抄録，如一種一兩行，一頁最多録二十種，此文用紙不過在十二到二十頁左右，與王文進所言的“四百葉”之數相去甚遠，是以可推測，王氏全稿增訂本，內容當更爲豐滿。

五

墨迢先生惠鑒：前承示函，未及奉復，抱歉。因左背作痛，心緒惰也。今蒙撰序賜寄，感銘不盡。舉言過獎，愧無當也。余鄙俗所爲，粗拙猛勇，醜獻於世，受斥不淺之行。再，稿本其間不整，恐其不值一顧耳。倘不嫌棄互易，均可遵命是聽。今武進陶北溟老友藏漢石刻《薌他君祠記》，手拓全分四張，得之呈閱，乞爲惠存。諒尊藏富多，以此添助一名耳。另外奉寄。此致秋安。文進謹啓。

此爲陳氏所存王文進信札之最後一通，時在 1951 年中秋節。在王氏前函請

---

① 孫師白、周一良等編：《周叔弢先生六十生日紀念論文集》，1950 年，第 5—6 頁。

陳邦福作序之後兩三月間，陳氏果然應命，爲《明板書錄》作序，並寄予王文進。王氏爲表感謝，報以陶北溟所藏《薌他君祠記》新拓本一套四張。《祠記》又名《漢薌他君石祠堂柱石題字》，1934 出土於山東東阿西南之鐵頭山，原石三面刻畫，一面題字，下有伏獸，曾爲陶北溟所有，今藏北京故宮博物院。羅福頤撰有《薌他君石祠堂柱石題字解釋》，陳邦福胞弟陳直（原名邦直，1901—1980）亦撰有《薌他君石祠堂柱石題字通考》，考訂其文獻價值。

自此至 1960 年初王文進去世，其手稿未再有刊行者。據雷夢水追憶，《文禄堂書影》影印的底稿於上世紀五十年代，經陳夢家介紹，售歸北京大學圖書館，但今檢北京大學圖書館目錄，未見著錄，或許仍存於未編目書中。《文禄堂訪書記》的底稿，以及《明板書錄》《毛氏汲古閣藏書錄》《古書版本佚存考》《宋元以來刊刻年表》等稿本，亦不知下落。

近承沈燮元丈告知，上海修文堂的夥計趙興茂，於 1956 年公私合營後，進入上海圖書館工作，曾赴北京王文進家，爲上圖購回王文進手稿一批。據袁西江《上海古書業述略》載“修文堂書店，位於淮海中路五鳳里一號，店主孫實君，河北冀縣人。抗戰勝利後收得同文書院藏書，日本人小竹文夫經手。學徒趙興茂、王文忠。”[1] 常苿樹、方健《冀深二州設滬書肆記》也提及修文齋有夥計六七人，趙興茂（深縣人）、王文忠（冀縣人）等骨幹皆精通版本。公私合營時，孫實君任上海古籍書店副經理，趙興茂調上海圖書館工作。“文革”前，趙興茂四處奔走，爲上海圖書館搜集古籍文獻，在搶救家譜方面，成績最大。“文革”中遭受衝擊，最大的“罪行”就是三年自然災期間大肆收集家譜、魚鱗冊[2]。“文革”後期，他得以恢復特藏部主任之職，上世紀八十年初，升任副館長。而今已去世多年，不能向他本人詳細求證此事。而查檢上海圖書館藏目錄，同樣未見任何王文進手稿。果然如沈燮元丈所言，則這一宗稿本尚存天壤之間，只是在未編目書中，有朝一日重見天日，必然是一個令人驚喜的發現。

丁酉閏六月處暑前五日於蘇州

李軍：蘇州博物館副研究館員

---

① 俞子林主編：《百年書業》，上海書店出版社，2008 年，第 354 頁。

② 陳秉仁：《顧廷龍先生與中國家譜收藏》，見《顧廷龍先生紀念集》，上海科學技術文獻出版社，2014 年，第 71 頁。

形制与装潢 版本目録學研究第九輯

《石渠寶笈》紙品著録的啓示與意義

——兼與《秘殿珠林》比較

朱賽虹

　　與古籍打交道，常常遇到古紙問題，它們作爲古籍的載體，無論是名稱還是構成成分、時代、地域等相關資訊，都是古籍與生俱來並可作爲鑒定版本的"硬體"資訊，可惜古文獻中的古紙記載太少了。

　　筆者曾在著録頗詳的《欽定天禄琳琅書目》及其《後編》中查找古紙綫索未果；轉而查閱其它記載古紙的文獻，却並不對應具體作品，不知其所指爲何；再輾轉查閱到書畫著録書《石渠寶笈》和《秘殿珠林》，其中八成作品都著録了"本幅"的材質（圖一），雖然大多數紙品在古籍中未曾使用，但就古紙品類和用途而言，古書畫比古籍要多，只要有部分品種相同或相類，對我而言也是意外的收獲。

　　因未見學界有此類成果發表，遂對兩書著録的紙質信息進行了爬梳整理，共梳理出古紙名稱百餘個，初步劃分爲"紙本""箋本"和"仿紙"三個類系。再結合部分具體的書畫作品，初步分析其古紙的時代和地域信息、與書畫藝術形式的關係、與法書各書體之間的關係、以及書繪者的使用偏好等，兼與同期成書的《秘殿珠林》初、二、三編佛道題材書畫的紙質信息比較，論證兩書的紙品著録對後人的啓示、意義和文獻價值，提出建立"古書畫紙品資料庫"的建議，在直接助益書畫鑒定之外，或可對古籍紙張研究提供某些"他山之石"的參考。

一、《石渠寶笈》各編作品數量

關於《石渠寶笈》各編的作品數量，有一種猜測的説法："初編、續編藏品，有數萬件之多"，三編"收録書畫藏品 2000 餘件"①，顯然不够準確。先從卷帙來看，三編分别爲三十九卷、八十五卷和一百五卷，作品數量一般隨卷數增加，而不會鋭減。還有一個詳細的統計，即《清乾隆朝内府書畫收藏》②一文，每類作品數量均精確統計到個位，雖未列出精確的總數，亦可看出與卷數增加成正比。

2008 年，筆者曾主持《石渠寶笈》等的數字化項目，分别對初、續、三編的作品數量做了調查統計，統計方法是：每個著録標目計爲 1 種，每種包含的幅數計爲件數（參見圖一），得到如下數字（表一），雖未及逐一再核，但也反映出各編作品數量與卷數的正比關係。

表一 《石渠寶笈》各編作品數量

書名、卷數	作品數量
《石渠寶笈四十四卷》	2510 余種、2650 餘件（册、卷、軸）
《欽定石渠寶笈續編八十八卷目録三卷》	3110 余種、4300 餘件（册、卷、軸）
《欽定石渠寶笈三編一百五卷總目十卷》	3600 余種、4200 餘件（册、卷、軸）
總計 9220 餘種，11150 餘件（册、卷、軸）	

二、《石渠寶笈》作品質地的類别

《石渠寶笈》著録了本幅質地的書畫作品，可劃分爲兩大類：一是織造類，包括絹本（含素絹本、黄絹本、絹箋本等）、綾本、織錦、布本等，有兩千餘件；二是紙質類，有七千餘件。未著録質地的作品未計。

一部紙質作品包含多件的，有些採用同一種紙（見圖一），有的採用不同種類的紙，如"《宋儒遺墨一卷》，上等……貯御書房，凡六幅，俱尺牘，第三幅、第四幅粉箋本，餘俱素箋本"③。還有些作品採用多種材質（見圖二）；再如"《陳奕禧雜書一卷》，次等……貯乾清宫，凡十二幅，素綾本三幅，素箋本一幅，素

---

① 濟橋：《〈秘殿珠林石渠寶笈彙編〉首發式在京舉行》，《藝術市場》2004 年 2 期，96 頁。
② 參見劉迪：《清乾隆朝内府書畫收藏》91—102 頁，第四章附録一《秘殿珠林石渠寶笈初續三編收録書畫數量詳目》，南開大學博士論文，2010 年。
③ 《石渠寶笈》（初編）卷之三上·貯御書房、列朝人書卷上等。

絹本二幅，五色箋本六幅，俱書雜詩。"① 此外，還有作品本幅材質與裝裱材質不同等更繁雜的情況，因此未能做出精確統計。

圖一　一種作品各件質地相同的著錄

圖二　一種作品各件質地不同的著錄

凡被確切著錄爲"……紙本"或"……箋本"的，是編纂官能够確認具體名稱的；而籠統著錄爲"紙本""箋本"的，則屬無法確認的模糊著錄。之所以模糊著錄，按現實狀況推測可能有幾種原因：或許是某古紙原本就沒有確切名稱，也或許是某些古紙名稱至清代已經失傳，又或許編纂官們在辨認或認知上見解不一致等。不過，採用模糊著錄的方式，起碼在大類上不會錯。

爲論述方便，本文將紙質類劃分爲三個類系：第一是"紙本"類，包括"紙本"和"……紙本"；第二是"箋本"類，包括"箋本"和"……箋本"；第三是"仿紙"類，包括"仿……紙本""仿……箋本"。三個類系將在以下三節分述。

三、《石渠寶笈》"紙本"品目

"紙本"僅見於《續編》和《三編》著錄，包括"紙本"和"……紙本"。

同時見於《續編》和《三編》的紙張品種，有磁青紙本、宣德紙本、礬紙本、白礬紙本、側理紙本、素紙本、宋紙本、澄心堂紙本、麻紙本、宋麻紙本、白

① 《石渠寶笈》（初編）/ 卷之四·貯乾清宮 / 國朝人書卷次等。

麻紙本、黄麻紙本、綠麻紙本、宣紙本等。僅見於《三編》的品種，有"繭紙本"，只比《續編》多一種。

有些名稱看起來相近，如"礬紙本""白礬紙本"，均應屬礬紙類；"麻紙本""宋麻紙本""白麻紙本""黄麻紙本""綠麻紙本"等均應屬麻紙類，除加了區別顏色的字，只有"宋麻紙本"使用了時代字眼。

有確切名稱的"……紙本"約占全部紙本的半數，以"宣紙本"最多，有千餘件；其它品種的數量從幾種至數十種不等。

四、《石渠寶笈》"箋本"品目

"箋本"在初、續、三編中都有著錄，包括"箋本"和"……箋本"。

同時見於《初編》《續編》《三編》的"……箋本"，有高麗箋本、冷金箋本、金箋本、宣德箋本、灑金箋本、粉箋本、灑金粉箋本、宋箋本、素箋本、白麻箋本、藍箋本、墨箋本、雲母箋本、金粟箋本、羅紋箋本等。

同時見於《初編》《三編》的"……箋本"，有黄箋本等。

同時見於《續編》《三編》的"……箋本"，有蠟花箋本、梅花玉版箋本、綠箋本、羊腦箋本、宋蠟箋本、高麗鏡光箋本、金花箋本、黄蠟箋本和蠟箋本等。

圖三　有具體紙張名稱的著錄

僅見於《初編》的"……箋本"，有八寶泥金箋本、五色花箋本、五色箋本、朱箋本、草箋本、端本堂箋本、淡紅箋本、灑金羅紋箋本、通草箋本、宋泥金箋本、佛青箋本、黄描泥金雲龍箋本、誥敕箋本、香色箋本、宣德金花箋本、宣德泥金箋本、宣德泥金龍箋本、宣德泥金黄表箋本、宣德鏡光箋本、鏡光箋本、朝鮮箋本、朝鮮鏡光箋本、朝鮮表箋本、朝鮮磁青箋本、灑金羅紋箋本、香色箋本、雪花箋本、碧色箋本、碧箋本、薛濤箋本、硬黄箋本、印花箋本、宋雪花箋本、黄描金箋本等。

僅見於《續編》的"……箋本"，有捶金箋本、花箋本、舊花蠟箋本、明永樂素箋本、色粉箋本、礬箋本、宋羅紋箋本、宋砑花箋本、宣德粉箋本、宣德鈎花箋本、宣德金花箋本、永樂箋本、玉粟箋本、澄心堂箋本、鏡面宣德箋本、素羅文箋本、側理箋本、舊粉箋本、明仁殿箋本、砑花箋本、舊蠟箋本、宋粉箋本、綠粉箋本、高麗鏡面箋本、宣德鏡面箋本、東洋箋本等。

僅見於《三編》的"……箋本"，有金箋本、金雲蠟箋本、梅花蠟箋本、泥金箋本、盤龍金蠟箋本、研光箋本、雲龍粉箋本、雜色箋本、粉紅箋本、粉紅灑金箋本、素蠟箋本、描金蠟箋本、灑金蠟箋本、香箋本、藏經箋本、描金箋本、畫雲蠟箋本、雲龍箋本、銀光箋本等。

上述箋本品種，僅從字面不同計算就有百餘個，其中大部分品種只有一條著錄，如"八寶泥金箋本""盤龍金蠟箋本"等，在《石渠寶笈》中屬"孤品"；還有部分不常見品種，著錄二、三件至數十件不等，如"高麗箋本""金箋本"等；還有小部分屬常見品種，最多的是"素箋本"千餘件，其次是"宣德箋本""金粟箋本"各六百餘件，"宋箋本"四百餘件，"蠟箋本"三百餘件，"粉箋本"一百五十餘件，灑金箋本百餘件，等等。

圖四　有具體箋紙名稱的著錄

五、《石渠寶笈》"仿紙"品目

"仿紙"類在《初編》《續編》和《三編》都有著錄，包括"仿……紙本""仿……箋本""仿製……箋本"等。

同時見於《初編》《續編《三編》的有仿金粟箋本、仿製金粟箋本。"仿"與"仿製"意思相同，兩者應指一種。

同時見於《續編》《三編》的有仿宣德箋本。

僅見於《初編》的有仿製宋印花箋本、仿宋制印花箋本、仿製宋箋本。前兩種的"仿製宋……"和"仿宋製"意思相同，也應指同一種箋紙。

僅見於《續編》的有仿玉版箋本、仿明仁殿箋本。

僅見於《三編》的有仿宣德描金箋本。

各種仿紙的數量不多，一件至數十件不等。

六、《石渠寶笈》紙品著錄中的問題

(一)"紙"與"箋"混用

一般情況下，書畫用紙比用箋要多，但《初編》的著錄只有"箋本"而沒有"紙本"，《續編》《三編》則是"紙本""箋本"兼有。《初編》中真的沒有"紙本"嗎？還是三編標準不統一？舉一個《初編》中"側理紙本""側理箋本"的不同著録：

《御筆浙省新製側理紙成試書因得句一軸》，〔本幅〕側理紙本 ①。書題中爲"側理紙本"，本幅著録也是"側理紙本"，兩者相同；

《御筆咏側理紙詩一卷》，〔本幅〕側理箋本 ②。詩題中爲"側理紙本"，而本幅著録爲"側理箋本"。這裏的"紙"和"箋"字顯然是通用的。

這組例子説明，至少在《初編》中，"紙本"與"箋本"是混用的，所以没有"纸本"出現。《續編》《三編》中，既有"纸本"也有"箋本"，已經作了區分，但區分標準不詳。

（二）品名著録不統一

以"箋本"爲例，著録的品目有百餘個，但其中有些近似，比如"素羅紋箋本""羅紋箋本"和"宋羅紋箋本"，羅紋紙不染色的話就是素色，後兩種未加色彩詞語，説明也是素色，爲何只有前者特別加個"素"字？後者加了表示時代的"宋"字，它與前兩種究竟相同还是有所不同？這需要比對三者才能清楚。

再如"宣德鏡面箋本""鏡面宣德箋本"和"宣德鏡光箋本"一組，表示時代的"宣德"二字有時居前，有時居中，命名方式不統一；"鏡光"和"鏡面"是一種還是兩種？屬於同類的還有"鏡光箋本""高麗鏡光箋本""朝鮮鏡光箋本"等名稱，到底是幾種紙呢？

還有"仿製金粟箋本"和"仿金粟箋本""仿製"與"仿"應是同義；"仿製宋印花箋本"和"仿宋製印花箋本""仿製宋"和"仿宋製"也應是同義。

從《石渠寶笈》的纂修人員來看，初、續、三編各有一個編纂團隊：《初編》有張照、梁詩正、勵宗萬、張若靄、章嘉胡土克圖、莊有恭、裘曰修、陳邦彦、觀保和董邦達等十人；《續編》有王傑、董誥、彭元瑞、金士松、沈初、瑚圖禮、玉保、吳省蘭、阮元和那彦成等十人；《三編》有英和、黃鉞、姚文田、吳其彦、張鱗、顧皋、朱方增、吳信中、龍汝言、沈維鐈和胡敬等十一人。團隊協作可以確保短時間内完成，但三十餘位編纂並無重複，對古紙的認知程度肯定會有差異，況且從《石渠寶笈》書前的"凡例"也可看出，並没有對"質地"各要素，如時代、色彩、名稱等的著録進行規範的内容，更何况各編的編纂過程都比較倉促 ③。

此外，"……對作品作者的認定，對作品時代的判斷，對作品真偽的鑒别，

---

① 《石渠寶笈》（初編）／二十九册／重華宫藏皇上御筆書畫三。

② 《石渠寶笈》（初編）／四十九册／寧壽宫藏皇上御筆書畫三。

③ 朱賽虹：《〈石渠寶笈〉傳世版本紀實》，《紫禁城》，2015 年 9 期。

都不是百分之百準確的，這已被當代許多研究者所證明"，還有該入而未入的情況 [1]，"《石渠寶笈》著錄的書畫並非都是真迹"[2]。諸多問題並存，紙品著錄的問題也就可以理解了。

七、紙品的時代信息

古紙有不同的流行時代。以時代較早的麻紙爲例，用於書寫的麻紙早在西漢時期已經出現。以白麻箋本、麻紙本書寫的作品有：

表二　白麻箋本

年代	著者	作　　品	書體	編次	存儲地點
晉	王羲之	唐鈎王羲之幹嘔帖一卷		初編	御書房 / 無名氏書卷上等
唐	趙模	唐趙模集王羲之千文一卷	行書	初編	乾清宫 / 列朝人書卷次等
宋	懷素	僧懷素自叙真迹一卷	草書	續編	寧壽宫 / 列朝名人書畫一
宋	懷素	僧懷素自叙真迹一卷	草書	續編	寧壽宫 / 列朝名人書畫一

表三　麻紙本

年代	著者	作　　品	類別	編次	存儲地點
晉	王羲之	行穰帖真迹	草書	續編	寧壽宫 / 列朝名人書畫一
晉	王羲之	袁生帖	草書	續編	寧壽宫 / 列朝名人書畫一
晉	王羲之	臨鍾繇古千文	行書	續編	寧壽宫 / 列朝名人書畫一
晉	王獻之	送梨帖真迹	草書	續編	寧壽宫 / 列朝名人書畫一
梁	梁武帝	異趣帖	草書	續編	寧壽宫 / 列朝名人書畫一
隋		隋人書史岑出師頌	草書	續編	寧壽宫 / 列朝名人書畫一
唐	孫過庭	書千字文	草書	續編	養心殿 / 列朝名人書畫一
唐	徐浩	書朱巨川告身	楷書	續編	重華宫 / 列朝名人書畫一

---

① 聶崇正：《〈石渠寶笈〉瑣談》，《中華遺産》（故宮散佚書畫特輯），149 頁。

② 楊丹霞：《石渠寶笈》與清代宫廷書畫的鑒藏》（上），《藝術市場》，2004 年 10 期，119 頁。

年代	著者	作　品	類別	編次	存儲地點
唐	褚遂良	第二褚遂良摹蘭亭真迹		續編	重華宮 / 列朝名人書畫四
唐	馮承素	第三唐馮承素摹蘭亭帖		續編	重華宮 / 列朝名人書畫四
唐	顔真卿	自書告身	楷書	續編	淳化軒 / 列朝名人書畫一
唐	韓滉	五牛圖	設色	續編	西苑等處 / 列朝名人書畫
唐		唐人十二月朋友相聞書	草書	三編	延春閣 / 列朝名人書畫
唐	孫虔禮	草書千文	草書	續編	寧壽宮 / 列朝名人書畫一
宋	蘇軾	黄州謝表	行書	續編	重華宮 / 列朝名人書畫一
宋	米芾	米芾尺牘		續編	重華宮 / 列朝名人書畫一
宋	僧懷素	僧懷素自叙真迹	草書	續編	寧壽宮 / 列朝名人書畫一
宋	蘇軾	二賦真迹	行書	續編	寧壽宮 / 列朝名人書畫二
宋	米芾	臨王羲之療疾帖	行書	續編	寧壽宮 / 列朝名人書畫三
元	褚奐	臨詛楚文	篆書	續編	乾清宮 / 列朝名人書畫二
元	趙孟頫	書程巨夫興國寺碑	小楷	續編	寧壽宮 / 列朝名人書畫四
元	倪瓚	葉湖別墅圖	水墨	續編	淳化軒 / 列朝名人書畫三
清		蘭亭八柱帖		續編	重華宮 / 列朝名人書畫四
清		御筆命皇子及軍機大臣訂正通鑑綱目續編諭	行書	續編	寧壽宮 / 皇上御筆書畫六
清		御筆艮嶽三丈石辟辭	行書	續編	寧壽宮 / 皇上御筆書畫六
清	蔣衡	書十三經	楷書	續編	宮內等處 / 國朝臣工書畫

　　以上兩表的"白麻箋本""麻紙本"兩者的區别是什麽？因爲還有"黄麻紙本"的著録，那麽表三所列的"麻紙本"作品是什麽顔色呢？此外，還有"宋麻紙本""白麻紙本""緑麻紙本"等的著録。麻紙是我國最早應用於書畫的紙種，西晉時已用於書法，隋唐五代時期、宋元時期還在大量生産麻紙，皆宜於書寫或印刷，而且經久耐用。如此大的生産和應用跨度，時代資訊無疑非常重要。上表顯示，從晉代至清代的作品都使用了麻紙，但都未詳時代，清人作品所用麻紙是前代遺留的嗎？其它時代的作品所用麻紙都是出自當代嗎？

八、紙品的空間信息

再以仿箋紙爲例。

表四　仿金粟箋本、仿製金粟箋本

年代	著者	作　品	類別	編次	存儲地點
清	高宗	高宗純皇帝御製經筵御論五册	楷書	三編	毓慶宮／皇上御筆
清	劉墉	劉墉臨雜帖一册		三編	圓明園安佑宮／高宗純皇帝御筆
清	高宗	高宗純皇帝御筆戒得堂記一册	行書	三編	避暑山莊／高宗純皇帝御筆
清		御書杜甫詩一册	楷書	三編	重華宮／高宗純皇帝御筆
清	劉墉	劉墉書高宗純皇帝御製君子小人論一册	楷書	三編	寧壽宮／本朝臣工書畫
清	董誥	董誥書高宗純皇帝御製九峰歌二十韵題文彭刻凍石硯山章一册	楷書等	三編	寧壽宮／本朝臣工書畫
清		御書程子四箴一册	楷書	三編	圓明園正大光明／高宗純皇帝御筆
清	英和	英和書御製壬戌英和書御製壬戌上元後一日小宴廷臣即席成什並臣工恭和詩一册	楷書	三編	圓明園正大光明／高宗純皇帝御筆
清	黃鉞	黃鉞書御製敬詣靜明園龍神廟謝雨仍用前韵詩一册	楷書	三編	圓明園奉三無私／皇上御筆
清	黃鉞	黃鉞書皇黃鉞書皇次子等恭和御製消夏八咏元韵一册	楷書	三編	圓明園奉三無私／皇上御筆
清		御書唐白居易宋戴昺戴復古三詩一册	楷書	三編	圓明園九洲清晏／皇上御筆
清	劉墉	劉墉臨諸家書一册		三編	圓明園鏡遠洲／皇上御筆
清		御書朱子詩一册	楷書	三編	圓明園鏡遠洲／皇上御筆
清	胡高望	胡高望書高宗純皇帝御製安瀾園十咏一册	楷書	三編	圓明園鏡遠洲／皇上御筆
清		御筆謁明陵紀事一册	楷書	三編	圓明園鏡遠洲／皇上御筆

年代	著者	作　品	類別	編次	存儲地點
清		皇皇次子書王維詩一冊	楷書	三編	圓明園方壺勝境 / 本朝臣工書畫
清		御書杜甫游何氏山林詩一冊	楷書	三編	長春園澹懷堂 / 高宗純皇帝御筆
清		御書唐宋人詩一冊	楷書	三編	綺春園敷春堂 / 皇上御筆
清		御書白居易廬山草堂記一冊	楷書	三編	綺春園敷春堂 / 皇上御筆
清		御書楊炯庭菊賦一冊	楷書	三編	綺春園敷春堂 / 皇上御筆
清		御書皮日休陸龜蒙詩一冊	楷書	三編	綺春園敷春堂 / 皇上御筆
清		御書名人菊花詩一冊	楷書	三編	綺春園敷春堂 / 皇上御筆
清		御書謙卦一冊	楷書	三編	綺春園敷春堂 / 皇上御筆
清		御筆明慎用刑說一冊	楷書	三編	綺春園敷春堂 / 皇上御筆
清		御筆儆怠詩一冊	行楷	三編	綺春園清夏齋 / 皇上御筆
清	黃鉞	黃鉞書御製駐香山靜宜園詩一冊	楷書	三編	綺春園涵秋館 / 皇上御筆
清	梁國治	梁國治書高宗純皇帝御製月令七十二候詩一冊	楷書	三編	避暑山莊 / 本朝臣工書畫
清		御筆和李嶠雜咏詩四冊	行書	續編	乾清宮 / 皇上御筆書畫三
清		御筆五經萃室記一冊	行楷書	續編	宮內等 / 皇上御筆書畫一
清		御筆咏謐法一卷	行書	續編	宮內等處 / 皇上御筆書畫
清		御筆讀宗澤忠簡集一冊	行書	續編	乾清宮 / 皇上御筆書畫三
清		御筆重華宮記一冊	行書	續編	重華宮 / 皇上御筆書畫三
清		御筆題養正圖詩二冊	行書	續編	重華宮 / 皇上御筆書畫三
清		御臨王羲之草書一冊	草書	續編	長春園等 / 皇上御筆書畫
清		御筆葡萄蘭花一卷	墨畫	初編	重華宮 / 宸翰
清		御筆泉石蘭竹一卷	墨畫	初編	重華宮 / 宸翰
清		御臨趙孟頫蘭蕙圖一卷	墨畫	初編	重華宮 / 宸翰
清		御筆寫去鶴歸僧詩意一軸	墨畫	初編	重華宮 / 宸翰

年代	著者	作　　品	類別	編次	存儲地點
清		御臨文徵明蘆汀放鴨圖一軸	墨畫	初編	重華宮 / 宸翰
清		御筆蘭蕙圖一卷	墨畫	初編	乾清宮 / 四朝宸翰
清		御筆檳榔雙雀圖一卷	墨畫	初編	乾清宮 / 四朝宸翰
清		御筆庭前柏樹子一軸	墨畫	初編	乾清宮 / 四朝宸翰

上表顯示，仿金粟箋本、仿製金粟箋本都是“御用”或少數文臣使用。此外，其它仿製箋本也都在宮廷範圍使用。有的著錄“〔本幅〕仿明仁殿箋本，並有乾隆年仿明仁殿紙記”[①] 字樣；“《御筆題養正圖詩二冊》〔本幅〕仿金粟箋本，有乾隆年仿金粟山藏經紙記”[②]，説明仿製紙在乾隆時期較多，而且達到“御用”水準。

某些紙張品種在宮廷流行，还與其得天獨厚的來源有關，比如各地的貢品中，有大量富於地方特色的紙張，其中包括宮廷專用品種。如江南河督的“萬壽供”包括五色灑金蠟箋一百張，安徽巡撫“端陽貢”包括宣紙五十張，涇縣年供本色宣紙五十張、古色宣紙五十張，兩江總督仿藏經紙兩次二百張、五色泥金蠟箋紙一百張、本色宣紙一百幅，江蘇巡撫進貢有雲龍朱箋、五色蠟箋紙等各一百幅，江西巡撫有雲龍箋一百張，浙江巡撫有泥金蠟箋五十張[③] 等等，這也與産地相關。

九、紙品與藝術形式

本節所指的藝術形式，僅指《石渠寶笈》所涉及的書法、繪畫、碑帖三大類。由於造紙成分和規格不同，導致紙張的品質和幅面不同，物理性質如厚度、緊度、平滑度、吸收性等不同，强度不同，化學性質如吸濕性、酸鹼性和耐久性等不同，光學性質如色澤、光澤度、透明度、不透明度等等都有不同，因此，不同藝術形式選用不同紙張，藝術效果也會因紙而異。各舉一例。

---

① 《石渠寶笈》，西苑等處藏列朝名人書畫（西苑，清乾隆五十八年）。

② 《石渠寶笈》，重華宮藏皇上御筆書畫三（重華宮，清乾隆五十八年）。

③ 參見何新華：《清代貢物制度研究》，社會科學文獻出版社，2012 年。

（一）書繪兼用

表五　宋紙本

年代	著者	作　　品	類別	編次	存儲地點
元	趙原	趙原溪亭秋色圖	墨畫	續編	乾清宮／列朝名人書畫三
元	錢選	錢選秋江待渡圖真迹	設色	續編	養心殿／列朝名人書畫一
元	趙雍	趙雍竹西草堂圖	墨畫	續編	養心殿／列朝名人書畫二
元	吳鎮	吳鎮墨竹譜	行書	續編	養心殿／列朝名人書畫二
明	陸師道	臨文徵明吉祥庵圖	設色	續編	養心殿／列朝名人書畫三
金	王庭筠	幽竹枯槎	墨畫	續編	重華宮／列朝名人書畫二
元	王蒙	松風泉石圖	設色	續編	重華宮／列朝名人書畫二
清		御臨顏真卿麻姑山仙壇記	楷書	續編	淳化軒／皇上御筆書畫二
元	趙孟頫	尺牘	行書	續編	淳化軒／列朝名人書畫二
元	郭畀	雨梧煙柳	潑墨畫	續編	淳化軒／列朝名人書畫三
元	王蒙	王蒙太白林巒	墨畫	續編	淳化軒／列朝名人書畫三
元	王蒙	滌硯圖	潑墨畫	續編	淳化軒／列朝名人書畫三
元	王蒙	少白雲松	墨畫	續編	淳化軒／列朝名人書畫三
元	王蒙	王蒙喬岳初秋圖	墨畫	續編	淳化軒／列朝名人書畫三
明	王紱	松陰草堂圖	墨畫	續編	淳化軒／列朝名人書畫三
明	沈度	沈度山意冲寒欲放梅圖	墨畫	續編	淳化軒／列朝名人書畫三
清		御筆舟行雜興詩	行書	續編	長春園等處／皇上御筆書畫
清		大寶箴	楷書	三編	延春閣／高宗純皇帝御筆

（二）繪畫用紙

表六　礬紙本

年代	著者	作　　品	形式	編次	存儲地點
清	張照	梅花畫箋	墨畫	續編	御書房／本朝臣工書畫
明		明人畫扇	墨畫	三編	乾清宮／本朝臣工書畫

年代	著者	作　品	形式	編次	存儲地點
清	惲壽平	畫扇面	墨畫	三編	延春閣 / 本朝臣工書畫
		國朝名人畫扇面	設色	三編	延春閣 / 集錦書畫
		國朝名人畫扇面	墨畫	三編	延春閣 / 集錦書畫

（三）法書用紙

表七　側理紙本、側理箋本

紙品	作　品	書體	編次	存儲地點
側理紙本	洪範皇極	楷書	續編	乾清宮 / 皇上御筆書畫一
	御書復卦	楷書	續編	乾清宮 / 皇上御筆書畫一
	御臨鍾繇戎路表	楷書	續編	乾清宮 / 皇上御筆書畫四
	御臨米芾雜帖	行書	續編	養心殿 / 皇上御筆書畫一
	書側理紙得句	行書	續編	重華宮 / 皇上御筆書畫一
	御筆浙省新製側理紙成試書因得句	行書	續編	重華宮 / 皇上御筆書畫三
	御臨米芾元日帖	草書	續編	重華宮 / 皇上御筆書畫四
	御書復卦一軸	楷書	續編	寧壽宮 / 皇上御筆書畫八
	御臨米芾草書帖	草書	續編	圓明園等處 / 皇上御筆書畫
	雨香館詩	行書	三編	延春閣 / 高宗純皇帝御筆
	側理紙試書詩	行書	三編	延春閣 / 高宗純皇帝御筆
	西湖圖	水墨	三編	延春閣 / 高宗純皇帝御筆
側理箋本	御筆大寶箴一卷	楷書	續編	乾清宮 / 皇上御筆書畫一
	御筆再題側理紙詩一卷	行書	續編	乾清宮 / 皇上御筆書畫一
	御筆咏側理紙詩一卷	行書	續編	寧壽宮 / 皇上御筆書畫三

此紙只有個別用於繪畫。法書作品則各體兼有。

十、書繪者用紙偏好

表八　朝鮮箋本、朝鮮鏡光箋本

名稱	著者	作　　品	形式	編次	存儲地點
朝鮮箋本	董其昌	明董其昌書宋詞三首一冊	行書	初編	養心殿 / 列朝人書冊次等
	董其昌	明董其昌臨宋四大家書一卷	行楷	初編	養心殿 / 列朝人書卷上等
	沈荃	沈荃仿晉唐人書一卷		初編	養心殿 / 國朝人書卷上等
	沈荃	沈荃書天馬賦一卷		初編	養心殿 / 國朝人書卷上等
	董其昌	明董其昌書五言絕句一軸	行書	初編	養心殿 / 列朝人書軸次等
	陳洪綬	明陳洪綬倚杖閑吟圖一軸	白描畫	初編	養心殿 / 列朝人畫軸次等
		班達里沙人參花一軸	仿西洋畫	初編	養心殿 / 國朝人畫軸次等
	董其昌	明董其昌書七言律詩一冊	行書	初編	御書房 / 列朝人書冊上等
	董其昌	明董其昌自書詩帖一冊	行書	初編	御書房 / 列朝人書冊次等
	董其昌	明董其昌自書詩帖一冊	行書	初編	御書房 / 列朝人書冊次等
	沈荃	沈荃仿顏真卿告身帖一軸	楷書	初編	御書房 / 國朝人書軸次等
	董其昌	明董其昌雜書一卷	行書	初編	御書房 / 列朝人書卷次等
	世宗	世宗憲皇帝御筆臨米芾書鷹賦一卷	行書	初編	乾清宮 / 四朝宸翰
	董其昌	明董其昌書古柏行一冊	草書	初編	乾清宮 / 列朝人書冊上等
	董其昌	明董其昌書七言絕句一冊	行書	初編	乾清宮 / 列朝人書冊次等
	張照	張照臨董其昌書	楷書	初編	重華宮 / 國朝人書冊上等
	董其昌	明董其昌臨聖教序一冊		初編	養心殿 / 列朝人書冊次等
	董其昌	明董其昌書邵雍無名公傳並傳贊一冊	行書	初編	御書房 / 列朝人書冊上等
	董其昌	明董其昌書前後赤壁賦一冊	行書	初編	御書房 / 列朝人書冊上等
	文徵明	明文徵明書山居篇一軸	行書	初編	御書房 / 列朝人書軸次等
	董其昌	明董其昌臨諸家帖一冊	楷各體書	初編	養心殿 / 列朝人書冊上等
	董其昌	明董其昌自書詩帖一卷	行楷	初編	御書房 / 列朝人書卷上等

名稱	著者	作　品	形式	編次	存儲地點
朝鮮鏡光箋本	董其昌	明董其昌書天馬賦一册		初編	養心殿 / 列朝人書册次等
	董其昌	明董其昌書馮能誥一册	行楷	初編	御書房 / 列朝人書册上等
	董其昌	明董其昌書座右銘一册	行書	初編	養心殿 / 列朝人書册次等
	董其昌	明董其昌臨古一卷	行書	初編	御書房 / 列朝人書卷上等
	董其昌	明董其昌書答徐孝穆書一卷	行書	初編	御書房 / 列朝人書卷上等
	董其昌	明董其昌書雜詩一册	行書	初編	乾清宮 / 列朝人書册上等
	董其昌	明董其昌雜書一册	楷書	初編	乾清宮 / 列朝人書册次等

　　上表中的作品以董其昌爲主，少量爲沈荃、陳洪綬、文徵明、清世宗胤禛、張照等。與其喜好和有機會接觸到此類紙張有關。

表九　描金箋本

年代	著者	作　品	書體	編次	存儲地點
清	高宗	御筆匭衍記一卷	行書	三編	延春閣 / 高宗純皇帝御筆
清	高宗	御筆題罄鼞圖詩一卷	行書	三編	延春閣 / 高宗純皇帝御筆
清	高宗	御筆廓爾喀所貢象馬至京詩以志事一卷	行書	三編	延春閣 / 高宗純皇帝御筆
清	高宗	御筆後哨鹿賦一卷	行書	三編	避暑山莊 / 高宗純皇帝御筆

　　上表中的作品出自清高宗一人，其它還有描金蠟箋本、明仁殿箋本等多種，說明了乾隆帝的使用偏好，以及乾隆朝收藏盛況，各地的進貢狀況。

十一、與佛道書畫用紙比較

（一）《石渠寶笈》與《秘殿珠林》兩書“紙本”比較

　　與《石渠寶笈》相同，《秘殿珠林》初編也没有“紙本”著錄。《石渠寶笈》和《秘殿珠林》的共有品種爲磁青紙、麻紙、宣紙和紙本。《秘殿珠林》中的磁青紙作品較多，而《石渠寶笈》中麻紙、宣紙和紙本分別多出數倍、十餘倍和數十倍。

《秘殿珠林》中的明仁殿紙本、填藍紙本等在《石渠寶笈》中未見。繭紙本、宣德紙本、礬紙本、側理紙本、素紙本、宋紙本、澄心堂紙本等在《秘殿珠林》中未見。僅從兩書"……紙本"品種來看，由於佛道題材的限制，對紙張的選擇比較嚴格。

（二）《石渠寶笈》與《秘殿珠林》兩書"箋本"比較

《石渠寶笈》《秘殿珠林》兩書共有的"……箋本"品種，有雲母箋本、白麻箋本、羊腦箋本、佛青箋本、宋箋本、金箋本、金粟箋本、香色箋本、灑金箋本、宣德泥金黃表箋本、宣德箋本、素箋本、粉箋本、黃箋本、朝鮮表箋本、朝鮮箋本、朝鮮磁青箋本、朝鮮鏡光箋本、蠟箋本、墨箋本、藏經箋本、仿金粟箋本等。

見於《秘殿珠林》而未見於《石渠寶笈》的箋本，有元仿澄心堂箋本、宋南安箋本、宣德黃表箋本、素箋本、菩提葉箋本、油箋本、朝鮮墨箋本、高麗箋本、檀箋本、唐箋本、漆箋本、磁青箋本等數種。

見於《石渠寶笈》而未見於《秘殿珠林》的箋本就太多了：八寶泥金箋本、三希堂素箋本、雲龍粉箋本、雲龍箋本、五色花箋本、五色箋本、玉粟箋本、舊花蠟箋本、舊粉箋本、舊箋本、舊蠟箋本、印花箋本、永樂箋本、朱箋本、仿玉版箋本、雜色箋本、色粉箋本、花箋本、冷金箋本、宋羅紋箋本、宋泥金箋本、宋研花箋本、宋粉箋本、宋雪花箋本、宋蠟箋本、畫雲蠟箋本、明仁殿箋本、明永樂素箋本、羅紋箋本、側理箋本、金雲蠟箋本、金花箋本、泥金雲龍箋本、泥金箋本、草箋本、研花箋本、香箋本、灑金羅紋箋本、灑金粉箋本、灑金蠟箋本、宣德金花箋本、宣德泥金龍箋本、宣德泥金箋本、宣德鉤花箋本、宣德粉箋本、素羅文箋本、素蠟箋本、高麗箋本、高麗鏡光箋本、粉紅灑金箋本、粉紅箋本、通草箋本、描金箋本、描金蠟箋本、捶金箋本、黃描金箋本、黃蠟箋本、梅花玉版箋本、梅花蠟箋本、雪花箋本、銀光箋本、盤龍金蠟箋本、淡紅箋本、硬黃箋本、藍箋本、碧色箋本、蠟花箋本、蠟金箋本、端本堂箋本、漆箋畫、綠粉箋本、綠箋本、澄心堂箋本、薛濤箋本、鏡光箋本、鏡面宣德箋本等。可見，佛道題材書畫對於"箋本"的選擇範圍也小得多。

十二、《石渠寶笈》紙品著錄的價值和意義

（一）清人對書畫用紙的認知得以傳承

中國古代擁有包括造紙在內的四大發明，對人類文明的進程貢獻極大，而

且對於造紙技術的改進和對品種的拓展一直持續進行，各地結合本地原材料生產的紙張種類不斷推出，而某些品種也不可避免被淘汰。清以前各代書畫雖然借當時載體書繪下來，但是一些紙張早已不生產，名稱也已經失載，而清人著錄書畫時居然還能叫得出古紙之名，反映出清人對古紙的認知程度和水準，並借《石渠寶笈》和《秘殿珠林》兩書傳承給子孫後代，歷史意義極其深遠！

（二）海量的紙品信息居歷代書畫著錄書之最

《石渠寶笈》和《秘殿珠林》兩書著錄之周詳一直爲學界所稱道，而"質地"這一著錄項目的重要性，隨著時間推移會日益凸顯！兩書著錄紙品信息之富，居歷代書畫著錄書籍之最，堪稱爲清代集古紙大成之作！

（三）大量實物綫索提供了紙品的專指度

古文獻中記載的古紙信息很多，但絶大部分都不對應具體物品，即使文字描繪得再生動，後人也無從感知古紙的樣貌。現如今，能辨認古紙且能叫得出古紙名稱的只有極少數行家。有了專指性著錄，就可對應相關作品，學習、觀摩、認知、研究、考鑒，使這批珍貴遺産繼續傳承下去。

（四）爲書畫鑒定提供重要參考

書畫載體是作品的硬件之一，這些載體融彙了大量時、空、人文等背景信息，因此在鑒別書畫時，材質是最基本、也是最重要的鑒定要素之一，這一點無需贅言。

十三、建立"古書畫載體資料庫"的建議

基於專指性古書畫材質信息留存至今不易，亟待傳承下去。但現實狀況是，《石渠寶笈》中的書法、繪畫、碑帖等作品早已分存於國内外多家機構的多個庫房中，難以將著錄資訊與作品原件逐一參照比對，所以現實問題是：如果都靠展閱原作來辨認紙張的話，對文物保護肯定不利，"展卷一次，減壽十年"即是基於操作實踐得出，況且提取文物的嚴格程序也不允許想看就能提看。唯有採取再生性保護的方式，即利用數字化電子圖文，才具有可行性，而且使用功能更多。

利用目前已有"繪畫典藏資料庫"等數字化成果，如能將其中各類代表作品的紙張樣本，配以名稱、產地、時代、特徵描述等歷史資料，再輔以材質的組織結構等圖像資料，建立一個圖文合一的"古書畫紙品資料庫"，可以方便檢索、觀摩、學習難得一見的古紙，又可據以鑒賞、考證、研究，還能使清人對

古紙的認知成果繼續傳承下去，更利於珍貴無比的古代書畫得到保護，可謂一舉而多得！更希望在直接助益書畫鑒考之外，還可對古籍紙張研究提供某些"他山之石"之參考！

朱賽虹：故宫博物院研究館員

《版本目録學研究》第十輯徵稿啓事

　　《版本目録學研究》每輯設典籍、目録、寫本、版本、校勘、活字與套印、版畫、人物、收藏、形制與裝潢、保護與修復、感言十二個長期欄目，舉凡版本目録學範疇内的考論文章，均所歡迎。

　　第十輯計劃於 2019 年上半年出版。論文要求如下：

　　1. 行文通順簡練，言之有物，論之有據，不襲舊説，不蹈空言。

　　2. 請發繁體字版（包括圖版説明），請認真核對繁簡體字。

　　3. 題目與作者姓名須附英譯，均用宋體 4 號字。

　　4. 内容提要用第三人稱寫法，用宋體 5 號字。

　　5. 正文用宋體 5 號字。

　　6. 正文層次序號爲一、（一）、1、（1），層次不宜過多。

　　7. 正文中儘量少用圖表，必須使用時，應簡潔明瞭，少占篇幅。

　　8. 正文中的夏曆、歷代紀年及月、日、古籍卷數、葉數等數字，作爲語素構成的定型詞、詞組、慣用語、縮略語、臨近兩數字並列連用的概略語等，用漢字數字。西元紀年及月、日、各種記數與計量等，用阿拉伯數字。

　　9. 引用文獻隨文注釋，用宋體小 5 號字。每頁單獨編號，編號用①②③……。請認真核對引文。

　　10. 參考文獻用宋體 5 號字。

　　11. 文末請附作者姓名、出生年月、工作單位、職務、職稱、聯係地址、郵編、手機號碼、Email 地址。用宋體 5 號字。姓名、單位、職稱將隨文刊出。

　　12. 凡已經接到編輯部收到投稿的復函，没有接到未能通過審稿的通知函，則所投稿件正在編輯刊發之中，謹請釋念。

　　13. 論文出版後，出版社向作者支付稿酬，並寄送樣書 1 册、抽印本 15 册。

　　14. 投稿請勿郵寄紙本，請提供 Word 文檔，可同時提供 PDF 文檔，以 Email 發至《版本目録學研究》編輯部，具體如下：

　　　　張麗娟　zhanglijuanpku@126.com

　　　　劉薔　roselau@tsinghua.edu.cn

《版本目録學研究》編輯部聲明

1. 本出版物不以任何形式收取版面費、審稿費等任何費用。
2. 本出版物已被《中國學術期刊網路出版總庫》及 CNKI 系列資料庫收錄，以數字化方式傳播。作者文章著作權使用費與出版社稿酬合計一次性給付。免費提供作者文章引用統計分析資料。作者向本出版物投稿發表，即表示已經同意上述聲明。

《版本目録學研究》編輯部地址：

北京市海淀區頤和園路 5 號　　　100871
北京大學國學研究院大雅堂（原化學南樓）一層 128 號
電話：010–62751189

Contents（英文目録）

Bibliographical Studies of Traditional Chinese Texts, No.9

Contents

Collation

People

Format & Mounting